中国信用债市场备忘录

（2005—2020）

ZHONGGUO XINYONGZHAI SHICHANG
BEIWANGLU（2005—2020）

甘　华　等◎著

湘潭大学出版社
XIANGTAN UNIVERSITY PRESS

目　录

2005 年：中国信用债元年

2005 年全球经济持续较快增长。美国经济增长强劲，就业状况持续改善。欧元区经济缓慢复苏，失业率逐季回落但仍处高位。日本经济复苏势头明显，失业率呈现下降趋势。新兴市场经济体大多保持旺盛的增长态势。美国、日本、欧元区 GDP 同比增速分别录得 3.5%、1.8% 和 1.6%。在这样的背景下，主要经济体货币政策出现了一定的分化。日本和英国继续实施宽松的货币政策，美联储则分别在 2 月 2 日、3 月 22 日、5 月 3 日、6 月 30 日、8 月 9 日、9 月 20 日、11 月 1 日和 12 月 13 日加息 25bp，联邦基金目标利率升至 4.25%。欧洲中央银行也于 12 月 1 日加息 25bp。

2005 年随着宏观调控政策效果的逐步显现，我国经济呈现出增长较快、价格平稳的良好态势。全年实现 GDP 同比增长 11.39%，较上年提升 1.28%。CPI 同比上涨 1.8%，增速较上年下降了 2.1 个百分点。在这样的背景下，中国人民银行（以下或简称央行）不断放松货币政策，3 月 17 日将金融机构在中国人民银行的超额存款准备金利率从 1.62% 下调至 0.99%，并在公开市场层面多次引导央行票据发行利率下行。3 个月央行票据发行利率从年初 2.5836% 最低下调至 1.0456%，6 个月央行票据从年初 2.8840% 最低下调至 1.2309%，1 年期央行票据从年初 3.2418% 最低下调至 1.3274%，3 年期央行票据从年初 4.15% 最低下调至 3.00%。

在经历了 2004 年货币政策收紧和交易所国债回购欠库清理双重冲击下的利率上行期后，2005 年利率债迎来了一波收益率大幅下行的牛市行情。全年来看，10 年期国债从 5.22% 下行 210bp 至 3.12%，1 年期国债从 3.11% 下行 133bp 至 1.78%。

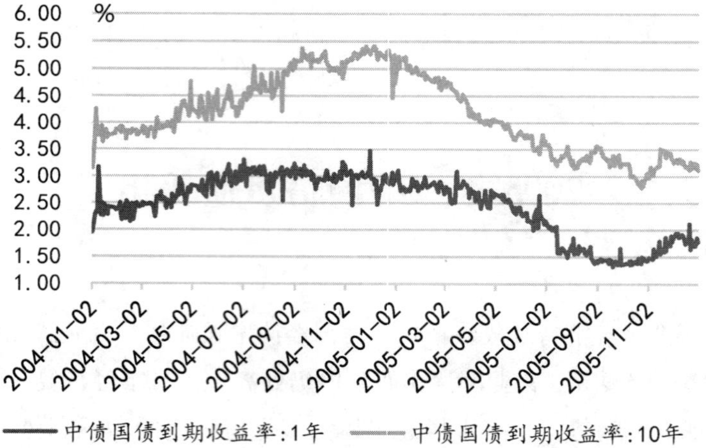

图 1－1　2004—2005 年国债利率曲线变化

数据来源：Wind

回顾中国信用债市场发展历史，2005 年无疑是一个重要节点。这一年信用债市场迎来了真正的无担保品种——短期融资券。正如 2006 年初中国证券报发布的文章所描述的，2005 年的债券市场，无论对于主管部门来说，还是对于投资者和发行人而言，都是一个丰收年。

一、重点事件时间轴

- 2005－3－17　央行下调超额存款准备金利率至 0.99%，同时放开金融机构同业存款利率，为商业银行自主定价提供空间。
- 2005－4－27　央行发布《全国银行间债券市场金融债券发行管理办法》，自 6 月 1 日起施行。该文件就政策性银行、商业银行及企业财务公司在银行间债券市场发债进行申请和核准做出了规范和说明。
- 2005－4－29　经国务院批准，证监会发布《关于上市公司股权分置改革试点有关问题的通知》，正式启动股权分置改革试点工作。2005 年末已有 421 家公司完成或开始进行股权分置改革，占上市公司总数 31%。

- 2005－5－11　央行发布《全国银行间债券市场债券远期交易管理规定》，自 6 月 15 日我国债券市场第一个金融衍生工具——债券远期交易正式在全国银行间债券市场推出。
- 2005－5－24　央行发布《短期融资券管理办法》《短期融资券承销规程》《短期融资券信息披露规程》，允许符合条件的企业在银行间债券市场发行短期融资券。
- 2005－7－21　央行宣布自 2005 年 7 月 21 日起，开始实行以市场供求为基础、参考一篮子货币进行调节、有管理的浮动汇率制度。根据对汇率合理均衡水平测算，人民币对美元即日升值 2%，即 1 美元兑 8.11 元人民币。
- 2005－12－1　欧洲央行将主要再融资利率、存款便利和贷款便利的利率分别上调 0.25% 至 2.25%、1.25% 和 3.25%，这是 2003 年 6 月以来首次升息。
- 2005－12－13　美联储公开市场委员会于 2005 年 2 月 2 日、3 月 22 日、5 月 3 日、6 月 30 日、8 月 9 日、9 月 20 日、11 月 1 日和 12 月 13 日分别加息 25bp，联邦基金目标利率升至 4.25%。
- 2005－12－15　国家开发银行第一期 41.77 亿元信贷资产支持证券和中国建设银行 30.19 亿元个人住房抵押贷款支持证券在银行间市场成功发行。

二、信用债市场回顾

表 1－1　信用债一级新发行情况

债券类型	发行期数（只）			发行总规模（亿元）			平均每只发行规模（亿元）		
	2004 年	2005 年	增幅	2004 年	2005 年	增幅	2004 年	2005 年	增幅
一般短期融资券	–	79	–	–	1424	–	–	18	–
一般企业债	17	36	112%	272	604	122%	16	17	5%
合计	17	115	576%	272	2028	646%	16	18	10%

数据来源：Wind

说明：在计算平均数时结果只保留到个位，但计算增幅时使用的是精确度更高的数据。

截至2005年底，共有61家企业在银行间债券市场发行企业短期融资券79只，总面额为1424亿元，在推出首年便实现了发行规模达到全年企业债发行量两倍以上的成绩。

由于短期融资券利率较高，1年期融资券的收益率比同期限的央行票据高出约140bp，而且企业短期融资券发行量较少，因此，短期融资券一度呈现出供不应求的局面。

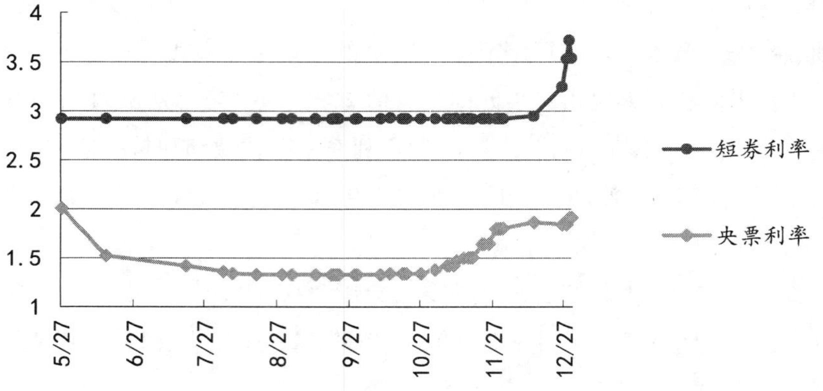

图1-2　短期融资券一级发行利率（%）

数据来源：中国债券信息网

有趣的是，2005年短期融资券刚刚发行的时候都采用统一定价的方式发行，如上图所示，最早的短期融资券全部都是按照2.923%的利率发行。这在今天看来是匪夷所思的，不过在当时的历史背景下，为了保障这一新生债券品种发行成功，在初期采用定价发行的方式有其合理性。直到2005年12月13日，铁道部发行150亿的“05铁道CP01”，发行票面利率调整为2.95%，在此之后，发行价格才逐渐走向市场化，开始体现出不同主题的信用利差。例如2005年12月22日，葛洲坝股份有限公司发行“05葛洲坝CP01”票面利率3.25%，同一天南京钢铁发行“05南钢CP01”票面利率为3.23%。

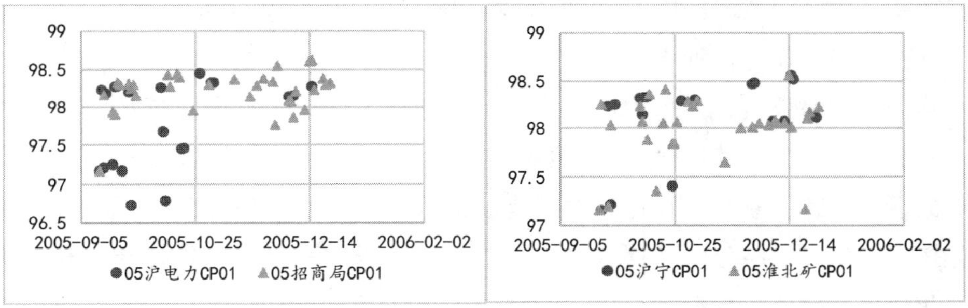

图 1-3　短期融资券二级市场成交价格（元）

数据来源：Wind

虽然不同主体一级市场发行价格几乎一样，但是二级市场上成交价却不尽相同，市场的发展永远在监管前面。以 2005 年 9 月 8 日发行的“05 沪电力 CP01”和“05 招商局 CP01”为例，两者期限都是 1 年期，发行票面利率都为 2.923%，债项评级均为 $A-1^{+}$。但如图 1-3 所示，两者在同一天的成交价并不相同。这表明虽然当时债券市场没有发生过信用风险，但市场仍然是有效的，不同投资者对债券发行主体的风险偏好和定价是天然存在差异的。

在短期融资券受到投资者和发行人热捧的刺激下，国家发改委显著加大了企业债的发展力度。全年发行企业债 36 只、面值 604 亿元，分别比上一年增长 112% 和 122%，基本满足了电力、铁路和电信等行业的国有大型企业的融资需求。尽管如此，企业债的发行量仍落后于短期融资券这一后起之秀，这与企业债发行管理一直保留严格的发行审批、额度审批以及担保制度有关，计划经济思想较为浓重。

资产支持证券也在 2005 年顺利推出。2005 年 4 月 20 日，中国人民银行和中国银行业监督管理委员会①联合发布了《信贷资产证券化试点管理办法》。2005 年 12 月 15 日，国家开发银行和中国建设银行分别发行了 41.77 亿元的信贷资产支持证券（ABS）和 30.17 亿元的住房抵押担保证券（MBS）。国家开发银行信贷资产支持证券（ABS）的资产池主要由大型基础设施项目

① 现为中国银行保险监督管理委员会，后不再另注。

和大型优质企业贷款构成，资产的平均回收期较短，是当时最为优质的资产。中国建设银行住房抵押担保证券（MBS）是由个人住房抵押贷款构成，资产平均回收期略长（但是个人房地产信贷资产作为商业银行最优资产，商业银行没有动力出表，其后很多年这类资产证券化产品极为罕见）。在资产支持债券的设计上，国家开发银行和中国建设银行都采用了“分层”的方法，将证券按不同偿付顺序分为不同级别，作为信用增级的手段。在我国开展资产证券化业务对改善银行经营管理和发展资本市场具有重要的意义：一是资产证券化能改善银行资产负债结构，提高资本充足率，提高金融系统的稳定性；二是资产证券化能促进银行转变盈利模式，合理分散信用风险；三是资产证券化能健全市场定价机制；四是推动资本市场发展，增加投资品种。

三、重要事件评述

短期融资券“复出”

短期融资券复出和中央政策的支持密不可分。2003 年 10 月 14 日，中共十六届三中全会通过了《中共中央关于完善社会主义市场经济体制若干问题的决定》，明确提出“积极拓展债券市场，完善和规范发行程序，扩大公司债券发行规模”。2004 年 1 月 31 日，国务院出台《关于推进资本市场改革开放和稳定发展的若干意见》，进一步提出“要认清形势，抓住机遇，转变观念，大力发展资本市场，提高直接融资比例”，“积极稳妥发展债券市场。在严格控制风险的基础上，鼓励符合条件的企业通过发行公司债券筹集资金，改变债券融资发展相对滞后的状况，丰富债券市场品种，促进资本市场协调发展。制定和完善公司债券发行、交易、信息披露、信用评级等规章制度，建立健全资产抵押、信用担保等偿债保障机制。逐步建立集中监管、统一互联的债券市场”。2004 年 12 月 7 日，央行公布《全国银行间债券市场债券交易流通审核规则》，为信用债在银行间市场上市明确了方法和条件。

2005 年，短期融资券的“复出”，拉开了信用债市场大爆发的序幕。最早的短期融资券需要追溯到 20 世纪 80 年代，当时因弥补短期流贷不足而推出，但最终由于大量的未兑付短券使商业银行信贷资金流失，运行结果与预期完全相反，市场条件不成熟最终退出。而后在国内企业过度依赖商业银行供给流动资金贷款的背景下，为拓宽企业直接融资渠道，央行重启了短期融资券的发行工作。2005 年 5 月 23 日，央行公布施行了《短期融资券管理办法》，在发行和交易方面具有重大突破：

（1）首次采用发行备案制管理；

（2）发行价格由企业和承销机构协商确定而无须审批；

（3）募集资金用途不限于一般企业债的投资项目等。

作为国内首个无担保、市场化发行的信用产品，短期融资券填补了信用债短期品种的空白，上述这些新突破也使得它快速得到了发行人的热烈欢迎。推出当月，上海振华重工（集团）股份有限公司、中国国际航空股份有限公司、华能国际电力股份有限公司、中国五矿集团有限公司和国家开发投资集团有限公司 5 家企业共计 109 亿元的短期融资券率先后在银行间市场登台亮相。

表 1－2　2005 年 5 月发行的短期融资券

交易代码	债券简称	发行规模（亿元）	期限（年）	票面利率（%）	企业性质
0581004. IB	05 国开投 CP01	10. 00	0. 25	1. 95	央企
0581007. IB	05 五矿 CP02	2. 00	0. 50	2. 59	央企
0581002. IB	05 华能电 CP02	5. 00	0. 75	2. 70	央企
0581006. IB	05 五矿 CP01	15. 00	1. 00	2. 92	央企
0581001. IB	05 华能电 CP01	45. 00	1. 00	2. 92	央企
0581005. IB	05 国航 CP01	20. 00	1. 00	2. 92	央企
0581003. IB	05 振港机 CP01	12. 00	1. 00	2. 92	央企

2005 年短期融资券的“复出”还带来许多变革性的影响，其中值得一提的是央行主动放松行政管制，采取备案制的发行方式，为后来中国银行间交易商协会实行注册制奠定了基础。不仅如此，短期融资券是我国第一个定位

于场外市场的无担保信用债品种。在此之前，银行间债券市场主要品种为国债、央票和政策性金融债，其他债券品种极少。短期融资券开闸，还标志着商业银行投资银行业务的重大突破，商业银行自此开始涉足投资银行业务，许多商业银行的投资银行部就是因为债券承销业务而成立的，其后从债券市场向权益市场以及海外市场发展，加速了其混业经营的步伐。

周小川行长对中国信用债市场的发展总结

2005 年 10 月 20 日，时任央行行长周小川出席高盛高华在北京举办的“中国债券市场发展高峰会”，直陈中国信用债市场前期发展中的“一打”失误。他表示：“过去，我们在企业债市场发展问题上犯了不少错误，导致公司债市场发展极度低迷、尚未崛起……计划经济色彩比较浓重，市场经济的思维、环境都还没有很好地建立起来……要从中汲取经验教训。”

（1）对企业债券的发行额度、发行企业的个数等进行计划分配，而不是遵照市场经济规律决定企业债的发行。比如，企业债的发行额度是由政府逐级分配的，国家分配到省一级，然后再逐级往下分配。

（2）在对企业债的发行额度进行行政分配时，往往按“济贫”原则，把企业债额度作为一种救济，分配给有困难、质量较差的企业。

（3）没有完善的债券信用评级制度，无法给投资者一个准确的风险程度考量。

（4）不能向投资者提供可供分析的信息披露。一方面，在当时市场环境下，我国的会计准则不到位，企业做账和外部审计都不健全，能够提供的信息非常有限；另一方面，当时也没有强调信息披露，没有强调投资者应对披露信息进行充分的分析后再确定投资决策。

（5）行政性定价和对价格限额的管制。这样的定价既不能有效反映风险状况，也使债券的发行方和购买方无法进行有效的风险管理。

（6）行政性要求企业发债必须要有银行担保。当然，这和前面所说的问题密切相关，既然债券发行是计划分配的、价格是管制的，没有充分的信息披露和信用评级，又是面对大量散户来发行，自然就需要银行担保。但问题是一旦银行进行了担保，这个产品就不是典型意义上的企业债了。

（7）债券发行面向散户，而不是像国际上公司债的做法——主要面向有分析能力的机构投资者，即 QIB（合格的机构购买者）。散户往往缺乏足够的市场分析能力，风险承担能力也较差。

（8）没有建立有效的市场约束。市场机制能够对公司债的发行和交易产生自我约束作用，这种力量来自投资者对产品的判断和选择。这就是说，应该是由市场决定哪些企业的债发得出去，哪些企业的债发不出去，价格应该怎样，违约会有什么样的后果，等等。如果无法形成有效的市场约束，就会导致我们把过多的约束力量集中在行政监管上，从而产生一系列的问题。与市场约束相对应，在交易机制上应该建立以 OTC（柜台交易）为主的、能够衡量对手风险同时又在价格判断上有相当大的灵活性的交易模式。

（9）没有进行足够的投资者教育。很多投资者当时在很大程度上把企业债券当作储蓄产品的变种，一旦出现违约等问题，往往就找政府，并要求承销商兑付。

（10）缺少一个完善的《破产法》。目前的《破产法》不能够在企业违约的时候由“破产”这个最后的威慑手段来对其产生约束，债权人在《破产法》中的权利也往往得不到正当保护。如果企业真正关闭破产了，起码这个企业的剩余资产是能够追究的。而我们目前的状况是，很多企业的剩余资产悄无声息地就消失了，一些发行企业不经过法定程序也无声无息地消失了。

（11）没有正确定位承销商的角色。过去在承销兑付方面计划色彩和行政干预也比较严重，承销商必须代管兑付，而且兑付不了还要承担责任。实际上，在公司债发行过程中，承销、代理销售、代行兑付的角色和承担债券兑付的角色责任上应当是完全不同的，是两个概念。对这些概念的混淆造成了很多后续的难题。

> （12）在处理发行人违约问题上，行政干预更严重。对发行企业的违约行为通常不是通过市场约束原则来解决，而是出于保持社会稳定的目的，通过行政干预，要求承销商后续发行。这样，发行企业的违约责任就转嫁给了承销商，并导致承销商陷入泥潭。当前一些证券公司出现问题，需要清盘或重组，都可以看到当年承担企业债违约所留下的历史包袱。
>
> ——周小川提出的过去我国发展企业债券过程中存在的十二个问题

在这一思路下，2005 年 12 月 13 日，央行发布《公司债券进入银行间债券市场交易流通的有关事项公告》，简化了公司债券交易流通审核程序，将公司债券交易流通审核从事前审批改为备案制，同时允许包括商业银行在内的所有银行间债券市场投资者投资公司债券，要求发行人进行持续信息披露和跟踪信用评级，鼓励做市商和承销商对公司债券进行双边报价等，为企业债券市场的发展创造了良好的条件。这一变革有一点影响是十分深远的：在我国，商业银行是债券市场的主要投资机构，是银行间市场的绝对买方，放开其投资企业债券，可令银行间市场信用债市场快速扩容。

与此同时，企业债也开启了去担保化的进程。在此之前，监管层、发行人与投资者都以商业银行为企业债提供担保为投资的先决条件，当时商业银行往往以一级分行的形式进行担保。有意思的是投资者也会依据风险定价，根据分行所在地的经济发展水平来定价，国有银行经济不发达地区分行担保的债券就明显不如经济发达地区分行担保的好销售，但收益率会高一点。这种现状显然没有实现直接融资的目的，信用风险依然集中到银行体系，发行人高度集中于大型央企，投资人选债和定价也是看的担保人的资质。正如周小川行长总结的那样：行政要求企业债发行必须有银行担保，而一旦银行进行了担保，就不是典型意义的企业债了。严格说来，这一变化始于 2005 年 12 月 9 日，当时中信集团在银行间市场发行了 90 亿元企业债（“05 中信债 1”“05 中债 2”），在募集说明书中，发行人没有提及银行担保，这是企业债无担保发行的第一次试水。不过由于中信集团的央企金融背景，这只企业债接近于金融债，还不能称为真正意义上的无担保企业债。

四、结语

2005 年是中国债券市场变迁的一个历史性的节点，也是中国信用债市场起步的关键之年。这一年短期融资券重新出世，成为真正的信用债品种。这一年，央行允许包括商业银行在内的合格机构投资者参与企业债券，为银行间债券市场的发展奠定了基础。这一年，企业债去担保发行开始试水，虽未发行完全意义上的无担保企业债，但为企业债探索信用定价迈出了第一步。这一年，国家开发银行与建设银行率先开启信贷资产证券化的试点大门。这一年，还有很多的突破，比如银行间市场推出远期交易，再比如央行允许泛亚基金和亚债中国基金进入银行间市场开展债券交易，正式拉开了银行间债券市场对外开放的帷幕……

2005 年的短期融资券市场的发展点燃了中国信用债市场的星星之火，之后终将燎原，形成了规模高达 28 万亿人民币的全球第二大信用债市场。站在 2021 年回头看，2005 年短期融资券出现在中国经济增速最快的第十一个五年计划，也是中国加入 WTO 红利释放最充分的时期，2007 年中国 GDP 增速更是达到 14.2%。这是中国经济增长的黄金时代，也是信用风险最小的时代，它成功的时代背景不容忽视，如果出现在去杠杆的今天，可能早就夭折，中国信用债市场的创新离不开时代。

2006年：第一次直面信用债风险事件

2006年世界经济继续保持较快增长势头。美国经济较快增长，就业状况基本稳定。欧元区经济稳步增长，失业率逐季回落。日本经济稳步回升，失业率也呈现下降趋势。新兴市场经济体继续保持较快增长势头，通胀压力有所增长。美国、日本、欧元区GDP同比增速分别录得2.9%、1.4%和3.1%。在这样的背景下，全球主要央行都采取了偏紧的货币政策。美联储于1月31日、3月28日、5月10日和6月29日分别加息25bp，联邦基金目标利率达到5.25%。欧洲中央银行继续加息，日本和英格兰银行也结束了宽松的货币政策。

2006年我国经济继续保持平稳较快发展，经济运行总体形势较好。全年实现GDP同比增长12.72%，较上年增长1.33个百分点，CPI同比上涨1.5%，较上年下降0.3个百分点。为防止经济增长由偏快向过热发展，高层针对“投资过快、信贷过快、顺差过大”问题，采取了一系列的总量调控和结构性调控措施，货币政策由2005年极度宽松状态向中性偏紧状态转化。中国人民银行一方面以发行央票和回购操作加大公开市场对冲操作力度，同时引导货币市场利率逐步回升，全年1年期央票发行利率上升90bp；另一方面分三次上调金融机构存款准备金率共1.5个百分点。为抑制过度投资，引导投资和货币信贷的合理增长，央行两次上调金融机构存贷款基准利率。第一次是自4月28日起上调金融机构贷款基准利率27bp，第二次是自8月19日起上调金融机构人民币存贷款基准利率27bp。

经济基本面给2006年的债券市场的方向性指引不强，政策面变动和资金面变动成为市场利率运行的核心矛盾。市场流动性资金依然充裕，但随着一系列政策的调控，货币市场利率整体高于 2005 年，且走出了一波年初震荡上扬、年末冲高回落的格局。这使得 2006 年的收益率扁平化趋势明显，长期利率呈现窄幅震荡格局。全年来看，10 年期国债收益率下行 5bp，1 年期国债上行 42bp。

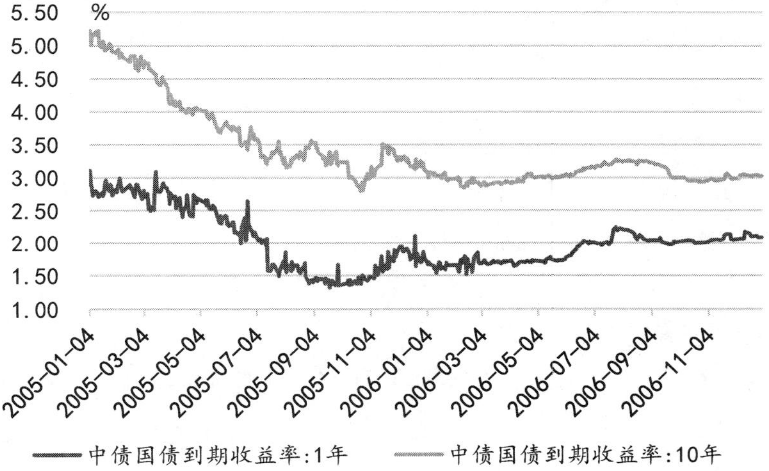

图 2-1　2005—2006 年国债利率曲线变化

数据来源：Wind

无论是从一级市场发行情况还是二级市场走势来看，相比于 2005 年债券牛市，2006 年的债市似乎略显平静。然而只有亲身经历过那一年的人，才能深切感受到 2006 年的特殊性。2006 年，信用风险警钟第一次被敲响，信用债当中的信用二字第一次教育了市场和投资机构。

一、重点事件时间轴

- 2006-2-9　央行发布《关于开展人民币利率互换交易试点有关事宜的通知》，通知发布当天国家开发银行和中国光大银行完成首笔交易。
- 2006-4-27　央行决定从 2006 年 4 月 28 日起上调金融机构贷款基准利率。金融机构 1 年期贷款基准利率上调 27bp，由现行的 5.58% 提高到

5.85%。其他各档次贷款利率也相应调整。金融机构存款利率保持不变。

- 2006－6－16　央行决定从2006年7月5日起上调存款类金融机构人民币存款准备金率0.5个百分点。农村信用社（含农村合作银行）的存款准备金率暂不上调，继续执行现行存款准备金率。
- 2006－7－11　央行发布《中国人民银行关于货币经纪公司进入银行间市场有关事项的通知》，标志着货币经纪业务获得了进入国内银行间市场、参与人民币产品交易的正式许可。首家获准成立的上海国利货币经纪公司进入银行间市场。货币经纪公司的出现一方面改变了以往“逐一询价”交易方式，大大提高债券交易效率；另一方面为匿名交易创造条件，为不同主题参与债券市场提供了更加公平的交易环境。
- 2006－7－17　上海社保基金案爆发，福禧投资遭到彻查，“06福禧CP01”兑付出现不确定性。
- 2016－7－21　央行决定从2006年8月15日起上调存款类金融机构存款准备金率0.5个百分点，农村信用社（含农村合作银行）存款准备金率暂不上调，继续执行现行存款准备金率。
- 2006－8－9　上海电气（集团）总公司副总裁、上海电气集团股份有限公司执行董事涉嫌非法贷款案接受调查，“06沪电气CP01”遭到猛烈抛售，市场定价对信用风险开始有所反应。
- 2006－8－18　央行决定自2006年8月19日起上调金融机构人民币存贷款基准利率。金融机构1年期存款基准利率上调27bp，由现行的2.25%提高到2.52%；1年期贷款基准利率上调27bp，由现行的5.85%提高到6.12%；其他各档次存贷款基准利率也相应调整，长期利率上调幅度大于短期利率上调幅度。
- 2006－9－28　穆迪收购中诚信49%股份，在中国金融业对外资全面开放前，曲线进入中国信用评级业。同时这是在8月9日商务部发布关于外国投资者并购国内企业新规定后，金融业内发生的第一起外资并购案例。
- 2006－11－3　央行决定从2006年11月15日起上调存款类金融机构人民币存款准备金率0.5个百分点。

● 2006－11－6　央行制定《全国银行间债券市场债券借贷业务管理暂行规定》，全国银行间市场正式推出债券借贷业务，为市场参与者提供了融券的便利，也为债券市场提供了有效的做空手段，增强了债券市场的流动性。

二、信用债市场回顾

一级市场发行情况

表 2－1　信用债一级新发行情况

债券类型	发行期数（只）			发行总规模（亿元）			平均每只发行规模（亿元）		
	2005 年	2006 年	增幅	2005 年	2006 年	增幅	2005 年	2006 年	增幅
一般短期融资券	79	242	206%	1424	2920	105%	18	12	－33%
一般企业债	36	43	19%	604	615	2%	17	14	－15%
合计	115	285	148%	2028	3535	74%	18	12	－33%

数据来源：Wind

说明：在计算平均数时结果只保留到个位，但计算增幅时使用的是精确度更高的数据。

2006 年短期融资券总计发行 242 只，较 2005 年增加了 163 只，增幅 206%；发行券面总额 2920 亿元，较 2005 年增加 1496 亿元，增幅达到 105%。

短期融资券发行从 2005 年 5 月 26 日开始，全年实际发行年限仅为半年，因此按此估算，2006 年短期融资券发行量并没有显著的增长，但发行只数显著增加。2006 年单只短期融资券的发行规模与 2005 年相比有所减少，2006 年单只短期融资券的平均发行规模为 12 亿元，而 2005 年单只短期融资券的平均发行规模为 18 亿元。

二级市场发行情况

2006 年市场利率处于窄幅箱体震荡，全年经历了 3 次存款准备金率上调，央行逐步引导央票利率上行，回收市场过剩流动性资金，资金处于紧平衡状态，短久期信用债利率整体呈现出走高态势，年初短期融资券发行利率从3.2%逐步上行至4%，中短期债券总财富指数2006年涨幅仅有2.46%，相对于2005年大牛市中指数上涨了9.13%，显得较为一般。

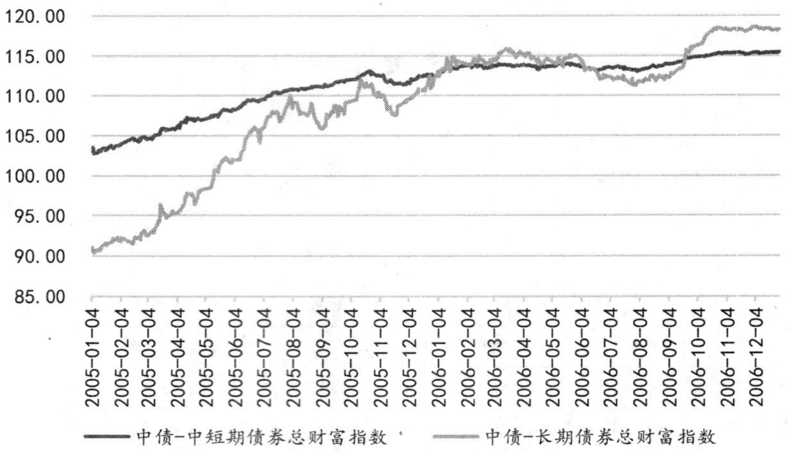

图2-2　2005—2006年中短期及长期债券指数走势

数据来源：Wind

三、重要事件评述

福禧短期融资券突发信用风险，震惊市场

2006年是短期融资券推出的第二年，作为一个收益高且期限短的信用债品种，受到市场极大的追捧，发行规模在2006年上半年快速放量，除了2月份的春节因素，发行规模基本呈现月月创新高的状态。仅2006年上半年就已经发行了共计113只短期融资券，发行规模达到1416亿元，超过了2005年全年的1424亿规模。短期融资券成为增长最快的直接融资工具。

从2005年5月第一批短期融资券发行之后的相当长的一段时间，同等期限短期融资券收益率与无风险的央行票据利率保持了120bp的高利差且无信用风险。较高的收益水平成为货币市场基金和刚刚出现的银行理财产品热烈追捧的投资品种。

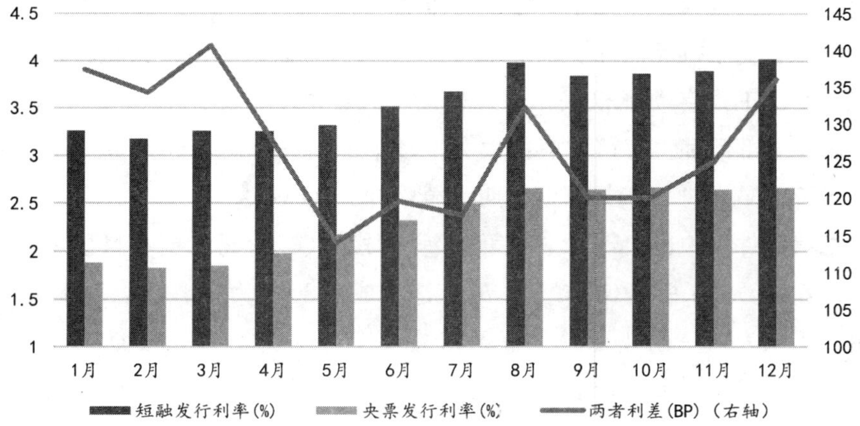

图 2－3　2006 年短期融资券发行利率水平

数据来源：Wind

短期融资券作为无担保的纯信用债券品种，当时它的价格主要根据信用评级确定，但国内的债券市场没有出现过违约事件，因此市场其实对于评级并不太关注，导致不同主体之间的收益率区分度很小，因而信用债的信用风险被投资者彻底忽视。然而随着短期融资券发行主体的迅速扩大，隐藏的信用风险随之扩大。

2006 年 7 月，上海社保案爆发，福禧投资“东窗事发”。上海社保基金违规拆借 32 亿社保资金给予这家民营企业，用于购买沪杭高速上海段 30 年的收费经营权。此事发生后，福禧投资主要财产遭到法院冻结，而在当年 3 月其刚刚发行了 10 亿元短期融资券。事发后，上海远东资信评估公司将其信用评级下调为 C 级，使得“06 福禧 CP01”从中国第一只非上市民企短期融资券沦为中国第一只“垃圾级债券”，10 亿短期融资券的投资者直面偿付风险，整个中国债券市场被有史以来的第一次信用危机震惊。市场风险意识快速上升，不少机构开始严查产品持仓情况，对可能存在风险的标的进行风险排查。“06 福禧 CP01”遭遇抛售，价格暴跌。

为了维护信用债市场这一新生市场，中国人民银行和主承销商中国工商银行（以下或简称工行）牵头化解了这场危机。2006 年 8 月 29 日，工行在上海召开持有人会议，就成立“福禧融资券债权人委员会”达成共识，持有人一致同意委托工行代理维权工作；9月8日，福禧融资券债权人委员会第一次会议召开，正式启动维权工作。经过债权人委员会和维权代表工行的努力，在金融主管部门和上海市政府的大力推动下，福禧公司资产处置工作顺利进行，2007年3月7日，福禧债如期足额兑付了全部本息。

福禧事件之中也出现了中国第一笔“垃圾债”交易。据资料显示，2006年9月6日，“06福禧CP01”以70元净价成交3000万元。根据21世纪经济报道，买家为第一创业证券，市场相关人士透露卖家为一家商业银行。在2007年3月7日“06福禧CP01”兑付后，这笔投资绝对收益率达到45%，成为早期信用市场垃圾债投资的经典案例，不过直到今天对这笔交易的真实性依然有不同声音，但不管怎么样这是中国债券市场第一笔高收益债交易记录。

福禧事件以一个圆满的方式收官，看似波澜不惊但背后暗流涌动。首先，福禧短期融资券如何完成债券兑付，迄今依然不为市场所知。福禧投资名下的资产一度涵盖公路基建、金融资产以及装备制造业，其中包括盛极一时的上海电气集团股份有限公司（2727.HK）8.15%股权、中国财产再保险11.03%的股权、中国人寿再保险10%的股权和中国保险报业股份有限公司15%的股权等。上海电气是上市公司，如果福禧要将所持股权拍卖、转让用以偿债，就必须进行信息披露，但这样的信息并未见发布。因此，业界人士猜测，可能是在相关部门的主导下，将福禧投资的部分资产抵押给工行上海分行，然后由工行贷款10亿元，用于债券的偿付。其次，福禧债的持有人包括商业银行、基金公司和保险公司，因此，中国银保监会、证监会都被动地介入这场风波之中。按照监管部门的规定，保险公司和基金公司只能投资于国内信用级别在A－1以上的债券，而商业银行购买融资券需要内控部门授信，也无法投资垃圾债券。据当时的新闻报道，一家当时正在筹备上市的商业银行为了减少拨备压力，安排了一笔特殊交易。数据显示，2006年10月12日下午，银行间债券市场几乎同时出现了两笔福禧短期融资券的成交记录，成交量均为3000万元，成交价均为90.9元，对应的年化收益率为26.94%，疑似机构之间进行对倒交易。更有甚者，某家商业银行的理财产品曾经购买福禧债，福禧事件爆发后，干脆由商业银行购买这笔债券，以承担潜在损失。当时持有福禧债的基金公司也有多家，依据证监会发布的通知，货币市场基金持有短期融资券期间，如果其信用等级下降、不再符合投资标准，应在评级报告发布之日起20个交易日内予以全部减持。然而，当时在银行间市场已经找不到福禧债的交易对手，基金无法顺利出售所持有的福禧债。实际上，为了不让投资人得知基金持有福禧债，在随后的基金公告中，一直难觅关于福禧债的只言片语。如果货币基金持有福禧债的内情被披露，投资人将会提前赎回，这样货币基金就会面临流动性危机，并会引发更大规模的赎回。基于类似的考虑，2006年底福禧债的持有人对福禧投资的起诉也未被受理。这场危机最终在多方的努力下顺利解决，避免了对刚刚起步的短期融资券市场乃至整个中国信用债市场的冲击。

值得注意的是，福禧事件发生后，投资者对民营企业的不信任感增强，导致民营企业在信用债市场的融资难度有所增大。从2006年初至7月，民企信用债发行规模逐步达到112亿元，但福禧事件冲击后至年底，民企信用债发展规模合计仅有19亿元，市场对于民营企业的信用资质担忧愈发加深。

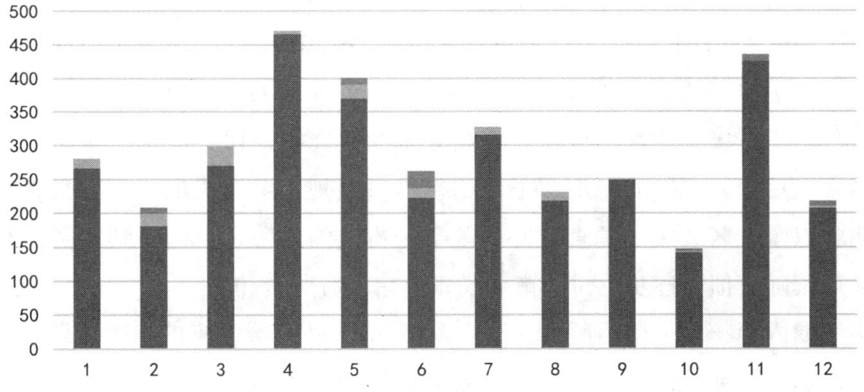

图2-4　2006年每月信用债发行情况（按企业业性质分类）

数据来源：Wind

进入2006年8月，上海电气再敲短期融资券风险警钟。8月8日，上海市新闻办向媒体证实上海电气（集团）总公司副总裁、上海电气集团股份有限公司执行董事韩国璋涉嫌严重违纪正在接受调查。香港联交所迅速宣布上海电气（集团）总公司旗下在香港上市的上海电气暂时停牌，等待该公司发布有关澄清公告。8月15日，上海机电股份有限公司发布临时公告，称该公司董事长王成明因涉嫌个人严重违反党纪，正在接受组织对其的调查。王成明除了担任上海机电董事长一职外，还曾身兼上海电气（集团）总公司董事长、党委书记、上海电气首席执行官、董事长兼执行董事等数职。他曾经成功主持过2004年的上海电气改制工作，提出“让近65亿元国资一分钱不流失的前提下，最终还要引来100亿元的外来资金”。也就是在那时，福禧投资战略入股上海电气股份有限公司11%，后来这个持股比例降为8.15%，而福禧投资所持股份的市值仍超过25亿港元。

一个月内，上海电气3位高管接连落马，一连串的不利消息引发上海电气（集团）总公司短期融资券遭到市场疯狂抛售，其中“06沪电气CP01”最大单笔抛单达2.3亿元，报价超过3.5%。但由于上海电气集团作为国企，资金雄厚，护盘意愿较强，债券抛压有所缓和。当时市场传闻上海电气集团旗下财务公司人士放风，如果有人报出的收益率达到10%，他愿意照单全收（“05沪电气CP01”和“06沪电气CP01”各20亿元）。上海电气集团亦在2006年8月9日发出公告称“韩国璋系该公司副总裁，因其涉嫌个人严重违纪，目前正在接受调查，与本公司业务无关，公司一切工作正常运营”和韩国璋事发后的公告措辞相似，王成明事件一出现，上海机电立即发公告称王成明将以个人名义接受调查，并非董事身份，因此公司目前一切事务运行正常。后续随着债券逐步兑付，市场紧张情绪才有所缓和。

短期内频频发生信用危机，给从2005年5月开始急速扩容的短期融资券市场敲响了警钟，让市场参与者重新审视短期融资券的信用风险，机构风险意识逐步提升，对于信用风险的甄别从单纯的企业性质逐步上升到对于企业的经营情况和管理水平等更加具象化的角度。信用风险事件的发生也给中国债券市场提供了试水垃圾债券投资交易的机会，中国信用债市场开始体现信用的特点。

中国信用评级行业首次引入外资力量

随着中国信用债市场的逐步发展，评级机构在其中起的作用越来越大。但由于本土化发展，评级模型和分析框架较为初级，评级能力明显不足。短期融资券的信用风险事件暴露出短期融资券仅对债项进行评级的做法对于风险定价不充分、不客观等问题，这使得评级机构的专业性遭到了市场机构和监管机构的多方质疑。正如中诚信国际信用评级有限公司董事长毛振华当时提到的，“随着新产品的不断推出，对中国本土评级公司也提出了更高要求……资产定价完全依赖评级公司的评级，需要使用大量模型和新技术。中诚信国际是国内最早涉猎这块业务的评级公司，但在摸索过程中觉得还是比较困难，直到现在仍然不够熟练”。可见中国评级行业急需与国际接轨，引入先进的实践经验。与此同时，国际评级机构也有强烈的意愿进入中国市场。

2006 年 9 月 21 日，全球三大评级机构之一的穆迪完成了对中诚信国际 49% 股份的并购，标志着中国的评级市场开始走向新的阶段。此后，联合资信与惠誉也达成了合作并购。通过引入国外评级机构，学习其先进经验，对国内信用市场的风险定价能力的提升提供了机会。

全国银行间市场正式推出债券借贷业务

2006 年 11 月，央行颁布了《全国银行间债券市场债券借贷业务管理规定》，在全国银行间市场正式推出债券借贷业务。债券借贷是指债券融入方以一定数量的债券为质物，从债券融出方借入标的债券，同时约定在未来某一时间归还所借入标的债券，并由债券融出方返还相应质物的债券融通行为。目前，债券借贷已成为国际债券市场广泛使用的重要工具之一。在我国银行间债券市场快速发展的背景下，债券借贷业务的推出具有非常重要的意义。第一，有利于提高市场的流动性。债券借贷将本来暂时不流动的债券出借给需要债券的投资者，增加了市场上可用于交易和结算的债券数量，提高了债券的周转速度，有助于增强市场的流动性。第二，债券借贷有助于减少结算失败，促进市场的稳定运行。债券借贷使投资者能融入债券用于交割，大大减少了结算失败的概率，降低了结算风险，提高了整个债券结算系统的运行效率，有利于整个市场的稳定运行。第三，为投资者提供了新的投资盈利模式和风险规避手段，提升了市场的有效性。债券借贷使投资者可以卖出自己没有的债券，到期再补回，这种做空机制为投资者提供了新的投资盈利模式和风险规避手段，也为那些以持有到期为目的的投资者在不改变资产配置的条件下额外增加收益提供了新的渠道。另外，债券借贷可以用以支持其他更为复杂的投资策略，刺激了各种交易需求的增加，有利于降低市场的波动性，提高市场的有效性。第四，有助于做市商做市能力的提高。债券借贷工具的引入，可以使做市商为保证债券交割而保持的债券头寸大为减少，从而有效地降低其存货风险，提高其做市能力。

四、信用风险事件点评

“福禧事件”回顾

发行人基本情况和评级变动

福禧投资控股有限公司成立于2002年2月7日，是国内第一只发行短期融资券的非上市民营企业。公司业务以高速公路产业为主，以金融保险及电气装备制造投资为辅。

公司主要从事高速公路的投资、建设、运营和管理业务，是我国公路行业中资产规模最大的民营交通集团之一。公司控股企业拥有沪杭高速公路上海段收费经营权和嘉金高速25年收费经营权，参股企业拥有苏嘉杭高速30年收费经营权。截至2005年6月底，公司参与管理的公路里程超过200公里，高速公路领域投资总额超过100亿元。

公司除投资高速公路项目外，还积极参与金融保险行业投资，分别参股中国财产再保险股份有限公司、中国人寿再保险股份有限公司、中再资产管理股份有限公司以及中国保险报业股份有限公司，是中国人寿、中国人保、中国再保险、国际金融公司、新加坡政府投资公司、瑞士再保险、东亚再保险和新鸿基保险等国际金融机构重要合作伙伴。

装备制造业方面，2004 年 3 月，公司参与上海电气（集团）总公司的改制工作，持有上海电气集团有限公司 10.54% 的股份。上海电气集团有限公司经改制重组为上海电气集团股份有限公司，并于 2005 年 4 月 28 日成功上市，股票代码 HK02727，上市后总股本为 118 亿股。公司持有其 8.15% 的股份，是上海电气集团股份有限公司第二大股东。

截至 2004 年末，公司总资产达 105 亿元，净资产 43 亿元。2004 年实现营业收入 4.27 亿元，资产负债率 58.09%。

上海远东资信评估有限公司于 2005 年 12 月 8 日将发行人的短期信用等级评定为 A－1 级，2006 年 7 月 26 日宣布 A－1 级的短期信用级别暂时失效，2006 年 8 月 21 日将短期信用等级调整为 C 级。（远东资信这一断崖式评级下调也备受市场诟病。作为中国第一家社会化专业资信评估公司，一度拥有银行间和交易所全牌照资质，但在福禧事件之后，央行暂停了其银行间评级业务，导致牌照作废，直到 2019 年 7 月才重新回归银行间债券市场。）

事件发生过程

2006 年 7 月 17 日，上海市劳动和社会保障局局长祝均一因涉嫌违规使用 32 亿元社保基金而被隔离审查。媒体报道 32 亿元违规拆借给福禧投资用于收购沪杭高速公路上海段的经营权。

2006 年 7 月 24 日，福禧投资控股公司在《中国债券信息网》发布公告称："公司董事长张荣坤先生正在协助政府有关部门进行调查，目前公司运转正常。"

福禧投资控股有限公司公告

鉴于近日媒体刊登的相关报道，本公司公告如下：

公司董事长张荣坤先生正在协助政府有关部门进行调查，目前公司运转正常。中国货币网和中国债券信息网为公司短期融资券指定信息披露媒体，所有信息均以上述指定媒体正式公告为准。

特此公告。

福禧投资控股有限公司

二〇〇六年七月二十三日

图 2－5 国内首份信用风险揭示公告

资料来源：中国货币网

2006 年 7 月 26 日，上海远东资信评估公告称鉴于福禧投资董事长张荣坤正在配合调查，于 7 月 22 日启动了对福禧投资短期融资券的跟踪评级程序。

2006 年 8 月 10 日，上海远东资信评估公告称了解到福禧投资的上海路桥股份发展有限公司、上海嘉金高速公路发展有限公司、上海电气集团股份有限公司、中国财产再保险股份有限公司、中国人寿再保险有限公司等公司的股权已被法院裁定冻结。福禧投资也证实法院已应上海市企业年金发展中心提出的诉前财产保全申请，依法裁定查封、冻结公司的主要财产。

2006 年 8 月 21 日，上海远东资信评估公告称福禧投资于 2006 年 8 月 17 日接到上海市第一中级人民法院的应诉通知书，上海市企业年金要求福禧投资提前归还自 2002 年以来以委托资金运营和委托贷款的形式提供给福禧投资合计 34.5 亿元的资金。“在 2005—2006 年筹备发行短期融资券期间，福禧投资未披露上述协议及相应连带责任事项”，并将其评级降为 C 级。

2006 年 8 月 29 日，工行在上海召开持有人会议，就成立“福禧融资券债权人委员会”达成共识，持有人一致同意委托工行代理维权工作。

2006 年 9 月 8 日，福禧融资券债权人委员会第一次会议召开，正式启动维权工作。

2006 年 10 月 19 日，福禧投资发布公告，其董事长张荣坤被捕。

2007 年 2 月 27 日，福禧债持有人参与了由央行主持的沟通会。当时的决定是，福禧债的偿付资金放在一个司法监管账户上，通过中央国债登记结算公司完成兑付。为了避免对金融市场造成震荡，福禧债的偿付将不发布公告。

2007 年 3 月 8 日，工商银行发布公告称经过大家的共同努力，福禧短期融资券已于昨日按期足额兑付。

启示及关注点

尽管福禧债券最终全额兑付，市场重归平静。但当时的投资者原本可以规避不必要的波动和恐慌，因为当中有几点明显的蹊跷之处：

（1）福禧投资作为民营企业，业务范围均是一般民间资本难以企及的高速、金融保险和电气行业，它收购了中国最好的高速公路资产沪杭高速公路的一部分让人惊讶，钱从哪里来，为什么是它?

（2）公司股权变动频繁，变化较大。福禧投资成立于 2002 年 2 月 7 日，注册资本为人民币 5 亿元，投资比例为南京福禧投资发展有限责任公司 40%、时文琦 25%、沈嘉健 25%、上海沸点投资 10%。2003 年 4 月 3 日公司申请增加注册资本 5 亿元，增资后公司注册资本变更为 10 亿元，投资比例变更为南京福禧投资发展有限责任公司 20%、时文琦 17.5%、沈嘉健 17.5%、上海沸点投资 40%。2004 年 12 月，公司的股权结构变更为自然人张荣坤 60%、时文琦 17.5%、沈嘉健 17.5%、上海沸点投资 5%。

（3）根据“06 福禧 CP01”募集说明书提供信息，公司主要股东张荣坤、时文琦、沈嘉健均有十年左右的投资、经商及企业管理经验，但当时三人年龄却分别为 32、29 及 36 岁；公司高管平均年龄也在 30 岁左右。出资人及管理层均十分年轻，而又拥有十年的投资管理经验，从这一角度来看，公司的经营及组织结构是让人心生疑虑的。

在短期融资券出现之前，中国债券市场没有真正意义的信用债品种。其中企业债经银行担保后，企业的信用转化为银行的信用，而银行在当时环境又具备了国家的隐性担保，所以企业债基本等同于以国家信用进行融资，企业债的变相国家信用担保实际上阉割了债券市场的风险结构，没有信用风险的市场，必然缺少应有的深度和层次，市场的金融效率自然也大打折扣。直到短期融资券这一品种出现才打破这一格局，短期融资券不设立担保，以自身信用进行市场化融资，虽然在福禧事件后信用债市场受到较大冲击，短期融资券在市场中从“一券难求”走到了“被迫延发”，市场经历了一定的阵痛期，但福禧事件重塑了投资者对于信用市场的认识，对于风险责任的把握，无论对于投资者，评级机构还是政策制定者都具有很强的警醒作用，市场的有效性开始逐步形成。

福禧事件真正将投资信用债风险具象化，既然要获取较高的票息收益，就必须承担更大的信用风险。自此，信用风险甄别能力和信用定价能力成了投资者在信用债市场做出差异化的核心能力。福禧事件是信用债走向市场化的一个里程碑，标志着中国债券市场化进程进入新的阶段。

五、结语

2006 年是中国信用债市场具有重要意义的年份，这一年，信用债的发行规模有所增长，良好的货币环境和信用环境，让这个年轻的市场快速发展，但是 2006 年 7 月的“福禧事件”及“上海电气事件”第一次教育了投资者，信用风险开始成为信用债市场投资者的达摩克利斯之剑，信用风险开始为市场所关注。信用债市场何时打破刚兑成为市场机构一直在猜想的谜题，但没有想到这一天等了 7 年。时间的力量能让市场忘却，正如黑格尔说过的：人类从历史中学到的唯一教训，就是人类无法从历史中学到任何教训。

2007 年：波澜不惊的信用债

2007 年全球经济体保持平稳增长势头。美国受次贷风波影响，经济增速明显放缓。欧元区和日本也面临经济下行风险。美国、日本、欧元区 GDP 同比增速分别录得 1.9%、1.5% 和 2.9%，分别较上年低 1 个、高 0.1 个和低 0.2 个百分点。但主要新兴市场经济体和发展中国家（地区）的经济增长依然强劲，通胀压力有所增强。在这样的背景下，全球主要央行都在下半年转变了货币政策方向。美联储在上半年维持联邦基金目标利率不变，下半年分别于 9 月 18 日、10 月 31 日和 12 月 11 日下调联邦基金目标利率 50bp、25bp 和 25bp。欧洲中央银行、日本银行和英格兰银行也由上半年的加息政策转为维持利率不变或降息政策。

2007 年我国经济平稳快速发展，供需两旺，但贸易顺差过大、投资增速过快等问题还是没有得到根本缓解，通胀压力较大。全年实现 GDP 同比增长 14.23%，较上年增长 1.51 个百分点，CPI 同比上涨 4.8%，较上年增长 3.3 个百分点。针对银行体系流动性资金偏多、货币信贷扩张压力较大、价格涨幅上升的形势，货币政策进一步从紧。中国人民银行一方面以加大央票发行力度和适时开展正回购操作来回收银行体系流动性资金，同时引导货币市场利率进一步回升，全年 3 个月期、1 年期和 3 年期央票发行利率分别上升 90bp、126bp 和 155bp；另一方面央行继续通过提高存款准备金率对冲流动性资金，全年先后十次上调，累计幅度达 5.5 个百分点。为引导货币信贷合理增长、调节和稳定通胀预期，2007 年央行先后六次上调金融机构人民币存贷款基准利率，其中，1 年期存款基准利率从年初的 2.52% 上调至年末的 4.14%，累计上调 162bp；1 年期贷款基准利率从年初的 6.12% 上调至年末的

7.47%，累计上调135bp。2007年12月，在上调存贷款基准利率的同时，较大幅度地上调了一年以内的定期存款利率，以引导居民等各类经济主体更多地存放短期定期存款。其中，3个月期存款利率上调45bp，6个月期存款利率上调36bp。

2007年CPI持续攀升、央行多次加息升准、权益市场大爆发、特别国债再度发行……这些因素推动市场收益率不断上行。全年来看，10年期国债收益率上行140bp，1年期国债上行159bp。

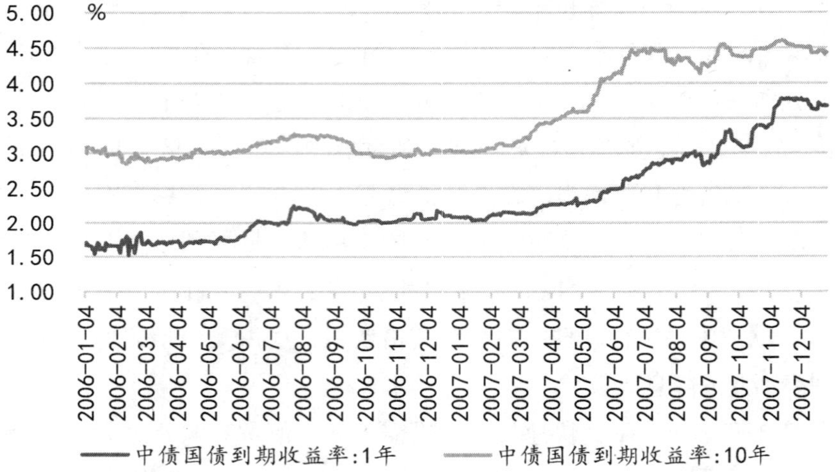

图3-1　2006—2007年国债利率曲线变化

数据来源：Wind

2007年企业债和短期融资券发行规模继续保持稳步增长态势，公司债正式推出。二级市场收益率跟随利率债走势大幅上行。债券市场监管层面上，央行（交易商协会）、国家发改委、证监会三足鼎立的格局在2007年形成。在良好的经济环境下，信用债市场平稳健康发展，波澜不惊。

一、重点事件时间轴

● 2007-1-5　央行决定从2007年1月15日起，上调存款类金融机构人民币存款准备金率 0.5 个百分点。

- 2007 – 1 – 8　中国保监会发布《保险机构债券投资信用评级指引（试行）》，要求保险机构建立内部信用评级系统，评估债券投资信用风险。这是保险业全面落实《关于加强保险资金风险管理的意见》的重要举措，标志着保险资金债券投资开始步入信用风险管理阶段。
- 2007 – 1 – 11　央行公布《全国银行间债券市场做市商管理规定》，降低了做市商准入标准，放宽做市商的相关业务要求，同时加强对做市商的考核管理，激励其增强做市能力，引导市场更理性化地发展，进一步活跃市场交易。
- 2007 – 2 – 16　央行决定从 2007 年 2 月 25 日起，上调存款类金融机构人民币存款准备金率 0.5 个百分点。
- 2007 – 2 – 28　中国人民银行与劳动和社会保障部联合公布了《关于企业年金基金进入全国银行间债券市场有关事项的通知》，企业年金基金获准进入全国银行间债券市场进行投资、交易。
- 2007 – 3 – 17　央行决定自 2007 年 3 月 18 日起上调金融机构人民币存贷款基准利率。金融机构 1 年期存款基准利率上调 27bp，由现行的 2.52% 提高到 2.79%；1 年期贷款基准利率上调 27bp，由现行的 6.12% 提高到 6.39%；其他各档次存贷款基准利率也相应调整。
- 2007 – 4 – 5　央行决定从 2007 年 4 月 16 日起上调存款类金融机构人民币存款准备金率 0.5 个百分点。
- 2007 – 4 – 29　央行决定从 2007 年 5 月 15 日起上调存款类金融机构人民币存款准备金率 0.5 个百分点。
- 2007 – 5 – 18　央行决定从 2007 年 6 月 5 日起上调存款类金融机构人民币存款准备金率 0.5 个百分点。从 2007 年 5 月 19 日起，上调金融机构人民币存贷款基准利率。金融机构 1 年期存款基准利率上调 27bp，1 年期贷款基准利率上调 18bp，其他各档次存贷款基准利率也相应调整。个人住房公积金贷款利率相应上调 9bp。
- 2007 – 6 – 12　中国证监会起草了《公司债券发行试点办法（征求意见

稿)》。

- 2007－7－1　证券投资基金正式执行新的《企业会计准则》，中债估值被证监会指定作为证券投资基金持有债券的会计核算标准，基金的债券净值计算全部采用第三方估值——中债估值为参考基准，自此我国债券基金净值的计算标准实现了科学、统一的规范。
- 2007－7－20　央行决定自2007年7月21日起上调金融机构人民币存贷款基准利率。金融机构1年期存款基准利率上调27bp，由现行的3.06%提高到3.33%；1年期贷款基准利率上调27bp，由现行的6.57%提高到6.84%；其他各档次存贷款基准利率也相应调整。个人住房公积金贷款利率相应上调9bp。
- 2007－7－30　央行决定从2007年8月15日起上调存款类金融机构人民币存款准备金率0.5个百分点。
- 2007－8－4　中国证监会正式颁布实施《公司债券发行试点办法》。
- 2007－8－8　中国证监会发布《证券市场资信评级业务管理暂行办法》，自2007年9月1日起施行。
- 2007－8－21　央行决定，自2007年8月22日起上调金融机构人民币存贷款基准利率。金融机构1年期存款基准利率上调27bp，由现行的3.33%提高到3.60%；1年期贷款基准利率上调18bp，由现行的6.84%提高到7.02%；其他各档次存贷款基准利率也相应调整。个人住房公积金贷款利率相应上调9bp。
- 2007－9－3　中国银行间市场交易商协会在京成立。
- 2007－9－6　央行决定从2007年9月25日起上调存款类金融机构人民币存款准备金率0.5个百分点。
- 2007－9－14　央行决定自2007年9月15日起，上调金融机构人民币存贷款基准利率。金融机构1年期存款基准利率上调27bp，由现行的3.60%提高到3.87%；1年期贷款基准利率上调27bp，由现行的7.02%提高到7.29%；其他各档次存贷款基准利率也相应调整。个人住房公积金贷款利率相应上调18bp。

- 2007－9－24　首只获准发行的公司债券——“07 长电债”正式发行，该债券由中国长江电力股份有限公司发行。
- 2007－9－25　央行就公司债券在银行间债券市场发行、交易流通和登记托管有关事宜发布公告，开启了公司债券跨市场自由流动的第一步。
- 2007－10－12　银监会向商业银行下发了《关于有效防范企业债担保风险的意见》，要求各银行即日起一律停止对以项目债为主的企业债进行担保。
- 2007－10－13　央行决定从 2007 年 10 月 25 日起上调存款类金融机构人民币存款准备金率 0.5 个百分点。
- 2007－10－19　中国石化财务公司在银行间债券市场成功发行了 40 亿元金融债“07 石化财务债”，这标志着自 1996 年发布《企业集团财务公司管理办法》以来，财务公司发行金融债终于取得了历史性突破。这是自 2005 年 6 月央行颁布《全国银行间债券市场金融债券发行管理办法》以来，国内首单由非银行金融机构发行的金融债。
- 2007－11－10　央行决定从 2007 年 11 月 26 日起上调存款类金融机构人民币存款准备金率 0.5 个百分点。
- 2007－11－14　首单中小企业集合债券正式发行，这种将中小企业打包捆绑、集合发债的方式打破了以往只有大企业才能发债的惯例，为中小企业开创了新的融资模式。
- 2007－11－21　央行发布《信贷市场和银行间债券市场信用评级规范》《中国人民银行信用评级管理指导意见》，为了规范信用评级机构在银行间债券市场和信贷市场信用评级执业行为，促进信用评级业的健康发展。
- 2007－11－29　国家发改委下发《国家发改委关于加快企业债券市场发展、简化发行核准程序有关事项的通知（征求意见稿）》，明确了企业债发行方式由审核制变为核准制，取消了对企业债的额度限制，债券利率由企业根据市场情况决定，这标志着企业债行政审批发行模式的终结，发行制度将获得重大突破，迎来市场化发行模式。
- 2007－12－8　央行决定从 2007 年 12 月 25 日起上调存款类金融机构人民币存款准备金率 1 个百分点。

● 2007－12－20　央行决定从2007年12月21日起调整金融机构人民币存贷款基准利率，1年期存款基准利率由现行的3.87%提高到4.14%，上调27bp；1年期贷款基准利率由现行的7.29%提高到7.47%，上调18bp；其他各档次存、贷款基准利率相应调整。个人住房公积金贷款利率保持不变。

二、信用债市场回顾

一级市场发行情况

表3－1　信用债一级新发行情况

债券类型	发行期数（只）			发行总规模（亿元）			平均每只发行规模（亿元）		
	2006年	2007年	增幅	2006年	2007年	增幅	2006年	2007年	增幅
一般短期融资券	242	263	9%	2920	3349	15%	12	13	6%
一般企业债	43	81	88%	615	1096	78%	14	14	-5%
一般公司债	–	5	–	–	112	–	–	22	–
合计	285	349	22%	3535	4557	29%	12	13	5%

数据来源：Wind

说明：在计算平均数时结果只保留到个位，但计算增幅时使用的是精确度更高的数据。

一级市场方面，2007年与2006年相比，在债券一级市场发行次数和发行规模都继续保持快速增长势头，全年共发行信用债349只，同比提升了22%，发行规模达到4557亿元，同比增加了29%，发行增速较2006年有所放缓，但发行品种上增加了公司债。具体来看包括：

一般短期融资券发行263只，同比提升9%，发行规模3349亿元，同比提升15%，整体来看2007年发行短期融资券单券发行规模有所提升，但发行数量增幅不大，主要是利率持续上行、市场情绪较弱所致。

一般企业债发行81只，同比提升88%，发行规模1096亿元，同比增加78%，企业债在2007年获得较大发展，发行数量接近翻番增长，得益于当年为贯彻落实党中央、国务院所提出的“扩大企业债券发行规模，大力发展企业债券”的要求，各相关部门积极出台有效措施，使得企业债发行获得较大幅度发行规模提升。

一般公司债由于8月开始由证监会进行公司债发行试点推进，公司债这一品种逐步进入投资者视野中，2007年公司债发行5只，发行规模达到112亿元。

二级市场情况

进入2007年，货币政策紧缩的苗头便开始出现，1月5日央行上调存款准备金率0.5个百分点，进入2月份，央行票据发行利率上行，市场紧张的氛围有所升温，但由于年初开门红效应带动信用债配置需求较强，信用债收益率普遍下行超30bp，在该阶段呈现出与利率债走势相背离的情况。

进入5月，市场再度出现加息传闻，信用债配置需求减弱，收益率呈现上行。5月19日，央行上调存款基准利率27bp，1年期贷款18bp，6月5日，央行再度上调准备金率0.5个百分点。随着加息预期兑现，信用债收益逐步走高。进入6月后，由于猪肉价格上涨，市场对于通胀上升担忧加剧，6月18日，财政部决议通过中投公司运作发行特别国债，总额度为2000亿美元，市场短期流动性资金受到挤占，且随着5—6月CPI数据持续超预期，7月20日央行进行年内第三次加息，市场利率开启加速上行模式，以AAA评级1年期信用债为例，从3月末至8月初上行幅度达到70bp。

9月份，央行继续收紧货币政策，9月6日央行上调法定存款准备金率0.5个百分点。9月11日CPI数据仍在高位，10月13日央行再度上调法定存款准备金率0.5个百分点，并且由于中国石油IPO上市，市场流动性资金被进一步抽离，收益率持续走高，从9月初到11月中AAA评级1年期信用债从3.8%一路上行超135bp至5.15%、直到进入12月，信用债收益率走势才有所缓和。

综合来看，央行2007年先后十次上调了存款准备金率共5.5个百分点至14.5%，六次上调金融机构人民币存贷款基准利率，1年期存款基准利率上调135bp至4.14%，1年期贷款利率上调108bp至7.47%。全年信用债收益率跟随利率债走势大幅上行，1年期中债中短期票据收益率（AAA）从最低点3.04%上行216bp至5.20%，1年期中债中短期票据收益率（AA+）从低点3.30%上行227bp至5.57%。

中债综合指数（财富指数）2007年全年投资回报率为-0.83%，利率全面上行造成债券总财富指数当年为负。

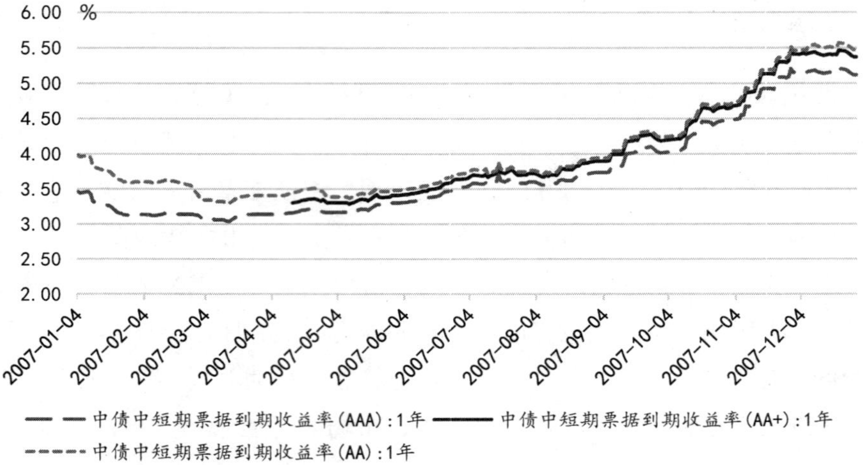

图3-2　2007年信用债收益率走势

数据来源：Wind

三、重要事件评述

企业债发行制度变革

短期融资券的成功促进了国家发改委加快推进企业债的发行改革工作，之前企业债一直沿袭严格的发行审批、额度审批和担保制度，使得企业债的发行规模和数量远远落后于短期融资券。2007年底，企业债的发行管理方式迎来重大突破。

回溯企业债的发展历程，最早要追溯到1987年，当时国务院发布的《企业债券管理暂行条例》（国发〔1987〕21 号），开始对企业债券进行统一管理。该暂行条例明确规定，央行是企业债的主管机关，企业债发行必须经央行批准。

国务院于 1987 年确立了企业债发行规划，当年即安排了 75 亿元的企业债发行规模，其中地方项目 30 亿元，重点建设项目 45 亿元。

1988 年，国家计委财金司成立债券处，主要负责编制国内债券发行计划，包括企业债券发行计划和股票发行计划，参与证券市场规范化管理，以及有关政策的制定，债券处的成立为后续企业债进一步发行及规范奠定了基础。

1993 年，国务院发布《企业债券管理条例》（国务院令第 121 号），该条例将企业债发行计划进行规模统一管理，募集资金需要对应相应固定资产投资计划。审批制度维持审批制，但是当时的国家计划委员会（即国家发改委前身）会同央行进行一同审批，国家计委逐步掌握了企业债的发行审批权。当时《企业债券管理条例》第十一条规定中央企业发行企业债券，由中国人民银行会同国家计划委员会审批；地方企业发行企业债券，由中国人民银行省、自治区、直辖市、计划单列市分行会同同级计划主管部门审批。

直至 2000 年，中国人民银行不再直接参与企业债券的发行管理工作，而由国家计委统一负责。

2007 年 11 月，国家发改委下发了《国家发改委关于加快企业债券市场发展、简化发行核准程序有关事项的通知（征求意见稿）》，明确了企业债发行方式由审核制变为核准制，取消了对企业债的额度限制，债券利率由企业根据市场情况决定，在此后的 2008 年企业债正式推行核准制，标志着企业债行政审批发行模式的终结，发行制度获得重大突破，真正迎来市场化发行模式。

核准制是以市场需求为导向，只要企业符合相关发债条件，不违反国家有关产业政策即可以申请发行企业债。实施核准制后，发债方案可由发行人和主承销商直接上报给国家发改委，核准环节将大大简化，极大地提高企业融资的时效性，使得债市直接融资功能得到更好发挥。同时，取消对发行额度的审批将对债券市场产生结构性的影响，加大非国债产品的比重，使债券产品结构更加合理，提高企业债权融资的效率，降低对银行存款的依赖性。

在党中央、国务院所提出的“扩大企业债券发行规模，大力发展企业债券”的要求下，企业债发行规模逐步增长。2008 年“4 万亿”之后，城投公司逐步成为企业债的发行主力，成为地方政府重要的融资手段。

公司债发行试点

2007 年除了传统企业债发行体制改革和发行规模扩大外，公司债的发展同样值得关注。8 月 14 日，中国证监会颁布实施《公司债券发行试点办法》，标志着我国公司债券发行工作的正式启动。公司债的发行规则部分借鉴了短期融资券的市场化运作经验，采取“一次核准、多次发行”的方式，不要求采取担保措施，并放宽募集资金用途，发行定价采取市场询价的方式。

2007 年 9 月 7 日，长江电力股东大会批准公司发行不超过人民币 80 亿元（含 80 亿元）的公司债券，并于 9 月 18 日获证监会批准，由华泰证券主承销商发行成功的全市场第一只无担保的上市公司债。这是中国发行的首只真正意义上的公司债，标志着中国债券市场在产品创新方面以及企业融资方面的巨大进步。

表 3－2　2007 年发行的 5 只公司债

交易代码	债券简称	发行起始日	规模（亿元）	发行期限（年）	债券评级	主体评级	票面利率（%）
122000. SH	07 长电债	2007－09－24	40	7＋3	AAA	AAA	5. 35
122001. SH	07 海工债	2007－11－09	12	10	AAA	AAA	5. 77
122002. SH	07 华能 G1	2007－12－25	10	5	AAA	AAA	5. 67
122003. SH	07 华能 G2	2007－12－25	17	7	AAA	AAA	5. 75
122004. SH	07 华能 G3	2007－12－25	33	10	AAA	AAA	5. 90

数据来源：Wind

2007 年出现的公司债本可以成为当时中国信用债市场的主流核心品种，可惜由于当年监管部门重点依然在大力发展股票市场，对于信用债这一品种顾虑太多。2008 年中国银行间交易商协会的中期票据异军突起，公司债市场之后数年仍然不温不火。直到 2015 年上海证券交易所债券部主导了公司债弯道超车式发展，公司债才再度成为市场的主流品种。

中国银行间交易商协会成立

中国银行间交易商协会成立的背景可以追溯到 1997 年。由于当时“327 国债期货事件”后，商业银行退出交易所债券市场，由中国人民银行牵头成立了全国银行间债券市场。20 世纪 90 年代末和 2000 年初随着三大政策性银行陆续进入银行间市场发债，市场规模不断扩大，银行间债券市场无论规模还是交易量都远远超越交易所债券市场。短期融资券出现后，信用债的复杂性，更让金融市场司的管理显得捉襟见肘。为了对信用债市场进行有效管理和规范发展，成立交易商协会“弥补市场自律组织缺位”成为必要的安排。

2007 年 9 月 3 日，中国银行间交易商协会（以下或简称交易商协会）正式挂牌。时任央行行长周小川当日郑重表态：今后凡是交易商协会按会员需求开发的、适合机构投资者交易的产品，在银行间市场均实行协会注册、监管机构备案的管理模式，不再实行行政审批制。

原先负责管理债券市场的央行金融市场司的一批骨干，组成了交易商协会创始团队。副司长时文朝担任执行副会长与秘书长，此后交易商协会其他三位副秘书长曹子娟、冯光华和杨农也均出自央行金融市场司。银行间交易商协会就此正式成立，而后逐步成为中国信用债市场最主要的自律性监管机构。

特别国债再次发行

特别国债第一次发行是在 1998 年。为了满足国际标准《巴塞尔协议》规定，我国的《商业银行法》提出：商业银行的资本充足率要达到 8% 以上。但由于经历了 1997 年金融危机后，我国银行业普遍存在不良贷款率高企的问题，资本充足率普遍来看仅有 5%，多数银行未能达标。所以 1998 年 2 月，第八届全国人大常委会第三十次会议正式审议通过《国务院关于提请审议财政部发行特别国债补充国有独资商业银行资本金的议案》，决定向四大国有银行定向发行期限为 30 年的 2700 亿元的特别国债，以补充资本充足率。

由于2005年汇改后人民币升值趋势不断强化，2007年外汇储备规模快速增长，但如何进行外汇储备投资成为当时的焦点问题。在强制结售汇制度的背景下，本币只能被动增长。当时，中国国际贸易持续顺差，外汇储备不断攀升，一度突破1.4万亿美元。在此背景下，中央政府考虑组建中国投资有限责任公司，建立中国的"主权财富基金"，管理外汇资金投资业务。按照惯例，只能由财政部代表中国政府"出任"中投公司大股东。这就需要将外汇储备从央行账户转移到财政部账户。但是《中国人民银行法》规定，央行"不得直接认购、包销国债"，简单来说就是央行不能直接下场买债。

2007年6月18日，财政部经授权，宣布将发行2000亿美元的特别国债（折合人民币约1.55万亿元，计划发行为15283.5亿元，实际发行合计15502.28亿元）。首先，由农行购买财政部发行的特别国债，为了不对农行的资金头寸、资产负债及正常经营产生影响，在发行当天，人民银行就从农行全部买入此次发行的特别国债；紧接着，财政部用发行筹集的资金向人民银行购买等值外汇，从而完成对中投公司的注资，财政部成为中投公司的唯一股东，而人民银行是事实出资人。后续合计发行8期特别国债，其中第1、7期采用定向发行的方式发行，其他为市场化发行。

经过一系列合理的资产置换，财政部用2700亿美元创立了中投公司。如今，中投已是全球最大的主权财富基金之一。

2020年第三次特别国债的发行引发了关于"财政货币化"的讨论，最后财政部以市场化方式发行，导致债券收益率较大波动，回看历史意味深长。

交易所债券交易系统更新迭代

从二级市场来看，2007年1月，鉴于做市商双边报价制度相对于快速发展的银行间市场而言，在促进市场流动性提高方面发挥的作用还不够充分，央行降低了做市商准入标准，放宽了做市商的相关业务要求，同时加强对做市商的考核管理，激励其增强做市能力，引导市场更理性化地发展，进一步活跃市场交易。

2007年7月，上海交易所和深圳交易所在沿用传统竞价交易系统的基础上，又相继推出固定收益电子平台和综合协议交易平台，引入了场外交易的方式，为大额现券交易提供服务。从数据情况来看，2007 年现券市场交投非常活跃，交易笔数和交易量分别高达 9 万笔和 16.6 万亿元，较上年同期增加 2.27% 和 51.76%。

四、结语

2007 年是中国信用债历史中相对平稳的一年，也是极其重要的一年。这一年在短期融资券、企业债陆续登上历史舞台后，公司债成了证监会监管领域的重要创新。中国银行间交易商协会也在这一年成立，这个机构在中国信用债市场发展中发挥了不可或缺的重要作用，中国信用债市场的“基础工程”正在逐步搭建，监管格局愈加完善，交易规则愈加便捷化。经历 2005—2007 年这一阶段的快速创新发展之后，信用债一级市场、二级市场和监管格局逐步成型。

2007 年也是中国债券市场从相对平稳的国内市场走向全球金融市场汪洋大海的最后一年，2008 年之前中国债券市场发展相对封闭，CPI 是判断利率趋势的有效指标，央行可以鲜明表达其对利率的观点和看法，从业人员也非常容易判断利率走势；2008 年金融危机将我们带入全球金融市场的汪洋大海，从此之后不确定性和复杂性成了贯穿金融市场的主基调。

2008 年：中期票据生逢其时

2008 年随着金融危机从局部扩散到全球，从金融领域蔓延至实体经济，全球经济增长明显放缓，国际经济环境中不确定性因素增多。美国、欧元区、日本均已陷入衰退，GDP 同比增速分别录得 -0.10%、0.40% 和 -1.20%，分别较上年低 2 个、2.5 个和 2.7 个百分点。新兴市场经济增速也明显放缓。为应对危机，全球货币政策转向宽松。美联储年内七次下调联邦基金目标利率、八次下调贴现率，联邦基金目标利率由 4.25% 下调至 0.25% 以下，贴现率由 4.75% 降至 0.5%。同时，为应对持续性信贷紧缩，美联储还多次通过流动性资金管理工具，向市场大量注入流动性资金。

2008 年我国经济由热转冷。上半年经济偏热，在奥运效应和油价高企的支撑下，高增长和高通胀并行。下半年国际经济环境发生变化，美国次贷危机演变为全球金融危机，我国的经济增长势头戛然而止。全年实现 GDP 同比增长 9.65%，较上年下降 4.58 个百分点，CPI 同比上涨 5.9%，较上年增长 1.1 个百分点。受此影响，各项政策大幅转向。财政政策从稳健转为积极，货币政策从紧转为适度宽松。中国人民银行上半年五次上调存款准备金率共 3 个百分点，下半年转为四次下调存款准备金率，其中大型存款类金融机构累计下调 2 个百分点，中小型存款类金融机构累计下调 4 个百分点。此外，下半年连续五次下调存贷款基准利率，其中，1 年期存款基准利率由 4.14% 下调至 2.25%，累计下调 189bp；1 年期贷款基准利率由 7.47% 下调至 5.31%，累计下调 216bp。两次下调央行对金融机构的存贷款利率，其中，法定准备金和超额准备金存款利率由 1.89% 和 0.99% 分别下调至 1.62% 和 0.72%；1 年期流动性资金再贷款利率由 4.68% 下调至 3.33%；1 年期农村信用社再贷款利率由 3.96% 下调至 2.88%；再贴现利率由 4.32% 下调至 1.80%。

在经济和政策大起大落的背景下，2008 年的利率债收益率大幅波动。上半年长期利率运行处于高位区间，下半年急转直下至低水平区间。全年来看，10 年期国债收益率下行 168bp，1 年期国债下行 259bp。

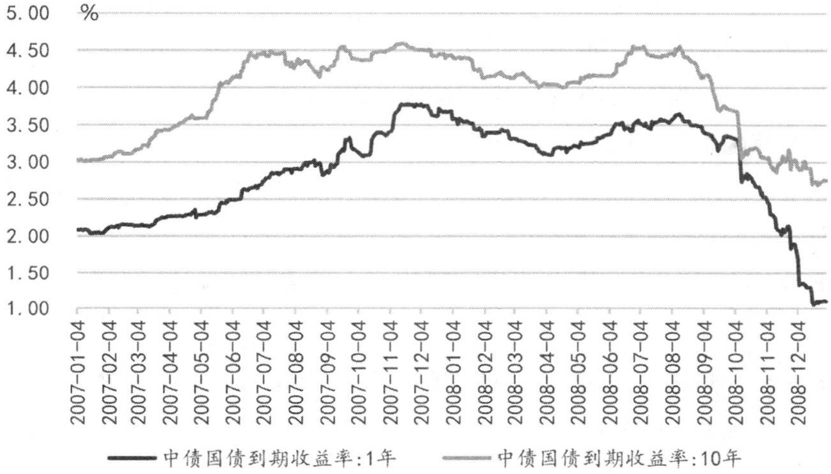

图 4－1　2007—2008 年国债利率曲线变化

数据来源：Wind

自 2005 年信用债元年启动后，经过三年的时间，我国的信用债市场得到了长足的发展。中央国债登记结算公司托管的债券面额从 2005 年初的 5.2 万亿大幅提升至 2008 年末的 15.1 万亿。2008 年信用债发行规模 7930 亿元，比上年增长 74%。如果要将中国信用债市场进行划分，那么 2005—2007 年是以短期融资券推出为标志性事件的信用市场的起步初期阶段，2008 年则是信用债市场真正走向快速扩容和市场化发行与定价的关键年份。这一年，相关部门对于企业和公司发行债券的门槛进一步降低，央行发布《银行间债券市场非金融企业债务融资工具管理办法》，为中小企业进入银行间债券市场发行债券扫清了障碍；国家发改委放开了企业发债审批额度限制，开始实行完全条件核准制；央行借助金融危机期间的政策红利借势推出中期票据等一系列关键事件接踵而至。虽然金融危机全球蔓延，但 2008 年中国债券市场依然呈现出蓬勃生机。

一、重点事件时间轴

- 2008－1－2　企业债发行程序实现“二合一”，企业债发行放开审批额度限制转为完全条件核准制。
- 2008－1－3　央行2008年工作会议强调创新直接融资工具，研究开发实现企业直接融资的中期票据方案。
- 2008－1－16　央行决定从2008年1月25日起上调存款类金融机构人民币存款准备金率0.5个百分点。
- 2008－1－25　利率互换范围扩大至所有银行间市场成员，降低准入门槛，标志着利率互换真正走向市场。
- 2008－3－18　央行决定从2008年3月25日起上调存款类金融机构人民币存款准备金率0.5个百分点。
- 2008－3－26　央行下发《关于加强银行间债券市场信用评级作业管理的通知》，对信用评级机构进行进一步管理与规范。
- 2008－4－2　首只由专业担保公司担保的企业债发行成功，“08西基投债”由中国投融资担保股份有限公司提供担保。
- 2008－4－8　首只无担保企业债发行成功，“08中材债”发行成功，这是国家发改委发布简化发行核准程序的首次无担保发行，是信用债市场化发行的重要一步。
- 2008－4－16　央行决定从2008年4月25日起上调存款类金融机构人民币存款准备金率0.5个百分点。
- 2008－4－22　由中国铁道部发行的首只中期票据发行成功，“08铁道部MTN1”规模50亿元，期限3年，票面利率5.08%；“08铁道部MTN2”规模150亿元，期限5年，票面利率5.28%。
- 2008－4－23　银行间协会发布《全国银行间债券市场做市商管理规定》，进一步完善做市商激励约束机制，充分发挥债券市场做市商作用。
- 2008－5－12　央行决定从2008年5月20日起上调存款类金融机构人民币

存款准备金率 0.5 个百分点。

- 2008 –5 –20　首只无担保资产抵押债券发行成功，由民营企业内蒙古奈伦集团发行“08 蒙奈伦债”，规模 5 亿元，期限 5 +2 年，票面利率 8%。
- 2008 –6 –7　央行决定上调存款类金融机构人民币存款准备金率 1 个百分点，于 2008 年 6 月 15 日和 25 日分别按 0.5 个百分点缴款。地震重灾区法人金融机构暂不上调。
- 2008 –7 –31　中债登发布了《银行间债券市场券款对付结算业务实施细则》，允许全国银行间债券市场成员使用券款兑付（DVP）的安全交易结算方式。
- 2008 –9 –15　央行决定从 2008 年 9 月 16 日起下调 1 年期人民币贷款基准利率 27bp，其他期限档次贷款基准利率按照短期多调、长期少调的原则作相应调整；存款基准利率保持不变。从 2008 年 9 月 25 日起，除工商银行、农业银行、中国银行、建设银行、交通银行、邮政储蓄银行暂不下调外，其他存款类金融机构人民币存款准备金率下调 1 个百分点，汶川地震重灾区地方法人金融机构存款准备金率下调 2 个百分点。
- 2008 –10 –5　央行宣布同意非金融企业中期票据的发行注册。
- 2008 –10 –8　央行决定从 2008 年 10 月 15 日起下调存款类金融机构人民币存款准备金率 0.5 个百分点；从 2008 年 10 月 9 日起下调 1 年期人民币存贷款基准利率各 27bp，其他期限档次存贷款基准利率作相应调整。
- 2008 –11 –26　央行决定从 2008 年 11 月 27 日起下调金融机构 1 年期人民币存贷款基准利率各 108bp，其他期限档次存贷款基准利率作相应调整。同时，下调中央银行再贷款、再贴现等利率。从 2008 年 12 月 5 日起下调工商银行、农业银行、中国银行、建设银行、交通银行、邮政储蓄银行等大型存款类金融机构人民币存款准备金率 1 个百分点，下调中小型存款类金融机构人民币存款准备金率 2 个百分点。同时，继续对汶川地震灾区和农村金融机构执行优惠的存款准备金率。
- 2008 –12 –13　国务院发布《关于当前金融促进经济发展的若干意见》，指出扩大债券发行规模，积极发展企业债、公司债、短期融资券和中期票据等债务融资工具。优先安排与基础设施、民生工程、生态环境建设和灾后重建等相关的债券发行。积极鼓励参与国家重点建设项目的上市公司发行公司债券和可转换债券。

● 2008－12－22 央行决定从2008年12月23日起下调1年期人民币存贷款基准利率各27bp，其他期限档次存贷款基准利率作相应调整。同时，下调中央银行再贷款、再贴现利率。从2008年12月25日起，下调金融机构人民币存款准备金率0.5个百分点。

二、信用债市场回顾

一级市场发行情况

表4－1　信用债一级新发行情况

债券类型	发行期数（只）			发行总规模（亿元）			平均每只发行规模（亿元）		
	2007年	2008年	增幅	2007年	2008年	增幅	2007年	2008年	增幅
一般短期融资券	263	269	2%	3，349	4，339	30%	13	16	27%
一般企业债	81	64	－21%	1096	1567	43%	14	24	81%
一般中期票据	0	41		0	1737			42	
一般公司债	5	15	200%	112	288	157%	22	19	－14%
合计	349	389	11%	4557	7930	74%	13	20	56%

数据来源：Wind

说明：在计算平均数时结果只保留到个位，但计算增幅时使用的是精确度更高的数据。

信用债市场发行期数从2007年的349期提升到389期，提升幅度11%，发行规模从2007年的4557亿提升到2008年的7930亿元，提升幅度达到74%。

2008年企业债发行数量达到64只，较2007年的81只下降了21%，企业债发行规模1567亿元，较2007年的1096亿提升了43%，平均发行规模较2007年上升81%。2008年发行的64只企业债券中，仅年初发行的5只企业债券由银行担保，企业债在2008 年进入完全条件的核准制进行发行审批，为日后发行放量提供了前提条件。

2008 年一般短期融资券发行数量 269 只，较 2007 年上升 2%，发行规模达到 4339 亿元，较 2007 年增长 3%，平均发行规模达到 16 亿元，较 2007 年提升 27%。

2008 年一般中期票据首次站上信用债的舞台。当年一般中期票据发行数量 41 期，发行规模 1737 亿元，以示范性效应为主。2008 年 4 月 22 日，首只中期票据发行成功，在未来的信用债进程中，中票这一品种逐步成长为信用债市场最为核心，体量最大的品种之一。

2008 年公司债呈现小幅上升的态势，2008 年全年公司债发行数量仅为 15 只，较 2007 年的 5 只略有提升，由于早期作为市场最大资金方的银行受到监管分割影响难以参与，导致发行的规模处于较低水平。

二级市场成交情况

2008 年年初市场处于温和盘整状态，信用债收益率处于窄幅波动。1 月 21 日，美联储突然紧急降息 75bp，当时市场并未预期到次贷危机对世界经济将造成严重影响，但海外利率下调叠加我国南方发生较为严重雪灾导致信用债收益率在一季度普遍下行 30bp 以上。

2 月 19 日，由于 1 月份 CPI 高达 7. 1%，CPI 创新高引发市场对于恶性通胀的担忧。3 月中公布的 2 月 CPI 数据再度创出新高，通胀预期逐步兑现。4 月 16 日，央行调高 0. 5% 的法定存款准备金利率，市场利率开始呈现短期快速上行趋势，至 4 月底债市收益率普遍回到年初高点位置。

进入 5 月份，由于 30 年期国债发行利率大幅超市场预期，引发各期限债券收益率出现短期向上突破趋势，并且市场对于 4 月通胀数据有较大担忧。至 6 月下旬，国家发改委宣布上调油价（上调 10%）和电价，通胀预期继续强化，再度引发收益率大幅上行，长期限信用债收益率普遍再度上行超 30bp，市场甚至出现机构被迫止损平仓的局面。

此后市场进入盘整阶段，市场对于货币政策、通胀均有所担忧，但债券供给有所减弱。供给压力缓解下，市场逐步从此前恐慌情绪中修复，对于经济基本面的担忧开始占据主导力量。9 月 16 日，央行宣布同时下调贷款利率和存款准备金率，信用债市场迎来了确定性最强的一波利率下行。这一阶段央行不仅下调双率而且停发央票，一连串的宽松货币政策带动市场利率持续下行，以 1 年期 AAA 评级信用债为例，从 9 月初 4.86% 一路下行至年末的 1.76%，在 3 个月时间内下行幅度高达 300bp，其间几乎没有回调。

综合来看二级市场方面，全年信用债收益率走势跟随利率债呈现峰回路转的走势，上半年高位震荡，下半年大幅下行。1 年期中债中短期票据收益率（AAA）从年初的 5.10% 下行至 1.76%，下行幅度 334bp。1 年期中债中短期票据收益率（AA+）从年初的 5.36% 至 3.47%，下行幅度 189bp。1 年期中债中短期票据收益率（AAA）从年初的 5.46% 下行至 3.68%，下行幅度 178bp。

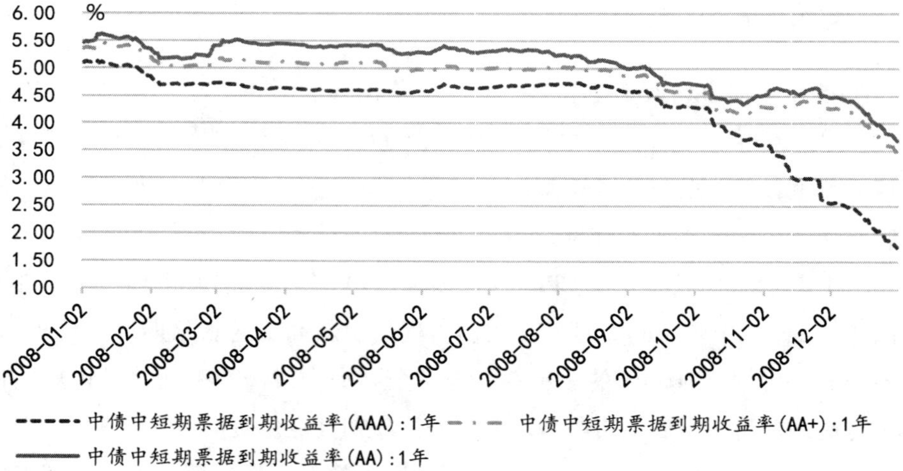

图 4-2 2008 年信用债收益率走势

数据来源：Wind

三、重要事件评述

企业债开始实行完全条件核准制

2008 年之前我国企业债的发行审核一直延续审批制，而且是较为繁复的两步审批。第一步，国家发改委在收集了一定量的企业发债申请后，集中向国务院报规模、批额度；第二步，国家发改委再审批各企业债的发行方案。

这种发债模式一方面增加了审批成本，审批环节的繁复直接导致发行过程耗时过长，从而使企业错失最佳的发债时机；另一方面，集合上报、集合审批的模式导致一年里有一到两次集中的企业债发债时间段，发行节奏不均匀，对市场的冲击也很大。由于审批程序繁杂，快速扩大的发债规模依然无法满足目前企业直接融资的需求。因此不少业内人士呼吁，简化企业债的审批环节迫在眉睫。

2008 年新年伊始，国家发改委发布《关于推进企业债券市场发展、简化发行核准程序有关事项的通知》，只要符合发行规模、金额不超过净资产 40%、过去三年的平均盈利可以支付债券一年的利息、资金投向符合国家产业政策等条件，均可获准发债。这一新规实现了两个重大的突破：

（1）企业债发行程序实现“二合一”，对企业债券发行核准程序进行改革，将先核定规模、后核准发行两个环节，简化为直接核准发行一个环节。

（2）通知同时指出企业可发行无担保信用债券、资产抵押债券、第三方担保债券，从而为无担保信用债券发行提供了制度基础。

这一政策为长期以来的企业债发行审批进行了较大幅度松绑，为企业债从政策化走向市场化发行给予了政策背书。在政策刺激下，企业债发行规模在 2007 年的基础上再上一个台阶，从 2007 年的 1096 亿元提升到 2008 年的 1567 亿元。

2008 年发行的 64 只企业债券中，仅年初发行的 5 只企业债券由银行担保，这里需要说明的是，尽管 2007 年 10 月银监会发布了《中国银监会关于有效防范企业债担保风险的意见》，要求政策性银行、商业银行、邮储银行等金融机构停止对以项目债为主的企业债进行担保，旨在加强债券担保管理，避免企业的信用风险轻易向银行系统转嫁，但由于2008年初发行的企业债券在此之前已经与商业银行等机构签订了担保函，故该文件的影响主要在2008年才开始体现。64只企业债券中有51只企业债券选择了其他担保方式，其中7只选择了以土地、应收账款、股权等抵押或质押担保，39只企业债选择由第三方大型企业或关联方进行担保，由国泰君安主承销的“08昆建债”和由申银万国、中银国际联合主承销的“08西基投债”开了第三方企业担保的先河，也成为后来企业债券最主要的信用增级方式。不采取任何信用增级方式的信用债券也已成为市场的一个重要组成部分，这种方式主要由信用级别高的中央企业采用，2008年有13只企业债券采取了这种方式，其中9只由中央企业发行，其余4只由地方国有企业发行。

虽然企业债审核制度有所放松，但从当时的发行节奏可以看出债券市场的市场化程度较低，无担保债券市场认可度较低，需要经历一个逐渐过渡的过程。新政策推出后直到4月2日，才出现了首只专业担保公司担保发行的企业债。真正实现无担保企业债发行还需要延后到4月8日，当时央企中国建材集团子公司中国中材集团发行首只无担保企业债“08中材债”，发行规模仅有象征性的5亿元，期限为5年。虽然初期市场接受度较低，但这次无担保企业债的成功发行，为未来企业债发行实现市场化融资做了极好的先行示范意义，企业债的发行流程自此基本理顺。

首只无担保资产抵押债券发行

经国家发改委（发改财金〔2008〕1149号）核准，内蒙古奈伦集团股份有限公司于2008年5月20日至26日，在全国银行间市场和深圳证券交易所系统成功发行了总额为5亿元人民币的企业债券，债券简称“08蒙奈伦债”，票面利率8%。

这是国内自2007年10月18日银监会下发文件明确禁止金融机构为企业债券提供担保后的第一只选择资产抵押发行的民营企业债券，也是内蒙古自治区首例民营企业债券。抵押资产为公司所属位于内蒙古呼和浩特市西南二环大黑河奶牛场的 546 万平方米的国有出让土地中的 260 万平方米的土地。本次债券募集的资金将全部用于奈伦集团年产 30 万吨合成氨、52 万吨尿素的项目建设。

虽然“08 蒙奈伦”在 2015 年 5 月 20 日成功兑付，但公司经营情况并不如意。截至 2015 年 9 月底，公司已经发生多笔贷款逾期，偿债压力很大。因债务违约，相关资产被查封冻结，公司短期债务周转能力快速恶化，当时公司反馈拟通过正在进行中的重组改善公司经营状况。但预期重组的“天润化肥”项目未完成最后签约。2017 年 5 月 4 日的一纸违约公告，令诸多投资者心碎，“11 蒙奈伦”最终无法按时偿付。这一违约事件的发生，打破了企业债之前的“不败金身”，也为未来的民营企业融资蒙上了阴影。

中期票据诞生

2008 年不仅有企业债的发行审核放宽，更有中期票据这一在信用债市场中具有重要影响力的品种面世。2008 年 1 月 3 日，央行的年度工作会议强调创设新型的直接融资工具，研究开发中期票据方案，期限设定为 3—5 年，希望中期票据能够成为 5 年以下中期贷款的替代品，扩大市场的直接融资渠道和规模。

2008 年 4 月 22 日，中国信用债市场迎来首只中期票据发行，由中国铁道部发行的两期中票顺利发行成功，期限分别为 3 年和 5 年，利率分别为 5. 08% 和 5. 28%，合计规模达到 200 亿元。

统计数据显示，自 4 月 22 日首只中期票据发行以来至 6 月，共相继有 20 只中期票据发行，其中除铁道部的 2 只外，其余 18 只在一级市场的发行利率均为 3 年期 5. 30%，5 年期 5. 50%。与当初短期融资券“复出”时的情况类似，中期票据的发行在定价方面也并没有完全体现市场化的特征。无论发行主体是哪家央企（铁道部除外），一级市场发行利率都毫无例外地全部被确定为这两个数字，这与发行主体的单一性紧密相关。由于当时发行主体全部为 AAA 评级的央企，在有了前几只中票的利率标杆以后，投标机构也都普遍不愿意再做改变。

表 4－2　2008 年 4 月至 6 月发行的中期票据

交易代码	债券简称	发行起始日	计划发行规模（亿）	发行期限（年）	票面利率（%）
0882020. IB	08 上海港 MTN2	2008－06－19	15. 00	3. 00	5. 30
0882019. IB	08 中铝业 MTN1	2008－06－17	30. 00	5. 00	5. 50
0882017. IB	08 上海港 MTN1	2008－06－16	15. 00	3. 00	5. 30
0882016. IB	08 中铝 MTN1	2008－06－04	50. 00	3. 00	5. 30
0882015. IB	08 中交建 MTN2	2008－06－03	25. 00	3. 00	5. 30
0882014. IB	08 五矿 MTN2	2008－05－29	15. 00	3. 00	5. 30
0882013. IB	08 中电投 MTN2	2008－05－29	50. 00	5. 00	5. 50
0882012. IB	08 中粮 MTN2	2008－05－27	20. 00	3. 00	5. 30
0882011. IB	08 华电 MTN1	2008－05－07	20. 00	3. 00	5. 30
0882010. IB	08 中电投 MTN1	2008－05－06	50. 00	3. 00	5. 30
0882009. IB	08 华能集 MTN1	2008－05－05	28. 00	3. 00	5. 30
0882005. IB	08 中粮 MTN1	2008－04－22	15. 00	3. 00	5. 30
0882002. IB	08 中交建 MTN1	2008－04－22	25. 00	3. 00	5. 30
0882001. IB	08 五矿 MTN1	2008－04－22	15. 00	3. 00	5. 30
0882004. IB	08 中电信 MTN1	2008－04－22	100. 00	3. 00	5. 30
0882007. IB	08 铁道部 MTN1	2008－04－22	50. 00	3. 00	5. 08
0882006. IB	08 中核 MTN1	2008－04－22	18. 00	5. 00	5. 50
0882003. IB	08 中化 MTN1	2008－04－22	19. 00	5. 00	5. 50
0882008. IB	08 铁道部 MTN2	2008－04－22	150. 00	5. 00	5. 28

数据来源：Wind

不过从二级市场的交易来看，由发行主体差异带来的利率差别仍然存在。例如，同为 3 年期的“08 中电信 MTN1”和“08 中粮 MTN1”在二级市场就有 2bp 左右的差异。虽同为央企，中国电信的资质显然要稍好于中粮集团，而这种信用价差在市场交投中显然应有更多体现。此外，由于部分机构在配置时普遍把中期票据当作是同期限央票和金融债的替代券种，这也直接导致了中期票据在一、二级市场间的大幅度利差，当时个别中期票据在二级市场的溢价最高甚至已达到 30bp 以上，这也反映出一级市场定价有些不合理。

中期票据这一具有划时代意义的品种刚推出时也并不如想象中的那么顺

利，由于监管竞争的原因，甚至险些夭折。2008 年 6 月 19 日，银行间交易商协会紧急召集中票承销商，要求承销商暂停非金融机构中票的发行承销。这一行为引起了市场的猜想，此前已经批准的近 1000 亿中票可能无法完成发行。自中票推出至 6 月 19 日，中票发行规模已经达到 735 亿元，这一水平已经远超当时企业债的 296 亿的发行规模。可以说中期票据的发行对公司债和企业债造成了较为强烈的挤占效应，甚至当年有投行人士高呼“企业债几乎没有发行了，快被抛弃了”。在当时债券市场由国家发改委、证监会、央行、银监会、保监会“五龙治水”的环境下，各方均会对市场造成一定的冲击和影响。

但央行抓住中央希望稳定金融市场、扩大企业融资渠道和稳定经济的窗口期，提出上市公司发行中期票据募集的资金，按照国家规定可以用于回购本公司股票这一大杀器，获得了高层对于中期票据这一品种继续发行的支持。10 月 5 日央行宣布针对当前的经济金融环境的突出问题，同意银行间交易商协会从 6 日继续接受非金融企业中期票据发行审核。中期票据的优势在于不仅可以绕开商业银行的信贷进行直接融资，而且避开了公司债复杂的审批程序，且期限较长。既节省了企业融资成本又提高了融资效率，所以一经推出便广受市场欢迎，自此中期票据这一品种的发展趋势不可阻挡，逐步成为信用债市场的核心品种，也为构建中国信用债收益率曲线奠定了现实基础。

金融危机冲击下的中铝公司收购力拓事件

受到金融危机冲击和全球经济景气度急剧下降的影响，作为中国规模最大的氧化铝、电解铝和加工生产商的中铝公司在 2008 年出现了业绩大幅跳水。2008 年由于电解铝价格下跌 30% 以上，公司电解铝及氧化铝毛利率下滑超 10%。2008 年中铝公司的子公司中铝股份（601600. SH；2600. HK）年报显示营业收入为 767. 26 亿元，同比虽然仅下降 9. 94%，但净利润为 1. 58 亿元，同比下降了 98. 69%。股价上的体现亦是如此，以当年市场化程度较高的港股市场来看，中铝股份港股股价从 2007 年高点的 25. 76 元直线下坠至 2008 年 10 月末的 2. 2 元，跌幅超过了 90%。

屋漏偏逢连夜雨，中铝公司对于力拓公司（Rio Tinto）的收购也经历了一波三折。2008 年 2 月份，中铝公司联手美国铝业公司（Alcoa，纽交所代码：AA）出资 140.5 亿美元通过新加坡全资子公司在伦敦交易所进行持续大量购入力拓英国上市公司 12% 的股份。在此过程中，美国老牌投资银行雷曼兄弟担任中铝公司牵头收购的财务顾问，中铝公司将所持的力拓股票托管在雷曼兄弟的一个账户。2008 年 9 月 15 日，雷曼兄弟在次贷危机加剧的大背景下宣布破产，这可能会导致中铝公司相关资产受损，因此当时有报道称中铝公司与雷曼兄弟的相关破产清算人已进行谈判，希望尽快解冻由雷曼兄弟托管的力拓股份，寻求将这些股票转移至另一个账户，且事态逐步扩大。

中国铝业公司

公告

中国铝业公司（以下简称中铝公司）公告中铝公司持有的全部力拓公司（Rio Tinto Plc）股票现由中铝公司的新托管人汇丰银行（HSBC Bank Plc）托管。

二〇〇八年十一月十二日

图 4－3　中国铝业变更托管人公告

数据来源：中国货币网

后续在多边共同努力下，中铝公司公告于 2008 年 11 月 12 日将力拓公司股票转移至汇丰银行进行统一托管。雷曼兄弟破产危机对中铝公司造成的冲击至此才告一段落。

内外交困之下，中铝公司发债难度明显提升，2008 年 10 月 17 日中铝公司拟发行一期中票，但以失败告终，此后进行延期至 10 月 27 日进行再次发行，但最终该期 30 亿的中票仍然由于公司业绩较差、行业景气度下滑和市场认可度下降等问题导致以发行失败告终。

中铝股份于 2008 年 10 月 30 日发行一期五年期中票“08 中铝 MTN2”，发行规模 50 亿元，但票面利率高同期限 AAA 评级债券 20bp。

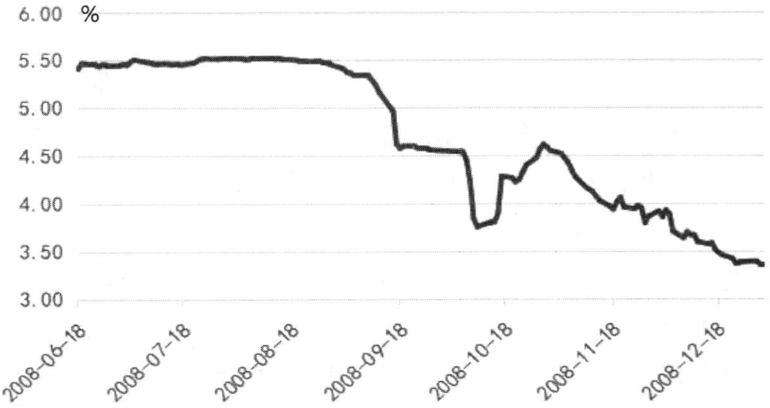

图4－4　08中铝业MTN1估值变化

数据来源：Wind

一级市场再融资难度增加，二级市场估值也受到冲击。由于受到雷曼兄弟倒闭、力拓股份存在资产受损的影响，由中铝公司发行的“08中铝业”估值在不到一个月时间内，从2008年10月初的低点3.75%上行近70bp达到4.61%。

2009年4月3日，标准普尔将中铝股份的外部评级从“BBB＋”长期企业信用评级列入负面信用观察名单。标准普尔信用分析师称，由于铝价持续走低，加上中国铝业在过去两年举债收购导致较高的债务水平，预计中国铝业已经大大弱于其现在的“BBB＋”评级的信用指标，并将在未来一段时间内继续受压。

而后随着中铝股份股价的反弹，市场的质疑才逐步减弱，但债券市场对中国铝业仍然存在偏见。“08中铝MTN2”发行之后的一整年时间内，公司在信用债市场未能成功发行一笔债券。随着行业景气度逐步修复，直到2010年3月才发出“10中铝CP01”，逐步回归债券市场。

四、结语

2008 年对于全球金融市场是艰难和苦痛的一年，美国次贷危机蔓延成为 1929 年以来最严重的一次全球金融危机。全球经济金融环境受到极大冲击，各国央行大幅下调利率并开启了 10 多年的货币超发时代，美联储历史性将联邦基金利率降低至 0.25% 以下。而在这样一个充满危机的年份，银行间交易商协会抓住了历史的机遇期，跨越式地迈出了中国信用债市场发展的重要一步——推出中期票据这一重要产品，激发了企业直接融资的需求，大幅促进了间接融资向直接融资的转变，解决了信用债收益率曲线的构建问题，推动中国信用债市场进入了新的发展阶段。

2009年：信用债大爆发

2009年，在各国大规模经济刺激政策的作用下，全球经济出现企稳回升的态势，但复苏基础尚未稳固。美国、日本、欧元区GDP同比增速分别录得-2.5%、-5.7%和-4.4%，复苏节奏缓慢，失业率处于历史高位。为了经济发展，各主要经济体央行维持接近零的政策利率水平，并进一步放松货币政策，还通过扩大资产负债表来增加货币供给。美联储维持0.25%以下的联邦基金利率目标区间，在2009年继续维持对抵押资产支持证券、机构债和国债的购买规模，并于3月18日提出计划将其资产负债表扩大1万亿美元。截至2009年末，美联储信贷规模达到2.22万亿美元，比2008年8月末增加了1.33万亿美元。随着政策逐渐发挥作用，经济逐季修复，美联储又开始着手非常规货币政策的退出，9月24日宣布降低紧急信贷计划资金规模，11月4日宣布缩减机构债购买规模，并尝试小规模逆回购操作回笼资金，但退出节奏和幅度相当谨慎。

国内方面，我国经济在积极的财政政策和适度宽松的货币政策等一揽子经济刺激计划的作用下率先企稳回升，全年GDP实现9.4%的同比增长，经济增速逐季加快。全年CPI下降0.7%，年底出现上升。2009年中国人民银行连续通过发行中央银行票据和正回购操作回笼流动性资金，并于7月8日重启1年期中央银行票据发行，加大流动性资金回笼力度。同时央行提高了公开市场操作利率，2009年分别累计上调28天期正回购、3个月期和1年期中央银行票据28bp、36bp和26bp。

随着经济的持续复苏、通胀预期的强化和政策的收敛，2009年债券市场收益率曲线呈现了陡峭化上行的变化。全年来看，10年期国债收益率上行

89bp，1 年期国债上行 39bp。

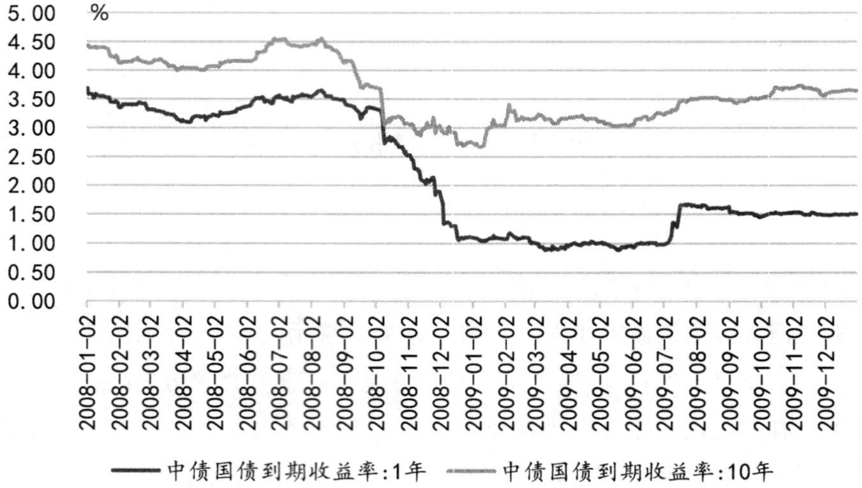

图 5－1　2008—2009 年国债利率曲线变化

数据来源：Wind

信用债的爆发式扩容成为 2009 年债券市场的一大亮点。债券市场发行主体从高等级向中高等级发展，越来越多上市公司、地方国企、地方城投企业开始大量进入债券市场，直接融资市场快速发展，债券发行为经济企稳回升提供了有力的支持。二级市场方面，信用债市场也在总体上呈现震荡下行走势，但与利率债市场走势有所不同，信用债收益率呈现“先上后下”的走势。政策层面，各主管部门纷纷出台与债券市场相关的各类规章制度，信用债市场各项基础措施得以进一步健全和完善，品种的创新也在持续推进。

一、重点事件时间轴

- 2009－1－7　中国人民银行发布 2009 年第 1 号公告，决定取消对在银行间债券市场交易流通的债券发行规模不低于 5 亿元的限制条件，为中小企业通过发债进行小额融资创造了较好的政策条件。
- 2009－3－18　中国人民银行发布公告（中国人民银行公告〔2009〕第 5

号），允许基金管理公司以特定资产管理组合名义在全国银行间债券市场开立债券账户，并对其业务运作进行了规范。

- 2009－3－23　央行、银监会联合发布了《关于进一步加强信贷结构调整促进国民经济平稳较快发展的指导意见》，支持有条件的地方政府组建投融资平台，发行企业债、中期票据等融资工具，拓宽中央政府投资项目配套资金融资渠道。
- 2009－4－7　保监会连续下发了《关于加强资产管理能力建设的通知》《基础设施债权投资计划产品设立指引》《关于增加保险机构债券投资品种的通告》等一系列资金运用新政，相继放开了保险资金投资无担保债券的限制，同时对保险机构基础设施投资的具体方式和能力限制进行了具有操作性的规范。
- 2009－5－11　中国石油天然气集团公司在银行间市场发行了 10 亿美元中期票据，开启了银行间市场成立以来非金融企业在境内发行外币债券第一单。
- 2009－7－23　中国人民银行发布〔2009〕第 11 号公告，要求证券公司在全国银行间债券市场从事证券资产管理业务时，应为其设立的各资产管理计划（包括集合资产管理计划、专项资产管理计划和定向资产管理计划）分别开立单独的专用债券账户。
- 2009－8－31　为落实《关于当前金融促进经济发展的若干意见》的有关要求，加大金融促进经济发展的支持力度，拓宽金融租赁公司和汽车金融公司的融资渠道，中国人民银行和中国银监会联合制定并发布了《中国人民银行、中国银行业监督管理委员会公告》，允许符合条件的金融租赁公司和汽车金融公司发行金融债券，并明确规定了申请发行金融债券的具体条件。
- 2009－9－21　中债信用增进投资股份有限公司在京正式成立，这是我国第一家专业债券信用增级机构。这对于发展直接融资市场，完善信用风险分担机制，缓解中小企业融资困难的现状具有重要作用。
- 2009－10－14　全国银行间同业拆借中心与中央国债登记结算有限责任公

司联合发布了《全国银行间债券市场金融债券信息披露操作细则》，对于政策性银行、商业银行、财务公司、国际机构等发行人的信息披露行为进行了规范。

- 2009－10－22　中国保监会发布《关于债券投资有关事项的通知》和《关于加强保险机构债券回购业务管理的通知》，提高保险公司的公司（企业）债投资比例，并收紧债券回购规模和比例。
- 2009－11－12　中国银行间市场交易商协会发布《银行间债券市场中小非金融企业集合票据业务指引》，支持中小企业发行集合票据。

二、信用债市场回顾

一级市场发行情况

表5－1　信用债一级新发行情况

债券类型	发行期数（只）			发行总规模（亿元）			平均每只发行规模（亿元）		
	2008年	2009年	增幅	2008年	2009年	增幅	2008年	2009年	增幅
一般短期融资券	269	263	－2%	4339	4612	6%	16	18	9%
一般企业债	64	179	180%	1567	3247	107%	24	18	－26%
一般中期票据	41	174	324%	1737	6900	297%	42	40	－6%
一般公司债	15	47	213%	288	735	155%	19	16	－19%
合计	389	663	70%	7930	15494	95%	20	23	15%

数据来源：Wind

说明：在计算平均数时结果只保留到个位，但计算增幅时使用的是精确度更高的数据。

2008年金融危机后，全球经济处于刺激复苏状态，中国政府率先推出“4万亿计划”，经济刺激计划给予了信用债市场扩容的重要政策支持，2009年我国信用债市场呈现出快速扩容的态势。全年信用债发行数量达到663只，较2008年提升了70%，发行规模达到1.55万亿元，同比大幅提升了95%，其中企业债和中票发行规模超常规增长。

2009 年一般短期融资券发行数量 263 只，较 2008 年下降 2%，发行规模达到 4612 亿元，较 2008 年小幅增长 6%，平均发行规模达到 18 亿元，较 2008 年提升 9%。由于 2009 年其他信用品种的发行审批优化且经济刺激计划带动资金配置长期限债券意愿较强所致，短期融资券并未出现大幅增长。

2009 年企业债发行数量达到 179 只，较 2008 年的 64 只增长了 180%，企业债发行规模 3247 亿元，较 2008 年的 1567 亿元提升了 107%，平均发行规模较 2008 年下降 26%。主要由于 2009 年地方债发行带动城投平台发行规模放量，担保及应收款、土地抵押等多种增信手段的推出带动企业债发行数量实现了爆发式增长，越来越多资质稍弱的企业在该环境下获得了债券发行的机会。

2009 年一般中期票据发行规模实现了大幅增长。具体来看，中期票据 2009 年发行数量达到 174 只，较 2008 年的 41 只同比提升了 342%，发行规模达到 6900 亿元，同比提升 297%，平均单只发行规模达到 40 亿元。银行间交易商协会负责的中期票据得益于其备案制度的灵活性及发行的便捷性，在 2009 年实现了爆发式增长。发行主体主要集中于煤炭、电力、交通等资金密集型行业的大型国有企业，信用等级以 AAA 为主。

2009 年证监会负责的公司债呈现不温不火的态势，全年公司债发行数量仅为 47 只，较 2008 年的 15 只有较快增长，但绝对规模和数量远远落后于中期票据。原因主要是 2008 年 9 月后由于金融危机造成监管担忧债券发行分流资金，公司债发行批文迟迟无法下发导致最终停发，直到 2009 年 7 月才重启发行，可以说是错过了最好的发债机会，其市场规模在今后多年都远远落后于银行间信用债市场。

二级市场成交情况

2009 年 1 至 2 月，各期限利率债收益率处于历史低位，信用债由于出现时间较短，市场仍在熟悉之中，信用利差较宽。投资机构越来越多将目光集中于收益更高的信用债。3 至 5 月，随着一季度强劲的信贷增速和部分经济指标的明显回暖，市场对经济下行风险的担忧逐步缓解，收益率整体处于震荡上行趋势。6月开始，受超预期的经济数据、1年期央票重新发行及股票市场IPO重启影响，信用债收益率大幅跳升。

8月CPI环比转为正增长，市场开始讨论扩张性货币政策的退出问题，加之短期融资券和中期票据的发行指导利率两次上调，中长期和高收益信用产品流动性大幅下降，导致价格下跌，部分新发中长期产品甚至身陷难以销售的尴尬境地。进入11月，在保险资金配置压力下，10年期有担保AAA企业债发行利率连续下降和中期票据价格连续上涨，信用债券市场在年末意外走出了一轮牛市行情。

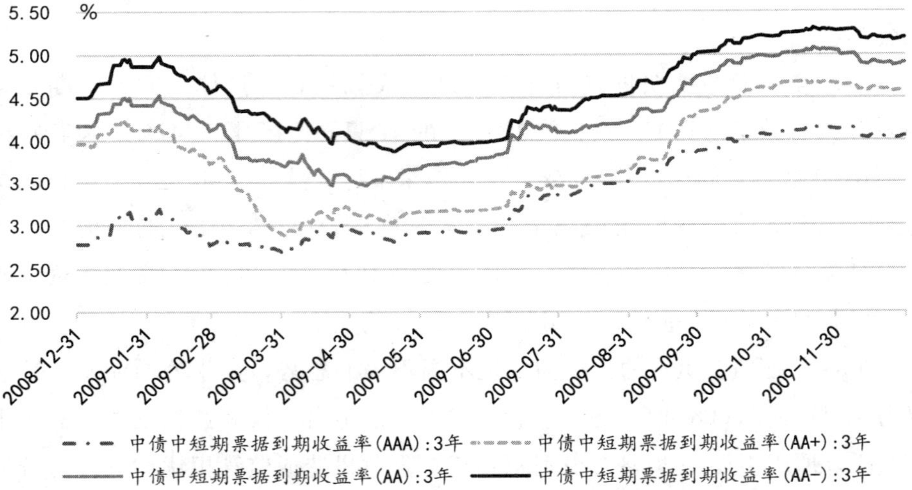

图5-2　2009年各等级信用债利率曲线变化

数据来源：Wind

2009年在经济刺激计划推动下，我国经济企稳回升，利率呈现明显上行趋势，但由于信用债配置需求持续扩张，信用债收益率调整幅度较小，全年来看，除AAA高等级信用利差平稳外，AAA以下等级信用债由于实际风险未暴露，在市场强需求下收益率反而持续下降。3年AAA信用利差上行0.19bp，其余信用等级AA+、AA和AA-品种信用利差分别下行66.81bp、54.81bp、57.81bp。

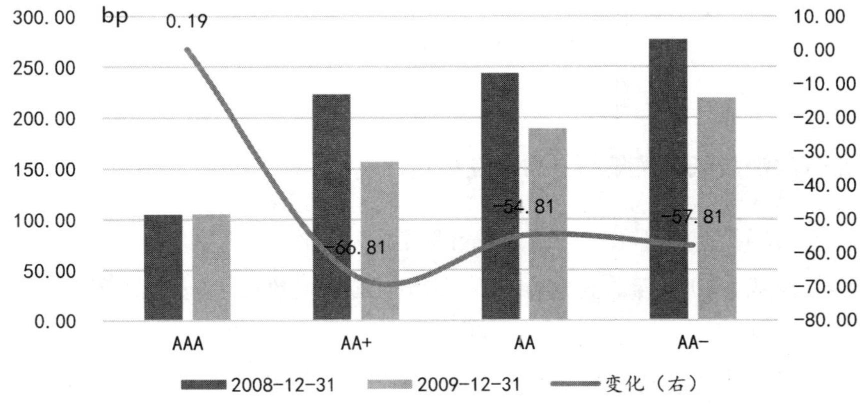

图 5-3　2009 年 3 年期各等级信用利差变化

数据来源：Wind

信用债期限利差方面，由于整体市场环境利率走高，利率曲线转向陡峭化，信用期限利差有所走阔，3-1 年利差（指相同信用评级的 3 年期与 1 年期信用债收益率的差值）方面，各等级期限利差均有所拉动，AAA 级、AA+级、AA 级和 AA-级分别上行 20.7bp、100.7bp、108.7bp 和 121.7bp。

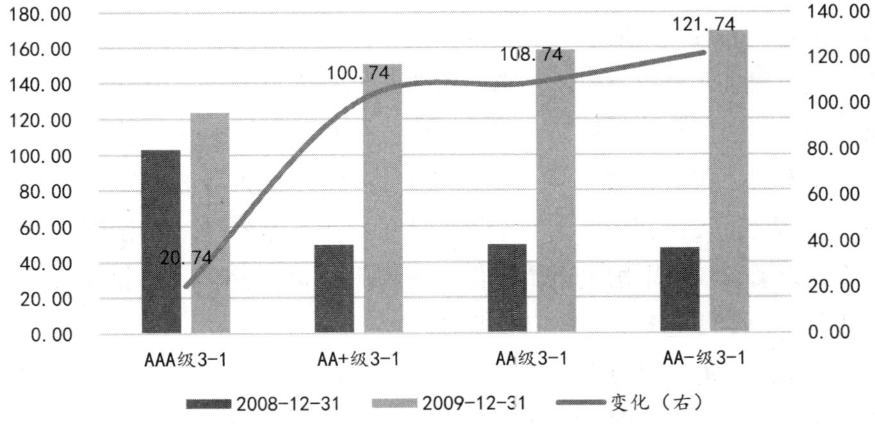

图 5-4　2009 年各等级信用期限利差变化

数据来源：Wind

三、重要事件评述

监管取消最低规模限制，放松发行条件

债券市场扩容离不开各相关主管部门的大力推动，为了缓解中小企业融资困难的现状，2009 年，监管层研究先后推出多项政策措施和创新产品。

2009 年 1 月 9 日，央行发布 2009 年第 1 号公告，取消对在银行间债券市场交易流通的债券发行规模不低于 5 亿元的限制条件，废止《全国银行间债券市场债券交易流通审核规则》（中国人民银行公告〔2004〕第 19 号发布）第四条第四款、中国人民银行公告〔2005〕第 15 号第二条及中国人民银行公告〔2005〕第 30 号第一条第四款的规定，这一举动对于企业尤其是中小企业进行小额融资打开了阀门。

首家信用增进机构成立

2009 年 9 月 21 日，在中国人民银行指导下，中国银行间市场交易商协会联合中国石油天然气集团公司、国网英大国际控股集团有限公司、中国中化股份有限公司、北京国有资本经营管理中心、首钢总公司、中银投资资产管理有限公司共同发起，我国第一家专业债券信用增进机构——中债信用增进投资股份有限公司（简称“中债信用增进公司”）在北京正式成立，注册资本 60 亿元人民币，成为中国注册资本最大的信用担保公司，信用评级为 AAA 级。在此之前，仅有中国投融资担保股份有限公司（简称“中投保”）一家以信用担保为主营业务的专业担保机构。

中债信用增进公司为中小企业及低评级企业发行直接债务融资工具提供信用增进服务，一定程度上缓解了中小企业融资困难问题。

中小企业集合票据推出

2009 年 11 月，为方便中小企业融资，央行和交易商协会联合推出中小企

业集合票据，具有法人资格的中小非金融企业可以“统一产品设计、统一券种冠名、统一信用增进、统一发行注册”方式共同发行债券，但在企业选取、发行期限、信用增进措施等方面又各有特点，充分体现了集合的特点和创新的精神。当月，北京市顺义区中小企业集合票据、山东省诸城市中小企业集合票据和山东省寿光市“三农”中小企业集合票据产品就已经通过了交易商协会的注册程序，于11月23日发行。

三单集合票据在企业选取上均根据《银行间债券市场中小非金融企业集合票据业务指引》要求，选择了发展势头良好，治理相对规范的中小企业。其中，北京市顺义区中小企业集合票据由北京银行主承销，项目选取了北京市顺义区符合国家产业政策、具有成长性的7家中小企业，期限为1年，规模2.65亿元；山东省诸城市中小企业集合票据由中信证券主承销，项目选取了山东省诸城市8家优质中小企业，期限为3年，规模5亿元；山东省寿光市“三农”中小企业集合票据由农业银行主承销，选择山东省寿光市符合国家产业政策、具有成长性的8家涉农中小企业，期限为2年，规模5亿元。就发行期限而言，这次通过注册的三单集合票据产品既有1年期的短期品种，也有2年期和3年期的中期品种，完全由主承销商和发行主体结合市场的资金环境和发行主体资金需求协商确定，市场化程度较高。

就产品结构而言，山东省诸城市中小企业集合票据引入了资产证券化原理，通过票据分层方式将票据分为优先级和高收益级。其中，优先级3亿元，高收益级2亿元，由中债信用增进投资股份有限公司对不特定3亿元本金及其相关利息等承担连带保证责任。优先级集合票据债项评级为AAA，高收益级集合票据债项评级为AA-。而北京市顺义区中小企业集合票据和山东省寿光市“三农”中小企业集合票则分别由首创投资担保公司和寿光金财公有资产经营有限公司为其提供全额无条件不可撤销的连带责任保证担保，票据债项评级分别为A-1和AA-。这些信用增进措施的使用能够在提升债项评级、熨平各发行主体之间信用差异的同时，提高投资人对中小企业集合票据的认可度。

表 5-2　2009 年发行的中小企业集合票据

债券简称	发行规模（亿）	发行期限（年）	债券评级	主体评级	票面利率（%）	发行人简称	担保人
09 顺义 SMECN1	2.65	1	A-1	A	4.08	长城华冠，大发正大，微特顺，北京美驰建筑材料，北京冶金中心，冶金正源，长久物流	北京首创融资担保有限公司
09 寿光 SMECN1	5	2	AA-	A-	5.1	寿光实业，新龙聚氯乙烯，健元春，鲁清石化，跃龙橡胶，华东橡胶，光耀玻璃，山东博润	寿光市金财公有资产经营有限公司
09 诸城 SMECN2	2	3	AA-	A	6	泰盛化工，新郎希努尔男装，天雁服饰，山东四达工贸，信得科技，龙光天旭太阳能，山东鲁能泰山铁塔，迪龙电缆	中债信用增进投资股份有限公司
09 诸城 SMECN1	3	3	AAA	A	4.45	龙光天旭太阳能，山东鲁能泰山铁塔，山东四达工贸，信得科技，泰盛化工，迪龙电缆，新郎希努尔男装，天雁服饰	中债信用增进投资股份有限公司

数据来源：Wind

然而，时至今日，这一产品似乎已从市场消失，中小企业集合融资票据这一产品更多是政策主导，中小企业抗风险能力弱且情况复杂，缺乏有效的市场需求，或许中小企业在本质上并不适合债券这种直接融资品种。

地方债发行试点启动

2008 年由于全球金融危机，导致经济景气度急剧下滑。为了应对快速下滑的经济趋势，缓和经济硬着陆的风险，国务院在 2008 年 11 月推出了进一步扩大内需、促进经济平稳较快增长的十项措施，称为“4 万亿计划”，其中中央安排资金 1.18 万亿元，其余由地方政府进行配套解决。

2009 年 2 月 28 日，财政部印发《2009 年地方政府债券预算管理办法》，明确了“地方政府债券是指国务院批准同意，以省、自治区、直辖市和计划单列市政府为发行和偿还主体，由财政部代理发行并代办还本付息和支付发行费的债券”。

在 2009 年 3 月 5 日第十一届全国人大第二次会议上，温家宝总理在《2009 年国务院政府工作报告》中说，“为弥补财政减收增支形成的缺口，拟安排中央财政赤字 7500 亿元，比上年增加 5700 亿元，同时国务院同意地方发行 2000 亿元债券，由财政部代理发行，列入省级预算管理”，首次提出安排地方政府债 2000 亿元，以缓解部分 4 万亿投资计划中的配套资金压力，从而开启了我国地方政府债券融资的道路。

表 5－3　2009 年发行的部分地方债一览

交易代码	债券简称	发行起始日	缴款日	计划发行规模（亿）	发行期限（年）	票面利率（%）
097601. IB	09 新疆债 01	2009－03－27	2009－04－01	30.00	3.00	1.61
095401. IB	09 安徽债 01	2009－03－31	2009－04－03	40.00	3.00	1.60
096001. IB	09 河南债 01	2009－04－03	2009－04－09	50.00	3.00	1.63
096801. IB	09 四川债 01	2009－04－07	2009－04－10	90.00	3.00	1.65
096701. IB	09 重庆债 01	2009－04－10	2009－04－15	58.00	3.00	1.70
……						
097202. IB	09 陕西债 02	2009－09－04	2009－09－09	27.00	3.00	2.24
095202. IB	09 浙江债 02	2009－09－04	2009－09－09	27.00	3.00	2.24
	合计			2000.00		

数据来源：Wind

地方债早期这种发行模式，实质仍然以国债转贷的方式拓展延伸。地方债发行主体只能是省一级的地方政府，但债券发行和还本付息均由中央财政进行，且通过全国人大审批，各省的自由度极低。

直到地方债试运行两年后，2011 年国务院才批准上海、浙江、广东试点在国务院批准的额度内自由发行债券，但模式上仍然采取财政部代办还本付息。

直到2014年5月22日，在财政部印发的《2014年地方政府债券自发自还试点办法》发布后，在还本付息制度上才从财政部突破至发债地区自行还本付息。至此地方债的发行模式走向成熟。

城投债适世而生

城投债，这一具有中国特色的债券品种，在2009年爆发式增长。最早的城投债需要回溯到1992年，当时为支持浦东新区建设，中央决定给予上海五方面的配套资金筹措方式，其中之一是1992—1995年每年发行5亿元浦东新区建设债券，所以1992年诞生第一只城投债，规模为5亿元。但城投债在2009年之前整体发展较为缓慢，1999—2004年城投类企业债券仅发行8只，合计156亿元。

直到2005年5月，中国人民银行发布《短期融资券管理办法》，短期融资券发行的重启为地方政府投融资平台提供了新的债券品种。受益于债券市场的扩容，城投债券开始快速发展。2005—2008年，地方政府投融资平台分别发行债券17只、29只、54只和49只，发行规模分别为242亿元、351.50亿元、664.50亿元和740亿元。

次贷危机爆发后，全球经济严重萎缩，投资需求不足，中国主动发起经济刺激计划，以“4万亿计划”为标志，掀起一轮基建高潮，以高铁、高速公路、机场建设等为重点的基础设施建设成为消化国内庞大产能的主要方向。2009年3月，中国人民银行和银监会联合发布的《关于进一步加强信贷结构调整促进国民经济平稳较快发展的指导意见》提出“支持有条件的地方政府组建投融资平台，发行企业债等融资工具”，此外国家发改委明确表态，要“扩大企业债券发行规模”。城投债在2009年内外部环境共同作用下实现了爆发式增长。根据中债资信的数据统计，2009年政府融资平台总计发行162只债券（其中企业债达117只），为2008年的3.31倍，发行债券规模总计2821亿元（其中企业债券达1734亿元），为2008年的3.81倍。

表 5-4　债券投资人耳熟能详的 2009 年“老城投”

交易代码	债券简称	发行规模（亿）	发行期限（年）	债券评级	主体评级	票面利率（%）
0980187. IB	09 久事债	20	10	AAA	AAA	5. 08
0980183. IB	09 铁岭债	15	10	AA +	AA -	7. 15
0980182. IB	09 滨海建投债	29	10	AAA	AA +	5. 38
0980179. IB	09 沪国盛债 01	20	10	AA +	AA +	5. 00
0980180. IB	09 沪国盛债 02	20	10	AA +	AA +	5. 20
0980170. IB	09 嘉高投债	10	10	AA +	AA	6. 20
0980157. IB	09 渝高速债	28	10	AA +	AA +	5. 10
0980138. IB	09 咸城投债	18	10	AA	AA -	7. 60
0980127. IB	09 宁城建债	26	10	AA +	AA +	5. 20
0980123. IB	09 晋交投债	20	10	AA	AA	5. 80
0980100. IB	09 常高新债	15	10	AA +	AA -	5. 20
098097. IB	09 京国资债 02	70	10	AAA	AAA	4. 45
098092. IB	09 武城投债	15	10	AA +	AA +	4. 72
098090. IB	09 青州企业债	6	10	AA	A +	6. 50
098085. IB	09 冀建投债 02	10	10	AAA	AA +	5. 05
098083. IB	09 鲁高速债	24	10	AA +	AA +	4. 60
098072. IB	09 泰达债	29	10	AA +	AA +	4. 98
098065. IB	09 柳州投控债	14	10	AA	AA -	6. 55
098058. IB	09 淄博城运债	15	10	AA +	AA	5. 45
098055. IB	09 豫投债	15	10	AA	AA	4. 85
098056. IB	09 潍投债	7	10	AA	AA -	5. 88
098038. IB	09 济城建债	15	10	AA +	AA	4. 78
098034. IB	09 浙交投债	30	10	AAA	AA +	3. 88
098023. IB	09 哈城投债	20	10	AA	AA	7. 08
098019. IB	09 渝地产债	23	10	AA	AA	5. 46
098011. IB	09 怀化城投债	13	10	AA	A +	8. 10

数据来源：Wind

但随着城投债的过快发展，中间存在的无序化问题也为后续城投债的潜在风险埋下伏笔。地方政府融资平台债务快速积聚也受到监管层高度重视，

2010 年 6 月国务院发布《关于加强地方政府融资平台公司管理有关问题的通知》（国务院 19 号文）后，国务院及相关监管部门相继发布针对地方政府融资平台的规范性文件，叠加云南公路“只付息不还本”函件、云投重组和上海申虹偿债危机等信用事件的相继发生，极大地挫伤了市场对政府融资平台企业的风险偏好。此后城投债逐步进入更加规范的发行阶段。

监管全面放开非法人资管产品进入债券市场

债券扩容的同时，也需要扩大投资主体，如当年一些专家提醒的，“供给增大，需求也应跟上”。3 月 18 日，央行发布公告称，为拓宽基金管理公司特定客户资产管理业务的投资渠道，保护投资者合法权益，推动债券市场健康发展，根据有关规定，对基金管理公司为开展特定客户资产管理业务在全国银行间债券市场开立债券账户做出了规定。这意味着，基金公司在银行间债券市场的固定收益类产品的专户理财自此开闸。

紧接着 4 月 7 日，保监会相继放开了保险资金投资无担保债券的限制，政策樊篱被逐一打破。

7 月 23 日，券商资产管理业务获准在全国银行间债市开立账户，央行公告要求，证券公司在全国银行间债券市场从事证券资产管理业务时，应为其设立的各资产管理计划（包括集合资产管理计划、专项资产管理计划和定向资产管理计划）分别开立单独的专用债券账户。账户名称为“证券公司名称 - 托管人名称 - 资产管理计划名称”。

这一系列政策的落实和推进提高了非银资管产品对于债券市场的参与度，债券市场投资人类别进一步丰富。

银行理财快速扩容

银行理财由于具有结构设计简单、收益相对稳定，且对于银行而言，能够帮助其解决信贷额度紧张和资本充足率达标的问题，叠加“4 万亿计划”，银行理财在 2009 年实现了迸发式发展，特别是股份制银行成为 2009 年理财发力的主力军。2007 年末银行理财产品资金余额仅 0.53 万亿元，到 2009 年末达到 1.70 万亿元。

2009 年 7 月，工商银行资产管理部正式成立，以总行一级部门资产管理部专营理财业务。在这之后，其他银行也陆续开始成立专营理财业务的总行一级部门，逐渐将理财业务进行集中管理，资金运用均由资产管理部统筹负责。

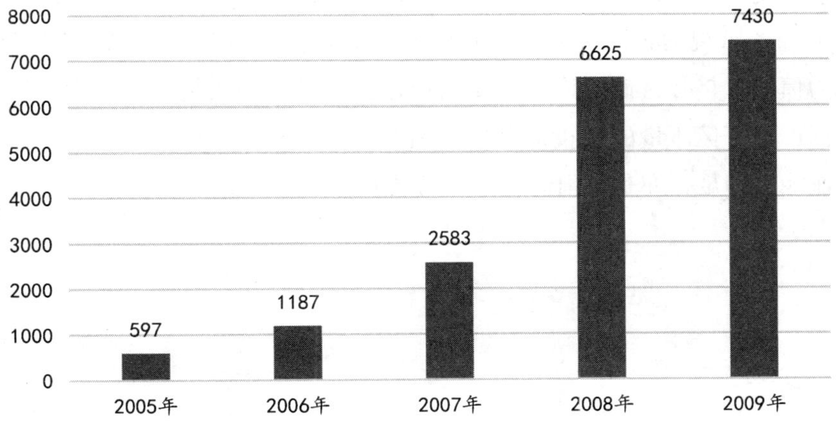

图 5-5　2005—2009 年银行理财发展状况（只）

数据来源：《银行理财产品年度报告（2009 年）》，李要深，西南财经大学信托与理财研究所。

四、结语

2009 年之前，我国信用债市场经历了主要信用债品种从无到有的积累过程。2009 年开始，信用债市场进入了从有到多的快速发展时期。品种创新和配套政策的持续推进，使得 2009 年信用债一级发行规模迎来爆发式增长。非法人资管产品参与度大幅提升和银行理财的快速扩容为信用债市场的大发展提供了坚实的资金基础。具体表现为，在国债和政策性银行债存量继续以 10% 和 20% 的高速增长时，企业债和中短期票据存量更以 50% 以上的超高速在增长。

二级市场方面，2008 年末债券收益率的探底、2009 年经济复苏强烈预期以及非常规政策的逐步退坡注定了 2009 年利率债市场走熊，虽然此过程中也存在几波超跌反弹的机会，但想在其中获利难度较大。信用债券收益率先涨后跌，成为年末债市赢家。票息策略是投资者跑赢市场的制胜法宝。

2009 年信用债市场快速扩容，为一揽子经济刺激计划提供了有力支持。然而，过度的刺激也带来了产能过剩、高杠杆和“僵尸企业”等诸多后遗症。2009 年备受重视的城投债在今后不断推升政府隐性债务规模，城投会不会违约成为债市每年必讨论的话题。直到现在，城投债仍然是中国信用市场的最后信仰，十万亿体量的城投债是信用债市场的压舱石；但同时，城投平台自身造血能力不足，亦是中国信用债市场最大的风险。

2010年：信用债的利率风险

2010年全球经济持续复苏，但结构分化明显。主要发达经济体复苏节奏缓慢，失业率仍居高不下。美国经济在第四季度出现积极信号，但前景仍不明朗。日本通货紧缩和就业状况仍然疲弱，欧元区受到主权债务危机拖累，经济增速明显放缓。美国、日本、欧元区2010年GDP同比增速分别录得2.6%、4.1%、2.2%。新兴市场经济体复苏势头强劲，但面临的资本流入和输入型通胀压力上升。在此背景下，各国的货币政策出现明显差异。主要发达经济体继续以保持低息和加大量化宽松政策等手段促进经济和就业增长，而部分增长势头强劲和通胀压力较大的国家和地区则收紧了货币政策。美联储在2010年继续将基准利率水平保持在0.5%以下，并在11月3日宣布推出6000亿美元的第二轮量化宽松政策，即QE2，并在此后表示资产购买规模可能超出6000亿美元。

国内方面，各项经济指标不断回暖，全年GDP实现10.64%的同比增长。不过物价持续冲高牵动着市场神经，CPI从年初的1.5%不断上行到11月的5.1%，全年CPI同比上涨3.3%。在这样的宏观背景下，中国人民银行逐步引导货币条件从反危机状态向常态水平回归，全年六次上调商业银行存款准备金率，累计3个百分点，两次上调存贷款利率50bp，并通过公开市场操作加大流动性资金回收力度。不过值得注意的是，金融危机后，中国货币政策独立性开始陷于蒙代尔三角的困境之中，2010年上半年受到欧债危机影响，且在通胀预期较强的背景下，中国央行四度下调3年期央行票据发行利率，让市场对于政策解读和市场走势判断出现一定偏差，因此10月19日央行加息完全超出市场预期，之后一年市场收益率持续上行。

2010 年全年债券市场价格先扬后抑，前三季度受到资金面支撑叠加信贷规模的严格受限，债券市场走势良好。四季度通胀加剧，经济过热，10 月央行意外加息，债券市场进入了接近 1 年持续下跌的趋势。全年来看，10 年期国债收益率上行 24bp，1 年期国债则上行了 180bp。

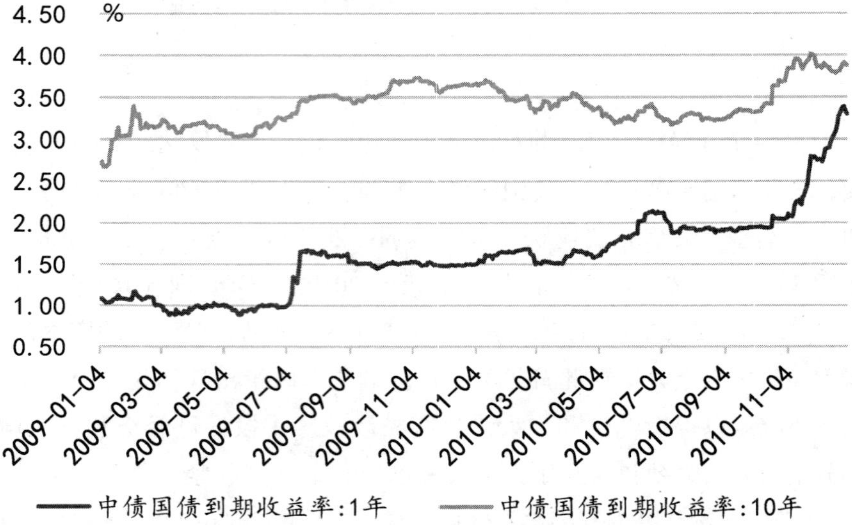

图 6－1　2009—2010 年国债利率曲线变化

数据来源：Wind

受到政策收紧、发行成本抬升、市场下跌以及清理核实地方融资平台债务等影响，2010 年信用债发行规模小幅收缩，但仍然维持高位。信用债二级市场行情与利率债节奏类似，供不应求推动了信用债收益率从年初就大幅下降，虽然中间有一些波动，但整体行情持续到 8 月底，信用利差也急剧收窄。2010 年 10 月 19 日央行意外加息，此前市场几无预期，信用债收益率迅速大幅上行，直到 12 月有部分配置型机构进场，收益率才有所企稳，但仍不改上行趋势，收益率上行近一年。

一、重点事件时间轴

- 2010－1－4　中国保监会发布《关于保险机构投资无担保企业债券有关事宜的通知》，要求投资无担保企业债需要发行主体具有国内信用评级机构评定的 AAA 级或者相当于 AAA 级的长期信用级别。
- 2010－1－12　央行决定从 2010 年 1 月 18 日起上调存款类金融机构人民币存款准备金率 0.5 个百分点。为增强支农资金实力，支持春耕备耕，农村信用社等小型金融机构暂不上调。
- 2010－2－12　央行决定从 2010 年 2 月 25 日起上调存款类金融机构人民币存款准备金率 0.5 个百分点。为加大对“三农”和县域经济的支持力度，农村信用社等小型金融机构暂不上调。
- 2010－3－10　中国银行间市场交易商协会召开定价联席会议，再度下调银行间市场信用债发行利率下限。本次调整后的利率较 1 月 27 日下调后的水平有 9bp—24bp 的下降，主要为了消除一、二级利差过大的现象。
- 2010－4－28　由于信用债一、二级市场利差再度拉大，中国银行间市场交易商协会再度下调超级 AAA 短期融资券和中期票据的发行利率下限。
- 2010－5－10　央行决定从 2010 年 5 月 10 日起，上调存款类金融机构人民币存款准备金率 0.5 个百分点，农村信用社、村镇银行暂不上调。
- 2010－6－10　国务院发布《国务院关于加强地方政府融资平台公司管理有关问题的通知》（简称“19 号文”），对加强地方政府融资平台公司管理工作进行了全面部署。
- 2010－7－11　中国独立评级机构大公国际资信评估有限公司在北京发布首批 50 个典型国家的信用等级。这是中国也是世界第一个非西方国家评级机构第一次向全球发布的国家主权信用风险信息。
- 2010－7－30　财政部、国家发改委、人民银行、银监会联合下发《关于贯彻〈国务院关于加强地方政府融资平台公司管理有关问题的通知〉相关事项的通知》，对 19 号文涉及的诸多关键概念，如融资平台公司、公益性项目、主要依靠财政性资金偿还的债务、在建项目等做了进一步核定。

- 2010－9－12　27 国央行在瑞士最终一致通过了最新的银行业监管协议——《巴塞尔协议 III》，这份协议大幅度地提升了监管业者对于银行一级核心资本的最低比例要求，是金融危机之后全球银行业监管体系改革所取得的最大成绩。
- 2010－10－19　央行决定自 2010 年 10 月 20 日起上调金融机构人民币存贷款基准利率。金融机构 1 年期存款基准利率上调 25bp，由现行的 2.25% 提高到 2.50%；1 年期贷款基准利率上调 25bp，由现行的 5.31% 提高到 5.56%；其他各档次存贷款基准利率据此相应调整。
- 2010－10－21　中国银行间市场交易商协会信用评级专业委员会在北京成立，成为首家由民政部正式批准成立的信用评级行业自律组织。
- 2010－11－10　央行决定从 2010 年 11 月 16 日起上调存款类金融机构人民币存款准备金率 0.5 个百分点。
- 2010－11－15　财政部出台《地方政府融资平台公司公益性项目债务核算暂行办法》。
- 2010－11－19　央行决定从 2010 年 11 月 29 日起上调存款类金融机构人民币存款准备金率 0.5 个百分点。
- 2010－12－10　央行决定从 2010 年 12 月 20 日起上调存款类金融机构人民币存款准备金率 0.5 个百分点。
- 2010－12－21　银行间交易商协会发布《银行间债券市场非金融企业超短期融资券业务规程（试行）》，推出超短期融资券。
- 2010－12－25　央行决定自 2010 年 12 月 26 日起上调金融机构人民币存贷款基准利率。金融机构 1 年期存贷款基准利率分别上调 25bp，其他各档次存贷款基准利率相应调整。

二、信用债市场回顾

一级市场发行情况

表 6 - 1　信用债一级新发行情况

债券类型	发行期数（只）			发行规模（亿元）			平均发行规模（亿元）		
	2010 年	2009 年	增幅	2010 年	2009 年	增幅	2010 年	2009 年	增幅
一般短期融资券	442	263	68%	6742	4612	46%	15	18	-13%
超短期融资债券	2			150					
一般企业债	172	179	-4%	2821	3247	-13%	16	18	-10%
一般中期票据	223	174	28%	4924	6900	-29%	22	40	-44%
一般公司债	23	47	-51%	512	735	-30%	22	16	42%
合计	862	663	30%	15149	15494	-2%	18	23	-25%

数据来源：Wind

说明：在计算平均数时结果只保留到个位，但计算增幅时使用的是精确度更高的数据。

2010 年信用债发行规模合计 1.51 万亿元，较 2009 年的 1.55 万亿元小幅降低 2%，这也是信用债市场首次出现发行规模缩减的情况。主要源于 2009 年经济刺激政策带动信用债爆发式增长从而形成了较高的基数，而进入 2010 年，随着经济基本面进一步修复，通胀压力持续加大，央行意外加息，信用债收益率大幅上行，发行成本抬升，发行难度有所增大导致发行规模有所下滑。

2010 年一般短期融资券获得进一步增长，发行数量为 442 只，较 2009 年上升了 68%，发行规模达到 6742 亿元，同比提升了 46%，短期融资券得益于其审批便利性及期限灵活性，受到市场欢迎。

2010 年 12 月 21 日，银行间交易商协会推出超短期融资券，由于临近年末，在 2010 年仅发行 2 期，但这一品种在此后的信用债市场逐步成长为发行规模最大的单一品类。

2010年一般企业债发行数量为172只，同比小幅下降4%，发行规模2821亿元，同比下降13%。主要由于中央要求对地方政府融资平台融资进行限制，企业债发行处于缩量态势。下半年政策层要求各地财政部门清理核实融资平台公司债务，导致城投债审批及发行一度停滞，企业债全年活跃度前低后高。

2010年中期票据发行数量达到223只，同比提升28%，发行规模达到4924亿元，反而同比下降29%，平均单券发行规模下滑44%。

2010年一般公司债发行数量达到23只，较2009年的47只下滑51%，发行规模达到512亿元，较2009年同比下降30%。

2010年信用债发行利率经历了较大的波动，年初至8月震荡下行，进入9月份之后，发行利率加速上升。短期融资券平均发行利率从1月的3.14%下降至8月份的2.85%，下行幅度29bp，9月份开始上行125bp至12月的4.10%。中期票据平均发行利率从1月的4.40%下行至7月的3.82%，下行幅度58bp，8月份开始一路上行至5.43%，上行幅度161bp。

二级市场成交情况

2010年初以来，市场流动性较为宽松，债券配置需求强烈，信用债市场呈现供给弱于需求的特征。此外，年初以来，M2增速有所下滑，通胀水平处于较低位置，经济基本面配合宽松的流动性环境，带动信用债收益率持续下行。AAA评级3年期信用债中债估值从2009年年末的4.05%下行60bp至2010年4月末的3.45%。其间虽然有央行提高央票利率，回笼逆回购资金等操作吸纳市场多余流动性资金，但7天银行间回购利率自2月之后维持在1.5%附近，市场并未受到央行的流动性资金回流的影响。5月份，欧债危机爆发，美元大幅走强，大宗商品价格快速走弱，希腊、葡萄牙等国主权评级相继下调。国内资本市场避险情绪再度强化，此前对于加息预期开始回落，信用债市场迎来第二波配置潮，信用债收益率在5月至6月间普遍下行10bp，且信用利差呈现缩窄之势。

进入下半年后，由于上半年财政收入增速明显快于支出，财政存款增长使得基础货币受到挤占，资金利率开始有所走高，而收紧的资金面导致此前机构快速上杠杆增配信用债的需求快速萎缩。进入 9 月份，由于 CPI 同比从年初 1.5% 逐步攀升至 3.5%，叠加央行公开市场维持小幅净投放特征，市场开始快速转冷，以 3 年期 AAA 信用债为例，该轮行情最低到达 3.25% 附近，但在一个月时间内快速反弹至 3.5% 之上。10 月 19 日，央行时隔 3 年重启加息，虽然市场常有加息争论，但当靴子落地时，债市迅速转熊。11 月 16 日至 12 月 20 日，央行连续三次上调存款准备金率，信用市场迎来一波收益率的快速上行，3 年期 AAA 信用债收益率从 10 月 18 日的 3.48% 上行至 11 月 29 日的 4.50%，在一个月内收益率上行幅度达 100bp，市场恐慌情绪达到极致。进入 12 月后，市场逐步转向震荡，直到 12 月 25 日央行再度加息，市场情绪再度走弱，但由于 10 年期国债又回到 4% 附近，进入配置区间，市场博弈情绪加强，信用债收益率呈现小幅上行格局。

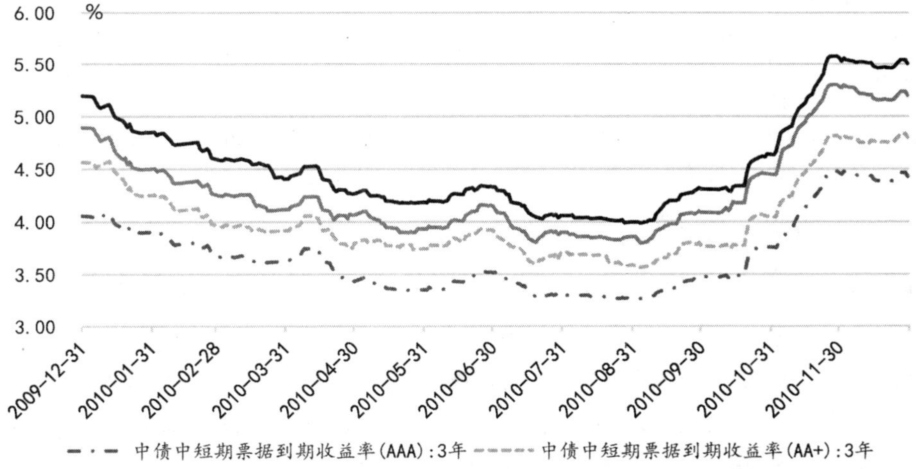

图 6-2　2010 年 3 年期各等级信用债收益率先下后上

数据来源：Wind

二级市场方面，与利率债相同，2010年伊始，信用债就走出了强势行情，而这一行情一直持续到8月末，虽然中途有一定的反复，但整体上信用债收益率明显下行。从背后的驱动因素来看，投资需求是主要原因，央行货币政策的小幅放松也让市场放松了警惕。银行间市场信用债供给的下降主要源于“企业公开发行债券不得超过净资产40%”的限制和上半年国家发改委对城投债发行规模的控制。从需求看，由于2009年信贷天量增速，监管机构在2010年初对新增贷款严厉控制，导致商业银行在年初传统投放贷款季度无法有效投放，大量流动性资金积累在银行体系之中，转而投资于信用债，而保险机构在2009年中期被压制需求的集中释放以及银监会理财产品新规等因素都刺激了市场对信用债的持续需求，因此市场供小于求的趋势相对明显。对于交易所市场，在2009年末以地产债为代表的高收益债大量发行使得收益率不断上升，且市场预期供给仍然较高，但进入2010年之后，由于监管机构的严格约束，高收益债供给大幅减少，而以券商、基金和非法人资管产品为代表的市场需求却大幅增加，进而使得信用债收益率大幅下行，信用利差也快速缩窄。2010年8月末，3年和5年AAA中票绝对收益率分别达3.27%和3.67%，与同期限政策性金融债利差分别达到55bp和62bp，较2010年年初大幅下降50bp和40bp，基本处于当时历史最低水平。

进入2010年9月份之后，由于信贷控制的放松、经济指标的反弹，且随着美国启动第二次量化宽松，国际大宗商品价格持续走高，到11月CPI同比增长一度冲破5.1%，市场通胀预期浓厚。与此同时，央行自2008年金融危机以来首次加息，短时间内三次上调准备金率、两次上调存贷款基准利率，市场资金面转紧。在基本面、资金面和政策面均呈现利空背景下，信用债收益率跟随利率债收益率出现一轮快速上行，至11月末，短短两个月间，收益率就大幅超过年初高点。进入12月后，由于部分配置型机构的进场，收益率有所企稳。截至2010年12月31日，3年和5年AAA中票绝对收益率分别达4.39%和4.96%，与同期限政策性金融债利差分别达到60bp和106bp，但这轮收益率上行趋势还远未结束。

信用利差[②]——多数收窄

2010 年由于信用环境整体宽松，多数信用利差有一定收窄。以 3 年中债估值曲线来看，3 年 AAA、AA +、AA、AA - 品种信用利差分别下行 45bp、59bp、52bp、51bp。

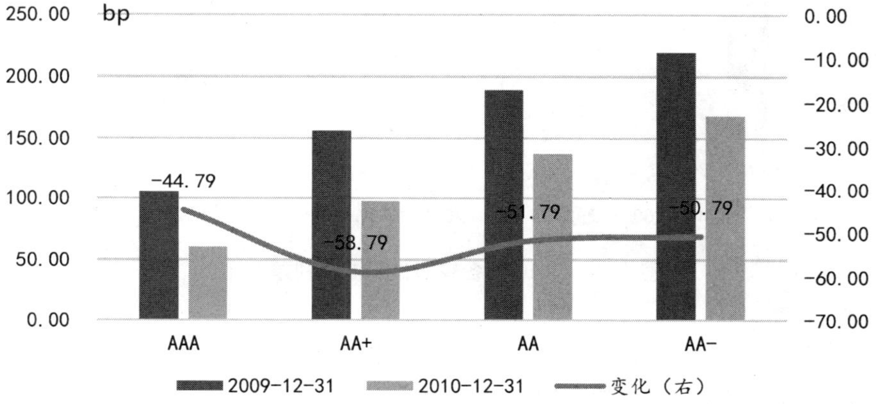

图 6 - 3　2010 年 3 年期各等级信用利差变化

数据来源：Wind

期限利差[③]——明显收窄

2010 年由于信用环境整体宽松，资管类产品成立较多，市场配债需求较强，导致全年各等级的期限利差均有明显收窄。信用债期限利差方面，3 - 1 利差方面，各等级期限利差均有所收窄，AAA 级、AA + 级、AA 级和 AA - 级分别收窄 86bp、100bp、94bp 和 101bp。AAA 级、AA + 级、AA 级 3 - 1 期限利差分别位于 4%、12%、22% 分位点，较 2009 年有明显下降。

② 信用利差：信用债相对同期限国债收益率利差。

③ 期限利差：同等级信用债不同期限之间收益率利差。

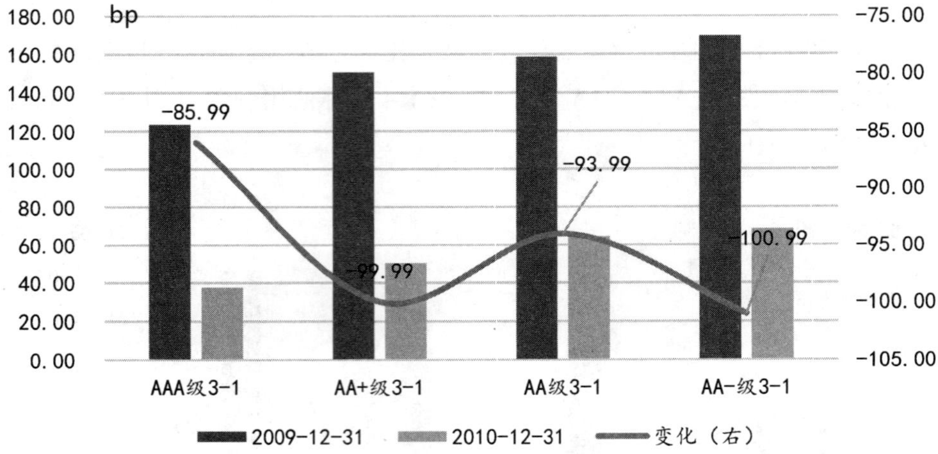

图6－4　2010年各等级信用期限利差变化

数据来源：Wind

评级间利差[④]——走势平稳

评级间利差在2010年呈现震荡走势。其中，1年期短期融资券AAA与AA＋、AA＋与AA和AA与AA－评级间利差分别走阔0bp、1bp和8bp。3年期中票AA＋与AA和AA与AA评级间利差分别走阔7bp、1bp，AAA与AA＋评级间利差收窄14bp。

④　评级间利差：不同信用等级之间低等级与高等级同期限信用债的收益率利差水平。

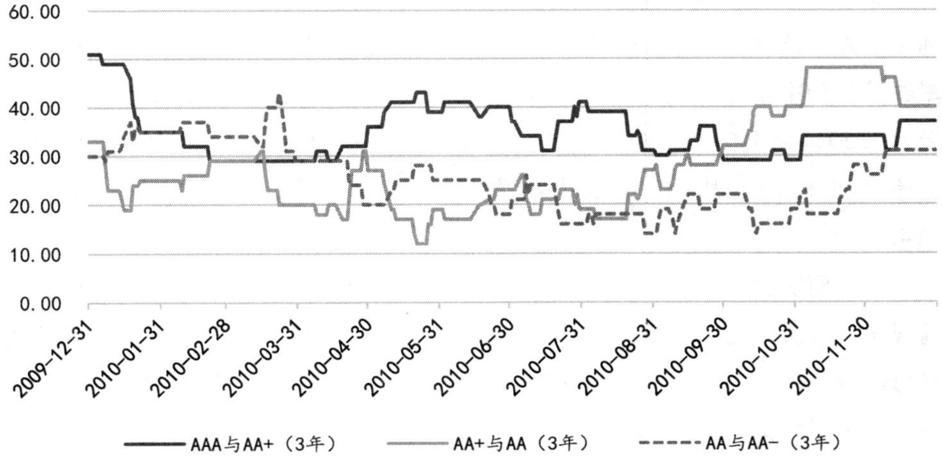

图 6－5　2010 年 3 年期中票评级间利差（bp）

数据来源：Wind

三、重要事件评述

交易商协会下调信用债发行利率

2010 年 3 月 10 日，中国银行间交易商协会召开定价联席会议，再度下调了银行间市场信用债发行利率下限。这是自 2009 年 8 月份以来交易商协会第四次调整信用债的发行利率下限，上一次下调利率是在 2010 年 1 月 27 日，距离此次下调仅一个半月的时间。

此次调整涉及 1 年期短期融资券、3 年和 5 年期的中期票据，信用级别则覆盖超级 AAA、普通 AAA 以及 AA+和 AA 级别。其中，1 年、3 年、5 年的超级 AAA 信用债发行利率下限分别下调至 2.64%、3.73%、4.37%，普通 AAA 级信用债 1 年、3 年、5 年的发行利率分别下调至 2.73%、3.87%、4.48%，AA+和 AA 级信用债发行利率也均有所下调。与上次相比，此次下调幅度相对较大，各期限品种分别下调了 10bp—20bp 不等。

2010 年 4 月交易商协会再度下调超级 AAA 短期融资券和中票票据的发行利率下限。这次下调幅度在 5bp—28bp 不等。其中，1 年期超级 AAA 短期融资券发行利率指导下限下调至 2.64%，3 年期和 5 年期中票发行利率下限下调至 3.50% 和 4.09%，分别较上次下调 23bp 和 29bp。此外，此次交易商协会还增加了 7 年和 10 年期中票发行利率的指导下限，分别为 4.53% 和 4.70%。

交易商协会多次下调信用债发行利率，主要是由于 2010 年春节后债券市场回暖，二级市场收益率大幅下行，而信用债发行利率则相对刚性，无法实现与二级市场的有效联动，致使一、二级市场利差空间不断加大到 50bp 左右，催生了大量的一、二级市场套利行为。

不过当时在下调之后，距离二级市场水平仍然有一定空间。这一方面是为了保证发行的顺畅，保持一定的溢价区间，另一方面是当时二级市场收益率已经下降了较大幅度，未来下降空间可能有限，因此完全实现一、二级接轨之后可能也存在着再次调整的风险。

尽管在现在看来，当时一级发行价格的设定方式是很不市场化的，但市场化的进程需要循序渐进，推进的过程中需要考虑多方面的因素。交易商协会做出指导利率的调整主要是为了缩小一、二级市场的价差，使得一级市场利率更加跟随市场变动，这已经是市场化程度的进步。

加强地方政府融资平台公司管理

2010 年 6 月 10 日，国务院发布《国务院关于加强地方政府融资平台公司管理有关问题的通知》（国发〔2010〕19 号，简称“19 号文”）。通知指出地方政府融资平台公司是指由地方政府及其部门和机构等通过财政拨款或注入土地、股权等资产设立，承担政府投资项目融资功能，并拥有独立法人资格的经济实体。近年来，地方政府融资平台公司通过举债融资，为地方经济和社会发展筹集资金，在加强基础设施建设以及应对国际金融危机冲击中发挥了积极作用。但与此同时，也出现了一些亟须高度关注的问题，主要是融资平台公司举债融资规模迅速膨胀，运作不够规范；地方政府违规或变相提供担保，偿债风险日益加大；部分银行业金融机构风险意识薄弱，对融资平台公司信贷管理缺失等。因此为防范财政金融风险，需加强管理。19 号文主要内容如下：

一、抓紧清理核实并妥善处理融资平台公司债务

地方各级政府要对融资平台公司债务进行一次全面清理，并按照分类管理、区别对待的原则，妥善处理债务偿还和在建项目后续融资问题。

纳入此次清理范围的债务，包括融资平台公司直接借入、拖欠或因提供担保、回购等信用支持形成的债务。债务经清理核实后按以下原则分类：（1）融资平台公司因承担公益性项目建设举借、主要依靠财政性资金偿还的债务；（2）融资平台公司因承担公益性项目建设举借、项目本身有稳定经营性收入并主要依靠自身收益偿还的债务；（3）融资平台公司因承担非公益性项目建设举借的债务。

对原计划由融资平台公司承担融资的在建项目，对其后续资金应根据不同情况妥善处理。地方各级政府要严格审核项目投资预算和资金来源，各类资金要集中用于项目续建和收尾，严格控制新开工项目，防止出现“半拉子”工程。经地方政府审核后，对还款来源主要依靠财政性资金的公益性在建项目，除法律和国务院另有规定外，不得再继续通过融资平台公司融资，应通过财政预算等渠道，或采取市场化方式引导社会资金解决建设资金问题。对使用债务资金的其他在建项目，原贷款银行等要重新进行审核，凡符合国家产业政策、土地政策、环境保护政策、信贷审慎管理规定及宏观调控政策等要求的项目，要继续按协议提供贷款，推进项目建设；对不符合上述要求的项目，地方政府要尽快进行清理，妥善处置。

对融资平台公司贷款，银行业金融机构要坚持按照“逐包打开、逐笔核对、重新评估、整改保全”的原则进行全面清理，及时采取补救措施，确保信贷资产安全。

地方各级政府要采取有效措施，落实有关债务人偿债责任。对融资

平台公司存量债务，要按照协议约定偿还，不得单方面改变原有债权债务关系，不得转嫁偿债责任和逃废债务。融资平台公司等要统筹安排资金，制定偿债计划，明确偿债时限，切实承担还本付息责任。

二、对融资平台公司进行清理规范

在本通知下发前已经设立的融资平台公司，要按以下要求进行清理规范：对只承担公益性项目融资任务且主要依靠财政性资金偿还债务的融资平台公司，今后不得再承担融资任务，相关地方政府要在明确还债责任，落实还款措施后，对公司做出妥善处理；对承担上述公益性项目融资任务，同时还承担公益性项目建设、运营任务的融资平台公司，要在落实偿债责任和措施后剥离融资业务，不再保留融资平台职能。对承担有稳定经营性收入的公益性项目融资任务并主要依靠自身收益偿还债务的融资平台公司，以及承担非公益性项目融资任务的融资平台公司，要按照《中华人民共和国公司法》等有关规定，充实公司资本金，完善治理结构，实现商业运作；要通过引进民间投资等市场化途径，促进投资主体多元化，改善融资平台公司的股权结构。对其他兼有不同类型融资功能的融资平台公司，也要按照上述原则进行清理规范。

今后地方政府确需设立融资平台公司的，必须严格依照有关法律法规办理，足额注入资本金，学校、医院、公园等公益性资产不得作为资本注入融资平台公司。

三、加强对融资平台公司的融资管理和银行业金融机构等的信贷管理

融资平台公司融资和担保要严格执行相关规定。经清理整合后保留的融资平台公司，其融资行为必须规范，向银行业金融机构申请贷款须落实到项目，以项目法人公司作为承贷主体，并符合有关贷款条件的规定。融资项目必须符合国家宏观调控政策、发展规划、行业规划、产业政策、行业准入标准和土地利用总体规划等要求，按照国家有关规定履行项目审批、核准或备案手续。要严格按照规定用途使用资金，讲求效益，稳健经营。

银行业金融机构等要严格规范信贷管理，切实加强风险识别和风险管理。要落实借款人准入条件，按商业化原则履行审批程序，审慎评估借款人财务能力和还款来源。凡没有稳定现金流作为还款来源的，不得发放贷款。向融资平台公司新发贷款要直接对应项目，并严格执行国家有关项目资本金的规定。严格执行贷款集中度要求，加强贷款风险控制，坚持授信审批的原则、程序与标准。要按照要求将符合抵质押条件的项目资产或项目预期收益等权利作为贷款担保。要认真审查贷款投向，确保贷款符合国家规划和产业发展政策要求。要加强贷后管理，加大监督和检查力度。适当提高融资平台公司贷款的风险权重，按照不同情况严格进行贷款质量分类。

四、坚决制止地方政府违规担保承诺行为

地方政府在出资范围内对融资平台公司承担有限责任，实现融资平台公司债务风险内部化。要严格执行《中华人民共和国担保法》等有关法律法规规定，除法律和国务院另有规定外，地方各级政府及其所属部门、机构和主要依靠财政拨款的经费补助事业单位，均不得以财政性收入、行政事业等单位的国有资产，或其他任何直接、间接形式为融资平台公司融资行为提供担保。

五、加强组织领导，确保工作落实

各地区、各部门要从大局出发，牢固树立科学发展观和正确政绩观，充分认识加强融资平台公司管理工作的重要性和紧迫性，统一思想，加强领导，精心组织，结合本地区、本部门实际认真抓好落实。财政部、发展改革委、人民银行、银监会等部门和机构，要抓紧制定具体实施方案，完善相关政策，加强对这项工作的指导监督。财政部要会同有关部门加快建立融资平台公司债务管理信息系统、会计核算和统计报告制度，以及融资平台公司债务信息定期通报制度，实现对融资平台公司债务的全口径管理和动态监控。审计部门要加强对融资平台公司的审计监督。要研究建立地方政府债务规模管理和风险预警机制，将地方政府债务收支纳入预算管理，逐步形成与社会主义市场经济体制相适应、管理规范、运行高效的地方政府举债融资机制。

资料来源：中央政府门户网站

19号文发布后，一路狂飙突进的城投债终于被按下暂停键。有大型券商固定收益部人士透露，国家发改委暂停了对所有新报和排队等待的城投类债券的批复。不仅如此，国家发改委还规定，对于那些已经得到批复，但是截至6月10日之前仍未走完交易程序的城投类债券，也一律暂停交易，重新审批。事实上，19号文对城投公司的影响不仅仅在单纯的城投债审批方面，更为严峻的是，银行信贷也开始全面收紧。当时一些城投公司表示，银监会正在对银行已经发放贷款的公司所提供的抵押担保进行全面清理，这些已经拿到贷款的公司，也需要重新根据19号文来调整。承揽了大量城投债承销业务的券商们也为此感到沮丧，当时全国一些大型券商手中，城投类债券大约占到40%的比例，万一审批条件更改，很可能会面临发不出来的风险。因此地方政府、城投公司和券商人士都迫切期待相关部门出台针对融资平台公司的更为明确的操作细则。

7月30日，财政部、国家发改委、人民银行和银监会发布《关于贯彻国务院关于加强地方政府融资平台公司管理有关问题的通知相关事项的通知》（财预〔2010〕412号，简称“412号文”），对19号文涉及的诸多关键概念，如融资平台公司、公益性项目、主要依靠财政性资金偿还的债务、在建项目等做了进一步核定。具体来看，纳入此次清理核实范围的融资平台公司是指截至2010年6月30日，由地方政府及其部门和机构、所属事业单位等通过财政拨款或注入土地、股权等资产设立，具有政府公益性项目投融资功能，并拥有独立企业法人资格的经济实体，包括各类综合性投资公司，如建设投资公司、建设开发公司、投资开发公司、投资控股公司、投资发展公司、投资集团公司、国有资产运营公司、国有资本经营管理中心等，以及行业性投资公司，如交通投资公司等。清理核实的债务是指截至2010年6月30日，融资平台公司通过直接借入、拖欠或因提供担保、回购等信用支持形成的债务。融资平台公司因承担公益性项目建设举借、主要依靠财政性资金偿还的债务，是指融资平台公司因承担公益性项目融资任务举借，根据协议约定、项目性质或相关政策规定确定，偿债资金70%以上（含70%）来源于一般预算资金、政府性基金预算收入、国有资本经营预算收入、预算外收入等财政性资金的债务。上述财政性资金暂不包括已注入融资平台公司的土地使用权出让收入、因承担政府公益性项目建设获得的土地使用权出让收入返还、车辆通行费等专项收费收入。在建项目是指截至2010年6月30日，经相关投资主管部门依照有关规定完成审批、核准或备案手续，并已开工建设的项目。

412号文对19号文新老划断、分类管理、区别对待的核心精神做了进一步明确，背后蕴含着银监会与国家发改委、财政部等多部门的多方博弈。比如国家发改委与央行、银监会在融资平台公司界定方面存在诸多争议，这源于各自不同的出发点。国家发改委从推进民生项目建设角度讲，不希望界定范围过宽；而银监会从银行业风险角度出发，希望对融资平台公司从严界定。除各部委之间外，中央和地方之间也存在博弈，收紧融资平台公司的做法必然遭遇地方政府的强烈反应，债务摸底的最大障碍便来自地方政府。时任财政部财政科学研究所副所长的刘尚希分析："一是没有一个详细而统一的标准，新的分类也只是原则性的；这导致省市县三级政府及各个部门对地方债务无法形成一致认识。"当时有国有大行地方分行人士介绍，以天津泰达为例，按照银监会的标准，泰达应纳入融资平台之列，但天津市金融办和国家发改委并不这样认为。此外，412号文发布后，仍然有一些问题无法明确答案，比如无法满足19号文相关规定的融资平台公司后续要如何清理还不明确，土地储备中心或出让中心是否纳入融资平台还不明确。

根据银监会2010年内第三次经济金融形势通报会上披露的数据，截至2010年6月末，地方融资平台贷款余额已高达7.66万亿元，比2009年底的7.38万亿元增加了2800亿元。再结合上述复杂的情况，可见有效防范投融资平台公司和地方政府债务风险任重而道远。

11月20日，国家发改委下发《国家发展改革委办公厅关于进一步规范地方政府投融资平台公司发行债券行为有关问题的通知》（发改办财金〔2010〕2881号），规定凡是申请发行企业债券的投融资平台公司，其偿债资金来源

70%以上（含70%）必须来自公司自身收益，且公司资产构成等必须符合19号文的要求。经营收入主要来自承担政府公益性或准公益性项目建设，且占企业收入比重超过30%的投融资平台公司发行企业债券，除满足现行法律法规规定的企业债券发行条件外，还必须向债券发行核准机构提供本级政府债务余额（直接债务余额+担保债务余额*50%）和综合财力（地方一般预算本级收入+转移支付和税收返还收入+国有土地使用权出让收入+预算外财政专户收入）的完整信息，作为核准投融资平台公司发行企业债券的参考。如果该类投融资平台公司所在地政府负债水平超过100%，其发行企业债券的申请将不予受理。为了有效隔离投融资平台公司债务与地方政府债务风险的关系，通知还要求各级政府及其所属部门、机构和主要依靠财政拨款的经费补助事业单位，均不得以财政性资金、行政事业单位等的国有资产，或其他任何直接、间接方式，为投融资平台公司发行债券提供担保或增信。以资产抵（质）押方式为投融资平台公司发债提供增信的，其抵（质）押资产必须是可依法合规变现的非公益性有效资产。

2010年虽然城投债发行一度停滞，但是经过对投融资平台的清理规范和国家发改委采取具体措施严格企业债审批，对于城投企业债发行进行了更加规范化的引导，对于企业发债提出了更高的要求，为这一信用品种未来的发展提供了更坚实的理论背景和基础。

银行间交易商协会推出超短期融资券

2010年12月21日，中国银行间市场交易商协会公告《银行间债券市场非金融企业超短期融资券业务规程（试行）》（简称“《业务规程》”）。早期的超短期融资券，是指具有法人资格、信用评级较高的非金融企业在银行间债券市场发行的，期限在270天（9个月）以内的短期融资券。

超短期融资券期限最短为7天，也可以此类推为14天、21天，最长期限不超过9个月。这意味着超短期融资券比短期融资券更为灵活，可以满足企业短期流动资金不足的瓶颈，有助于提高企业流动性资金管理水平，特别适合财务集中管理的大型企业集团；在利率上也比银行流动性贷款更有竞争优势、更市场化，而银行贷款还要受制于央行的管制利率。同时它也不同于一般的企业债券产品，发行规模将不受净资产 40% 的红线约束。这将进一步丰富市场的利率期限结构、风险结构以及流动性结构，有利于形成短、中、长期兼备的市场化收益率曲线。

相对于其他债务融资产品，超短期融资券具有以下特点：首先，信息披露简洁。超短期融资券发行企业信用资质较高，在公开市场有持续债务融资行为，信息披露充分，投资者认可度高，因此，《业务规程》进一步简化了信息披露内容，明确要求企业如已在银行间债券市场持续披露财务信息和信用评级报告等有效文件，在发行时可不重复披露。其次，注册效率高。根据《业务规程》，超短期融资券采取一次注册分期发行的方式，且后续发行不需要提前备案，进一步缩短了注册备案时间。第三，发行方式高效，发行公告时间由原来的 5 天或 3 天缩短为 1 天，缩短了公告时间，使发行人可根据市场情况和资金使用需求，灵活安排资金到账时间。第四，资金使用灵活，《业务规程》中明确在符合国家法律法规及政策要求的前提下，超短期融资券募集资金可用于各种企业流动性资金需求。

我国首只超短期融资券由中石油发行，2010 年 12 月 24 日中国石油天然气集团招标发行 50 亿元人民币超短期融资券（10 中石油 SCP1），期限 270 天，票面利率 3.8%，虽然年底机构资金持续紧张，但该期债券依然受到了机构的追捧，认购倍数 1.44 倍。当日，交易商协会共接受铁道部、中石油和中国石化 3 家发行人的发行注册，注册额度共计 2100 亿元。

四、结语

2010 年中国信用债券市场先扬后抑。由于发行利率的上升，发行人融资意愿有所降低。城投债审批停滞也对一级市场发行规模增速有所拖累。不过考虑到 2009 年较高的规模基数，总体上 2010 年信用债融资规模仍处高位。

2010 年信用债投资者第一次经历了信用债的利率风险。2008 年推出了中期票据这个纯信用的中长期信用债品种，之后两年市场收益率持续下行，市场对于中久期信用债的利率风险没有认知和经验。当投资者沉浸在前三季度信用债的强势行情之中时，央行在10月的意外加息，让在2009年大获成功的信用债票息策略在利率风险冲击下损失惨重。可以说2010年是中国信用债市场第一次面对熊市，让投资者深刻认识到了信用债的利率风险。

2010年，中国信用债市场仍未停止创新之路，超短期融资券在年底推出，解决了企业短期资金过桥的各种需求。同时银行间交易商协会不断完善信用债发行定价机制，努力通过市场化手段解决在流动性不足的市场中的信用债定价问题。

城投债风险在2010年似乎得到各方关注，但这只是它成为此后每年债市必谈话题的开始，在即将来临的2011年，它将卷起中国信用债市场第一场大风暴。

2011 年：城投债信用风暴

2011 年，全球经济复苏放缓，主权债务危机升级蔓延，经济下行风险凸显。美国经济增长势头有所回升，通胀、就业形势略有改善。日本受 3 月地震和海啸冲击，经济增长先降后升。欧元区尚未走出主权债务危机的泥沼，经济复苏动力减弱，国别增速进一步分化。美国、日本、欧元区 2011 年 GDP 同比增速分别录得 1.6%、0.0%、1.7%，比 2010 年分别低 1.0 个、4.1 个、0.5 个百分点。新兴市场经济体增长势头普遍放缓，部分国家面临较大的通货膨胀压力和短期资本大幅进出的风险。在此背景下，各主要发达经济体央行保持适度宽松的货币政策，并继续实施包括量化宽松在内的非常规货币政策，新兴经济体货币政策则由偏紧转为中性或宽松。美联储在 2011 年继续将基准利率维持在 0.25% 以下，并表示极低的基准利率水平将可能至少维持至 2014 年底。此外，美联储在 6 月底按期结束第二轮资产收购计划，并于 9 月 22 日宣布实施"扭转操作"，卖出 4000 亿美元的 3 年期及以下的短期限国债，并买入等额的 6 到 30 年期的长期限国债。为应对欧债危机，美联储联合欧洲中央银行、日本银行、英格兰银行、加拿大央行和瑞士央行于 11 月 30 日宣布将美元货币互换利率下调 50 bp，并将互换协议延期至 2013 年 2 月 1 日。

2011 年中国的经济基本面在相当长的时间内遭遇了罕见的滞涨局面，单月 CPI 增速最高冲到 6.45%，全年同比增长 5.4%，比上年高 2.1 个百分点。但中国的经济增长却没有出现高速增长态势，全年实现 GDP 同比增长 9.55%，比上年低 1.09 个百分点。2011 年前三季度面对通货膨胀压力不断增大的形势，中国人民银行先后六次上调存款准备金共 3 个百分点，三次上调存贷款基准利率共 75bp。四季度，经济增速和通胀双回落趋势确立，央行货币政策开始适度转向，暂停发行三年期央票，下调存款准备金率0.5个百分点。

面对复杂的国内外经济和政策环境，2011年债券市场可谓跌宕起伏，峰回路转，全年利率走势先抑后扬。前三季度因宏观调控政策措施严厉，资金面紧绷，叠加信用风险事件层出不穷，债券市场苦不堪言，收益率持续上行直到三季度末。四季度货币政策转向，债券市场走出继2005年、2008年以来的第三次牛市，但这次牛市的幅度远不及前两次。对债券市场投资者而言，2011年无疑是置之死地而后生的一年。全年来看，10年期国债下行46bp，1年期国债下行58bp。

图7-1　2010—2011年国债利率曲线变化

数据来源：Wind

2011年尽管发债成本较上一年明显抬升，但信用债发行规模进一步增长，超短期融资债券和中期票据的成熟发展成为规模增长的主要支撑，非公开定向债务融资工具（PPN）的推出进一步丰富了企业的融资手段。二级市场走势与利率债市场走势类似，前三季度收益率持续走高，进入四季度才得以喘息，全年信用利差和期限利差明显放大，信用债的利率风险继续暴露。2011

年频繁爆发的信用风险事件更是刷新了投资者的认识，云南城投事件动摇了市场对政府融资类平台的信仰，山东海龙被下调主体评级加剧了市场对信用风险的担忧。

一、重点事件时间轴

- 2011 －1 －14　央行决定从 2011 年 1 月 20 日起上调存款类金融机构人民币存款准备金率 0. 5 个百分点。
- 2011 －2 －8　央行决定自 2011 年 2 月 9 日起上调金融机构人民币存贷款基准利率。金融机构 1 年期存贷款基准利率分别上调 25bp，其他各档次存贷款基准利率相应调整。
- 2011 －2 －18　央行决定从 2011 年 2 月 24 日起上调存款类金融机构人民币存款准备金率 0. 5 个百分点。
- 2011 －3 －18　央行决定从 2011 年 3 月 25 日起上调存款类金融机构人民币存款准备金率 0. 5 个百分点。
- 2011 －4 －5　央行决定自 2011 年 4 月 6 日起上调金融机构人民币存贷款基准利率。金融机构 1 年期存贷款基准利率分别上调 25bp，其他各档次存贷款基准利率及个人住房公积金贷款利率相应调整。
- 2011 －4 －17　央行决定从 2011 年 4 月 21 日起上调存款类金融机构人民币存款准备金率 0. 5 个百分点。
- 2011 －4 －29　中国银行间市场交易商协会发布公告称为推动金融市场发展，加快多层次资本市场体系建设，提高直接融资比重，拓宽非金融企业融资渠道，公布施行《银行间债券市场非金融企业债务融资工具非公开定向发行规则》。
- 2011 －4 －30　云南高速公路建设融资平台近千亿贷款陷违约风波，冲击城投信仰。
- 2011 －5 －4　中国五矿集团公司、中国国电集团公司、中国航空工业集团公司在银行间市场成功发行 130 亿元定向债务融资工具，这是我国非金融企业首次在银行间债券市场以非公开定向方式发行债务融资工具。

- 2011 -5 -12　央行决定从2011年5月18日起上调存款类金融机构人民币存款准备金率0.5个百分点。
- 2011 -5 -21　银监会发布〔2011〕34号文《中国银监会关于切实做好2011年地方政府融资平台贷款风险监管工作的通知》规定不得向“名单”外平台放贷。
- 2011 -5 -30　中国银行间市场交易商协会发布《银行间市场非金融企业债务融资工具发行规范指引》，对非金融企业在银行间市场以招标方式、簿记建档方式及非公开定向方式发行债务融资工具进行约束。
- 2011 -6 -14　央行决定从2011年6月20日起上调存款类金融机构人民币存款准备金率0.5个百分点。
- 2011 -6 -29　有香港媒体报道，上海市政府辖下一家从事地产及公路建设的城市投资公司，本月起停止向银行偿还流动贷款，并向银行要求拉长还款期，以及把该笔款项转换成以资产抵押的固定贷款，被市场视为地方政府的债务违约，引起广泛讨论。
- 2011 -6 -30　云投集团重组传闻得到证实，造成旗下债券失去了主要的还款来源，被市场人士看作明显的违约行为。
- 2011 -7 -6　央行决定自2011年7月7日起上调金融机构人民币存贷款基准利率。金融机构1年期存贷款基准利率分别上调25bp，其他各档次存贷款基准利率及个人住房公积金贷款利率相应调整。
- 2011 -9 -16　联合资信评估有限公司发布公告，将山东海龙的主体评级和其短期融资券的债项评级分别降为A -/负面和A -2级。
- 2011 -10 -10　财政部发布通知称，对企业持有2011—2013年发行的中国铁路建设债券取得的利息收入减半征收企业所得税。
- 2011 -10 -14　国家发改委发布文件称，铁道部发行债券募集资金时，可向投资人明确中国铁路建设债券为政府支持债券。
- 2011 -10 -25　中国银行间市场交易商协会发布《银行间债券市场中小非金融企业区域集优票据业务规程（试行）》，标志着酝酿已久的新融资工具正式推出，这一融资工具是推动解决中小企业融资难的最新举措。

- 2011 - 11 - 4　随着广东佛山、山东潍坊两地区域集优中小企业集合票据发行以及 5.39 亿元资金顺利划转到发债的 11 家中小企业资金账户上，意味着国内首批两只区域集优中小企业集合票据发行成功，同时也为中小企业融资提供了一种新的模式。
- 2011 - 11 - 30　央行决定从 2011 年 12 月 5 日起下调存款类金融机构人民币存款准备金率 0.5 个百分点。
- 2011 - 12 - 19　山东海龙股份有限公司再遭降级，其主体长期信用等级已经由“A -”降至“BB +”，其所发行的短期融资券“11 海龙 CP01”债项评级则由“A - 2”降至“B”，展望均为负面。

二、信用债市场回顾

一级市场发行回顾

从长期利率走势来看，2011 年可以归纳为债券牛市，但是前三季度各期限利率的持续上行让投资者看不到希望。资金阶段性紧张常态化是 2011 年债券市场的重要特征之一，7 天回购利率最高达 9.11%，全年均值创出 4.01% 的历史高位。

在这样的市场环境下，利率债发行规模有所下滑，但信用债发行仍然实现了较大幅度增长。由于宏观调控，银行信贷额度严重短缺，资金面紧张，叠加经济增速下行、信用风险多发等多方面因素，信用债市场一级发行利率逐级上升，发生多起流标和取消发行。

表 7-1 信用债一级新发行情况

债券类型	发行期数（只）			发行总规模（亿元）			平均每只发行规模（亿元）		
	2010 年	2011 年	增幅	2010 年	2011 年	增幅	2010 年	2011 年	增幅
一般短期融资券	442	612	38%	6742	8032	19%	15	13	-14%
超短期融资债券	2	25	1150%	150	2090	1293%	75	84	11%
一般企业债	172	192	12%	2821	2471	-12%	16	13	-22%
一般中期票据	223	407	83%	4924	7270	48%	22	18	-19%
一般公司债	23	83	261%	512	1291	152%	22	16	-30%
定向工具	-	33	-	-	919	-	-	28	-
合计	862	1352	57%	15149	22074	46%	18	16	-7%

数据来源：Wind

说明：在计算平均数时结果只保留到个位，但计算增幅时使用的是精确度更高的数据。

从一级市场发行情况来看，2011 年全年信用债发行数量达到 1352 只，较 2010 年提升了 57%，发行规模达到 2.21 万亿元，同比提升了 46%。具体分项来看，公司债和超短期融资券在 2011 年获得了快速增长，此外 2011 年还推出了定向债务融资工具（PPN），进一步丰富了信用债品种。

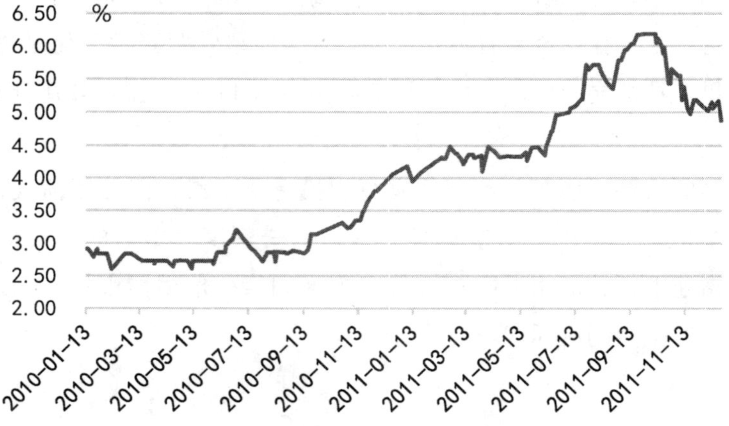

图 7-2 2010—2011 年短期融资券发行利率走势

数据来源：Wind

注：票面利率为每月发行的债券票面利率的加权平均利率，权重为实际发行总额。

2011 年一般短期融资券获得进一步增长，发行数量为 612 只，较 2010 年上升了 38%，发行规模达到 8032 亿元，同比提升了 19%，短期融资券逐步成为信用债市场发行占比最高的品种，这主要得益于其发行审批的便捷性。

2011 年超短期融资券发行数量为 25 只，较 2010 年的 2 只有明显提升，发行规模达到 2090 亿元，单只平均规模达到 84 亿元。超短期融资券作为国务院进一步推进企业直接融资占比的重要工具，在经历了 2010 年流程优化后，在 2011 年亦获得了较好的发展。作为满足企业短期融资需求的重要工具，逐步形成了对短期银行贷款和票据融资的替代效应。但当时监管机构对于这一品种发行人资质要求较高，参与超短期融资券发行的企业仍然是中石油、中石化、联通、国网这类 AAA + 超级央企。这对比现后来超短期融资券平均规模仅有 10 亿不到的状况，印证了中国信用债市场的发展和进步。

2011 年一般企业债发行数量为 192 只，同比提升 12%，发行规模 2471 亿元，同比反而下降 12%。这主要是因为中央要求对地方政府融资平台融资进行限制，企业债发行处于缩量态势。

2011 年一般中期票据这一品种进一步得到发展，成为仅次于短期融资券的第二大信用债发行品种。2011 年发行数量达到 407 只，同比提升 83%，发行规模达到 7270 亿元，同比提升 48%，随着中票市场认可度提升，参与发行的企业数量进一步提升，平均单券发行规模为 18 亿元，同比下降 19%。

2011 年一般公司债发行数量达到 83 只，较 2010 年的 23 只有了明显提升，发行规模达到 1291 亿元，较 2010 年亦实现了翻番的增长。公司债为证监会主推的品种，在经历了此前多年的磨合后，在 2011 年终于实现了较快的增长。

2011 年定向债务融资工具推出。为进一步丰富市场参与机构，拓宽企业融资的限制，中国银行间交易商协会在 2011 年 4 月 29 日发布《银行间债券市场非金融企业债务融资工具非公开定向发行规则》，进一步放宽了发行规模不超净资产 40% 的限制，且仅对定向客户进行信息披露，开始实现信用债市场分层的目的。推行当年非公开定向债务融资工具发行了 33 期债券，发行规模达到 919 亿元。在此后的岁月中，PPN 发行越来越多，但同时由于其信息披露的差异，亦在此后引发了不小的争议。

二级市场成交情况

二级市场表现更为惊人，直到2011年9月中旬利率债收益率出现回落时，信用债收益率仍屡创新高。短端主要受资金面的影响，与回购利率走势较为接近。中长期信用债的表现给投资者上了生动的一课——信用债的利率风险和信用风险。

2011年1月到2月，在通货膨胀和经济增速双超预期的背景下，市场对于加息的预期不断高涨，5年AAA中票收益率持续上行，从年初的4.8%上行到5.25%附近。2月下旬以来，一系列海外风险事件集中爆发，北非一些国家的政治动荡局面引发避险情绪回升，欧洲债务危机引发国际股票市场的大跌，最为严重的是日本大地震和随后引发的核泄漏危机，整个债券市场迎来一小波反弹行情，信用债投资者也得以喘息。3月下旬开始，市场关注点回归到国内通胀，其间央行再次加息升准，但4月12日日本核泄漏事件恶化升级引发全球大宗商品暴跌、5月1日美国宣布击毙本·拉登引发了国际原油价格的大幅下跌，多种因素叠加使得5年AAA中票收益至6月上旬小幅震荡上行。6月15日，在资金面紧张的情况下，央行再次上调存款准备金率引发市场恐慌。6月29日，有报道称上海市政府下辖的一家城投公司发生贷款违约，紧接着6月30日云投集团重组传闻得到证实，再到后来9月15日联合资信将山东海龙股份有限公司长期信用等级由A+调整为A-，引发了一场开端于城投债蔓延至高等级信用债的系统性信用危机，5年AAA中票收益率也大幅上行。8月下旬，央行下发文件，要求将商业银行保证金存款纳入存款准备金的缴存范围。粗略计算，预计约冻结9000亿元，相当于上调3次存款准备金率。在本已疲弱不堪的市场状况下，该新规顿时引发了市场恐慌，信用债再次陷入了流动性丧失的困境，5年期AAA中票上行到5.8%附近，部分AAA中期票据收益率突破6%的历史高位，投资者几乎绝望，不少机构倒在黎明前的黑暗，被迫止损。

进入9月份，内外部环境都有利于债券市场，利率债经历了黎明前的黑暗终见曙光，而信用债供给压力仍然较大，收益率难有下行。直到10月下旬，市场对于通胀趋势性回落、欧债危机、经济下滑和政策放松有了一定认识，所有这些因素都促成了 AAA 中票的大行情，收益率迅速回落近 70bp。11 月 8 日，具有政策指标性含义的 1 年期央票发行利率下调 1bp，引发市场无限遐想，5 年 AAA 中票收益率进一步下行。随着收益率的下行，11 月下半月信用债供给压力明显加大，收益率也出现小幅上行。11 月 30 日，央行宣布下调存款准备金率，刺激新一轮行情的启动。高等级信用债收益率已经回到年初的水平，低等级依然维持在全年最高水平。其余各等级信用债也都表现出信用等级越高，收益率回落幅度越大的特点。

信用利差——明显走阔

2011 年由于整体信用环境缩紧，多数信用利差均大幅走阔。以 3 年中债估值曲线来看，3 年 AAA、AA +、AA、AA - 品种信用利差分别上行 74bp、101bp、156bp、235bp。

历史对比来看，2011 年由于信用事件频发，货币政策转向，评级利差持续上行，各评级信用利差基本已达到历史最高水平，AA - 信用利差达到 99.8% 分位点，AA + 和 AA 信用利差分别为 99.7% 和 91.3% 分位点，高等级的 AAA 信用利差亦达到了 94.9% 。

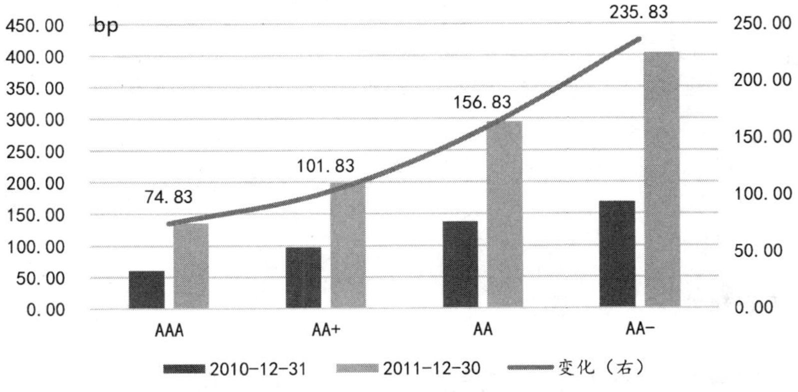

图 7 - 3　2011 年 3 年期各等级信用利差变化

数据来源：Wind

期限利差——明显收窄

2011 年由于信用环境收缩，央行持续回笼过剩流动性资金，加息叠加准备金率上提，导致 2011 年末资金面骤然收紧，资金利率快速冲高，这也导致了短端的收益率快速上行，曲线呈现快速拉平的态势，这也导致了在 2011 年末短期限的信用债品种收益率反而超过了长期限品种，这一情况在信用债发展至今都是不多见的。

信用债期限利差方面，3－1 利差方面，各等级期限利差均有所收窄，AAA 级、AA＋级、AA 级、AA－级分别收窄 43bp、62bp、66bp、73bp。AAA 级、AA＋级、AA 级 3－1 期限利差分别位于 3%、2%、6% 分位点，处于历史极低水平。

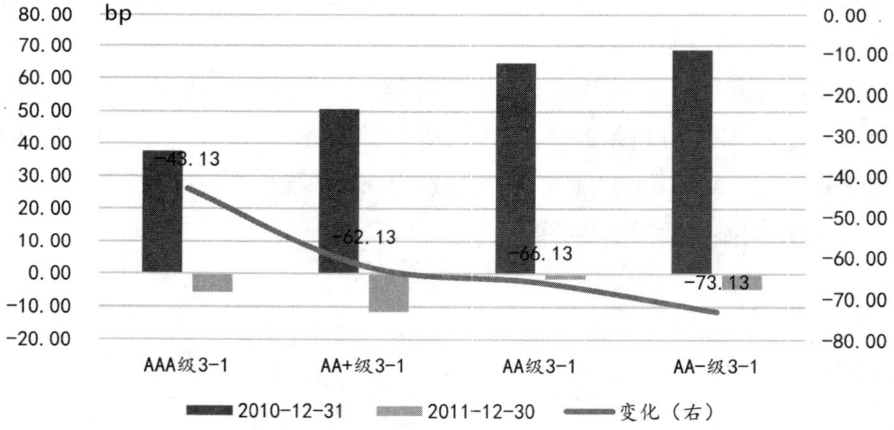

图 7－4　2011 年同一信用评级信用期限利差变化

数据来源：Wind

评级间利差——多数走阔

评级间利差在 2011 年呈现多数收窄的特征。其中，1 年期短期融资券 AAA 与 AA＋、AA＋与 AA、AA 与 AA－评级间利差分别走阔 46bp、59bp、86bp。3 年期中票 AAA 与 AA＋、AA＋与 AA、AA 与 AA 评级间利差分别走阔 27bp、55bp、79bp。

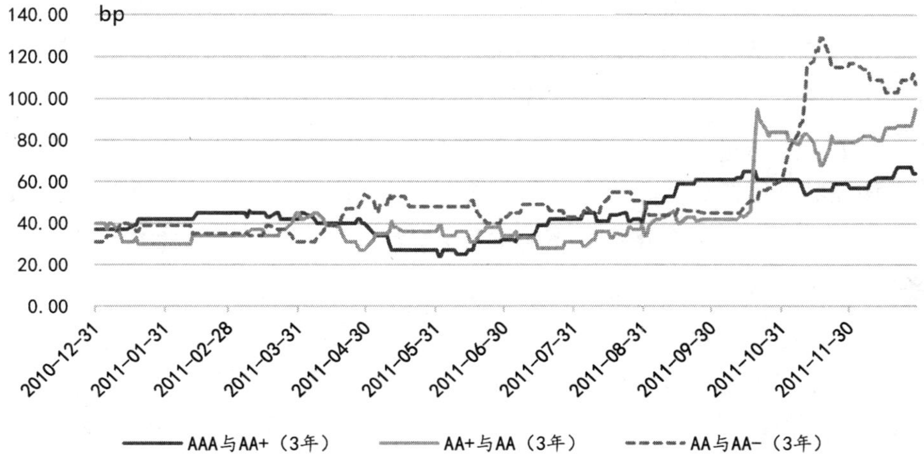

图 7－5　2011 年 3 年期不同评级中期票据信用利差变化

数据来源：Wind

三、重要事件评述

一系列事件冲击下的铁道债发行受阻

2011 年最引人关注和讨论的是铁道部债券的发行。铁道部是当时唯一以政府部门名义发行企业债券、短期融资券、中期票据等直接融资产品的发行主体，具备政府信用特征。2011 年 2 月原铁道部部长刘志军被调查引发了市场担忧，5 个月后，2011 年 7 月 21 日，铁道部招标发行“11 铁道 CP03”，承销方式为余额包销，债券期限 366 天，计划发行 200 亿元，实际中标量 187.3 亿元，中标利率 5.18%，流标的 13.7 亿元由承销商包销，作为信用等级为超 AAA 的铁道部所发债券流标较为罕见。当时交易商协会专门发文点评：“这仅仅是当前特定的市场环境中出现的偶发现象，是市场微观主体市场化行为的体现。随着市场环境逐步好转，这种现象将消失，无须过于担忧。”当时铁道债流标主要有以下几点原因：

（1）资金面紧张是主要原因。自6月下旬至发行当天，资金价格持续上涨，隔夜质押式回购利率超过5%，波动剧烈。

（2）前期先后出现几起地方融资平台偿债问题，导致市场对地方政府债务问题的关注度骤然提升，投资者信心不足，操作较为谨慎。

（3）“11铁道CP03”的发行方式与发行条件本身存在一定流标风险。第一，该债券采用招标方式发行，招标方式虽然市场化程度较高，可能获得更低的发行利率，但也存在招募不满的风险。此前，以招标方式发行的国债和企业债都出现过流标的情况，因此流标是选择招标发行必须承担的风险。第二，利率区间不够合理，“11铁道CP03”的招标区间为4.68%—5.18%，而当天二级市场1年期超AAA级中短期票据收益率为5.36%，招标上限已经与当天的二级市场利率出现倒挂，因此投资者参与一级市场投标的兴趣不高。第三，从发行量看，“11铁道CP03”计划募集200亿元，体量较大，而6月短期融资券总共发行674.5亿元，“11铁道CP03”一只债券的计划发行量就接近6月全部短期融资券发行量的三分之一。

2011年7月23日的温州动车追尾事故，对已现流标之相的铁道部债券而言，无异于雪上加霜。2011年7月23日20时30分5秒，甬温线浙江省温州市境内，由北京南站开往福州站的D301次列车与杭州站开往福州南站的D3115次列车发生动车组列车追尾事故，造成40人死亡、172人受伤，中断行车32小时35分，直接经济损失19371.65万元。这起事故因列控中心设备存在严重设计缺陷、上道使用审查把关不严、雷击导致设备故障后应急处置不力等因素造成，原铁道部部长刘志军、原副总工程师兼运输局原局长张曙光等54名事故责任人员受到了严肃处理。突如其来的动车追尾事故引发了投资者对铁道部运营能力的质疑，以及对债券信用风险的担忧，当时多位受访的业内人士向《第一财经日报》记者表示，铁道部发债可能受到不利影响。果不其然，8月8日紧接着发行的“11铁道SCP004”，债券期限0.25年，发行利率5.55%，相较于上个月发行的1年期短期融资券大幅上行了37bp。原定于9月中下旬发行的企业债券，也两度变更发行时间，铁道部陷入了融资困境。

此次动车追尾事故后，铁道部再陷市场各方质疑中。一位不愿透露姓名的市场人士向本报表示，铁道部债券发行可能受负面影响，并建议投资者近期回避重仓铁道相关股以及重仓信用债的基金。

“追尾事件后，铁道部的债券更卖不出去了。”一位投资者昨日在其微博中指出，“过去只是担忧它的财务问题，现在连运营都出问题了，谁还敢买?”

“二级市场主要还是受资金面的影响。”一位交易员则认为，“目前铁道部主体仍然是国家信用，暂无违约风险。”

——《动车事故下 铁道部债券雪上加霜》，载《第一财经日报》

10 月 10 日，财政部、国家税务总局联合发布“特急”文件，宣布对企业持有的 2011—2013 年发行的中国铁路建设债券利息收入减半征收所得税，力挺铁路债券。但当时仍有分析人士认为，减半征税虽加大了企业资金运作的韧性，但今年总额度达 1000 亿元的借债额，无疑将进一步增加铁道部的债务压力。也有研究人士表示，仅通过借债、银行借款等有限融资渠道，而铁道部自身客货运等再造能力有限，其自身债务状况恐难以扭转，不排除后期债务剥离，国家接手的可能。然而，财政部、国税总局此举仍在一定程度上对后续的债券发行起到了推动作用。10 月 12 日上午 10—11 时，2011 年第一期中国铁路建设债券招投标，发行共分 7 年期、20 年期各 100 亿元，认购倍数则分别为 2. 84 和 1. 67 倍，并未出现之前超短期融资券所出现的流标状况。但价格方面，7 年期品种招标利率区间为 5. 13%—6. 13%，20 年期品种招标利率区间为 5. 53%—6. 53%。最终 7 年期中标利率为 5. 59%，20 年期中标利率为 6%，创下了历史新高。10 月 14 日，铁道债再传佳音，几位投资债券的金融机构人士对财新记者表示收到了国家发改委的相关文件。这份名为《国家发展改革委办公厅关于明确中国铁路建设债券政府支持性质的复函》（发改办财金〔2011〕2482 号），明确提出“铁路建设债券具有政府支持地位”。文件成文日期为 10 月 12 日，10 月 14 日以“特急文”下发，这应该是第一次某类债券获得这种政府支持。除了财政部、国家发改委送的“大礼包”，当时也有报道称，铁道部已与相关部门达成一致，铁路重点建设项目将获得金融机构融资支持。并有消息指出，铁道部将获国家财政一笔超过2000亿元的融资支持，该笔融资可能将以银行贷款和财政拨款的形式下发。利好接踵而至，铁道债重获追捧，10月26日发行的7年期、20年期各100亿元，立竿见影地发在了4.93%、5.33%，较10多天前下行了66bp、67bp。

受到这一系列事件的影响，2013年2月铁道部改组中国铁路总公司，分拆相关业务独立上市，政企分离逐步走向市场化。回顾2005年铁道部在短期融资券刚刚出现时就积极参与发行了200亿短期融资券（当时中国债券市场最大的单一信用债发行规模），其敢于尝试新事物的精神确实让市场记忆深刻。

四、信用风险事件点评

云南高速公路信用事件引发城投债系统性信用风险

事件的起因是2011年4月云南省公路开发投资有限公司（简称“滇公路”）向债权银行发函，表示“即日起，只付息不还本”。其债权银行包括中国建设银行、国家开发银行等十几家银行，合计贷款余额近千亿元。

滇公路成立于2006年，是云南省政府的独资企业，注册资本50亿元，负责云南省二级以上高等级公路的建设、运营、筹融资和相关产业的经营开发。截至2010年上半年，该公司资产总额为1314亿元，负债1015亿元，资产负债率达到了77.24%，且呈上升趋势。“十一五”期间云南公路总里程已达20.67万公里，位居全国第三，超过其“十一五”原计划的一半。这一加速度在2009年和2010年达到高潮，仅2010年的新增投资即达到800亿元。但是，高速公路收费的情况却不容乐观。除了长三角和珠三角等经济发达地区外，在中国大部分地区的如蛛网密布的高速公路上，车流量普遍不大。这在西南边陲省份云南，问题更为突出，毕竟这里一度被称作“中国高速公路网的神经末梢”。可是一个常识性的问题是，没有足够的车流量，何来高速公路的收费现金流，何来贷款还本付息的源头？更关键的是，6 月 30 日前，按照计划，滇公路在建 52 条、4844 公里二级公路建设将完成，这意味着有关贷款将正式进入还本付息期。滇公路在各家银行的贷款余额 900 多亿元，另有几十亿元的融资租赁。其中，国家开发银行以 200 亿元左右的贷款成为最大贷款行，中国建设银行和中国工商银行贷款余额也都超过 100 亿元，中国建设银行还为它发行了 40 亿元左右的理财产品。

在滇公路不还本的“催命符”之下，中国建设银行总行连夜派队奔赴昆明，其他主要债权银行随即跟进。滇公路近 1000 亿元贷款总额，比几家大行各自的不良贷款余额都多。经过连日磋商和谈判，云南省政府要求滇公路撤回上述公函，并做出增资、垫款、补贴等承诺，以帮助该公司暂渡难关。

当时所有银行都担心此类事件或将引发各地政府融资平台的连锁反应，所以对此事的处理都如履薄冰。但是，消息在市场上蔓延，投资者对城投融资平台债券信用风险的担忧急剧放大，引发了中国债券市场第一次系统性风险事件，当时几乎所有城投债价格都出现大幅下跌。9 月在铁道部债务危机的刺激下，城投债更是出现了加速下跌，跌幅让投资者终于意识到了信用风险不容小觑，例如 10 楚雄开投债、10 红河开投债等债券在数周之内暴跌至 80 元以下，甚至连 09 咸投债也被误伤跌至 90 元以下，直到 10 月市场才慢慢平复。

云南城投和国企发行债券从此以后一直被投资者带着怀疑的目光看待，发债利率显著提升。

山东海龙事件引发信用刚兑担忧

海龙事件的起因需要追溯到 2011 年 9 月 5 日联合资信对其的评级下调，当时由于发行人山东海龙股份有限公司资本结构失衡、经营性现金流周转紧张，短期支付压力加大等原因，联合资信评估有限公司将其主体长期信用等级、评级展望以及“11 海龙 CP01”短期融资券券的信用等级下调。由此，山东海龙成为 2011 年债券市场首家信用遭调降的企业。

祸不单行，就在联合资信发布评级公告的同一天，中国银行间市场交易商协会也发布公告，称山东海龙在"11 海龙 CP01"短期融资券项目申请注册发行期间，蓄意隐瞒公司重大事项，并且募资约定用途与实际用途不符。根据"11 海龙 CP01"募集说明书中的约定，募资 4 亿元，其中 2.3 亿元用于偿还银行贷款、1.7 亿元用于补充公司流动资金。而海龙实际上将 3 亿元用于偿还恒丰银行承兑汇票，1 亿元用于补充公司流动资金。因此，中国银行间交易商协会对山东海龙高管的隐瞒行为进行了公开谴责，并且对其短期融资券券剩余 2 亿元的注册额度也进行了注销。

"11 海龙 CP01"由恒丰银行主承，发行人山东海龙股份有限公司成立于 1988 年，主营业务为粘胶纤维、帘帆布、无纺布的生产和销售，属于纺织行业。1996 年 12 月在深交所上市，股票简称"山东海龙"，代码 000677。

由于全球经济增长的放缓、人民币升值、原材料成本波动较大以及劳动成本上升，纺织行业的发展增速显著放缓。2011 年下半年行业亏损企业数量同比增加 28.7%，较同期全国工业高 11.5 个百分点。作为行业亏损企业中的一员，海龙公司近几年的盈利能力一直较差。2010 年公司实现利润总额 -4.68亿元、净利润 -3.95 亿元。与此同时，山东海龙资本结构严重失衡、经营性现金流相对于大量短期债务而言周转紧张，流动性资金风险较高。截至 2010 年底，公司全部债务为 51.38 亿元，较 2009 年底增长了 17.22%，其中短期债务和长期债务分别占比 81.39% 和 18.61%，债务结构严重短期化，短期偿债压力较大。从负债指标来看，截至 2010 年底，公司长期债务资本化比率、全部债务资本化比率和资产负债率分别为 45.24%、81.63% 和 85.49%。从短期偿债指标来看，公司经营现金流负债比仅为 1.19%，经营现金流对流动负债的保障程度明显很弱。

事实上，早在 2011 年 6 月份山东海龙就已被联合资信列入观察名单，其主要理由是公司重大经营亏损、大规模高层人事变动以及证监会对其的立案调查。3 个多月之后，评级公司进一步采取行动，降低信用级别，再次表明了发行人信用基本面的持续弱化。经历 4 次下调评级后，"11 海龙 CP01"最终被下降至 C 级，这是自"06 福禧 CP01"之后，中国信用债市场再现 C 级短期融资券。当时业内人士坦言"这个企业肯定是还不起钱了"，一场债券违约戏的大幕正在徐徐开启。

然而，一直以来弥漫在债券市场的政府兜底预期再一次得到兑现，海龙短期融资券终究难以开违约先河。2012年4月9日，山东海龙在中国货币网刊登了关于“11海龙CP01”的兑付公告。就在前一周，主承恒丰银行董秘向媒体表示，将由银行提供一笔过渡资金暂时解决海龙短期融资券兑付问题，同时潍坊市政府为这笔资金提供担保。

面对这样一个并不意外的结果，当时有观点认为海龙债券如期兑付，对债券持有人肯定是好事，但对中国债券市场发展并非最优选择，因为丧失了一个让信用债真正市场化违约的机会。然而，是否真正见识了违约，就能让中国债券市场凤凰涅槃，成为真正的信用市场呢？笔者认为山东海龙降级事件给投资者敲响了警钟，短期融资券虽然期限较短，但是依然存在发行人的偿付风险；上市公司虽然融资能力较强，但也不意味着没有违约风险。打破刚兑的时间再度延后，这对于市场而言并非好事。

五、结语

尽管发债成本上升，但随着越来越多的企业进入债券市场融资以及越来越多的机构参与到债券市场投资，2011年信用债一级发行规模再上台阶，重要性不断提升。

回顾2011年的信用债市场，资金紧张，信用分化，从业人员对信用风险、利率风险和流动性资金风险都有了一个近距离的认识。5年期AAA中票收益率在1年时间上升200bp，这是信用债投资者从未经历过的。城投债70—80元的交易价格让投资者付出了惨痛的学费，投资者对于信用风险终于有了切肤之痛。

2011年信用市场出现了多轮信用事件。云南城投事件引发了市场对政府融资类平台的担忧，城投债发行约束加强；动车事故引发市场对于具有国家信用的铁道部管理模式的质疑，铁道债发行一度陷入困境；而山东海龙财务数据变脸及信息披露的滞后则造成了市场对于企业信用风险的担忧加剧，企业发债难度增大，发行利率持续走高。这些事件在以往信用刚兑的历史中都是从未出现的，市场离打破刚兑仅一步之遥。城投、民企都给债券市场敲响了警钟，但是没有违约的市场是无法教育投资者的。

2012 年：信用风险事件迸发之年

2012 年世界经济继续处于深度转型调整时期。美国经济温和复苏，通胀压力减小，但“财政悬崖”问题带来的政策不确定性使得经济复苏道路并不平坦。日本海啸过后的重建效应逐渐消退，日本经济增速再度下滑。欧债危机有所缓解，但总体经济形势并不乐观。美国、日本、欧元区 2012 年 GDP 同比增速分别录得 2.2%、1.4%、-0.9%。大部分新兴经济体增速放缓，仍然面临资本流动波动加剧和通货膨胀压力加大的挑战。在此背景下，全球主要经济体都加大了货币宽松的力度。美联储继续维持 0.25% 以下的政策利率区间，并在 6 月 20 日宣布将“扭转操作”延长至 2012 年底，且额度再增加 2670 亿美元。9 月 13 日，美联储宣布推出第三轮无期限的量化宽松措施，即 QE3，以每个月增加 400 亿美元的速度购买更多机构抵押贷款支持债券。12 月 12 日，美联储决定在年底“扭转操作”到期后，每月新增 450 亿美元长期国债购买规模，并首次将利率政策与失业率等具体的经济指标挂钩。

2012 年中国经济受到海外经济影响，明显放慢了前进的脚步。出口下滑、产能过剩和消费疲软，让原本动力十足的三驾马车举步维艰。前三季度经济增速明显放缓，四季度有所企稳，全年实现 GDP 同比增长 7.86%，较上年下降 1.69 个百分点。物价水平全年处于下降通道，年底企稳，全年 CPI 同比增速 2.6%，较上年下降 2.8 个百分点。2012 年中国人民银行继续维持相对宽松的货币政策。上半年两次下调存款准备金率各 0.5 个百分点，两次下调存贷款基准利率 50bp。下半年连续开展逆回购操作，保持流动性合理适度和市场利率平稳运行。

2012 年的债券市场对比过去的 2011 年相对平稳。在经历年初资金面骤紧和经济改善预期的双重考验后，随着希腊危机发酵和通胀数据的逐渐回落，货币政策放松预期和避险情绪带动债市走出一波小牛市行情。进入下半年后，宽松政策落地以及经济回暖使得市场承压，债券收益率见底回升。收益率曲线全年呈现先陡峭化下行再平坦化上行的特征，10 年期国债下行 15bp，1 年期国债下行 19bp。

图 8-1　2011—2012 年国债利率曲线变化

数据来源：Wind

2012 年中国的债券市场已经成为继美国和日本之后的世界第三大市场。全年信用类债券（包括企业债、中票、集合票据、商业银行债券、短期融资券和非金融企业定向融资工具等）在银行间债券市场发行了 3.79 万亿元，远超过政府债券的 1.61 万亿元，同比大幅增长。信用债二级市场收益率整体跟随利率债走势有所下行，低等级表现更好，信用利差压缩明显。2012 年中国的债券市场真正迎来了真实的信用风险事件，而且此类事件在内外因的叠加下不断发酵，虽然最终都平稳度过了，但信用违约离市场越来越近。

一、重点事件时间轴

- 2012－1－1　银监会发布《银监会关于中国银行业实施新监管标准的指导意见》提高资本充足率监管要求。将现行的两个最低资本充足率要求（一级资本和总资本占风险资产的比例分别不低于4%和8%）调整为三个最低资本充足率要求，即核心一级资本充足率、一级资本充足率和资本充足率分别不低于5%、6%和8%。
- 2012－2－15　联合资信评估有限公司发布公告称，将山东海龙股份有限公司主体评级由BB+下调至CCC，将“11海龙CP01”信用等级由B下调至C，这是债券市场近6年来首只C级短期融资券。
- 2012－2－18　央行决定，从2012年2月24日起，下调存款类金融机构人民币存款准备金率0.5个百分点。
- 2012－5－7　证监会召开券商创新大会，鼓励允许证券公司仿照信托公司模式，与商业银行进行对接，展开非标资产通道业务。
- 2012－5－12　央行决定从2012年5月18日起下调存款类金融机构人民币存款准备金率0.5个百分点。
- 2012－5－14　财政部在发布的《2012年地方政府自行发债试点办法》中指出，沪浙粤深四地今年将继续开展地方政府自行发债试点，发行品种新增了7年期长债品种。
- 2012－5－16　财政部印发了《财政部代理发行2012年地方政府债券发行兑付办法》和《财政部代理发行2012年地方政府债券招标发行规则》。
- 2012－5－16　中国银行间市场交易商协会发布了新修订的《银行间债券市场非金融企业债务融资工具信息披露规则》，这是自2008年该规则颁布以来的首次修订。
- 2012－5－17　停滞四年的资产证券化重启，央行、银监会和财政部联合下发《关于进一步扩大信贷资产证券化试点有关事项的通知》，首批发行规模将高达500亿元，交易所债券市场的资产证券化业务也相应放开。

- 2012－5－22　上海证券交易所、深圳证券交易所分别发布中小企业私募债业务试点办法，中国证券登记结算公司发布实施中小企业私募债券试点登记结算业务实施细则。这意味着备受市场瞩目的中小企业私募债即将开闸。
- 2012－5－28　招商证券股份有限公司公告于31日招标2012年度第一期短期融资券，这意味着证券公司短期融资券在近七年后重启。
- 2012－6－5　中国证券业协会正式启动首批21家证券公司中小企业私募债券承销业务试点方案专业评价工作，标志着中小企业私募债券承销业务正式启航。
- 2012－6－5　深圳证券交易所发布了修订后的《深圳证券交易所公司债券上市规则》，对公司债上市规则进行了进一步的细化和完善。
- 2012－6－7　央行决定自2012年6月8日起下调金融机构人民币存贷款基准利率。金融机构1年期存款基准利率下调25bp，1年期贷款基准利率下调25bp；其他各档次存贷款基准利率及个人住房公积金存贷款利率相应调整。自同日起：（1）将金融机构存款利率浮动区间的上限调整为基准利率的1.1倍；（2）将金融机构贷款利率浮动区间的下限调整为基准利率的0.8倍。
- 2012－6－14　中国银行间市场交易商协会首次发布《非金融企业债务融资工具市场自律处分规则》，标志着交易商协会已初步建立较为全面的自律规范体系，对规范市场成员行为和维护银行间债券市场正常秩序将起到重要作用。
- 2012－6－19　银行间市场交易商协会正式通知银行间债券市场各主承销商，凡在公开市场评级在AA（含）以上的发行人，将不区分企业性质，允许其短期融资券、中期票据发行额度互不占用。
- 2012－6－22　提交十一届全国人大常委会第27次会议审议的预算法修正案草案二审稿拟恢复现行预算法关于地方政府不得自行发放政府债券的规定，重申“除法律和国务院另有规定外，地方政府不得发行地方政府债券”。
- 2012－7－5　央行决定自2012年7月6日起下调金融机构人民币存贷款基

准利率。金融机构 1 年期存款基准利率下调 25bp，1 年期贷款基准利率下调 31bp；其他各档次存贷款基准利率及个人住房公积金存贷款利率相应调整。自同日起，将金融机构贷款利率浮动区间的下限调整为基准利率的 0.7 倍。

- 2012 - 8 - 3　银行间市场交易商协会公布《银行间债券市场非金融企业资产支持票据指引》，允许非金融企业发行资产支持票据。标志着酝酿已久的资产支持票据业务正式开闸，我国银行间债券市场诞生了又一创新性非金融企业债务融资工具。
- 2012 - 9 - 26　中国证券监督管理委员会令第 83 号公布《基金管理公司特定客户资产管理业务试点办法》，自 2012 年 11 月 1 日起施行，《基金管理公司特定客户资产管理业务试点办法》（证监会令第 74 号）同时废止。办法指出基金管理公司的专户业务投资范围包括以证券交易所转让为媒介的债权、股权和其他产品权利，这些内容的总和即为专项资产管理计划。此外，在实际实施专项资产管理业务时，必须设立专门的基金子公司。
- 2012 - 10 - 18　中国证监会发布《证券公司客户资产管理业务管理办法》，指出证券公司可以依法为单一客户办理定向资产管理业务、为多个客户办理集合资产管理业务和为客户办理特定目的的专项资产管理业务。
- 2012 - 10 - 29　国家发改委下发通知要求，今后各地发改部门向国家发改委转报企业发债申请前，需向征信服务机构调取申请发债企业的征信记录或信用报告，并将相关材料转报国家发改委。已向国家发改委转报发债申请但尚未核准的，需及时补报征信记录。
- 2012 - 10 - 30　交易商协会发布了新修订的《银行间债券市场非金融企业债务融资工具中介服务规则》，对包括承销商、评级机构、会计师事务所、律师事务所、信用增进机构等债市中介机构的行为进一步规范。
- 2012 - 11 - 10　中国证监会和中国银监会联合发布《关于商业银行发行公司债券补充资本的指导意见》，称符合条件的商业银行可按照规定申请发行公司债券补充资本。其中，商业银行发行包含减记条款的公司债券将先行推出。

● 2012－11－27　国家发改委下发了《关于开展企业债券预审工作的通知》，要求自2013年11月28日起，新上报发债申请须由省级发改部门预审后上报，未经省级发改部门预审的地方企业发债申请将不再受理。

二、信用债市场回顾

一级市场发行回顾

表8－1　信用债一级新发行情况

债券类型	发行期数（只）			发行总规模（亿元）			平均每只发行规模（亿元）		
	2011年	2012年	增幅	2011年	2012年	增幅	2011年	2012年	增幅
一般短期融资券	612	812	33%	8032	8400	5%	13	10	－21%
超短期融资债券	25	125	400%	2090	5822	179%	84	47	－44%
一般企业债	192	479	149%	2471	6485	162%	13	14	5%
一般中期票据	407	565	39%	7270	8453	16%	18	15	－16%
一般公司债	83	181	118%	1291	2492	93%	16	14	－11%
私募债		114			131			1	
定向工具	33	249	655%	919	3759	309%	28	15	－46%
合计	1319	2162	64%	22074	35543	61%	17	16	－2%

数据来源：Wind

说明：在计算平均数时结果只保留到个位，但计算增幅时使用的是精确度更高的数据。

受发债条件放宽和发行利率降低的影响，2012年信用债发行规模大幅增长。全年短期融资券（一般短期融资券、超短期融资债券）、一般企业债、一般中期票据、一般公司债、私募债和定向工具合计发行3.55万亿元，相比上年增长61%。

2012年一般短期融资券发行812期，较2011年提升33%，发行规模达到8400亿元，较2011年提升5%。超短期融资券发行125期，较2011年增长400%，发行规模达到5822亿元，较2011年增长179%，超短期融资券增长速度较快。这主要是由于央行连续两次降息后，AAA级短期融资券发行利率一度降至3.55%附近，低成本吸引了大量企业选择发债融资，可替代银行短期贷款的超短期融资券成为大型企业青睐的融资工具。此外，年中中国银行间交易商协会正式通知银行间债券市场各主承销商，凡公开市场评级在AA（含）以上的发行人，将不区分企业性质，允许其短期融资券、中期票据发行额度互不占用。此前，除AAA（含）以上央企及核心子公司以外，其他发行人若其除短期融资券之外的中票、企业债、公司债等公开发行的信用债累计债券余额达到企业净资产的40%，将不能获得短期融资券额度注册。而新政策出台后，约占市场份额为75%的AA（含）企业发行人的短期融资券将单独计算额度，不与中票、企业债、公司债等的发行额度合并计算。这意味着从理论上来看，发行人至多可以发行相当于净资产40%的短期融资券，以及净资产40%的中票、企业债、公司债等，累计额度将不超过净资产的80%。新政策有利于短期融资券的发行空间扩容，使得受限于此前政策的债务融资需求得以释放，2012年下半年企业短期融资券发行明显加快。

2012年一般企业债发行6485亿元，同比大幅增长162%。2012年3月政府工作报告要求“继续推进保障性安居工程建设，在确保质量的前提下，基本建成500万套，新开工700万套以上”。而2011年全年城镇保障性住房基本建成432万套，新开工建设1043万套，完工率不足50%，主要是2011年监管过严，融资平台资金紧张，减缓工程进度以延缓资金支出。为处理较高的在建库存积压与700万套新开工的要求，国家发改委逐步放松融资平台发债要求，使得保障房项目融资成为企业债发行的突破口。企业债发行在3月份出现放量，全月发行总额超过1000亿元，随后随着银监会加强对管理类地方融资平台新增负债的管理等因素影响，企业债发行量在4月和5月有所回落。不过，随着5月底国内宏观政策基调转向稳增长，企业债作为地方政府融资平台的主要直接融资工具之一，出现国家发改委审批企业债速度加快的现象。按照Wind城投口径统计，2012年城投公司发行的企业债达到4898.60亿元，占全年企业债发行量的76%。保障房政策和之后的棚改制度催生了中国房地产行业又一个春天，但其后遗症直到今天依然难以解决。

2012年一般中期票据发行数量达到565只，同比增长39%，发行规模达到8453亿元，同比增长16%，中期票据发行规模呈现小幅增长，主要由于短期融资券发行条件放宽，分流部分发债需求。

2012年一般公司债发行数量达到181只，同比增长118%，发行规模达到2492亿元，同比增长达到93%。一般公司债作为交易所品种起步较晚，但由于2012年IPO暂停导致企业为寻求新的融资渠道，转向信用债市场进行发债融资，一般公司债终于获得较快增长。

2012年私募债是由证监会新推出的信用债品种。2012年5月22日，由上交所及深交所分别发布《上海证券交易所中小企业私募债业务试点办法》和《深圳证券交易所中小企业私募债业务试点办法》，其目的在于拓宽中小企业融资渠道，服务于实体经济，中小企业私募债发行审核上采取备案制，审批周期较短，且资金用途较银行贷款更加灵活，发行期限一般可达到2年期。由于较为宽松的审批条件，中小企业私募债在此后获得了较为快速发展。但由于该品种发行难度较低，信息披露质量较差，较多弱资质主体参与中小企业私募债发行，在多年后中小企业私募债出现较大面积的违约。

2012年定向债务融资工具（简称定向工具）发行3759亿元，同比大幅增长309%。这一方面与2011年从5月才开始发行第一笔定向工具有关，另一方面与定向工具本身的优势和扩容政策有关。首先，定向工具受欢迎的主要原因是能让企业绕开债券市场"40%天花板"的规定。此前，除AAA（含）以上央企及核心子公司以外，其他发行人若其除短期融资券之外的中票、企业债、公司债等公开发行的信用债累计债券余额达到企业净资产的40%，将不能获得短期融资券额度注册，而发行定向工具则不在债券余额统计范围内。其次，原先定向工具的转让只能在初始投资人之间互相转让，这限制了定向工具的流动性。2012年中国银行间交易商协会明确定向工具合格投资人范围由原来的每次发行单独签署承销协议确定合格投资人的方式，改为直接明确200家机构投资人作为合格投资人，此举将进一步改善定向工具的需求，并提高流动性。此外，发行门槛方面，原先定向工具只允许AAA等级的高质量企业成为发行主体，但2012年以来，不少AA+和AA级企业也加入其中。

2012年信用债发行成本经历了先下降后上升的过程，整体上相较于2011

年有所下降。短期融资券平均发行利率从2011年12月的5.95%一路下降至次年7月份的3.55%，下行幅度240bp，8月份开始上行107bp至12月的4.62%。中期票据平均发行利率从1月的6.28%下行至7月的4.53%，下行幅度175bp，8月份开始一路上行至5.76%，上行幅度123bp。

二级市场成交情况

2012年由于年初资金处于较高水平，春节期间7天回购利率一度达到7.5%，使得信用债收益率在年初维持高位，AAA评级3年期信用债估值处于5%附近。进入3月后，国内柴油价格及农产品价格持续上涨，通胀预期有所抬升，市场反应偏于谨慎，信用债收益率在20bp范围内震荡调整。进入4月中下旬，债券市场供给节奏加快，资金面有所收紧，10年国开债收益率一度冲高至4.45%，但信用债在该阶段呈现分化，低等级高票息标的收益率呈现下行，高等级信用债收益率呈现震荡，如AA评级3年期信用债收益率在4月份下行幅度达到32bp至6.15%。

进入5月份，由于法国和希腊选举导致欧元区面临救助措施不确定性提升，市场对欧债危机疑虑再度加重，且4月份宏观经济数据走弱明显，信用债收益率在该阶段呈现下行，AAA评级3年期信用债在5月份下行幅度达50bp。此后央行在7月5日宣布降息，降息时点早于市场预期，市场做多信心增强，且通胀处于低位，信用债收益率继续在低位徘徊。但由于市场对于央行降准存在预期，进入8月后，降准落空叠加资金利率突然走高，央行在此期间虽加大逆回购投放，同时上调7天回购利率5bp，随着8月美联储推出QE3，全球股市和大宗商品价格明显上涨，国内债市遭到重创，信用债调整幅度大于利率债，收益率整体上行，信用利差出现扩大，7月至10月初AAA评级3年期信用债收益率反弹超60bp至4.5%。在国庆长假后，巨量逆回购投放缓和市场流动性，但市场投资者心态趋于谨慎，直至年终，收益率并未出现明显下行，AAA评级3年期信用债收益率反而继续上行20bp至4.7%。

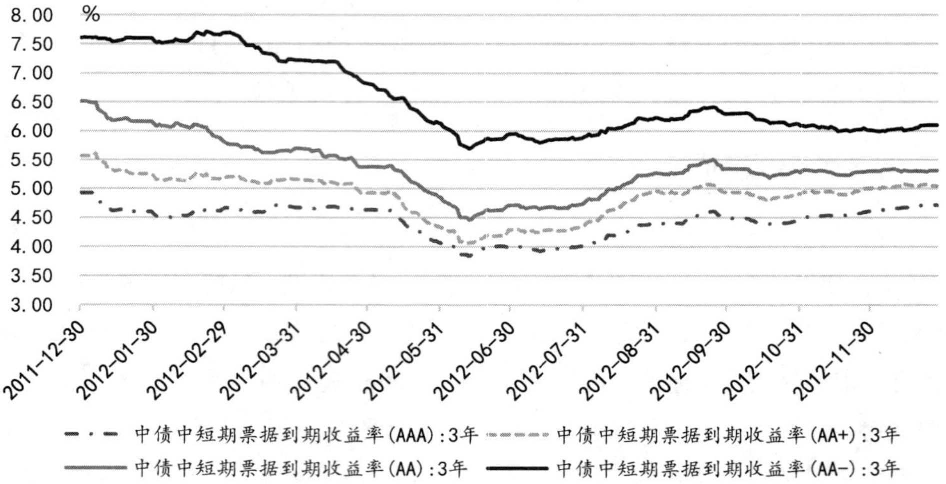

图 8－2　2012 年信用债收益率走势先抑后扬

数据来源：Wind

信用利差——明显收窄

2012 年信用债收益率普遍下行，以 3 年期中票估值收益率来看，AAA、AA＋、AA、AA－品种收益率分别下行 20bp、51bp、121bp、151bp。

随着欧洲危机及央行降息，市场对于具有票息溢价的信用债资产配置意愿较强，且由于市场此前并未遇到违约事件，信用风险定价并不充分，低等级信用利差压缩较高等级更加明显。具体来看，AAA、AA＋、AA、AA－信用利差分别收窄 56bp、87bp、157bp、187bp。

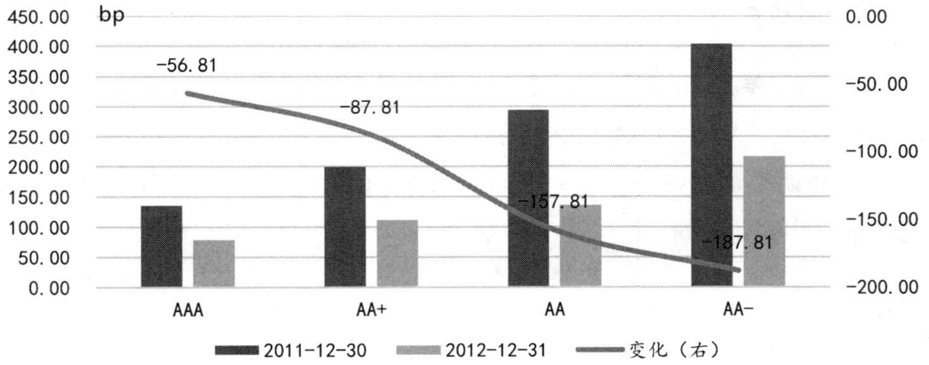

图 8－3　2012 年 3 年期各等级信用利差变化

数据来源：Wind

期限利差——多数走阔

信用债期限利差方面，由于央行降息等操作带动短端收益率下行明显，导致期限利差反而呈现走阔态势。3－1 年利差方面，各等级期限利差均走阔，AAA 级、AA＋级、AA 级和 AA－级分别走阔 31bp、46bp、45bp 和 89bp。

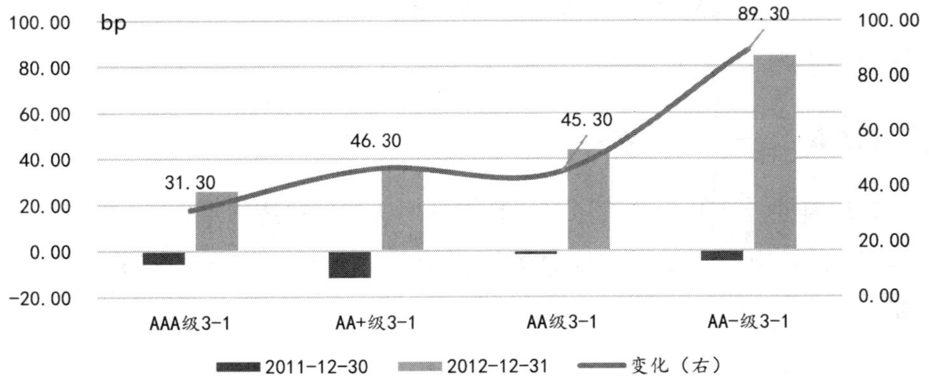

图 8－4　2012 年各等级信用期限利差变化

数据来源：Wind

评级间利差——多数收窄

评级间利差在 2012 年呈现多数收窄的特征。其中，1 年期短期融资券 AAA 与 AA + 、AA + 与 AA 和 AA 与 AA - 评级间利差分别收窄 46bp、69bp 和 74bp。3 年期中票 AAA 与 AA + 、AA + 与 AA 和 AA 与 AA 评级间利差分别收窄 31bp、70bp 和 30bp。

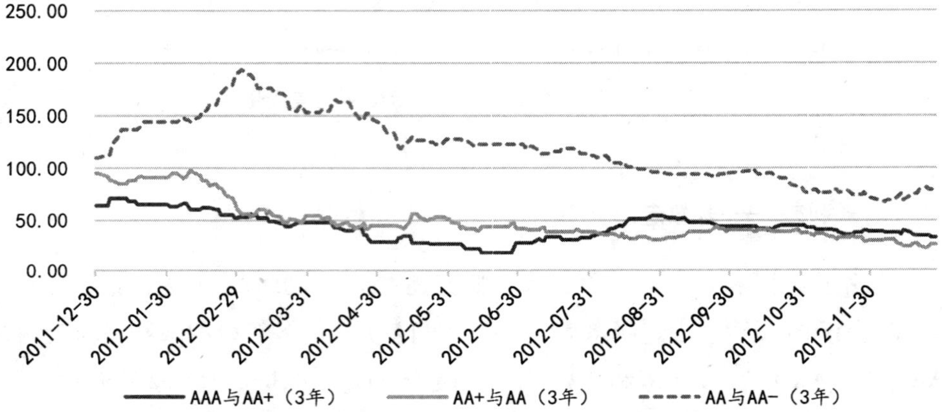

图 8 - 5　2012 年 3 年期中期票据评级间利差（bp）

数据来源：Wind

民企溢价⑤——明显收窄

2012 年由于市场配债意愿强烈且未发生实质债券违约事件，民企产业债 2012 年底相对国企债利差收窄至 53bp，较 2012 年收窄 85bp，处于历史最低水平。

⑤　民企溢价：民企相对于国企信用债收益率的差值。

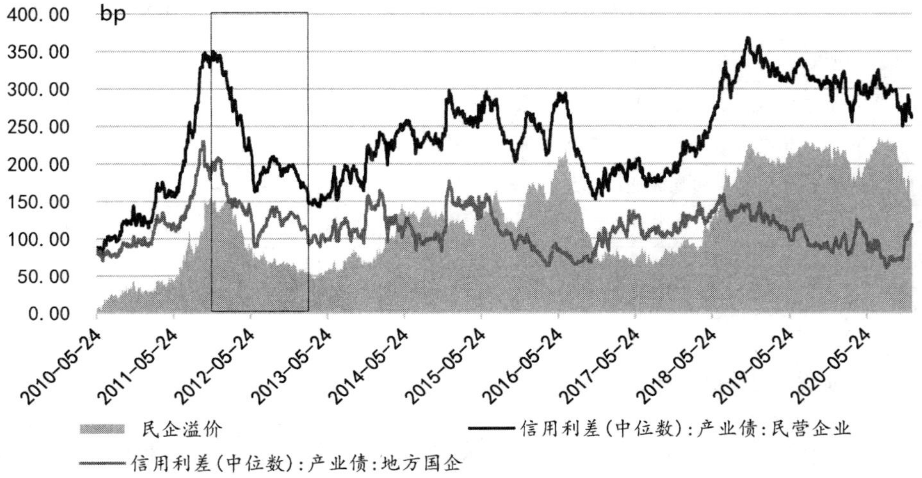

图 8－6　民企信用债信用溢价变化

数据来源：Wind

三、重要事件评述

交易所私募债开闸

交易所私募债从 2012 年开始发行，首只发行的私募债主体就是日后引起巨大轰动的乐视网。2012 年 5 月 8 日乐视网以 AA－主体评级发行了债券市场中首只交易所私募债，代码 112085. SZ，规模 2 亿元，期限 3 年，票面利率高达 9. 99%。创业板非公开公司债 6 只，规模 15. 5 亿元，债项级别为 AA－的有 2 期（12 乐视 01、12 乐视 02），债项级别为 AA 的有 4 期（12 向日 01、12 东宝债、12 蓝标 01 和 12 制药债），发行利率在 7. 80%—9. 99% 之间。2012 年全年发行中小企业私募债 108 只，规模达到 115. 81 亿元。

表 8－2　2012 年创业板非公开发行公司债券

债券简称	发行人全称	发行规模（亿）	发行期限（年）	主体评级	票面利率（%）
12 制药债	广州市香雪制药股份有限公司	5.40	3＋2	AA	7.80
12 东宝债	包头东宝生物技术股份有限公司	1.10	3	A＋	8.00
12 乐视 02	乐视网信息技术（北京）股份有限公司	2.00	2＋1	AA－	8.50
12 向日 01	浙江向日葵光能科技股份有限公司	3.00	3＋2	AA	9.60
12 乐视 01	乐视网信息技术（北京）股份有限公司	2.00	2＋1	AA－	9.99
12 蓝标 01	北京蓝色光标数据科技股份有限公司	2.00	3	AA	7.90

数据来源：Wind

非标资产发展的黄金时期开启

金融从业者对“非标资产”这个概念大都不陌生，它是“非标准化债权资产”的简称，伴随着我国商业银行表内资产出表的需求而产生，乘着银行理财业务快速发展的东风迅速发展壮大。2012 年是非标资产黄金时期的开启之年，主要因为 2012 年出台了证券公司资产管理业务新规等相关政策，使得券商资管、基金子公司等机构开始蓬勃发展，为非标资产的投资提供了最好的通道，因此业界也将 2012 年视为大资管时代的元年。

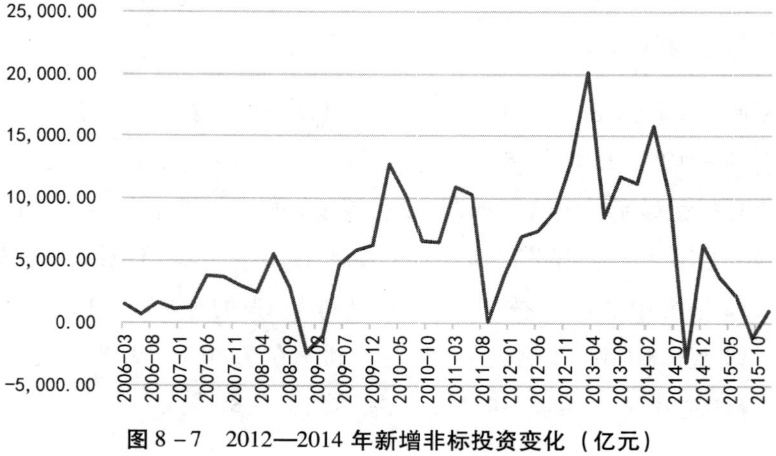

图 8－7　2012—2014 年新增非标投资变化（亿元）

数据来源：Wind

2012 年 5 月，证监会召开券商创新大会，会议鼓励证券公司仿照信托公司模式与商业银行进行对接，展开非标资产通道业务。2012 年 8 月，《证券公司客户资产管理业务管理办法》由证监会第 21 次主席办公会议审议通过，2012 年 10 月公布施行。该办法指出证券公司办理集合资产管理业务，可以设立限定性集合资产管理计划和非限定性集合资产管理计划。其中限定性集合资产管理计划资产应当主要用于投资国债、债券型证券投资基金、在证券交易所上市的企业债券、其他信用度高且流动性强的固定收益类金融产品；投资于股票等权益类证券以及股票型证券投资基金的资产，不得超过该计划资产净值的 20%，并应当遵循分散投资风险的原则。非限定性集合资产管理计划的投资范围由集合资产管理合同约定，不受前款规定限制。该办法的修订和完善工作于 2013 年展开，这一过程中对实施集合资管和定向资管的具体规则进行了细化描述和更新，这极大鼓励了证券公司开展资管业务，银证合作越来越频繁，非标业务数量也随之增加。但专户业务投资范围和基金管理公司的公募产品仅仅以标准化资产为主。证监会为了使得基金公司能够和证券公司保持相对公平的竞争关系，便不再限制非标业务在基金公司中的实施。2012 年 9 月，证监会发布《基金管理公司特定客户资产管理业务试点办法》，明确指出基金管理公司的专户业务投资范围包括以证券交易所转让为媒介的债权、股权和其他产品权利，这些内容的总和即为专项资产管理计划。此外，该办法指出在实际实施专项资产管理业务时，必须设立专门的基金子公司。在打通了证券公司和基金管理公司的通道后，银行理财资金通过通道投资非标资产的规模迅速上升，银证信和银基信的层层嵌套合作模式逐渐盛行。

不过从日后来看，鼓励非标资产扩张虽然为发展经济提供了一定支持，但这一措施导致了传统金融监管的防火墙被击穿，影子银行业务快速扩张，同时由于分业监管的原因，使得整个金融体系的风险加剧，风险的累积成为 2013 年“钱荒”的主要因素之一。“非标表外资产”最终并没能真正实现金融风险的出表剥离，反而是掩耳盗铃似的自欺欺人，这些问题直到 2018 年 4 月央行牵头一行两会推出资管新规才得以从制度方面得到根本性解决。

四、信用风险事件点评

鞍钢中票兑付乌龙

2012年1月4日，是鞍钢中票到期兑付日，涉及资金高达50多亿元。但在上午10时41分，中央国债登记结算有限责任公司（简称“中债登”）在官方网站发免责公告，称按照协议，发行人应于兑付日前一工作日将兑付资金划到中债登，但截至发布公告时，中债登尚未收到发行人足额应付兑付资金。对此，鞍钢公司方面表示，由于资金涉及跨年，公司财务上安排有些难度，因此并未如约将资金提前支付给中债登公司，但实际上已于4日上午将兑付本金及利息全额分笔划出，并已全部到达中债登公司指定账户。随后，中债登官网于下午4时10分发布公告称，上述兑付资金已足额收到，相关拨付手续也已完成。

尽管鞍钢公司并未造成实质性的债务违约，所有本息均在到期日完成了兑付，但在当时还是让投资者虚惊一场，引起了较大的轰动。根据其发行公告，本期中票的还本付息方式为每年付息一次，到期一次还本，最后一期利息随本金一起支付。本息兑付将通过托管人办理。兑付日为2012年1月4日（如遇法定节假日，则顺延至其后的第一个工作日）。而根据中债登公司于2003年1月22日发布的《实名制记账式企业债券兑付和付息业务操作规程》所要求的，发行人应按照其与中央结算公司签署的“企业债券登记托管及代理兑付协议书”的约定，在兑付日或付息日前2个工作日将兑付本息资金或利息资金划拨至中央结算公司指定的银行账户。因此，实际上鞍钢公司违反了业务操作流程和债券募集说明书的约定。

由于发行人的这类行为并没有相应的惩罚措施，因此后来发生的频率越来越高，债券市场各类参与者甚至已经习以为常，之后只要在兑付前一刻将兑付资金打入兑付账户即可，托管机构也不再提前公告。

超日太阳业绩变脸

当上海超日太阳能科技股份有限公司（简称“超日太阳”）申请发行公司债时，光伏行业已受产能过剩和美国政府双反的影响，景气度出现明显下行，11 家在美上市的中概太阳能企业 2011 年三季报均表现不佳，行业龙头无锡尚德和江西赛维都陷入财务危机。但在此情况下，超日太阳于 2012 年 2 月 29 日预告其 2011 年盈利超过 8200 万元，并于 2012 年 3 月 7 日成功发行了 10 亿元公司债——11 超日债，所募资金中 4 亿元用于偿还银行借款，剩余 6 亿元用于补充营运资金。当期公司债票面利率高达 8.98%，高于同期大部分公司债票面利率，属于典型的高收益债，受到投资者的热烈追捧。

然而就在 11 超日债发行后不久，公司便出现业绩变脸。先是在 3 月 26 日公告推迟年报发布日期，然后于 4 月 16 日发布业绩修正公告，2011 年预告净利润由 2 月 29 日发布的 8347.5 万元修正为 -5852.9 万元，前后相差约 1.42 亿元。4 月 26 日，发布公告称会计师事务所将对 2011 年审计报告出具保留意见，净利润为 -0.55 亿元，经营性净现金流净额为 -10.68 亿元。

2012 年 6 月 28 日，鹏元资信维持超日太阳主体评级 AA，但展望调整为负面。无独有偶，7 月 14 日，公司 2012 年半年度业绩再次出现修正，由盈利修正为大额亏损 1.2 亿至 1.5 亿。10 月 1 日，证监会上海证监局对超日太阳进行 2011 年年报专项检查后对公司发布责令整改决定，指出公司《电站公司管理协议》和海外电站担保信息披露不充分。然而即便如此，10 月 18 日，公司三季报显示营业收入同比增长 11.3%，净利润同比增幅达到 39.13%，并且预告 2012 年度将与上年同期相比扭亏为盈。11 月 2 日，公司再收“罚单”，深交所发布通报批评，指出公司在业绩预告、电站项目变更募集资金用途信息披露不规范。

在亮眼的三季报发布后不到两个月的时间内，超日宣布股票和债券停牌，主要问题涉及部分贷款及货款逾期被债权人起诉、资产被查封、生产线处于停工状态，债券投资者再次心寒。后来伴随着董事长携款潜逃的市场传闻，鹏元资信也于 2012 年末将超日太阳的主体评级由 AA 下调至 AA -。

超日债在两年后成了中国信用债历史上第一只违约债券。

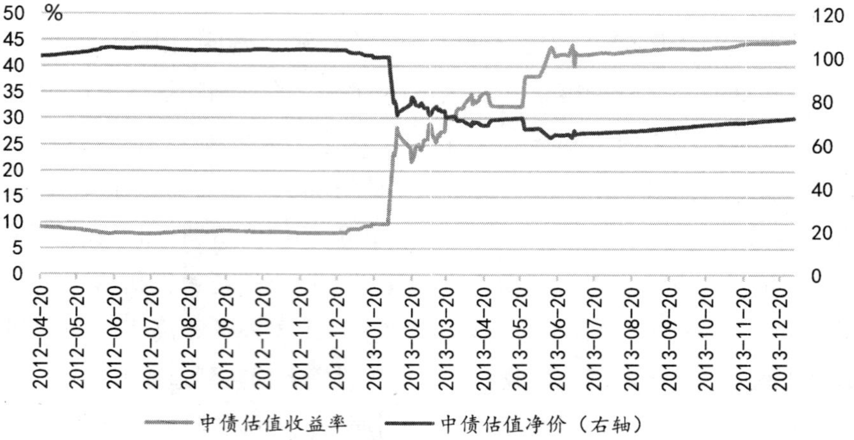

图 8－8　11 超日债价格走势

数据来源：Wind

江西赛维的债务危机

江西赛维 LDK 太阳能高科技有限公司（简称“赛维”）曾是亚洲规模最大的太阳能多晶硅片生产企业，公司性质为民营企业。2007 年 6 月 1 日，赛维成功在美国纽约证交所上市，是江西省企业中第一家在美国上市的企业，同时是中国新能源领域最大的一次 IPO。虽为民营企业，但赛维却得到了政府的政策支持和国家开发银行的巨额授信。一方面，其所属的新能源行业是国家政策鼓励的方向，另一方面，赛维作为当时全球最大的太阳能硅片生产企业之一，为当地创造了大量的就业机会和税收贡献，已经与当地深深地绑定在一起，成为新余市甚至江西省的一面旗帜。2010 年 9 月，国家开发银行与赛维宣布签订总额度高达 600 亿人民币（约 89 亿美元）的战略合作协议，赛维成为国内获得授信额度最大的光伏企业，也是当时中国民营企业获得国家开发银行授信额度最高的企业之一。根据 2011 年 12 月发行的中期票据募集说明书，截至 2011 年 3 月末，赛维及其子公司共获得各银行授信 253.69 亿元，国家开发银行予以授信 43.45 亿元（已使用额度 27.48 亿元），仅次于中行。

然而曾经飞速发展的江西赛维却在 2012 年深陷破产和违约旋涡，这让授信银行和债券投资者寝食难安。2011 年以来，受欧债危机影响，欧美国家尤其是欧盟国家对太阳能光伏产品的需求不断下降，导致多晶硅价格大幅下降。受此影响，赛维 2011 年全年亏损 54.90 亿元。2012 年 7 月，赛维开工率环比大幅下滑，硅片、电池片和组件开工率分别为 14%、10% 和 14%。2012 年 1—9 月赛维净亏损 16.27 亿元。到 2012 年第三季度末，赛维的资产负债率为 89.02%，净资产减少至 30.72 亿元，经营性净现金流为 -18.00 亿元，流动性负债高达 200.94 亿元，短期偿债压力极大。

2012 年 4 月 28 日，上海新世纪将赛维主体长期信用等级由 AA 降至 A+，评级展望为负面，并将“11 赛维 MTN1”债项评级由 AA 降至 A+，这是年初以来为数不多的几家被降级的债券发行人。由于财务状况不断恶化，赛维主体长期信用等级从发债时的 AA 级不断下调至 BBB+级，“11 江西赛维 CP01”的债项等级也从 A-1 级下调至 A-2 级。市场担忧“11 江西赛维 CP01”不能于 10 月如期兑付，估值收益率大幅上行。

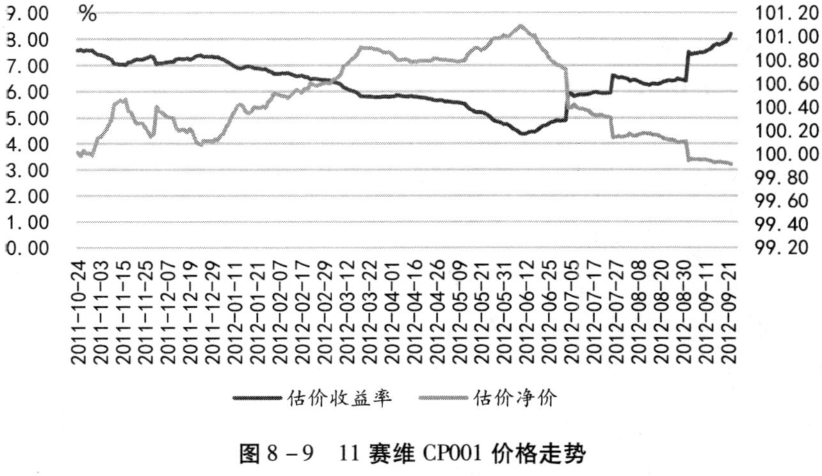

图 8-9　11 赛维 CP001 价格走势

数据来源：Wind

然而离兑付日还有 4 个交易日“倒计时”之际，赛维发布了如期兑付的公告，让投资者终于松了一口气。在违约附近徘徊的 4 亿元赛维短期融资券，终于避免成为债市违约第一单。据当时的报道，早在二季度，江西省有关部门就成立了针对赛维的发展稳定基金，总规模20亿元。一位接近国家开发银行的人士透露，该基金实质上是地方财政的专项资金，也恰是赛维当年高达20亿短期借款到期偿还的主要资金来源。7月12日，新余市人大常委会召开第七次会议，会议审议通过关于将赛维向华融国际信托偿还信托贷款的缺口资金纳入同期年度财政预算的议案，该笔信托贷款涉及资金5亿元。因此，虽然兑付公告未公布这笔短期融资券的兑付资金来源，但当时的市场人士分析，或许赛维与山东海龙一样，背后可能有主承销商提供的贷款资金为其兜底。虽然赛维最后也无法逃脱破产的命运，但是公开债务最终都得以刚兑，让打破刚兑再度延迟。

新中基债沦为垃圾债

继山东海龙之后，2012年10月，又一只短期融资券主体沦为垃圾债级别。2012年10月11日，中国货币网公告，新疆中基实业股份公司（简称“新中基”）由于公司面临经营困难及集中债务偿付压力，其主体评级被中诚信国际直接从A级下调至CC级，11新中基短期融资券的债项评级由A－1下调为B，成为继山东海龙后，目前短期融资券市场上存续期内主体级别最低的短期融资券。与此前山东海龙一样，新中基同属于国资背景，但与之不同的是，山东海龙评级下调是连续多次进行，新中基是一次从A级下调了12个级别至CC级，属业内罕见。

新中基是深交所上市公司（000972.SZ），母公司是新疆生产建设兵团农六师全资的国资经营公司（简称“农六师国资”），实际控制人为新疆生产建设兵团国资委，通过下属单位合计持有公司26.4%的股权。新中基主要从事番茄加工和贸易业务，产能位居世界第三。然而由于受行业景气度低迷、番茄出口大幅萎缩以及行业竞争加剧等因素影响，新中基自2010年起经营便处于亏损状态，且资产负债率较高。2011年公司财报显示亏损额度较大，叠加公司高管陆续辞职导致公司在2012年3月被证监会立案调查。调查结果显示，新中基存在财务信息不实之处。

新中基自身基本面较弱，市场对其无法独立偿还债务其实已有预期。截至 2012 年末，公司货币资金余额为 3.11 亿元，仅能覆盖 18% 的短期债务。同时公司的流动比率仅为 0.59，速动比率仅为 0.29，且其中很大一部分被用作抵押和质押。截至 2012 年 10 月 11 日，公司已有 8 笔 5.26 亿元贷款逾期，其中 1026 万元已被银行提交至法院申请重组。短期融资券是公司唯一的信用债务，在没有外部支持的情况下，按时偿付的可能性为零。

不过对于大部分市场参与者而言，他们依然相信海龙式的兜底将会再一次发生。首先，农六师国资对下属上市公司的支持意愿很强烈，从其对新中基出具的支持函可见一斑。支持函显示农六师国资承诺如果新中基短期融资券到期未能足额兑付，农六师国资负责协调解决资金来源，保证按时兑付。但农六师国资自身偿债能力较弱，截至 2012 年 6 月末，其货币资金仅为 10.32 亿元，仅能覆盖 25% 的短期债务，因此其向上寻求救助的可能性较大。其次，兵团国资委应该有较强的支持意愿。如果新中基发生违约，区域内融资环境将受到较大影响，兵团国资委下属企业的融资成本和渠道均会受到限制。

正如市场所预期的，新中基于 10 月 31 日公告将于 11 月 7 日如期兑付到期债券，是继山东海龙、江西赛维短期融资券之后，又一只与违约擦肩而过的公募债券。

中小企业集合票据担保代偿事件

2010 年和 2011 年在银行间债券市场发行的 3 只中小企业集合票据和 1 只中小企业集合债券，在 2012 年均出现了联合发行人中的一家发行人因经营和财务状况出现明显恶化而不能按时偿还本息的情况，最终由担保人及再担保人履行代偿责任。这几家发行人分别是北京地杰通信设备有限公司（“10 中关村”联合发行人之一）、北京康特荣宝电子有限公司（“10 京经开 SMECN1”联合发行人之一）、哈尔滨惠佳贝食品有限公司（“10 黑龙江 SMECN1”联合发行人之一）和常州高力彩钢板有限公司（“11 常州 SMECNI001”联合发行人之一）。四家公司中三家公司的总资产均在 4 亿元左右，整体规模较小；同时这四家公司在2012年均受行业低迷的影响较大，产品销量大幅下降，经营性净现金流对债务的保障能力不断减小，公司偿债压力巨大。另外，其中两家公司无法偿债主要是受关联方的影响，作为反担保方支付了大量资金，导致自身资金链断裂，从而无法偿还债券本息。截至2012年末，四家公司的信用等级从最初的BB左右均降至CCC左右（其中北京地杰通信设备有限公司主体信用等级降至CC）。这正如我们之前讲到的这类企业确实不适合直接融资。

五、结语

回顾总结2012年，这一年中国信用债市场看似平淡，实则暗流涌动，今后数年的重大事件都和这一年的许多政策有关。因发行成本降低和发债条件放宽等影响，2012年一级市场发行火爆，证券行业资管新规推动了券商资管业务大发展，直接或间接加速了中国信用债市场的发展。信用债投资者也收获颇丰，二级市场收益率整体下行，下行幅度大幅超过利率债，信用利差被明显压缩。

宏观经济下行风险、行业政策风险和企业自身经营风险都是导致2012年我国债券市场信用风险事件的主要根源。虽然多起信用危机最终都有惊无险，但风险已在积累。2012年中小企业集合票据、集合债券等集合类债券得到较快发展，一大批中低信用等级的中小企业进入市场导致债券市场发行主体的整体信用质量有所下降也为接下来几年信用事件多发埋下了伏笔。然而监管机构、地方政府都不愿意成为打破刚兑的第一人，破除刚兑的时间只能再度后移。

2013 年：“钱荒”

2013 年全球经济呈现出缓慢复苏的态势。美国经济总体向好，失业率降至危机前低点。日本经济先上后下，全年就业市场平稳，但长期内挑战仍存。欧债危机暂时进入相对平静期，欧元区经济微弱复苏，但态势仍不明朗。美国、日本、欧元区 2013 年 GDP 同比增速分别录得 1.3%、2.0% 和 -0.3%。部分新兴市场经济体增长放缓，金融市场动荡，面临的风险上升。在此背景下，全球主要央行货币政策出现分化。美联储 5 月释放 QE 退出信号，引发市场担忧情绪，美债利率大幅上升，国际资本流动逆转。直至 12 月例会后，退出 QE 才真正板上钉钉。自 2014 年 1 月起，美联储每月资产购买规模缩减至 750 亿美元，并调整前瞻性指引，称即使失业率跌破 6.5%，若预期通胀率仍继续在 2% 以下水平运行，联邦基金利率在较长一段时间内维持在目前的超低水平可能也还是适当的。

在外部政策有所收缩的背景下，中国也采取了逐步退出大规模财政刺激的政策。全年经济平稳运行，GDP 增速实现 7.77%。2013 年中国人民银行继续实施稳健货币政策，既不放松也不收紧银根，适时适度进行预调微调。然而由于市场对于海外退出 QE 的担忧加剧，热钱快速流出，叠加央行开始大力整治影子银行业务，主动回收流动性资金，致使 2013 年出现两次大规模的“钱荒”，资金利率快速走高。银行间 7 天回购中枢抬升 60bp 至 4.10%，隔夜回购利率一度冲高至 9.8%。

2013 年中国债券收益率先降后升，呈现标准的大熊市走势，但也是颇具投资价值和机会的一年。1—5 月由于流动性温和以及经济下行预期的推动，收益率曲线震荡下行。6—12 月由于国内外流动性收缩等多重因素影响，流动性资金显得弥足珍贵，同时经济复苏预期强化进一步加剧了利率的快速上行。全年来看，1 年期国债收益率上行 131bp，10 年期国债收益率上行 98bp。

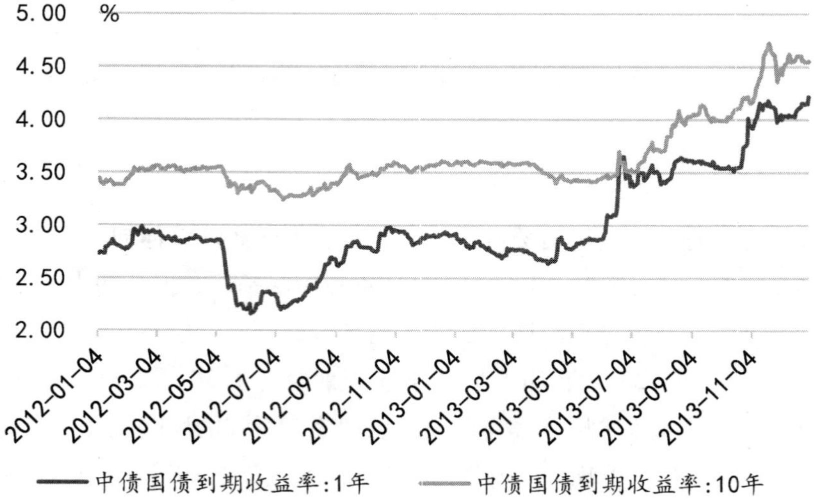

图 9-1　2012—2013 年国债利率曲线变化

数据来源：Wind

信用债市场也从暖春跌入寒冬。在债券市场最严监管风暴、“钱荒”冲击、外部退出量化宽松政策及信用风险开始显现的背景下，2013 年信用债收益率跟随利率快速调整，全年信用债发行规模呈现萎缩态势。需要说明的是，2013 年“钱荒”从未在官方文件中表达过，但是这一年确实是中国债券市场成立以来借钱最难的一年。这一年的下半年，中国大部分金融机构每天想的都是明天的头寸能否顺利解决、会不会出现透支，这也让各家机构深刻认识到流动性资金管理的重要性，“钱荒”得名也源于此。

一、重点事件时间轴

- 2013-1-8　中国银行间市场交易商协会正式发布《非金融企业债务融资工具信用评级业务自律指引》，这是我国银行间市场首部针对信用评级业务的自律指引。

- 2013－1－21　中央国债登记结算有限责任公司发布公告，允许证券公司集合资产管理计划凭中国证券业协会出具的备案函替代证监会的批准文件，在银行间债券市场开设账户。
- 2013－2－27　中央结算公司发布公告，基金管理公司特定客户资产管理组合，在银行间债券市场开立债券账户，可以凭借证监会出具的材料接收单，来替代该资产管理合同备案无异议函。
- 2013－3－6　证监会公布《人民币合格境外机构投资者境内证券投资试点办法》和《关于实施〈人民币合格境外机构投资者境内证券投资试点办法〉的规定》。
- 2013－3－7　首批4只小微企业扶持债券正式登陆银行间市场，这是又一个服务于中小微企业融资的创新产品。
- 2013－3－19　中国人民银行发布通知称，获得证监会核发资格及国家外汇管理局核批投资额度的合格境外机构投资者（QFII），可以向央行申请进入银行间债券市场。银行间债券市场朝着国际化方向又迈出了重要一步。
- 2013－3－27　银监会下发《关于规范商业银行理财业务投资运作有关问题的通知》，即“8号文”，要求理财产品与投资资产对应，同时也规定，非标准化理财产品占理财产品余额和总资产的比重分别不得超过35%和4%。
- 2013－5－14　中国外汇交易中心暨全国银行间同业拆借中心发布公告规范债券关联交易，要求同一金融机构法人债券账户间不得进行债券交易。
- 2013－7－11　经国家发改委核准，由国家开发银行担任“综合融资协调人”、国开证券任主承销商的首只“债贷组合”试点企业债券——“13岳阳城投债”将正式发行。
- 2013－7－20　为进一步推进利率市场化改革，经国务院批准，央行决定，自2013年7月20日起全面放开金融机构贷款利率管制。
- 2013－7－25　国家发改委财金司发布《关于加强小微企业融资服务支持小微企业发展的指导意见》，支持符合条件的创业投资企业、股权投资企业、产业投资基金发行企业债券，专项用于投资小微企业。逐步扩大中小企业集合债券发行规模。扩大小微企业增信集合债券试点规模。

- 2013－8－6　中国银行间市场交易商协会正式对外发布修订后的《银行间债券市场非金融企业债务融资工具持有人会议规程》，明确了持有人会议的相关各方权责，规范了持有人会议召开程序，对于保护投资人的合法权益，维护银行间债券市场平稳健康发展具有重要意义。
- 2013－8－28　国家发改委发布《关于进一步改进企业债券发行工作的通知》，决定将目前由国家发改委进行的企业债预审工作，委托省级发改部门负责，国家发改委今后将做好政策指导、业务培训和资格管理工作。
- 2013－9－2　中国银行间市场交易商协会发布了《非金融企业债务融资工具簿记建档发行规范指引》以及配套的协议文本，定于10月1日起实施。旨在强化债券发行过程中簿记建档过程的内外部约束，提升债券市场公正性和透明度。
- 2013－9－24　市场利率定价自律机制成立会议召开，首批自律机制成员包括工商银行等10家银行。自律机制下设合格审慎及综合实力评估、贷款基础利率（LPR）、同业存单、上海银行间同业拆借利率（Shibor）四个专门工作小组，旨在符合国家利率管理前提下，对金融机构利率定价进行自律管理。
- 2013－10－6　国务院发布《国务院关于化解产能严重过剩矛盾的指导意见》，俗称国发〔2013〕41号文，标志着对过剩产能行业开始进行有规划的化解工作。
- 2013－10－16　全国银行间同业拆借中心发布公告称，将在银行间债市新增现券买卖请求报价功能，拟于10月21日上线运行，以完善做市商制度，丰富做市商做市方式，提高交易效率。
- 2013－12－8　中国人民银行公布《同业存单管理暂行办法》，自当日起正式施行。此举旨在规范同业存单业务，拓展银行业存款类金融机构的融资渠道，促进货币市场发展。
- 2013－12－28　国电电力发展股份有限公司发行2013年度第一期中期票据，为我国债券市场首只永续中票。

● 2013－12－31　央行、银监会联合下发《关于规范信贷资产证券化发起机构风险自留比例的文件》，明确规定了信贷资产证券化风险自留比例不得低于单只产品发行规模的5%，同时自留最低档次的比例也不得低于最低档次发行规模的5%。该规定自发布之日起实施。

二、信用债市场回顾

一级市场发行情况

表9－1　信用债一级新发行情况

债券类型	发行期数（只）			发行总规模（亿元）			平均每只发行规模（亿元）		
	2012 年	2013 年	增幅	2012 年	2013 年	增幅	2012 年	2013 年	增幅
一般短期融资券	812	861	6%	8400	8600	2%	10	10	－3%
超短期融资债券	125	216	73%	5822	7535	29%	47	35	－25%
一般企业债	479	373	－22%	6485	4748	－27%	14	13	－6%
一般中期票据	565	509	－10%	8453	6918	－18%	15	14	－9%
一般公司债	181	94	－48%	2492	1362	－45%	14	14	5%
私募债	114	265	132%	131	338	158%	1	1	11%
定向工具	249	534	114%	3759	5657	50%	15	11	－30%
合计	2525	2852	13%	35543	35159	－1%	14	12	－12%

数据来源：Wind

说明：在计算平均数时结果只保留到个位，但计算增幅时使用的是精确度更高的数据。

2013 年信用债发行规模合计 3.51 万亿元，较 2012 年的 3.55 万亿元小幅降低1%。2013 年信用债市场在年初经历了债券监管风暴，而后又迎来两轮"钱荒"，美国退出 QE 的担忧加剧，导致发行规模有所萎缩，发行利率持续抬升，发行难度有所增大。从细分项来看，除了私募债、定向工具和超短期融资券获得了较大规模提升外，其他品种都无明显增长，甚至呈现下降的态势。

2013 年一般短期融资券发行数量 861 只，同比小幅提升 6%，发行规模

8600 亿元，较 2012 年 8400 亿元上升 2%，主要由于 2013 年信用环境收缩，利率攀升导致长期限债券发行难度加大，部分融资需求不得不转向短期限品种。

2013 年超短期融资券发行数量达到 216 只，同比提升 73%，发行规模达到 7535 亿元，同比提升 29%，超短期融资券主要得益于其发行审批难度较低、信息披露要求较少且能够一次注册多次分期发行的特性，在信用环境收缩情况下仍然实现明显增长。

2013 年一般企业债发行数量为 373 只，较 2012 下降了 22%，发行规模 4748 亿元，较 2012 年 6485 亿下降 27%，主要由于“钱荒”蔓延导致发行利率持续走高，弱资质城投企业发债难度提升，且由于企业债审批要求资金匹配募投项目，审批复杂，造成发行数量有所下降。

2013 年一般中期票据发行数量 509 只，同比下降 10%，发行规模达到 6918 亿元，同比下降 18%，主要由于当年资金利率持续走高，市场对于长期限资产需求较弱，导致中期票据发行受阻。

2013 年一般公司债发行数量 94 只，同比下降 48%，发行规模达到 1362 亿元，同比下降 45%，主要由于“8 号文”对影子银行业务进行整治导致公司债投资需求压缩，以及监管层加大对“代持养券”等业务进行查处，最终导致一般公司债发行明显降温。

2013 年私募债发行数量达到 265 只，同比提升 132%，发行规模达到 338 亿元，同比提升 158%，主要由于 2012 年中小企业私募债这一品种推出后，中小企业私募债发行条件较为宽松，对发行人没有净资产和盈利能力的门槛要求，且发行利率不超同期贷款基准利率的 3 倍，以非公开方式进行发行，信息披露要求较低，发行的便捷性大大提升了发行需求，所以私募债在 2013 年获得了较好的发展，但同时也为后续债务风险埋下了较大隐患。

2013 年定向债务融资工具发行数量达到 534 只，同比提升 114%，发行规模 5657 亿元，同比提升 50%，主要由于定向债务融资工具发行不受净资产 40% 的额度限制，而且信息披露要求低，发行注册时间短，流程及提交材料较为简单，单券发行平均规模较 2012 年下降 30% 也显示了发行审核的便利性带动发行门槛有所降低。

2013 年信用债发行利率经历了较大的波动，年初至 5 月震荡下行，进入 6 月份之后迎来了首次“钱荒”，银行间隔夜回购利率冲高至 9.8%，发行利率加速上升。以 AAA 评级债券为例，短期融资券平均发行利率从 1 月的 4.62% 下降至 5 月份的 4%，下行幅度 62bp，6 月份开始上行 280bp 至 12 月的 6.8%。中期票据平均发行利率从 1 月的 4.83% 下行至 5 月的 4.28%，下行幅度 65bp，6 月份开始一路上行至 7.5%，上行幅度高达 322bp。

二级市场成交情况

二级市场方面，2013 年伊始信用债走出了较为明显的上涨行情，1 月全月银行间市场各期限回购利率维持低位，3 月份非标受限债市配置意愿提升带动信用债收益率在流动性宽松背景下走出一波较为显著的下行行情。然而风云突变，由于 5 月末美国强势经济数据叠加美国下半年退出 QE 预期强化，境外热钱持续流出导致第一轮“钱荒”冲击，资金利率快速走高，7 天回购利率一度高达 7.84%，信用债市场由牛转熊。此外，美国公布了强劲的经济数据，美联储有可能在下半年缩减 QE 的预期逐渐强化，也引发了境内市场热钱外流的担忧。

6 月初回购利率开始逐渐走高，6 月 8 日当天的隔夜回购和 7 天回购利率一度达到 9.80% 和 7.84%。6 月 20—24 日，1 年期 AAA、AA+、AA 中短期票据分别累计上行了 72bp、72bp、70bp，其余各等级各期限上行了 20bp—30bp 不等。而后市场利率逐步攀升，12 月，由于证监会宣布重启 IPO，紧接着央行公布《同业存单管理暂行办法》，利率市场化脚步加快使得多数机构的反应更趋于谨慎，前期介入的交易盘出现获利回吐，推动收益率再度反弹。此后美联储 12 月 19 日在宣布缩减 QE 规模后，流动性骤紧预期直接将 7 天回购利率在 12 月 23 日推升至 8.93% 高位，信用债二级市场利率持续走高。

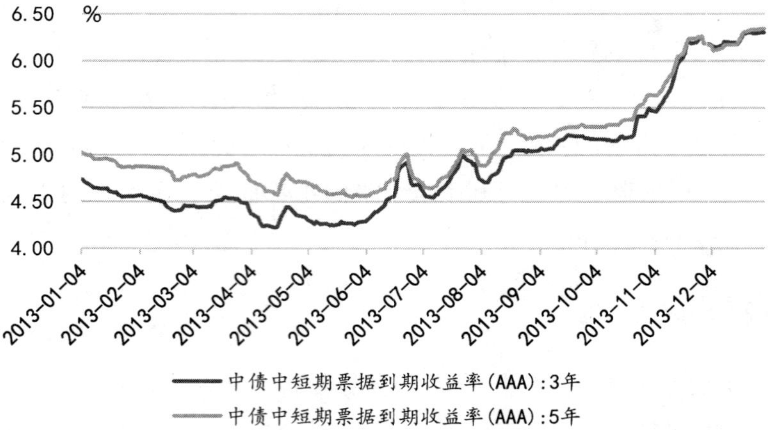

图9－2　2013年3年期信用债收益率先下后上

数据来源：Wind

信用利差——变化不大

2013年信用债收益率明显上行，以3年期中票估值收益率来看，AAA、AA+、AA、AA－品种收益率普遍上行超150bp，分别上行至6.30%、6.80%、7.22%、7.87%，从历年对比来看，2013年信用债绝对收益率达到历史最高水平。

虽然信用债收益率明显上行，但由于信用风险尚未引发实质性违约事件，信用利差整体变化不大。其中仅有3年AA信用利差上行5.75bp，其余信用品种均呈现利差小幅下行状态。

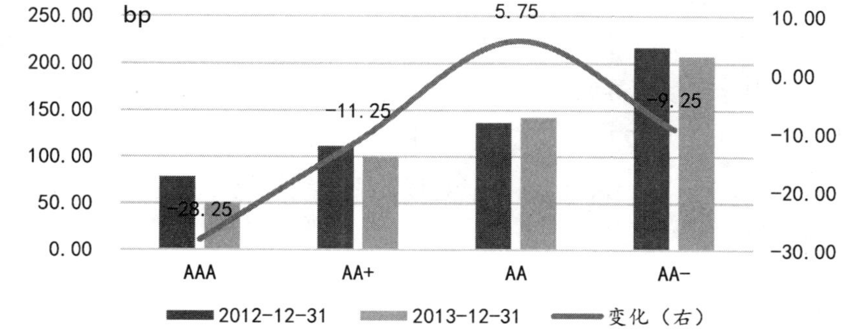

图 9-3　2013 年 3 年期各等级信用利差变化

数据来源：Wind

期限利差——多数收窄

信用债期限利差方面，由于 2013 年经历两轮"钱荒"，短端利率大幅快速走高，全年来看，期限利差呈现收窄态势。3-1 年利差方面，各等级期限利差均有所收窄，AAA 级、AA+级、AA 级和 AA-级分别收窄 27.12bp、29.12bp、27.12bp 和 53.12bp。

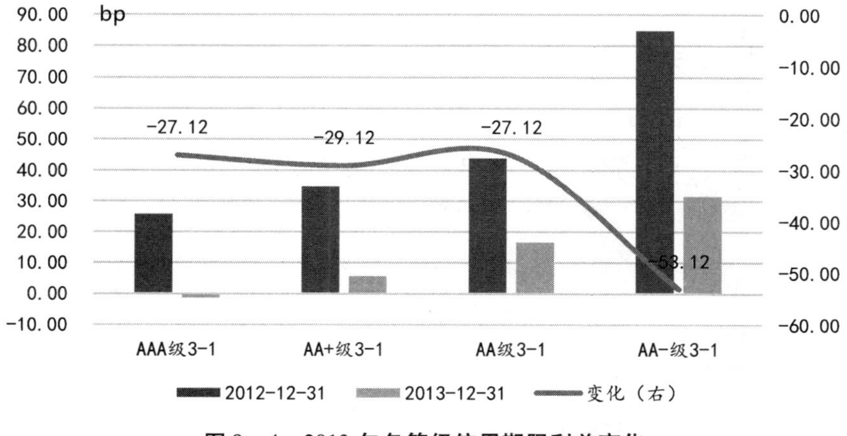

图 9-4　2013 年各等级信用期限利差变化

数据来源：Wind

二级市场，债券市场交投活跃度明显降低。全年债券市场现券和回购交易结算270.82万亿元，同比增长1.15%，相比2012年增速下降了31.52个百分点。其中全市场现券结算量为43.23万亿元，同比下降45.40%；全市场的回购交易结算量为227.59万亿元，同比增长20.69%。从银行间债券市场现券交易的券种结构来看，信用类债券现券交易结算量比重达49.90%，结算量同比减少37.03%。

评级间利差——小幅走阔

评级间利差在2013年呈现多数走阔的特征。其中，1年期短期融资券AAA与AA+、AA+与AA和AA与AA-评级间利差分别走阔19bp、15bp、11bp。3年期中票AAA与AA+、AA+与AA评级间利差分别走阔17bp和17bp，仅有AA与AA-评级间利差收窄15bp。

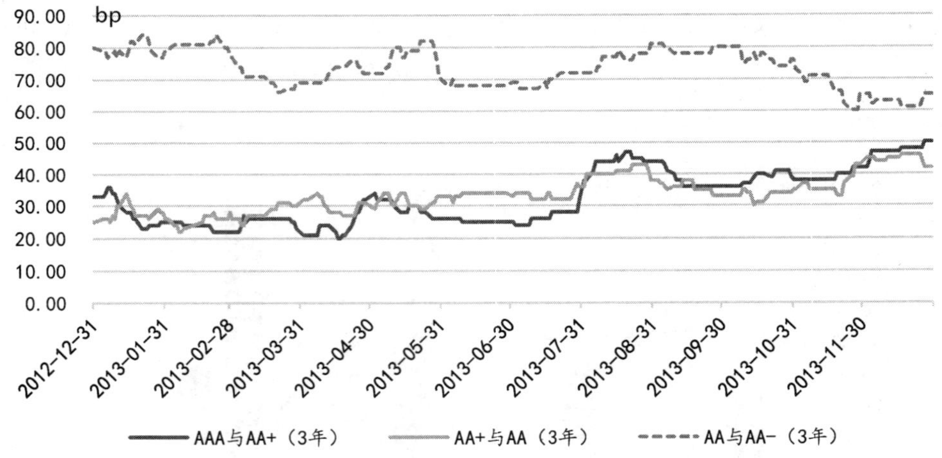

图9-5　2013年3年期中票评级间利差

数据来源：Wind

民企溢价——有所走阔

2013年由于几轮"钱荒"冲击及监管风暴冲击，民企债信用利差有所走阔，民企产业债 2013 年底相对国企债利差 75bp，较 2012 年走阔 21bp。

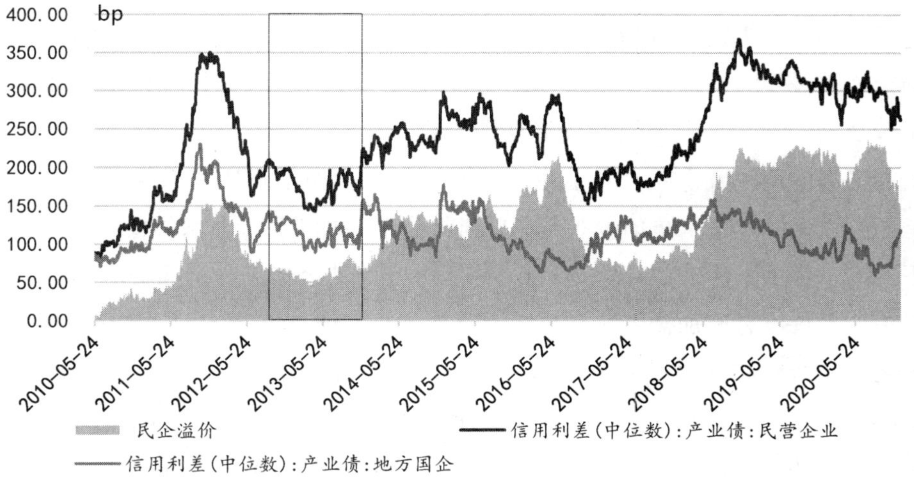

图 9－6　2013 年民企溢价率

数据来源：Wind

三、重要事件评述

"钱荒"冲击信用市场

第一轮"钱荒"冲击

2013 年 5 月中旬，市场资金面呈现紧张态势，从 5 月中旬至 6 月初，银行间隔夜回购利率逐步走高超 200bp 至 4.5%，甚至在 5 月 20 日出现银行间拆借及交易时间意外延长 20 分钟以应对流动性资金紧张的局面。

进入 6 月，情况进一步加剧。6 月 6 日，2013 年第 10 期农发债拟募集 200 亿元，但最终仅募集成功 115 亿元，当日下午市场传言光大银行与兴业银行的交割出现违约，虽然双方于 6 月 7 日进行辟谣，但市场恐慌情绪走向极致，隔夜利率持续走高，至 6 月 8 日隔夜回购利率上冲至 9.58%，资金交易系统再次宣布延迟。

此后“钱荒”并未完全消退，6 月 14 日新发行国债出现部分流标，当日进出口银行政策性金融债发行规模从 200 亿元调整至 100 亿元，而当日发行的宁波城投及大连国投等城投债相继宣布延期发行，但央行在该阶段却保持了较强的克制，并未大幅释放流动性资金稳定市场。不过面对这种局面，投资者更多的用税收上缴、外汇占款暂时性减少等季节性因素来解释，因此没有产生过多的焦虑，更何况6 月 9 日当天公布的 CPI 和工业增加值数据都处于下滑的过程中。事态的变化是从6 月 17 日开始的，当天资金面极为紧张，当时央行不仅没有施加援助还在第二天坚持发行 20 亿的 3 个月央票回笼流动性资金。紧张格局延续到6 月 20 日，央行再次发行20 亿央票，市场情绪终于彻底崩溃。当天早盘起投资者对流动性资金的悲观预期就在银行间市场迅速蔓延，即便部分机构手中存在资金，也出于预防保护性需求而保持观望。高价融资、低价卖券使得回购利率和债券收益率不断上冲。截至当天收盘，隔夜回购最高成交于 30%，7 天回购利率最高上冲到 28%。短期限的信用债收益率上行幅度最大，1 年期各等级中短期票据均上行了 47bp。6 月 20—24 日，短短数个交易日内 1 年期 AAA、AA+、AA 中短期票据分别累计上行了 72bp、72bp、70bp，其余各等级各期限上行了 20bp—30bp 不等。流动性资金恐慌开始蔓延，上证指数6 月 24 日大跌 5.3%之后，6 月 25 日开盘继续大跌 5.8%，最低跌至 1849.65 创下金融危机以来的最低点，也是 13 年来上证指数的最低点。

面对市场的恐慌和绝望，时任央行副行长胡晓炼在6 月 25 日表示，人民银行将会在继续坚持稳健货币政策的前提下，根据市场的流动性资金情况，综合运用各种相应的工具，调节银行体系流动性水平，保持货币市场总体的稳定，并停止了发行票据。至此市场恐慌情绪才得以缓解，短期回购利率和债券市场收益率才从不合理的高位有所回落。

经历过“钱荒”打击之后的债券市场一蹶不振。从 7 月初开始，回购利率逐步转向平稳，7 月上旬公布的工业增加值增速低于市场预期，但是由于机构经过“钱荒”洗礼之后，心态普遍谨慎，关注点始终集中在资金面上。不幸的是，7 月 9 日开始资金利率“莫名”重回上行轨道，投资者恐慌情绪再现。银行类投资者配置需求走弱，债券一级发行利率逐步走高，开始带动二级市场收益率上升。7 月 20 日，央行全面放开金融机构贷款利率管制，引发市场对未来利率中枢上移的预期。直到央行二季度货币政策执行报告发布，显示其分别于 7 月 15 日和 7 月 29 日两次续做合计 1838 亿元 3 年期央票，大量流动性资金被“悄悄”冻结，造成了一级发行的疲弱。投资者这才恍然大悟，原来央行还在回笼流动性资金。整个 7 月份短期融资券平均发行利率比 6 月份上行了 37bp，达到了 4.75% 的水平。二级市场上，信用债在 7 月初曾因资金面宽松一度受到买盘追捧，但后面也跟着利率债收益率大幅上行。7 月 9 日到月末，中短期票据到期收益率上行了 30bp—70bp 不等，其中，短期限、低等级的上行幅度较大，1 年期的 AA 中短期票据上行了 63bp。

9 月市场许多从业人员纷纷发表对于债券市场的看法，多位受访的基金经理表示，目前债市已经到了“黎明前的黑暗”。时任南京银行副行长的束行农在《金融时报》撰文表示，一方面，市场连续的下跌使得债券投资价值已经凸显；另一方面，十八届三中全会提出发展并规范债券市场、提高直接融资比重的大基调，发展是主基调，债券市场有望迎来下一个黄金发展的 10 年。但市场没有完成出清，依然继续下跌，“钱荒”还在继续。

第二轮“钱荒”冲击

11 月下旬到年底，在二度“钱荒”冲击下，信用债收益率进一步上行。虽说当时已经是熊市的尾部，但黎明前是最黑暗的时候，当时的情境下投资者已经心如死灰。11 月底，央行逆回购投放放量操作缓解资金面，3 年期央票到期没有被续发冻结，市场信心获得提振，悲观情绪也得到缓解，机构开始重视当时的配置价值，二级市场出现了久违的回暖，信用债在利率债调整的传导下，收益率小幅下行，信用利差放大，AAA、AA + 、AA 短期融资券信用利差全月扩大 60bp—70bp。

12 月 1 日证监会宣布重启 IPO，市场对于资金面的预期再度发生了变化。紧接着央行在 12 月 8 日公布《同业存单管理暂行办法》，利率市场化脚步加快使得多数机构的情绪开始趋于谨慎，前期介入的交易盘出现获利回吐，推动收益率有所反弹。从 12 月中旬起，年末因素作用的逐渐发酵，回购利率明显抬升。特别是美联储 12 月 19 日在宣布缩减 QE 规模后，流动性骤紧预期直接将 7 天回购利率在 12 月 23 日推升至 8.93% 高位。然而第二波“钱荒”中，央行并没有进行逆回购操作，反而以 SLO 操作来平抑，由于 SLO 的信号作用远不如公开市场操作，给债券投资者造成了极大的心理压力。在 12 月 30—31 日，央行竟然以定向模式展开了正回购操作，债券投资者已经彻底失去信心了。

关于 2013 年“钱荒”的思考

2013 年前 5 个月，M2 月均增速达到 15.7%，明显超出年初确定的 13% 左右的预期目标，社会融资总量屡创新高，1 至 5 月同比大幅增多 3.12 万亿元；同时，银行的同业业务异军突起，迅速膨胀，引发了融资和债务快速扩张，期限错配等结构性问题也同步呈现。

机构加杠杆在 2013 年 6 月初达到峰值，当时央行为了进行同业整治，控制杠杆无序提升，采取了较为强硬的做法，货币政策从总量工具转向价格工具给市场进行施压。时任央行行长周小川在之后的专访中有提到“此次货币市场利率的波动，其积极意义在于提示银行，需要对自己的资产业务作出调整”。央行在此次“钱荒”中是主动进行市场整治行动，严控资金投放整治回购加杠杆问题，整治后隔夜回购成交量从此前的 4.4 万亿元快速跌落至 1.4 万亿元，资金面后续恢复正常。

“钱荒”的发生具有其历史的背景，金融机构过度的无序扩张不利于金融市场的稳定和长期发展，央行逆周期干预是有其必要性和积极意义的，但是否可以加强与市场的沟通，加强预期管理，这点值得思考。经历了此次“钱荒”之后，监管层更加关注到银行业此前存在粗放增长、依赖增量的模式风险，后续监管对银行业期限错配、流动性资金管理及资产负债结构也逐步展开了更为细致的跟踪和监控，审慎宏观监管考核（MPA）也将推出。“钱荒”之后，央行更加注重与市场沟通，及时了解市场动态，减小了之后市场利率的波动。

债市监管风暴

债市监管风暴最早可追溯至2010 年财政部国债司有关人员在国债招标中的舞弊案，之后相继发生类似事件，如 2011 年富滇银行丙类账户案、2011 年新时代证券丙类账户案等。长期以来债券市场由于监管领域存在灰色地带，在此领域中出现了一些利用丙类账户以及开放式回购等手段将公司利益向个人输送的违法违规现象。丙类账户在当时本身并不违法，甚至不违规，但由于丙类账户通过背后的背景和人脉关系，在自身资金不多的情况下，通过其他机构进行垫资或代持，在银行默许下，丙类账户先拿券后付款，实现短期的买卖轧差交易，从而赚取中间的价差，甚至通过参与一级市场，以票息和二级收益率之差赚取收益，在一定程度上扰乱了市场，造成市场的不公平交易。

2013 年债券市场的监管风暴逐步拉开。2013 年 1 月末，银行间交易商协会宣布取消信用债发行价格在估值中枢上加点保护的措施，进一步收窄了短期融资券、中票等债务融资工具的套利空间。4 月 17 日，各地地方证监局正式部署辖区内证券公司自查债券业务部门，主要针对代持业务进行自查。至 4 月 19 日，证监会表态坚决反对基金公司在债券投资操作中，以代持进行利益输送等行为，并且表态将密切关注万家基金案件的进展。多名来自银行、券商、基金的重量级人物相继遭到调查和处罚，多起债券市场老鼠仓案件被曝。

作为监管严查牟利的重要一环，丙类账户一时间成为众人避之不及的风险点。在这样的背景下，银行间开展了大规模清查行动，限制市场上存在的违规操作与利益输送行为。4 月 25 日，中债登要求暂停信托理财产品、券商资管产品、基金专户三类乙类户在银行间债券市场开户，以限制丙类户通过挂靠此三类乙类户实现债券交易。5 月 7 日，中债登下发《关于非金融机构法人债券账户暂停有关业务的通知》，要求各结算代理人（具备结算代理资格的商业银行）从即日起，非金融机构账户除卖出、履行未到期结算合同、转托管已经持有的债券外，暂停其他业务办理。

紧接着5月14日，全国银行间同业拆借中心发布《关于进一步规范管理关联交易有关事宜的公告》，强调同一金融机构法人的所有债券账户之间、商业银行法人内部机构之间不得进行债券交易。此外，由于此前加强对资金杠杆运作进行限制，央行对债券回购规定不超过40%的投资杠杆比例，证监会修订《证券投资基金运作管理办法》，首次明确基金杠杆率不超40%，基金总资产不超净资产的140%。

债市监管风暴的兴起使投资者迅速转向谨慎和观望，一时间市场流动性资金枯竭，买盘难寻，收益率快速、大幅上行。由于监管风暴造成的去杠杆压力主要集中在信用债品种上，信用债尤其是高收益品种因规范代持业务而遭遇大幅抛售。

短期来看这些政策的出台，给债券市场的交易双方带来较大的心理压力，影响了债券交投的活跃度，但长期来看，监管趋严封堵了信用债市场一、二级市场利益输送行为，一、二级市场价格逐步接轨，客观上也促进了中国信用债券市场的市场化。

产能过剩行业风险凸现

随着我国经济发展持续高速增长，工业制造业产能快速扩张。但由于国际金融危机影响，国际市场持续低迷，国内需求增长乏力，我国逐步出现供过于求的问题，传统制造业普遍存在产能过剩，特别是钢铁、水泥、电解铝等高消耗、高排放行业呈现加剧态势。

2012年底，我国钢铁、水泥、电解铝、平板玻璃、船舶产能利用率分别达到72%、73.7%、71.9%、73.1%和75%，明显低于国际通常水平。这些行业的利润大幅下滑，所属企业经营愈发困难。据当时宝钢集团董事长徐乐江说："我们能生产各种产品，但是我们却都不赚钱了。"截至2013年5月底，中钢协86家重点统计钢铁企业中，有38家亏损，亏损面达44%，户均亏损2.58亿元。山西一家民营钢厂负责人向记者感叹，目前一吨钢的利润仅有2.6元，甚至买不起一瓶饮料。

但即便钢材利润如此之低，大部分钢企仍然没有减产意愿。企业担忧在市场份额流失后，银行可能会停贷，所以多数钢企仍然保持着低利润甚至亏损状态不断生产。

此前多年，中央虽曾多次就产能过剩问题进行宏观调控，但仍然有一大批没有国家立项、未进行环保审批的项目进行投资建厂。据当时新华社记者调查，当时有近 4 成的钢铁产能属于违建违规项目。在电解铝行业，新增的 1800 万吨产能中，通过国务院相关部门进行审批通过的仅有 80 万吨，大部分新增产能均为违建。此外如水泥行业，在国务院相关部门未进行评审的状况下，违规建设的水泥产能高达 8 亿吨。

时任国务院发展研究中心产业经济研究部部长冯飞提出，“化解产能首先要管住政府”。由于地方政府对于 GDP 等考核有硬约束，为了保证政绩优良，政府在一定程度上替企业管投资、管效益，但这种行为加剧了过剩产能行业的竞争。

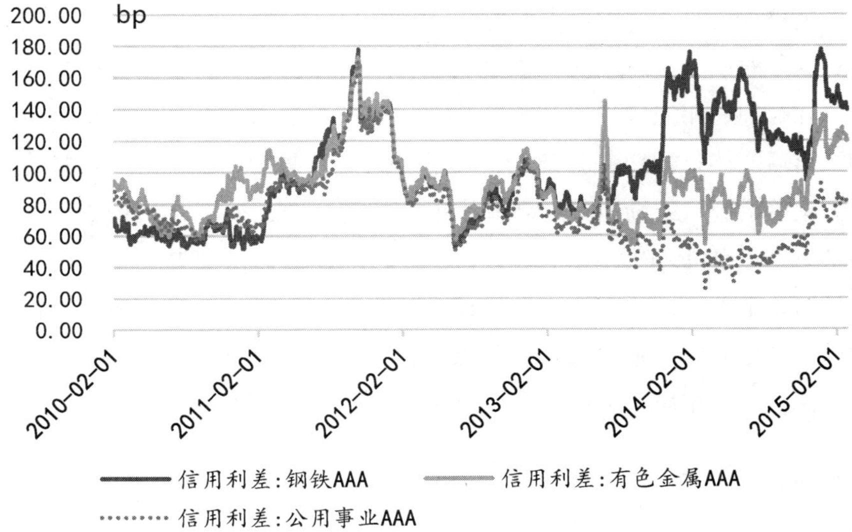

图 9－7　不同行业信用利差变化

数据来源：Wind

产能严重过剩行业在监管监督不到位的情况下无序扩张，导致一些不达环保标准、能耗要求、安全生产标准的企业以恶性竞争的方式开展市场竞争，导致了产能过剩矛盾进一步加剧。在当时全球经济景气度较弱的状况下，我国产能过剩行业的产出已经远远超过了市场能够承载的体量。在这样一场过剩行业的“罗生门”中，行业的竞争格局进一步恶化，甚至存在引发系统性风险的可能。

观察信用债市场会发现，由于产能过剩行业竞争加剧，随着企业盈利情况明显恶化，过剩产能行业相关信用债在债券市场中也呈现出利差明显拉大的情况。在2013年6月之前，市场各行业信用利差基本相同，信用定价并未反映公司基本面情况。但6月后，随着过剩产能行业景气度下滑，亏损面加大，钢铁，有色行业信用利差持续走阔，广西有色、四川煤炭、东北特钢也在不久的将来陆续发生违约。

在这样的时代背景下，2013年10月15日，国务院发布了《国务院关于化解产能严重过剩矛盾的指导意见》，俗称“41号文”。当时设立的主要目标为通过5年时间，化解产能严重过剩工作取得重要进展，要求分解落实年度目标，在提前一年完成“十二五”钢铁、电解铝、水泥、平板玻璃等重点行业淘汰落后产能目标任务基础上，通过提高财政奖励标准，落实等量或减量置换方案等措施，鼓励地方提高淘汰落后产能标准，2015年底前再淘汰炼铁1500万吨、炼钢1500万吨、水泥（熟料及粉磨能力）1亿吨、平板玻璃2000万重量箱。重点推动山东、河北、辽宁、江苏、山西、江西等地区钢铁产业结构调整，充分发挥地方政府的积极性，整合分散钢铁产能，推动城市钢厂搬迁，优化产业布局，压缩钢铁产能总量8000万吨以上。

非标监管趋严

非标资产在2012年经历快速扩容，但在2013年之前非标并未有一个清晰明确的定义。直到2013年3月27日，中国银监会在官方网站公布了3月25日下发的《关于规范理财业务投资运作有关问题的通知》（市场简称“8号文”）才给予了非标明确的官方定义。“非标准化债权资产是指未在银行间市场及证券交易所市场交易的债权性资产，包括但不限于信贷资产、信托贷款、委托债权、承兑汇票、信用证、应收账款、各类受（收）益权、带回购条款的股权性融资等。”

非标是在标准化融资体系下衍生出来，是由于部分企业因自身资质、项目资质、资金用途等因素限制导致融资需求无法得到满足，从而创设的金融创新产品。这些信用资质较弱，无法直接通过银行信贷或公开市场发债方式融资的企业，选择通过更高成本的非标进行融资满足其资金需求。得益于其形式灵活多样和监管宽松，非标获得了较大的市场需求。对于主要资金供给方的银行来说，通过非标投资可以实现有效出表从而在资本充足率压力较大情况下实现降低风险权重、减少资金占用的目的。此外，非标还能够绕过监管对于银行信贷资金投向地方政府融资平台、房地产和过剩产能行业的限制，从而实现高收益的资金投放。基于以上诸多优势，非标在 2012 年开始高歌猛进，以 2013 年数据为例，2013 年全年委托贷款新增 2.55 万亿元，是 2012 年的 2 倍左右，占新增社融的比重接近 15%；信托贷款新增 1.8 万亿元，比 2012 年上升 43%，占新增社融的比重接近 11%。加上未贴现银行承兑汇票，2013 年全年新增社融中非标占比接近 30%。

随着非标发展过快，在社融中比重快速提升，监管难度加大，其潜在风险在逐步累积。2013 年，一行三会逐步对非标采取相应措施进行限制。其中“8 号文”规定“商业银行应当合理控制理财资金投资非标准化债权资产的总额，理财资金投资非标准化债权资产的余额在任何时点均以理财产品余额的 35% 与商业银行上一年度审计报告披露总资产的 4% 之间孰低者为上限”，开启了政策对非标投资的限制。此后多年监管对非标的限制持续进行，但由于非标对于社会融资起到的重要作用、巨大体量和难以监管的特征，为保证不发生系统性风险，监管并未对非标进行强制性一刀切。因此，在此后多年非标长期与标准化债权资产共存。

“8 号文”发布后，市场认为非标类资产有类信贷属性，对经济增长具有较强的支撑力度，当这部分资产受到限制之后，经济下行的风险会加大。不仅如此，债券等标准化资产配置需求将得到提升。短期需求支撑以及长期走弱的经济预期使得债券市场的收益率在犹豫中开始小幅下行。无独有偶，在监管政策落地不久，4 月 15 日公布的经济数据全部低于预期，债市收益率开始快速向下突破。受到利率产品收益率下行带动，加上小长假因素导致阶段性供给相对减少，信用债收益率也明显下行。

利率市场化改革步调加快

2013 年之前，央行对于市场利率的定价方法是央行给商业银行设定一个利率基准（俗称为“存贷基准利率”），银行在存贷基础利率基础上结合自身的资金成本在一定比例范围内上下浮动给居民或企业一个对应利率。由于上下限及基准的设定，市场化程度较低。

2013 年在国务院的统一部署下，央行通过一系列手段建立健全市场化利率形成机制。2013 年 7 月 20 日，央行取消了金融机构贷款利率 0. 7 倍的下限限制，放开贴现利率管制，对农村信用社贷款利率不再设立上限。贷款利率管制全面放开，央行后续仅对存款利率实行上限管理，这一做法为后续金融机构的自主定价打开了空间。

2013 年 9 月 24 日，由包括工商银行在内的 10 家银行建立了市场利率定价自律机制，目的在于对金融机构自主确定的货币市场、信贷市场等金融市场利率进行自律管理，维护市场的正当竞争。自律机制下设合格审慎及综合实力评估、贷款基础利率（LPR）、同业存单、上海银行间同业拆借利率（Shibor）等四个专门工作小组。

市场利率自律机制建立后，从 2013 年 10 月 25 日开始，贷款基础利率集中报价和发布机制在试运行一个月后正式运行。首批报价由 9 家自律机制成员组成。对于我国采取的渐进式利率市场化改革方案来说，利率自律机制对保证利率市场化推进起到了关键作用，这一做法参照和借鉴了全球各国利率市场化的经验和教训，为后续金融机构进行利率自主定价的顺利实施起到了保驾护航的作用。

四、结语

2013 年注定要被浓墨重彩地记录在中国债券史上，"钱荒"这个词成为中国债券市场从业者的梦魇。从最终结果来看，由于"钱荒"冲击和债市监管核查，这一年的一级市场发行规模增长步伐放慢。

二级市场上，各评级信用债绝对收益率均创出历史新高，债券市场经历了一轮惨烈的大熊市行情。先是年初的债市监管风暴让投资机构人人自危，接踵而至的是海外退出 QE 预期上升，国内热钱流出导致"钱荒"的出现最终彻底击垮了债券投资者最后的幻想，利率如脱缰之马般快速上行。但这一年之后的 2014—2016 年的债券大牛市让巴菲特的"在别人恐惧的时候贪婪"的投资哲学再次得到验证。

信用风险的苗头也在 2013 年开始若隐若现，"11 超日债"虽完成当年付息，但由于信用恶化，其等级直接降至 CCC，过剩产能行业亏损面持续扩大，信用风险加剧导致产业债利差逐步走阔。2013 年，国内信用债市场虽然仍维持着刚性兑付，但逐年增多的评级下调次数以及频繁出现的兑付危机已表明信用风险早已积聚并加深。虽然当年并未看到实际发生的违约事件，但市场已经逐步感知到潜在的信用风险正在靠近，信用债券市场"零违约"的神话即将迎来破灭。

2014年：信用违约元年

2014年，世界经济出现了较为显著的分化。美国经济强劲复苏，平均每月新增就业岗位20.8万，是自1999年以来新增就业岗位最多的一年。日本经济受政策影响明显，增速有一定波动，也面临通缩的压力。欧元区通货紧缩预期不断升温，经济弱于预期。美国、日本、欧元区2014年GDP同比增速分别录得2.5%、0.3%、1.4%。新兴市场国家经济体增长普遍，部分国家面临资本外流的风险，遭遇金融市场动荡。在这样的背景下，主要经济体货币政策分化明显。美联储尽管维持政策利率在0.25%以下的水平不变，但自1月起开始削减其每月购买资产的规模，并于10月结束了资产购买计划。同时，美联储调整了前瞻性指引，弃用维持低利率相当长一段时间的表述，但强调对货币政策正常化要保持耐心。

2014年国内经济基本面较为疲弱，经济下行压力加大，GDP、CPI等宏观数据在外需疲软、内需回落、制造业仍不景气和地产拉动作用降低等因素的共同影响下小幅回落。全年GDP同比增长7.43%，CPI同比增长1.99%。面对经济下行压力，央行继续推行稳健的货币政策，分别在4月和6月实行两次定向降准。7至11月四次下调正回购利率，累计降幅达60bp，并动用PSL、MLF、SLO等工具，保持流动性合理适度。11月下调贷款和存款基准利率，引导融资成本下行。

在经历了2013年罕见的熊市洗礼后，债券市场在2014年走出了大牛市行情。全年货币市场利率持续下行，银行间隔夜回购日均利率较上年下行56bp，7天回购日均利率下行49bp。10年期国债收益率下行93bp，1年期国债收益率下行96bp。

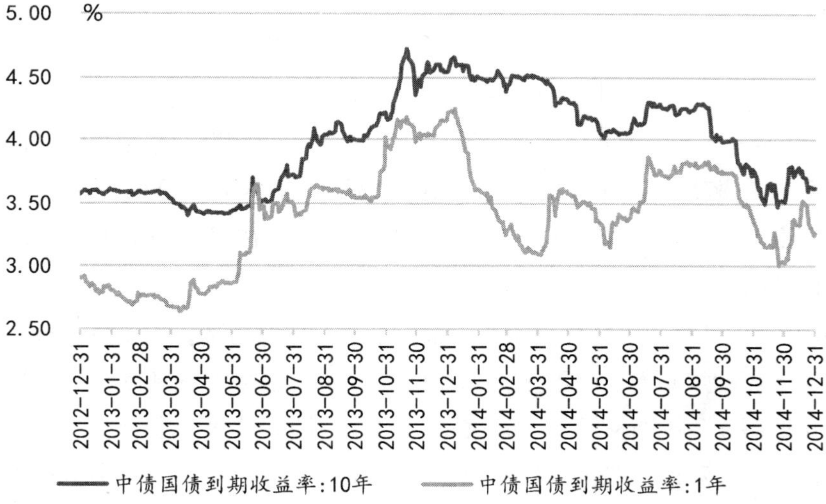

图 10－1　2013—2014 年利率曲线变化

数据来源：Wind

信用债市场也在 2014 年恢复了元气。一级市场发行规模较 2013 年快速增长。信用债收益率大幅下行，下行的时间和幅度均大大超出年初市场预期。然而，在投资者享受流动性盛宴的同时，一系列信用风险事件拉开了中国信用债市场的违约大幕。总结 2014 年信用风险事件背后的原因，最为根本的必然是整个经济基本面和市场环境的转变。一方面，在宏观经济增速放缓、经济结构调整以及利率市场化改革等经济金融环境不断变化的背景下，部分产能过剩行业需求出现严重下滑，部分强周期行业经营情况恶化。另一方面，随着近年来债券品种不断丰富，发债门槛逐步降低，信用市场快速扩容，更多弱资质的主体进入信用债市场，信用风险也在酝酿积累。伴随风险的积聚，2014 年，监管部门也进一步加大债券市场的规范力度，使得债券市场朝着更加健康有序的方向发展。

2014 年多只信用债违约，2005 年信用债市场建立以来喊了多年的“违约狼”终于来了，中国信用债市场信用研究、信用风险管理开始被各家机构高度重视起来，高收益债投资成为新的市场机会。

一、重点事件时间轴

- 2014－2－13　中国人民银行发布《关于商业银行理财产品进入银行间债券市场有关事项的通知》，这是央行金融市场司首次发布理财产品进入银行间债市的条件。该文件共分十七条，明确了申请在银行间债市开立理财产品债券账户的管理人的各项条件。
- 2014－2－21　证监会机构调整新增设公司债券监管部，主要负责拟定监管债券市场的规则、实施细则，审核债券市场的自律管理规则，拟订资产证券化产品发行上市交易的监管规则、实施细则并监管其发行上市活动，监管证券中介和服务机构的债券业务活动等，此举为证监会力推债券市场改革迈出的一步。
- 2014－3－4　上海超日太阳能科技股份有限公司无法按时支付“11 超日债”利息，成为国内首例债券违约事件。
- 2014－3－28　徐州中森通浩新型板材有限公司无法兑付“13 中森债”本息，相关担保方未履行担保代偿责任，导致债券发生兑付违约。
- 2014－4－22　央行决定从 2014 年 4 月 25 日起下调县域农村商业银行人民币存款准备金率 2 个百分点，下调县域农村合作银行人民币存款准备金率 0.5 个百分点。
- 2014－4－24　国家发改委发布《企业债券簿记建档发行业务指引（暂行）》，要求将原来承销商自行簿记建档改为主承销商在中央结算公司簿记建档，并对整个企业债的发行过程进行了规范，压缩并且杜绝了企业债发行过程中的寻租空间，明确参与人不得进行不正当利益输送、破坏市场秩序。
- 2014－5－7　保监会发布《关于保险资金投资集合资金信托计划有关事项的通知》，提出保险资金投资的固定收益类集合资金信托计划，信用等级不得低于国内信用评级机构评定的 A 级或者相当于 A 级的信用级别。
- 2014－5－8　国务院发布《关于进一步促进资本市场健康发展的若干意

见》（新“国十条”），明确提出“积极发展债券市场”“强化债券市场信用约束”“深化债券市场互联互通”“加强债券市场监管协调”等任务部署，进一步明确以市场化的方向和意志推进资本市场建设。要求“丰富适合中小微企业的债券品种”，以及“要全面建立健全债券私募发行的相关制度”，这为通过发展私募债券服务于中小微企业的融资需求提供了强大的政策支持。

- 2014－5－13　国家发改委下发《关于创新债券融资方式扎实推进棚户区改造建设有关问题的通知》，通过增加棚改相关的城投发债指标、放宽棚改概念企业债券发行条件等。
- 2014－5－16　人民银行、银监会、证监会、保监会、外汇局联合发布《关于规范金融机构同业业务的通知》（银发〔2014〕127 号），银监会发布《关于规范商业银行同业业务治理的通知》（银监办发〔2014〕140 号文），叫停了有第三方担保的买入返售非标资产的业务，从业务经营、风险内控等多个方面规范同业业务。
- 2014－5－22　财政部公布《2014 年地方政府债券自发自还试点办法》，宣布上海、浙江、广东、深圳等共十个省市试点采取自发自还的模式发行地方政府债券，地方政府发行政府债券实行年度发行额管理，全年发行债券总量不得超过国务院批准的当年发债规模限额，并且剥离了融资平台公司的政府融资职能。
- 2014－6－9　央行决定从 2014 年 6 月 16 日起，对符合审慎经营要求且“三农”和小微企业贷款达到一定比例的商业银行（不含 2014 年 4 月 25 日已下调过准备金率的机构）下调人民币存款准备金率 0.5 个百分点。此外，为鼓励财务公司、金融租赁公司和汽车金融公司发挥好提高企业资金运用效率及扩大消费等作用，下调其人民币存款准备金率 0.5 个百分点。
- 2014－6－17　上交所及深交所发布《关于对公司债券实施风险警示相关事项的通知》，规定对债项评级 AA－级以下的公司债券实施风险警示冠以“ST”字样（其中深交所风险警示范围还包括主体评级 AA 级且评级展望为负面和主体评级 AA－级以下的公司债券），并设置买入权限。

● 2014－6－30 中共中央政治局审议通过《深化财税体制改革总体方案》，强调全面规范地方政府债务管理是当前一项重要任务。改革总的要求是，疏堵结合，开明渠、堵暗道，加快建立规范合理的地方政府债务管理及风险预警机制。

● 2014－7－7 证监会发布《公开募集证券投资基金运作管理办法》，对债券基金杠杆率加以限制。

● 2014－7－23 湖州金泰科技股份有限公司未能按时兑付“12 金泰债”两期债券回售本息，导致“12 金泰债”成为债券市场首只实质违约的私募债。

● 2014－7－28 天津市天联滨海复合材料有限公司未能按时兑付“12 津天联”回售本息，相关担保方未履行担保代偿责任，导致债券发生兑付违约。

● 2014－7－30 银监会下发《关于加强农村合作金融机构资金业务监管的通知（征求意见稿）》，规范农村合作金融机构的资金业务和债券投资行为，只有监管评级在三级（含）以上，并具有专门的资金业务部门和资金业务信息管理系统的农村商业银行和农村合作银行，才能开展 AA 级（含）以下债券以及信托产品、资管计划投资业务。

● 2014－8－25 华珠（泉州）鞋业有限公司未能按时兑付“13 华珠债”回售本息，相关担保方未履行担保代偿责任，导致债券兑付违约。

● 2014－8－31 人大常委会审议通过《中华人民共和国预算法（2014 年修正）》政府加快了建立规范的地方政府举债融资机制的步伐。

● 2014－9－26 国家发改委下发《关于全面加强企业债券风险防范的若干意见》，提出通过严格规范发债准入、加强债券存续期监管、强化偿债保障以及规范和约束承销商、信用评级机构行为等措施，强化了企业债券的风险防范力度。

● 2014－9－30 央行、银监会联合发布《关于进一步做好住房金融服务工作的通知》，支持符合条件的房地产企业在银行间发行债券，拓宽房地产企业的融资渠道。

- 2014 - 10 - 2　国务院出台《国务院关于加强地方政府性债务管理的意见》（国发〔2014〕43 号），从举债主体、举债规模、举债方式以及债务管理等多个方面对地方政府举债融资体制进行了规范，规定地方政府不得通过企事业单位举借债务，政府性债务作为硬指标纳入业绩考核。
- 2014 - 10 - 15　上交所及深交所联合发布《证券公司短期公司债券业务试点办法》，允许获得证监会试点发行资质认可的证券公司发行短期公司债。
- 2014 - 10 - 23　财政部发布《地方政府存量债务纳入预算管理清理甄别办法》，要求各地区可申请发行地方政府债券置换，以降低利息负担，优化期限结构，腾出更多资金用于重点项目建设。
- 2014 - 11 - 2　财政部网站开始正式每日发布中国关键期限国债收益率曲线，完善我国债券的市场化发行定价机制。
- 2014 - 11 - 20　银监会下发《关于信贷资产证券化备案登记工作流程的通知》，明确将信贷资产证券化业务由审批制改为业务备案制，不再进行逐笔审批。随后证监会发布《证券公司及基金管理公司子公司资产证券化业务管理规定》及配套规则。
- 2014 - 11 - 22　央行决定自 2014 年 11 月 22 日起下调金融机构人民币贷款和存款基准利率。金融机构 1 年期贷款基准利率下调 40bp 至 5.6%；1 年期存款基准利率下调 25bp 至 2.75%，同时结合推进利率市场化改革，将金融机构存款利率浮动区间的上限由存款基准利率的 1.1 倍调整为 1.2 倍；其他各档次贷款和存款基准利率相应调整，并对基准利率期限档次作适当简并。
- 2014 - 11 - 26　国务院发布了《国务院关于创新重点领域投融资机制鼓励社会投资的指导意见》（国发〔2014〕60 号），提出建立健全政府和社会资本合作（PPP）机制、支持重点领域建设项目采用企业债券、项目收益债券、公司债券、中期票据等方式通过债券市场筹措投资资金。
- 2014 - 12 - 1　银行间交易商协会发布《关于进一步完善债务融资工具注册发行工作的通知》及包括《地方政府说明函》《主承销商尽职调查要点》在内的三个附件，对城投债等债务融资工具在银行间市场的注册发行进行规范。

● 2014－12－8　中国证券登记结算有限公司 2014 年多次下调了部分回购质押券折扣系数，最后一次调整为 12 月 8 日发布的《关于加强企业债券回购风险管理相关措施的通知》，规定暂停除主体评级 AA 及以上（AA 评级的需展望正面稳定）且债项评级 AAA 以外的企业债新增入库，针对地方政府债未纳入地方政府一般债务与专项债务预算范围内的企业债券仅主体评级 AA 及以上（AA 评级的需展望正面或稳定）且债项评级 AAA 的品种允许入库。

二、信用债市场回顾

一级市场发行情况

表 10－1　信用债一级新发行情况

债券类型	发行期数（只）			发行总规模（亿元）			平均每只发行规模（亿元）		
	2013 年	2014 年	增幅	2013 年	2014 年	增幅	2013 年	2014 年	增幅
一般短期融资券	861	1078	25%	8600	10854	26%	10	10	1%
超短期融资债券	216	443	105%	7535	10996	46%	35	25	－29%
一般企业债	373	576	54%	4748	6909	45%	13	12	－6%
一般中期票据	509	714	40%	6918	9768	41%	14	14	1%
一般公司债	94	76	－19%	1362	759	－44%	14	10	－31%
私募债	265	393	48%	338	649	92%	1	2	29%
定向工具	534	1203	125%	5657	10260	81%	11	9	－19%
合计	2852	4483	57%	35159	50194	43%	12	11	－9%

数据来源：Wind

说明：在计算平均数时结果只保留到个位，但计算增幅时使用的是精确度更高的数据。

2014 年我国债券市场上主要信用债券品种（一般短期融资券、超短期融资券、一般企业债、一般中期票据、一般公司债、私募债和定向工具）发行规模合计 5.02 万亿元，较 2013 年增长 43%。这与发行利率下行、投资者需求增大和发行主体扩容有关，但值得指出的是，受市场低迷的影响，2013 年发行量增长较慢，有一定的基数效应，是 2014 年发行量同比增速较快的主要原因。除以上主要品种之外，与 2013 年相比，2014 年出现的新品种商业银行二级资本债、同业存单和刚刚进入正常化发展阶段的资产支持证券增速分别达到 229 倍、25 倍和 10 倍，使得信用债发行规模在 2014 年首次突破 7 万亿元。

2014 年一般短期融资券发行 10854 亿元，同比增长 26%。发行量同比增幅较大的主要原因可能有：一是 2013 年受市场低迷的影响，债券发行量增长较慢，导致同比基数较低；二是 2014 年货币环境较为宽松，市场流动性较好，融资成本降低；三是 2014 年监管部门对短期融资券发行主体的限制有所放开；四是层出不穷的信用风险事件使得机构更加谨慎，倾向于投资短久期信用债。

2014 年度超短期融资券发行 443 只，规模总额 10996 亿元，均实现大幅增长。这可能与融资成本下行和超短期融资券发行主体扩容有关。超短期融资债券的平均发行规模较上年有较大幅度下降，主要原因可能是融资成本下行，发行人倾向于采取滚动发行的模式控制融资成本。2014 年度超短期融资券发行主体经历了两次扩容，第一次是 2013 年 10 月超短期融资券的发行主体扩大至地方 AAA 级企业的影响在一季度显现，第二次是 2014 年 5 月发行主体采用不同付费方式双评级的、其中一个评级达到 AA 级的即可发行超短期融资券的影响在三季度开始显现。

2014 年一般企业债发行期数增长了 54%，发行规模增长 45%。增幅较大的原因：一是 2013 年监管部门对企业债券发行的分类审核和专项核查以及发行成本上升导致企业债券发行量明显下降；二是 4 月份国家发改委要求将主承销商自行簿记建档改为主承销商在中央结算公司簿记建档，规范了企业债券的整体发行流程，有利于维护企业债券市场秩序；三是 5 月份棚改概念企业债发行条件有所放宽促进了企业债券的发行。

2014 一般中期票据发行数量 714 只，较 2013 年提升 41%，发行规模达到 9768 亿元，较 2013 年提升 41%。主要受益于中期票据期限较长且发行审批较为灵活，发行数量持续提升。

2014 年一般公司债发行数量 76 只，较 2013 年下降 19%，发行规模 759 亿元，较 2013 年下降 44%。一般公司债发行审批较为复杂，灵活性不足且证监体系推广引导力度较弱，导致这一品种在较长一段时间内发行较为困难。

私募类债券发行逐步起步，定向工具发行规模提升 81%，私募债发行规模提升 92%。而由于加强企业债券回购风险管理，债项评级低于 AAA 的债券不再具有质押资格，公司债发行受阻发行规模有所下降，成为所有信用债品种中唯一发行规模下降品种，下降幅度达到 44%。

二级市场成交情况

进入 2014 年，自元旦开始，央行加大逆回购投放，资金面从此前的紧张转向充裕，2 月份资金面进一步宽松，信用债收益率呈现出一波显著的下行，AAA 评级 3 年期信用债收益率从年初的 6.3% 下行至 4 月初的 5.4%，下行幅度达到 90bp，但 3 月份由于发生多起信用事件风波，包括超日债、华锐风电公司债、常州永泰化工中小企业集合债等付息压力上升等传闻，市场风险偏好有所下降，低等级信用债收益率在该阶段呈现一定反弹。进入 4 月份，“127 号文”和“140 号文”出台限制同业资金配置非标的政策推出，信用债配置需求再度提升，此外 4 月 22 日，央行宣布降准释放 1500 亿资金，信用债收益率再度出现下行，该阶段 AAA 评级 3 年期信用债收益率从 5.7% 一路下行至 5.0%。直到进入 6 月后，IPO 重启，资金流入权益市场，叠加经济数据超预期改善，利率债在该阶段供给提升，高等级长期限信用债收益率出现一波 30bp 左右的上行。

进入 8 月后，资金面再度转向宽松，9 月份央行对五大行实施 5000 亿 SLF 操作，继续释放流动性资金，宽松预期愈加强化，信用债收益率在该阶段继续下行，AAA 评级 3 年期信用债收益率从 5.0% 一路下行至 11 月中的 4.20%。直到进入 12 月，股市走出牛市行情，叠加大量 IPO 放量对资金面造成明显挤占，且中证登出台债券回购新规导致大量交易所债券失去融资功能，部分机构被迫抛售债券，收益率曲线快速反转，从 11 月中 AAA 评级 3 年期信用债从

4.2% 在一个月内上行至 4.92%，此后资金面再度转松，收益率小幅回落。

从债券市场收益率表现来看，2014 年信用债市场收益率曲线整体呈现下行趋势，除低等级之外，其余等级债券下行幅度基本一致，均超出年初时市场预期。以 3 年期中债中短期票据到期收益率为例，AAA、AA +、AA、AA - 等级分别较 2013 年末下行 157bp、152bp、154bp 和 82bp，信用利差分别走阔 27bp、32bp、30bp 和 102bp。

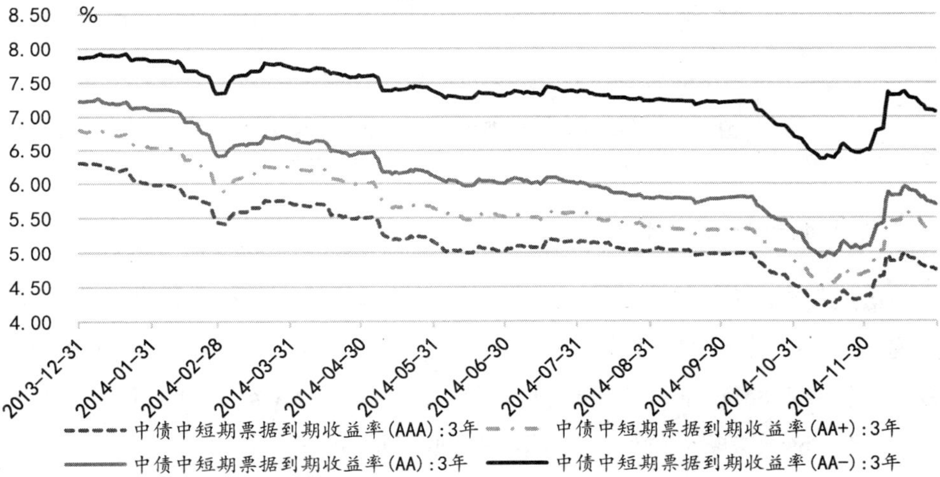

图 10 - 2 2014 年 3 年期信用债收益率单边下行

数据来源：Wind

信用利差——普遍上行

2014 年信用债收益率全年普遍下行，年末交易所质押新规调整标准券比例，导致标准券不足引发市场流动性资金短期收紧，各等级信用债收益率快速走高。以 3 年期中票估值收益率来看，AAA、AA +、AA 品种收益率下行均达到 150bp，分别下行至 4.73%、5.28%、5.68%。

信用债收益率普遍下行，但由于利率债下行幅度更大，信用利差反而呈现走阔特征。其中 3 年 AAA、AA +、AA 和 AA - 信用利差分别走阔 26.69bp、31.69bp、29.69bp 和 101.69bp。

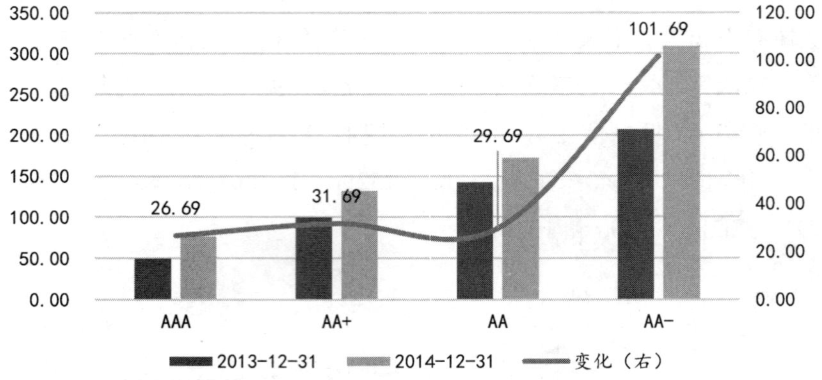

图 10-3　2014 年 3 年期各等级信用利差变化（bp）

数据来源：Wind

期限利差——走势不一

信用债期限利差方面，3-1 利差方面，2014 年 AAA 和 AA-级期限利差呈现上行，分别上行 2.17bp 和 0.17bp，其余品种 AA+及 AA 级 3-1 期限利差分别收窄 4.83bp 和 11.83bp。AAA 级、AA+级、AA 级 3-1 期限利差分别位于 7%、6%、7%分位点，处于历史极低水平。

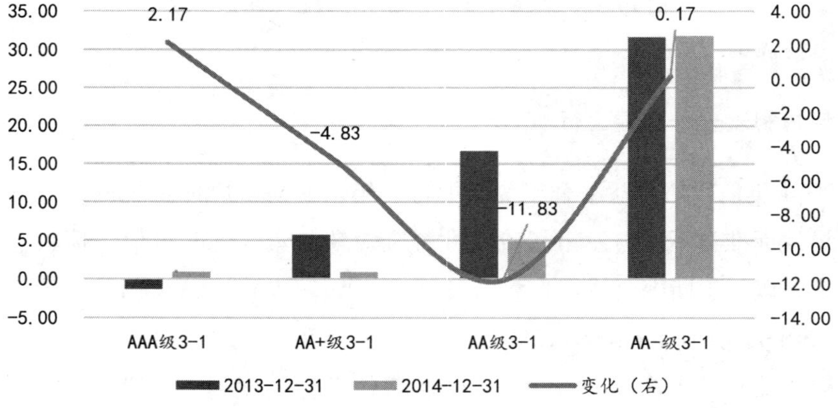

图 10-4　2014 年各等级期限利差走势（bp）

数据来源：Wind

评级间利差——多数走阔

评级间利差在 2014 年呈现多数走阔的特征。其中，1 年期短期融资券 AAA 与 AA +、AA + 与 AA、AA 与 AA - 评级间利差分别走阔 12bp、5bp、60bp。3 年期中票 AAA 与 AA +、AA 与 AA - 评级间利差分别走阔 5bp、72bp，仅有 AA + 与 AA 评级间利差收窄 2bp。

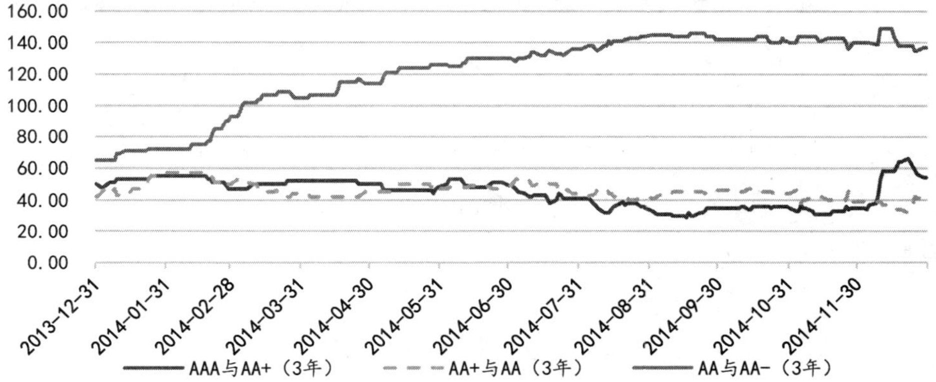

图 10 - 5　2014 年 3 年期不同等级中期票据评级间利差（bp）

数据来源：Wind

民企溢价——有所走阔

2014 年由于中小企业集合票据和超日债违约导致民企溢价有所走高，民企产业债 2014 年底相对国企债利差 137bp，较 2013 年走阔 72bp。

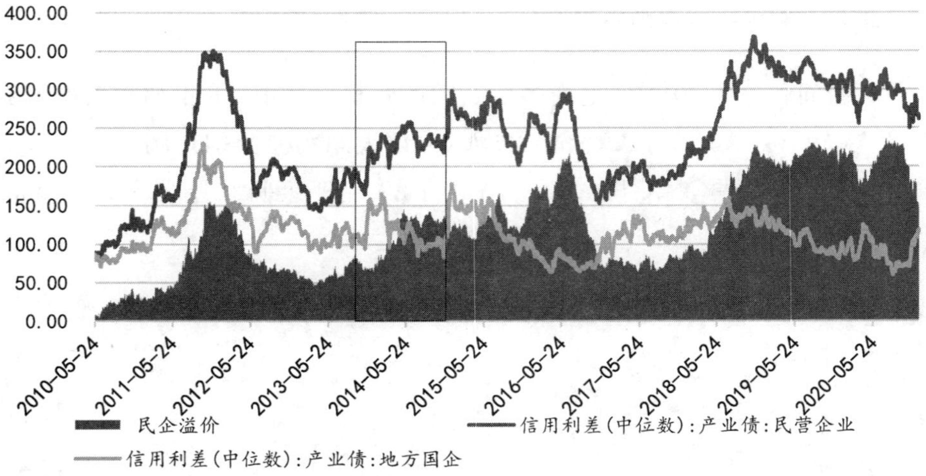

图 10－6　2014 年民企溢价率（bp）

数据来源：Wind

三、重要事件评述

债券市场监管力度进一步加大

2014 年，监管部门继续完善债市监管制度，引导债券市场朝着更健康的方向发展。

继续规范同业业务。过去几年同业业务过快发展，引发监管关注。截至 2013 年底，五大国有银行同业负债从 2009 年的 4.3 万亿元增加至 6.4 万亿元，而其他中小银行的同业负债从 2009 年底的 1.8 万亿元上升到 6.1 万亿元，同业扩张对存贷比较高而信贷不足的股份行及城商行具有较大的吸引力。过去同业业务的主要功能是调剂资金头寸，但是金融机构基于绕过表内信贷行业限制、化解资本约束、降低存贷比和扩大资产负债表为动机，将同业业务实际上演变为了信贷类业务，非标融资的快速蔓延驱动同业业务快速提升，这种融资方式不利于经济的平稳运行。在这样的背景下，2014 年监管层继续对同业业务进行整顿。2 月 13 日央行发布《关于商业银行理财产品进入银行间债券市场有关事项的通知》，首次发布理财产品进入银行间债市的条件，规范理财产品投资银行间债券市场的行为。5 月，央行等五部委联合发布《关于规范金融机构同业业务的通知》（简称“127 号文”），银监会发布《关于规范商业银行同业业务治理的通知》（简称“140 号文”），基本堵死了所有同业业务做非标的途径，将同业融资纳入全行统一授信体系，计算资本和拨备。并且不再允许银行接受或提供第三方金融机构信用担保、禁止买入返售业务中正回购方将非标金融资产出表等措施直接弱化了银行提供非标融资的激励。

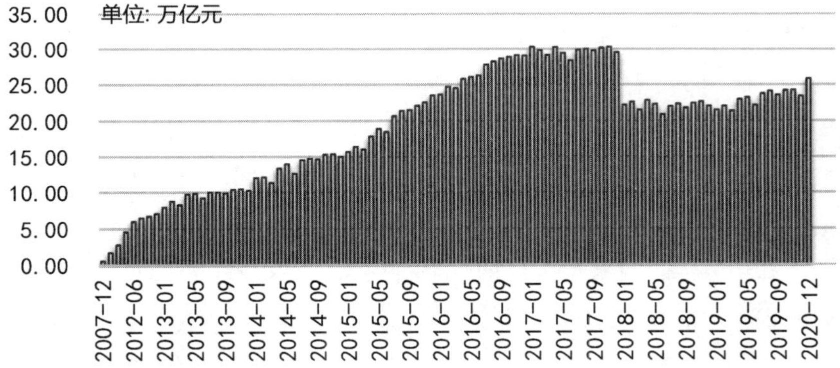

图 10-7　2007-2015 年银行理财规模

数据来源：Wind

继续规范债券发行行为，提高发行效率。2 月 21 日，证监会机构调整新增设了公司债券监管部，主要负责拟订监管债券市场的规则、实施细则，审核债券市场的自律管理规则，拟订资产证券化产品发行上市交易的监管规则、实施细则并监管其发行上市活动，监管证券中介和服务机构的债券业务活动等。4 月 24 日，国家发改委发布《企业债券簿记建档发行业务指引（暂行）》。该文件要求将原来主承销商自行簿记建档改为主承销商在中央结算公司簿记建档，对整个企业债的发行过程进行了规范，压缩并且杜绝了企业债发行过程中的寻租空间，明确参与人不得进行不正当利益输送、破坏市场秩序。9 月底，国家发改委下发《关于全面加强企业债券风险防范的若干意见》，提出通过严格规范发债准入、加强债券存续期监管、强化偿债保障以及规范和约束承销商、信用评级机构行为等措施，强化了企业债券的风险防范力度。11 月下旬，银监会和证监会先后发文公布将资产证券化业务由审批制改为业务备案制，不再进行逐笔审批。

继续加强信用评级在风险警示中的作用。2014 年，中国证券登记结算有限公司（简称“中证登”）多次调整了交易所债券回购质押券政策。第一次调整为 2014 年 3 月 25 日发布的《关于调整部分回购质押券折扣系数取值的通知》（中国结算发字〔2014〕24 号），自 2014 年 5 月 12 日起实施，要求对于质押库内主体评级为 AA 且评级展望为负面的信用债券，在现行折扣系数取值的基础上，再下调折扣系数取值 50%（四舍五入，取两位小数）。又分别于 5 月 29 日、6 月 27 日、8 月 1 日、9 月 5 日、10 月 23 日、11 月 3 日进行调整完善，最后一次调整为 12 月 8 日发布的《关于加强企业债券回购风险管理相关措施的通知》，规定“暂时不受理新增企业债券回购资格申请，已取得回购资格的企业债券暂不得新增入库；同时规定债项评级达不到 AAA 级的企业债券不得新增入库，有新增入库的将强行出库”，这意味着近 6 成企业债丧失质押回购资格。6 月 17 日，沪深交易所发布了《关于对公司债券实施风险警示相关事项的通知》，将在实施风险警示的公司债券简称前冠以“ST”字样，并对 ST 的债券设置了买入权限。7 月，中国银监会下发《关于加强农村合作金融机构资金业务监管的通知（征求意见稿）》，规范农村合作金融机构的资金业务和债券投资行为，只有监管评级在三级（含）以上，并具有专门的资金业务部门和资金业务信息管理系统的农村商业银行和农村合作银行，才能开展 AA 级（含）以下债券以及信托产品、资管计划投资业务。

这里需要指出的是，尽管上述规定能够提高债市参与者对于信用评级和流动性资金风险的关注度，也能够抑制投资者非理性加杠杆的行为。但严厉政策的密集出台也在短期内产生了一定的负面影响。比如中证登事件就导致大量城投类债券的流动性突然丧失，基于流动性丧失、估值受损的预期，大量的城投债持有人，特别是保险类机构纷纷抓紧赎回基金，引发市场恐慌和挤兑现象。众多信用债在市场中被集中抛售，但由于质押性降低，接盘者甚少。基金为了应对赎回压力，只得抛售流动性更好的利率债，导致利率品种在这波冲击下，在 3 个交易日内收益率上行近 30bp。不仅如此，上述规定也在一定程度上导致了信用级别在债券的发行、审批、交易等环节成为一道门槛，较高的信用等级要求以及没有将企业其他指标与信用等级相结合的规定，使得监管部门仍存在单一和机械地依赖信用评级结果，并且可能会加剧信用等级虚高的问题。

随着信用违约的发生，交易所信用债市场去散户化，机构化特点趋势逐步形成。这也是继 2004 年交易所债券国债标准券后又一重大政策变化。

明确地方政府举债主体和形式，规范管理地方政府发债融资

2008 年以来国家提出的“保增长”战略使得地方政府的有限财力无法满足区域经济发展的大量资金需求，再加上以往 GDP 导向的晋升制度，直接导致了地方政府性债务的急剧增长。我国财政体制在分税制改革之后，地方政府财权小于事权的状况使其具有天然的资金缺口，而旧有的预算法制度不允许地方政府发行债券，这些都使得地方政府只能通过成立融资平台等方式进行大规模举债。2008 年四季度以来，地方政府性债务呈滚雪球式增长，风险也在日益积聚。根据审计署 2013 年的审计结果，截至 2013 年 6 月末，政府负有偿还责任的地方政府性债务为 10.89 万亿元，加上担保和救助责任的债务，地方政府性债务总量为 17.89 万亿元。如果按照 10% 的综合融资成本计算，地方债务一年仅利息支出就约为 1.79 万亿元，占 2013 年全年地方财政收入 6.90 万亿元的 25.8%，地方政府的债务压力其实已然不小。

2014 年，为了妥善处理地方政府存量债务，化解债务风险，监管层继续出台了一系列规范发展地方政府融资的政策。5 月 22 日，财政部公布了《2014 年地方政府债券自发自还试点办法》，十省市区地方政府债券自发自还，地方政府发行政府债券实行年度发行额管理，全年发行债券总量不得超过国务院批准的当年发债规模限额，并且剥离了融资平台公司的政府融资职能。6 月 30 日，《深化财税体制改革总体方案》审议通过，8 月 31 日《预算法》修订案出台，政府加快了建立规范的地方政府举债融资机制的步伐。10

月2日，国务院出台《关于加强地方政府性债务管理的意见》（简称“43号文”），强调在举债上进行切割，主要包含两方面的意义：一是举债实体上的政企债务切割。“分清责任。明确政府和企业的责任，政府债务不得通过企业举借，企业债务不得推给政府偿还”。二是举债方式上，“43号文”赋予地方政府适度举债融资的权限，地方政府债在2014年开始确立起来，地方政府举债采取政府债券的方式，这一方式在后续财政部发文的地方政府专项债发行管理办法中得以体现。此外，“43号文”意图划分地方政府合规与违规举债方式的边界，要求建立规范的地方政府举债融资机制。地方政府举债采取政府债券方式。推广使用政府与社会资本合作模式，这一思路促成了之后的地方政府债券、购买服务、PPP三道明渠的浮出水面。2014年12月，“14天宁债”与“14乌国投”这两只地方城投债就先后被剔除出政府债务范围，城投企业被剥离政府融资职能后，城投债将逐渐被地方政府的一般债务及专项债务、项目收益债及普通企业债等进行替代，同时也将导致存量城投债的信用风险出现分化。

四、信用风险事件点评

2014年违约信息一览

2014年，信用债券市场发生了首例正式、公开的债券违约事件，打破了我国信用债券市场零违约的神话，同时数家中小企业私募债也发生违约，中小企业集合债券和票据出现担保代偿或者未能履行合约保障条款的信用风险事件。债市刚性兑付时代宣告终结，信用风险识别和防范愈发重要。

2014年我国公募债券市场共有5家债券发行人发生主体违约。其中，上海超日太阳能科技股份有限公司发行的“11超日债”，由于未能如期足额支付债券利息，构成发行人主体违约。常州永泰丰化工有限公司发行的“11常州中小债”以及江苏恒顺达生物能源有限公司发行的“11江苏SMECN1”，宣告无法兑付债券本息，由担保方代偿，构成发行人主体违约。

此外，上海同捷科技股份有限公司发行的“11 杨浦 SMECN1”未能按照合约规定及时将应偿付资金存入偿债专用账户。四川广汉士达炭素股份有限公司发行的“13 四川 SMECN1”由于银行贷款逾期超过三个月未还，遭到司法诉讼，虽然上述两家发行人最终分别如期偿付债券本息和当期利息，但由于条款设置，仍然构成发行人主体违约。

表 10－2　2014 年公募市场违约发债主体信息

发行人	企业性质	所属行业	债券简称	债券类型	债券到期日
上海超日太阳能科技股份有限公司	民营	半导体产品	11 超日债	公司债	2015/3/7（回售日）
常州永泰丰化工有限公司	民营	农药制品	11 常州中小债	中小企业集合债	2014/3/15
江苏恒顺达生物能源有限公司	外商独资	生物能源	11 江苏 SMECN1	中小企业集合票据	2014/7/29
上海同捷科技股份有限公司	中外合资	汽车设计	11 杨浦 SMECN1	中小企业集合票据	2014/1/21
四川广汉士达炭素股份有限公司	民营	基础原材料	13 四川 SMECN1	中小企业集合票据	2016/4/25

数据来源：Wind，《联合资信 2014 年度中国债券市场违约率与信用等级迁移报告》

2014 年我国私募债券市场共有 5 只中小企业私募债券未能按期、足额偿付本金或利息，发生债券兑付违约。其中，“12 金泰债 01”和“12 金泰债 02”发生本息兑付违约，“12 津天联”“13 华珠债”“13 中森债”由于发行人无法兑付债券本金或利息，且相关担保方均未履行担保代偿责任，导致债券发生兑付违约。“12 华特斯”的发行人浙江华特斯聚合物科技有限公司宣告破产重组，该期债券本息疑似由担保方代为偿还，严格来说该发行人构成主体违约。

中小企业私募债这一带有很强政策意图特点的信用产品由于先天缺陷最先爆发信用风险，后续只能慢慢退出市场。

表 10－3　2014 年私募市场违约发债主体信息

发行人	企业性质	所属行业	债券简称	债券到期日
湖州金泰科技股份有限公司	民营	金属制品	12 金泰债 01 12 金泰债 02	2014/7/10（回售日）
天津市天联滨海复合材料有限公司	民营	建筑产品	12 津天联	2014/7/29（回售日）
华珠（泉州）鞋业有限公司	外商独资	鞋制品	13 华珠债	2015/8/23（回售日）
徐州中森通浩新型板材有限公司	民营	建筑产品	13 中森债	2015/3/28（回售日）
浙江华特斯聚合物科技有限公司	民营	化纤制品	12 华特斯	2014/7/23（回售日）

数据来源：Wind，《联合资信 2014 年度中国债券市场违约率与信用等级迁移报告》。

11 超日债违约

2012 年刚发完“11 超日债”不久后便公告经营亏损的超日太阳终于在 2014 年 3 月 5 日因无法全额支付公司债券第二期利息而构成实质违约，打破了中国公募债刚性兑付惯例。

公司的亏损有行业的因素，但最终酿成悲剧还是归咎于自身产能扩张过于激进。2009 年之后我国光伏行业存在非理性发展情况，产能严重过剩（2012 年全球光伏组件的需求量约为 25G 瓦，而仅中国的光伏组件产能就高达 40G 瓦）。2012 年美欧“双反”，主要光伏应用国家下调补贴，境外需求增速下滑。然而公司仍大举逆势投资，即使在公司流动性资金已经出现问题的 2012 年第四季度，仍然在进行对外收购。2010—2012 年公司购建固定资产、无形资产和其他长期资产支付的现金分别为 2.46 亿元、12.78 亿元、16.61 亿元。

“11 超日债”原计划于 2015 年 3 月进入回售期，但因为公司改变了销售政策，应收账款无法收回，导致公司届时无法筹集 10 亿元的回售资金是大概率事件。从报表上看，尽管公司 2010—2011 年间营业收入分别增长 103.81%、24.04%，但经营性活动现金流量净额转负为 －4.60 亿元、－10.68亿元，特别是 2011 年，销售商品、提供劳务收到的现金同比下滑 24.46%。与此同时，公司应收账款在 2010—2011 年分别增长 133.45%、240.16%，占总资产的比重分别为 14.55%、33.07%。造成这样局面的原因是行业受到金融危机冲击，公司不得不对客户拉长销售账期，导致销售收入堆积在应收账款上。2009—2013 年末应收账款周转天数分别为 48.13 天、62.20 天、154.51 天、478.15 天、1112.83 天。

此外，公司债务短期化严重，逾期贷款影响到正常经营。公司经营无法提供现金流的同时又大举投资，导致公司的债务特别是短期债务在 2009—2011 年间大幅增加，2009—2011 年流动负债占总负债的 98%、87%、95%。2012 年公司已到期未偿还的短期借款达 3.80 亿元，截至 2012 年年报出具日，共有 63 家债权人起诉公司，涉诉金额 12.87 亿元，使得公司外部融资渠道受阻。2013 年，尽管行业景气度有所好转，但公司处于流动性资金困境，主要供应商要求公司全额预付原材料采购价款，正常生产经营受到较大不利影响，主要在建产能扩张项目和生产计划都处于暂停状态。内外交困致使公司最终走向违约。

在公司已经无力偿还的情况下，公司启动重组流程，在中国长城资产的撮合下，根据 *ST 超日的重整草案，以保利协鑫为首的 9 家重组方，将支付用于 *ST 超日重整费用、清偿债务、提存初步确认债权和预计债权的资金约 18 亿元。参与重整的投资人受让股权总共支付 14.6 亿元，公司同时还通过境内外资产和借款等方式筹集不低于 5 亿元资金。因为中国长城资产管理公司和上海久阳投资管理中心两位天使担保人的出现，情况被彻底改变。长城资产为上海超日公司注入协鑫集团旗下的高效能组件资产和运维资产，将其打造成轻资产、高技术、高附加值的系统集成服务商。

2014 年 12 月 17 日，超日太阳发布《2011 年公司债券兑付公告》，公司将向“11 超日债”全体债券持有人支付债券本金、应付利息及相应的复利与罚息。最终债券投资者被全额兑付，有两个条件：一是上市公司超日太阳破产重整成功；二是引入担保人，而且担保人《保函》的生效条件包括债权人会议表决通过重整计划。2015 年 8 月 12 日，上海超日更名为协鑫集成恢复上市，当日股票价格从停牌前的 1.91 元涨至 13.25 元，显示了资本市场对此次转型的高度认可。

超日债违约事件发生在上市公司壳资源依然具备较高价值的 2014 年，监管机构利用壳资源价值成功实现了债务风险化解，但另一个意料之外的影响就是让市场对于上市公司信用风险有所低估，在其后数年市场机构持续为此付出学费。

12 津天联、13 华珠债、13 中森债因担而不保发生违约

2014 年天津海泰投资担保有限责任公司（为“12 津天联”提供不可撤销连带担保）、中海信达担保有限公司（为“13 华珠债”“13 中森债”提供不可撤销连带担保）2 家担保公司被列入全国失信被执行人名单，发生未履行代偿责任的情况，触发担保人违约。

2014 年初存续的 294 只中小企业私募债券中有 249 只具有外部担保，共涉及 166 家担保人。担而不保导致违约事件发生后，担保方资质在 2014 年显得尤为突出。资质较弱的担保方呈现出担保人违约事件，这为后市担保债投资给出了一定的建议和方向，对于担保债首要关注的仍然是发行人本身的信用偿付能力，如若发生担保代偿事件，唯有强担保主体才具备真正的担保能力，所以对于担保债的信用甄别需要更加细致，既不能过度依赖担保增信，也不能不顾担保方实力，对信用风险的定价提出了更高的要求。

五、结语

2014 年一级市场发行热度恢复到“钱荒”之前，信用债发行规模在 2014 年首次突破 7 万亿元。

大跌之后必有大涨，2014 年信用债二级市场几乎是一个单边下行的牛市行情，下行幅度和时长都超出了投资者的预期。

市场在享受牛市的狂欢时，也经历了一重又一重的洗礼。首只公募债券违约标志着中国信用债市场逐步走向违约常态化，识别和防范各种信用风险成为债市投资者面临的重要问题。随着债券市场的快速发展和债券品种的不断丰富，信用风险的不断累积，以及风险类型的不断增加，2014 年监管层也更加强调债券市场要朝着规范、健康和有序的方向发展。

虽然层出不穷的风险事件和防患于未然的政策在短时期内对市场造成了冲击，但 2014 年信用债市场仍然实现快速扩容，这说明中国债券市场的定价发现机制，市场化程度已经开始大幅提升。2014 年的信用债违约已经为投资者敲响了警钟，但是没有预计到的未来信用风险远远超过投资者的认知，一个个信仰被不断打破。

2015 年：交易所信用债市场大发展

2015 年全球经济形势更趋复杂多变，主要经济体增长态势进一步分化。美国经济复苏势头明显，失业率降至 2008 年 5 月以来的最低值。欧元区得益于低油价和宽松的货币政策，经济重回复苏轨道。日本经济波动较大，且通胀下行压力仍然存在。美国、欧元区、日本 2015 年 GDP 同比增速分别录得 3.1%、2.0%、1.6%，分别较上年增长了 0.6 个、0.6 个、1.3 个百分点。新兴市场国家经济增速普遍放缓，俄罗斯等部分经济体甚至出现负增长。在这样的背景下，全球主要经济体货币政策进一步分化。美联储于 12 月 16 日正式启动加息，将基准利率区间由 0.25% 以下上调至 25bp 至 0.25%—0.5%，同时将法定和超额准备金利率由 0.25% 上调至 0.5%，将隔夜逆回购操作利率上调至 0.25%，将贴现率从 0.75% 上调至 1.00%。这是自 2006 年以来首次上调利率，美联储表示，加息后一段时间内仍将维持宽松货币政策立场。

2015 年我国经济增长继续下台阶，经济增速延续下行趋势。通胀率维持在较低水平，通货紧缩风险趋势有所抬头。全年 GDP 同比增长 7.04%，CPI 同比增长 1.44%，分别较上年度降低 0.38 个和 0.55 个百分点。2015 年 6 月股市由于融资杠杆破灭，市场大幅下跌，国家队出场救市，一次系统性金融风险与我们擦肩而过。央行出于稳增长和防风险的目的，大幅放松货币政策，全年进行了四次普遍降准、五次定向降准，累计普遍下调金融机构存款准备金率 2.5 个百分点，累计额外定向下调金融机构存款准备金率 0.5 个至 6.5 个百分点。五次下调金融机构人民币存贷款基准利率，其中，金融机构 1 年期贷款基准利率累计下调 125bp 至 4.35%；1 年期存款基准利率累计下调 125bp 至 1.5%。九次引导公开市场逆回购操作利率下行，年末操作利率为 2.25%，较年初下降 160bp，并适时下调信贷政策支持再贷款、中期借贷便利和抵押补充贷款利率。

2015 年债券市场持续呈现牛市格局。在经济下行压力较大、货币政策宽松力度大和资金面宽松的助推下，收益率曲线下行。全年来看，1 年期国债收益率下行 96bp，10 年期国债收益率下行 80bp。

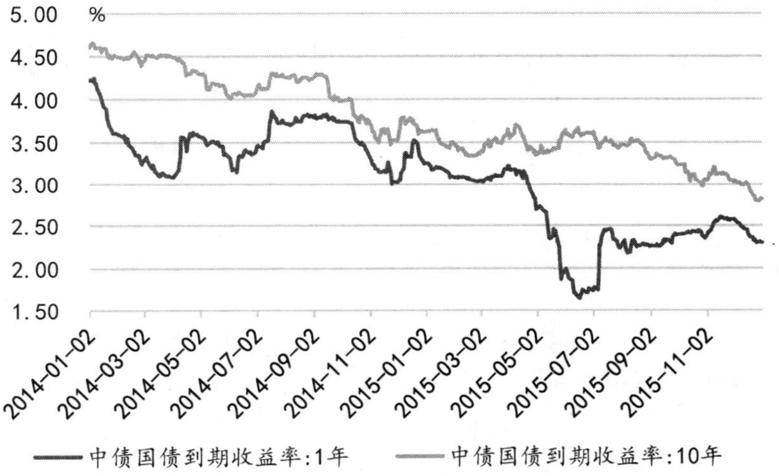

图 11－1　2014—2015 年国债利率曲线变化

数据来源：Wind

信用债券市场在 2014 年大牛市之后，2015 年继续走牛，出现了罕见的两年牛市。交易所信用债市场在这一年大发展，监管层出台大量政策鼓励各类企业发债融资，大量房地产和民营企业进入信用债市场，一级市场发行量大幅增长。然而随着债券市场规模的迅速扩大和宏观经济下行压力不断增大，信用债市场隐含风险明显加大。信用风险由中小企业私募债领域向公募债领域蔓延，涉及的企业类型也不再仅限于中小企业和民营企业，诸如天威保变、中国二重这样的央企和部分地方国企也进入了违约名单，随着市场规模和发行主体的大幅增加，信用债市场规模和重要性在这一年大幅上升。

一、重点事件时间轴

- 2015－1－7 上海证券交易所发布《关于加强中小企业私募债券风险防控工作相关事项的通知》，一方面增加了承销商尽职调查内容，另一方面进一步约束了私募债买方资格。
- 2015－1－9 内蒙古奈伦农业科技股份有限公司无法完成“12 蒙农科”本息兑付，构成实质性违约。
- 2015－1－14 由恒泰证券担任计划管理人的“宝信租赁一期资产支持专项计划资产支持证券”在上交所挂牌转让，这是资产证券化备案制新规发布以来首只挂牌转让的资产支持证券，标志着资产证券化市场发展迈入新常态。
- 2015－1－15 证监会发布《公司债券发行与交易管理办法》，涵盖扩大发行主体范围、丰富债券发行方式、简化发行审核流程等七方面内容。公司债的改革促使公司债发行量迅猛增长，尤其是 2015 年 7 月以后，公司债的发行量明显超过中票、短期融资券等同类企业融资工具。
- 2015－1－19 中信建投证券成功完成 2015 年第一期永续次级债券发行工作。标志着券商对新型资本补充工具的探索取得积极成果，证券行业尤其是未上市券商进一步拓宽资本补充渠道有了新出路。
- 2015－1－27 东飞马佐里纺机有限公司无法完成“12 东飞 01”本息兑付，构成实质性违约。
- 2012－2－4 央行决定自 2015 年 2 月 5 日起下调金融机构人民币存款准备金率 0.5 个百分点。同时，为进一步增强金融机构支持结构调整的能力，加大对小微企业、“三农”以及重大水利工程建设的支持力度，对小微企业贷款占比达到定向降准标准的城市商业银行、非县域农村商业银行额外降低人民币存款准备金率 0.5 个百分点，对中国农业发展银行额外降低人民币存款准备金率 4 个百分点。
- 2015－2－4 安徽蓝博旺机械集团无法完成“12 蓝博 01”本息兑付，构成实质性违约。

- 2015－2－5　宿迁市致富皮业有限公司无法完成“12致富债”本息兑付，构成实质性违约。
- 2015－2－16　上交所发布《上海证券交易所债券质押式协议回购交易暂行办法》以及相关指引，标志着债券质押式协议回购正式推出。此举主要是为促进债券市场发展，提高各类债券和资产支持证券的流动性。
- 2015－3－2　沪深交易所分别发布通知，提出机构投资者可以委托货币经纪公司，为其交易或者转让债券、债券回购、债券衍生产品及其他相关品种提供居间服务。
- 2015－3－27　申环电缆科技有限公司无法完成“12申环01”本息兑付，构成实质性违约。
- 2015－4－6　中科云网（原湘鄂情）宣布于4月7日到期回售的“ST湘鄂债”由于尚有2.41亿元资金缺口无力兑付，从而构成实质性违约。
- 2015－4－18　内蒙古恒达公路发展有限公司无法完成“12蒙恒达”本息兑付，构成实质性违约。
- 2015－4－19　央行决定自2015年4月20日起下调各类存款类金融机构人民币存款准备金率1个百分点。在此基础上，为进一步增强金融机构支持结构调整的能力，加大对小微企业、“三农”以及重大水利工程建设等的支持力度，自4月20日起对农信社、村镇银行等农村金融机构额外降低人民币存款准备金率1个百分点，并统一下调农村合作银行存款准备金率至农信社水平；对中国农业发展银行额外降低人民币存款准备金率2个百分点；对符合审慎经营要求且“三农”或小微企业贷款达到一定比例的国有银行和股份制商业银行可执行较同类机构法定水平低0.5个百分点的存款准备金率。
- 2015－4－21　保定天威集团有限公司由于发生巨额亏损，无法按期兑付“11天威MTN2”，成为首只违约的国企债券。
- 2015－4－24　山东嘉寓润峰新能源有限公司无法完成“13鲁润峰”本息兑付，构成实质性违约。

- 2015 -4 -24　中国证券业协会发布了《非公开发行公司债券备案管理办法》和《非公开发行公司债券项目承接负面清单指引》。以负面清单的形式，对新版非公开发行债券（私募债）项目的发行人范围作出限制。其中，对包括地方融资平台、问题房企等 11 类企业关上私募发行公司债的大门。
- 2015 -5 -11　天津市泰亨气体有限公司无法完成"12 泰亨债"本息兑付，构成实质性违约。
- 2015 -5 -13　国务院常务会议决定，新增 5000 亿元信贷资产证券化试点规模，支持证券化产品在交易所上市。
- 2015 -5 -13　财政部、央行、银监会联合发布《财政部、中国人民银行、银监会关于 2015 年采用定向承销方式发行地方政府债券有关事宜的通知》，文件对地方债的定向发行以及纳入质押品框架做出说明，要求在 8 月 31 日前完成首批 1 万亿债券置换，正式拉开了地方债置换发行的大幕。
- 2015 -5 -18　国家发改委近日下发《项目收益债试点管理办法（试行）》至各地方发改部门试行。
- 2015 -5 -26　珠海中富实业股份有限公司无法按时足额兑付"12 中富 01"本金。
- 2015 -5 -27　国家发改委网站正式发布《关于充分发挥企业债券融资功能支持重点项目建设促进经济平稳较快发展的通知》，鼓励优质企业发债用于重点领域、重点项目融资，不受发债企业数量指标的限制；发债企业资产负债率等企业债发行条件均有放宽，并鼓励企业发债用于特许经营等 PPP 项目建设。
- 2015 -6 -15　央行金融市场司发布《关于私募投资基金进入银行间债券市场有关事项的通知》，允许私募投资基金进入银行间债券市场开户。
- 2015 -6 -19　国家发改委发布了"对发改办财金〔2015〕1327 号文件的补充说明"，进一步放宽了企业债发行主体信用等级，允许企业使用不超过 40% 的募集资金用于偿还银行贷款和补充营运资金，并建立政府和社会资本合作（PPP）项目发债绿色审核通道。

- 2015－6－27　央行决定，自 2015 年 6 月 28 日起有针对性地对金融机构实施定向降准。（1）对“三农”贷款占比达到定向降准标准的城市商业银行、非县域农村商业银行降低存款准备金率 0.5 个百分点。（2）对“三农”或小微企业贷款达到定向降准标准的国有大型商业银行、股份制商业银行、外资银行降低存款准备金率 0.5 个百分点。（3）降低财务公司存款准备金率 3 个百分点，进一步鼓励其发挥好提高企业资金运用效率的作用。同时，自 2015 年 6 月 28 日起下调金融机构人民币贷款和存款基准利率，以进一步降低企业融资成本。其中，金融机构 1 年期贷款基准利率下调 0.25 个百分点至 4.85%；1 年期存款基准利率下调 0.25 个百分点至 2%；其他各档次贷款及存款基准利率、个人住房公积金存贷款利率相应调整。
- 2015－7－14　央行发布《中国人民银行关于境外央行、国际金融组织、主权财富基金运用人民币投资银行间市场有关事宜的通知》，明确上述相关境外机构投资者进入银行间市场，应向人民银行提交中国银行间市场投资备案表。在完成备案之后，可在银行间市场开展债券现券、债券回购、债券借贷、债券远期，以及利率互换、远期利率协议等其他经中国人民银行许可的交易。相关境外机构投资者可自主决定投资规模。
- 2015－7－15　江苏大宏纺织集团股份有限公司无法完成“13 大宏债”本息兑付，构成实质性违约。
- 2015－7－31　吉林粮食集团收储经销有限公司无法完成“14 吉粮债”本息兑付，构成实质性违约。
- 2015－8－7　重庆市福星门业（集团）有限公司受宏观经济波动影响，公司各项业务受到不同程度冲击，收入减少，现金流恶化造成“13 福星门”无法完成兑付，构成实质性违约。
- 2015－8－24　上海市建设机电安装有限公司无法完成“12 沪机电”本息兑付，构成实质性违约。
- 2015－8－25　央行决定，自 2015 年 8 月 26 日起，下调金融机构人民币贷款和存款基准利率，以进一步降低企业融资成本。其中，金融机构 1 年期贷款基准利率下调 25bp 至 4.6%；1 年期存款基准利率下调 25bp 至

1.75%；其他各档次贷款及存款基准利率、个人住房公积金存贷款利率相应调整。同时，放开1年期以上（不含1年期）定期存款的利率浮动上限，活期存款以及1年期以下定期存款的利率浮动上限不变。

● 2015-8-25　央行决定，自2015年9月6日起，下调金融机构人民币存款准备金率0.5个百分点，以保持银行体系流动性合理充裕，引导货币信贷平稳适度增长。同时，为进一步增强金融机构支持"三农"和小微企业的能力，额外降低县域农村商业银行、农村合作银行、农村信用社和村镇银行等农村金融机构准备金率0.5个百分点。额外下调金融租赁公司和汽车金融公司准备金率3个百分点，鼓励其发挥好扩大消费的作用。

● 2015-9-15　中国第二重型机械集团有限公司因不能清偿到期债务被法院裁定受理重整申请，"12二重集MTN1"视为到期且未能偿付，构成实质性违约。

● 2015-10-13　保定天威英利新能源有限公司因连续亏损、拆迁补偿工作进度缓于预期，未按期足额兑付"10英利MTN1"本息。

● 2015-10-14　国机重型装备集团股份有限公司由于持续亏损，无法完成"08二重债"本息兑付，构成实质性违约。

● 2015-10-19　中钢股份发布公告称，将延期支付"10中钢债"本期利息，这是中国钢铁企业的首例债券违约。

● 2015-10-22　由恒丰银行和南京银行联席主承销的北京海国鑫泰投资控股中心2015年度第一期中期票据在银行间债券市场成功发行。自此，全国首单以公募方式发行的直接支付价款的并购债正式落地。首期发行5亿元，向北京国泰阳光投资管理有限公司原股东支付40500万元并购款，向北京永济财富投资管理有限公司原股东金支付9500万元并购款。

● 2015-10-23　央行决定，自2015年10月24日起，下调金融机构人民币贷款和存款基准利率，以进一步降低社会融资成本。其中，金融机构1年期贷款基准利率下调25bp至4.35%；1年期存款基准利率下调25bp至1.5%；其他各档次贷款及存款基准利率、人民银行对金融机构贷款利率相应调整；个人住房公积金贷款利率保持不变。同时，对商业银行和农村合作金融机构等不再设置存款利率浮动上限，并抓紧完善利率的市场化形成和调控机制，加强央行对利率体系的调控和监督指导，提高货币政策传导效率。自同日起，下调金融机构人民币存款准备金率 0.5 个百分点，以保持银行体系流动性合理充裕，引导货币信贷平稳适度增长。同时，为加大金融支持“三农”和小微企业的正向激励，对符合标准的金融机构额外降低存款准备金率 0.5 个百分点。（这是截至本书完稿前存贷款利率最后一次调整，之后央行采用 LPR 报价取代了贷款基准利率。）

- 2015－10－28　2015 年泸州市城市停车场建设项目项目收益债券（第一期）完成登记注册，这是《项目收益债券管理暂行办法》发布后发行的第一只项目收益债券和第一只通过非公开方式发行的项目收益债券。
- 2015－10－29　浙江平湖华龙实业股份有限公司无法完成“13 华龙 01”（中小企业私募债）本息兑付，构成实质性违约。
- 2015－11－4　四川民营煤炭龙头企业恒鼎实业在港交所发布公告称，公司无力支付于当日到期的公司债，本息总计 1.906 亿美元。
- 2015－11－6　莒南县鸿润食品有限公司无法完成“13 莒鸿润”本息兑付，构成实质性违约。
- 2015－11－11　山水水泥在港交所发布公告，申请清盘并表示在 11 月 12 日无法兑付“15 山水 SCP001”本息，这将成为国内债市首家违约的超短期融资券。
- 2015－12－1　国家发改委办公厅正式下发《关于简化企业债券申报程序加强风险防范和改革监管方式的意见》，放松了企业债发行要求，强化中介机构责任和信息披露，并对小微企业增信集合债券的发行要求进行了明确。
- 2015－12－7　四川圣达集团有限公司受外部经营环境及金融环境的影响，生产经营业务受到冲击，同时资金流动性受到限制。最终“12 圣达债”无法偿付本息，构成实质性违约。
- 2015－12－20　山东滨州新天阳化工有限责任公司称由于自身经营困难，造成“13 新天阳”延期付息，构成实质性违约。
- 2015－12－25　陕西国德电气制造有限公司称受外部经营环境及金融环境

影响，陕西国德电气制造有限公司的生产经营业务受到冲击，同时资金流受到限制，“13 国德 01”发生实质性违约。

二、信用债市场回顾

2015 年在交易所信用债市场新政的影响下，叠加宽松的货币政策，信用债市场获得迅猛发展，全年降息和普遍降准幅度分别达到 125bp 和 250bp，1 年期贷款基准利率经过 5 次下调后，由年初的 5. 60% 下降至 4. 35%，利率降至历史低点。

一级市场发行情况

表 11 - 1　信用债一级新发行情况

债券类型	发行期数（只）			发行规模（亿元）			平均发行规模（亿元）		
	2014 年	2015 年	增幅	2014 年	2015 年	增幅	2014 年	2015 年	增幅
一般短期融资券	1078	1109	3%	10854	9725	-10%	10	9	-13%
超短期融资债券	443	1435	224%	10996	23081	110%	25	16	-35%
一般企业债	576	300	-48%	6909	3406	-51%	12	11	-5%
一般中期票据	714	916	28%	9768	12724	30%	14	14	2%
一般公司债	76	320	321%	759	5251	592%	10	16	64%
私募债	393	559	42%	649	5033	676%	2	9	446%
定向工具	1203	1118	-7%	10260	8845	-14%	9	8	-7%
合计	4483	5757	28%	50194	68064	36%	11	12	6%

数据来源：Wind

说明：在计算平均数时结果只保留到个位，但计算增幅时使用的是精确度更高的数据。

2015 年信用债发行规模合计 6. 81 万亿元，较 2014 年的 5. 02 万亿元大幅增长了 36%。信用债发行规模显著扩张，市场供需两旺。其中，超短期融资券、公司债及私募债均在 2015 年实现了跨越式增长，在政策允许下，大量房地产企业首次进入债券市场发债，丰富了信用债市场品种，第一次让信用债市场分享到了中国房地产的红利。

一般短期融资券 2015 年发行数量 1109 只，同比小幅提升 3%，发行规模 9725 亿元，较 2014 年 1.08 万亿下降 10%，主要由于超短期融资券审批更加便捷，发行扩容分流导致一般短期融资券发行规模有所下滑。

超短期融资券 2015 年发行数量达到 1435 只，同比提升 224%，发行规模达到 2.38 万亿元，同比提升 110%，稳居信用市场最大发行品种。平均发行规模从 2014 年的 25 亿元下降至 16 亿元，主要由于超短期融资券发行主体快速扩容，叠加发行利率本在 2015 年处于下行阶段，发行人倾向于采取滚动发行的模式控制融资成本。

企业债 2015 年发行数量为 300 只，较 2014 年下降了 48%，主要原因为企业债发行审批较为复杂，且企业债需有明确用途，资金使用需与实际用途相匹配，但 2015 年整体市场融资环境宽松，企业融资手段多样，虽然国家发改委在 2015 年持续优化企业债发行审批程序，包括 5 月发布《关于充分发挥企业债券融资功能支持重点项目建设促进经济平稳较快发展的通知》，在企业债券发行条件、募资投向变更程序等方面做出进一步规范。6 月下发《对 1327 号文件的补充说明》，允许使用不超 40% 募集资金用于偿还银行贷款和补充营运资金的方式向其他信用品种看齐，但仍然由于企业债发行便利性不足，导致企业债发行规模呈现下降。

公司债 2015 年步入快车道。2015 年公司债发行数量达到 320 只，同比提升 321%，发行规模达到 5251 亿元，同比提升 592%。主要受益于公司债新规发布，2015 年 1 月，证监会发布《公司债券发行与交易管理办法》，将公司债发行主体由原有上市公司扩大至所有公司债法人（地方融资平台除外），同时对发行方式和交易转让场所等方面也进一步丰富。公司债的改革促使公司债发行量迅猛增长，尤其是 2015 年 7 月以后，公司债的发行量明显超过中票、短期融资券等同类企业融资工具。

资产支持证券发展提速也得益于这一阶段发行制度的重大改革。2014 年 11 月，证监会、银监会相继下达《证券公司及基金管理子公司资产证券化业务管理规定》和《关于信贷资产证券化备案登记工作流程的通知》，将信贷资产证券化业务由审批制改为备案制。在此基础上，2015 年 4 月推出信贷资产支持证券的发行注册制。在发行制度改革的推动下，2015 年资产支持证券较 2014 年增加约 1/3，基础资产类型也更加多样，基础资产覆盖到公司贷款、汽车消费贷款、住房抵押贷款、融资租赁资产、小额贷款及住房公积金贷款等新领域。

2015 年信用债发行利率大幅下降，企业融资成本逐渐降低。短期融资券发行的加权平均利率从 1 月的 4.99% 大幅下降至 12 月的 3.39%，中票发行的加权平均利率从 5.47% 大幅走低至 12 月的 4.50%。

二级市场成交情况

进入 2015 年资金面继续宽松，1 月 22 日央行时隔 1 年重启逆回购并通过国库定存和续作 3195 亿元 MLF 稳定资金面预期，市场对于信用债配置意愿有所强化，且由于地方债务甄别清理工作影响城投债发行量，导致信用债市场供不应求，信用债收益率持续下行，AAA 评级 3 年期信用债收益率从年初 4.72% 下行至 2 月中的 4.28%。但 3 月份由于受股市持续上涨分流资金，房地产政策放松及万亿地方债供给压力等多重因素刺激，市场情绪短期走弱，信用债收益率走出了一波超 50bp 的反弹行情。直到 4 月 20 日央行大幅降准，并且在 5 月和 6 月连续两次降息，7 天回购利率下行至 1.94% 的低位，信用债收益率才迎来一波快速下行行情，由于资金面极度宽松，收益率曲线呈现陡峭化特征，AAA 评级 3 年期信用债收益率从 4.8% 一路下行至 7 月底的 3.8%，1 年期品种下行幅度甚至达到 180bp 至 3.2%。

进入 8 月份资金利率窄幅震荡，8 月 11 日央行执行人民币汇率中间价形成机制，人民币汇率快速贬值，为稳定市场，央行于 8 月 26 日下调存贷款基准利率 25bp，此外央行在 10 月底再次进行降准降息操作，虽然其间有 IPO 重启，美联储加息对市场造成短期扰动，但由于市场预期一致，市场配置情绪火爆，信用债收益率仍然呈现持续下行，AAA 评级 3 年期信用债最终下行至 3.06%，较年初下行超 150bp。

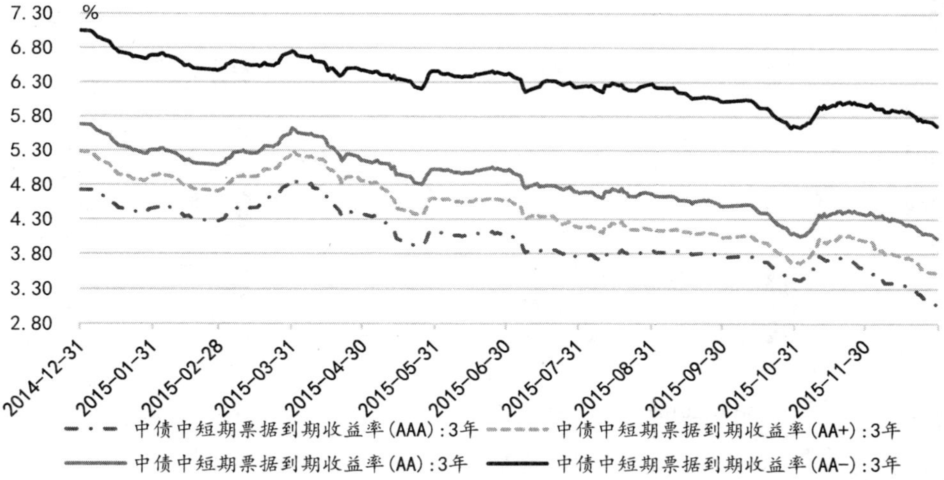

图 11－2　2015 年 3 年期各等级信用债收益率持续下行

数据来源：Wind

信用利差——小幅压缩

2015 年信用债收益率延续 2014 年趋势，呈现明显下行态势，以 3 年期中票估值收益率来看，AAA、AA＋、AA、AA－品种收益率普遍下行超 150bp，分别下行至 3.07%、3.51%、4.05%、5.67%。

2015 年虽然属于大牛市行情，但由于信用债市场持续出现信用暴雷事件，各等级信用利差压缩幅度呈现差异化，其中高等级及中高等级品种信用利差压缩较为明显，而弱资质低等级品种信用利差仅仅小幅压缩。以 3 年期中票信用利差来看，AAA、AA＋、AA 品种分别下行 34.17bp、45.17bp、31.17bp。而低等级的 AA－品种信用利差仅下行 6.17bp。

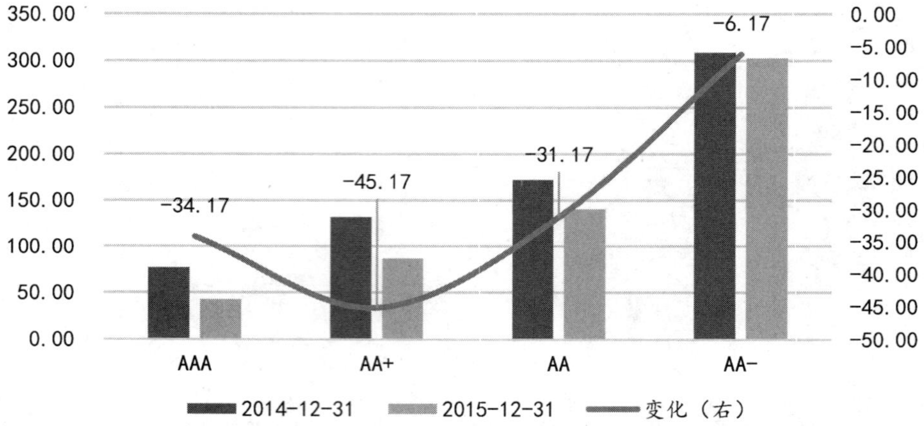

图 11-3　2015 年 3 年期各等级信用利差变化（bp）

数据来源：Wind

期限利差——小幅走阔

信用债期限利差方面，在经历了 2014 年国内外市场冲击后，利率快速下行，期限利差大幅压缩的情况下，2015 年由于持续降准降息，短端利率下行幅度较长期限更大影响，期限利差呈现小幅走阔态势。3-1 年利差方面，各等级期限利差均有所走阔，AAA 级、AA+级、AA 级和 AA-级分别走阔 18.77bp、29.77bp、27.77bp 和 16.77bp。

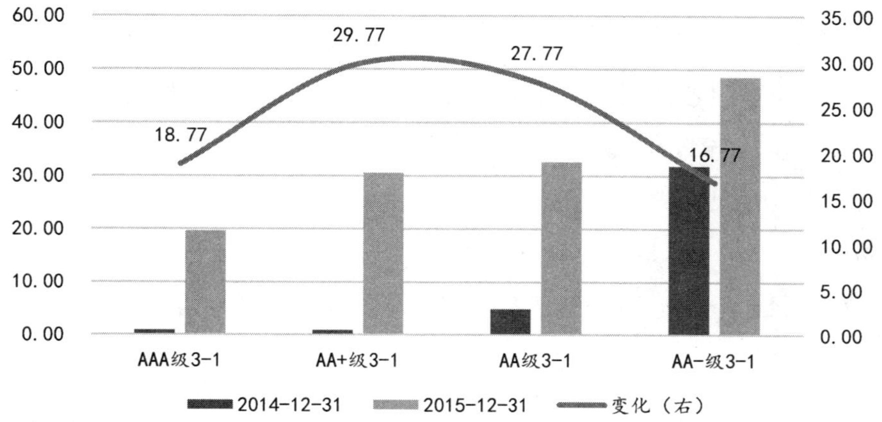

图 11-4　2015 年各等级信用期限利差变化（bp）

数据来源：Wind

评级间利差——高等级间收窄，中低等级间走阔

评级间利差在 2015 年呈现高等级间收窄，中低等级间走阔。其中，1 年期短期融资券 AAA 与 AA+评级间利差收窄 22bp，AA+与 AA 和 AA 与 AA-评级间利差分别走阔 16bp 和 36bp。3 年期中票 AAA 与 AA+评级间利差收窄 11bp，AA+与 AA 和 AA 与 AA-评级间利差分别走阔 14bp 和 25bp。

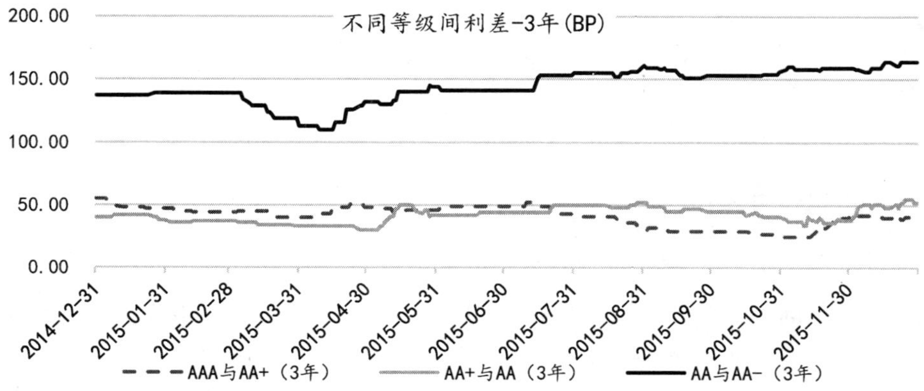

图 11-5　2015 年 3 年期中票评级间利差

数据来源：Wind

民企溢价——有所走阔

2015 年由于数次降准降息带动债券收益率普遍下行，叠加民企违约事件时有发生，民企溢价有所走阔，民企产业债 2015 年底相对国企债利差 165bp，较 2014 年走阔 41bp。

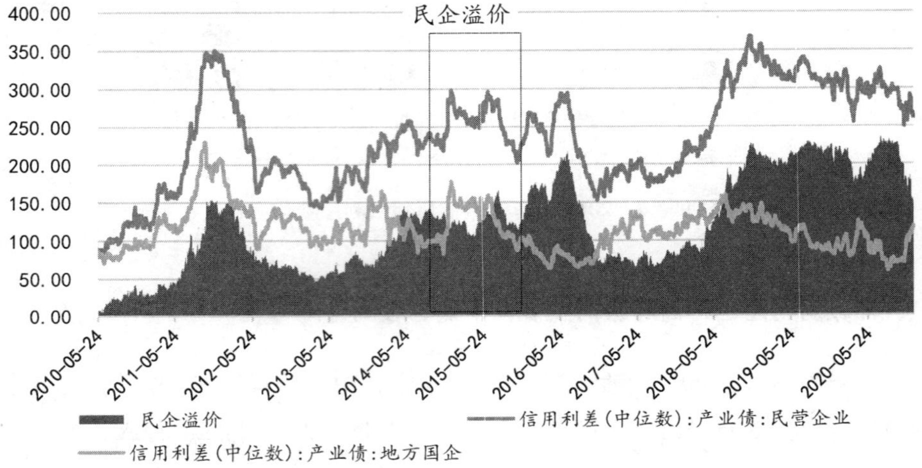

图 11－6　2015 年民企溢价率（bp）

数据来源：Wind

三、重要事件评述

供给侧改革逐步推行

前文我们提过，2008 年金融危机的刺激政策导致很多传统行业出现产能严重过剩的问题。为了应对可能存在的风险，2015 年 12 月 18 日，中央经济工作会议中对于当时产能过剩严重、楼市库存大、企业债务高企等问题，首次提出“三去一降一补”的结构性改革政策，开启了供给侧改革。

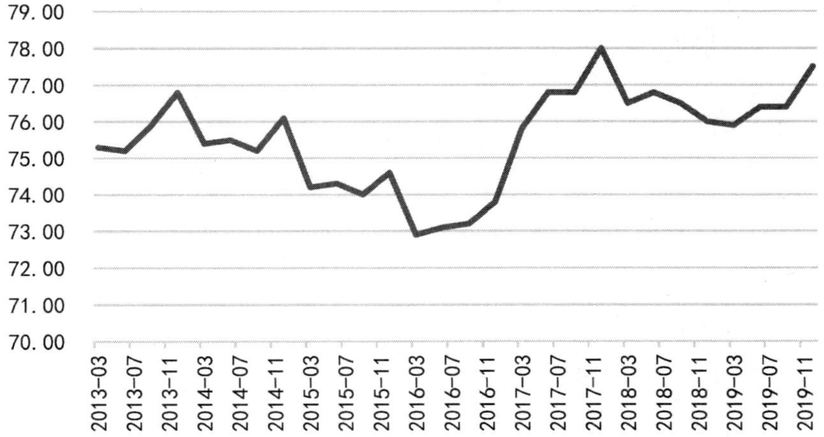

图 11－7　工业企业产能利用率变化（%）

数据来源：Wind

“去产能”指的是化解产能过剩问题。由于国际市场持续低迷，国内需求增速放缓，我国部分产业在供给端出现了严重的供需矛盾，传统制造业呈现大面积亏损爆发态势，特别是钢铁、水泥、电解铝等高耗能行业尤其突出。中央经济工作会议将“去产能”列示为 2016 年的五大结构性改革任务之首，并且明确了“多兼并重组，少破产清算”的操作思路，为我国经济的平稳着陆和行业风险出清提供了坚实的理论基础。

“去库存”指的是化解房地产库存。要求加快农民工市民化，扩大有效需求，打通供需通道从而实现房地产库存去化，稳定房地产市场。

“去杠杆”指的是对特定主体在近年以较小规模的自有资金撬动大量资金，扩大经营规模的方式进行压降。由于 2008 年金融危机后，“4 万亿”投资导致全市场资金过度充裕，短期快速拉高了杠杆率水平，而杠杆过高，债务增速过快，在偿债时就会出现再融资风险集聚的问题。中央经济工作会议强调了要在可控方式和可控节奏下逐步减少杠杆，防范金融风险。2015 年在经历了股市的大熊市行情后，中央对于金融风险的关注和把控力度明显提升。

“降成本”指的是降低企业综合融资成本。明确通过降低制度性交易成本，转变政府职能的方式，将中间流通环节进行压降，降低企业税费负担，清理各项不合理费用，重塑营商环境。并且降低电力价格，推动店家市场化，降低物流成本等措施。企业融资难融资贵问题在2015年的经济工作会议上被列为重要任务。

“补短板”指的是补基础设施建设的短板。对于基础设施和公共服务设施滞后区域进行改善改造。补经济持续健康发展短板，补科技创新进步短板，补城乡统筹发展短板等。

供给侧改革前大量钢铁、煤炭企业陷入困境甚至违约破产，但之后数年不少企业抓住供给侧改革的红利走出困境，焕发生机。

“8·11汇改”

2015年8月11日早上9点20分，人民币汇率中间价突发调整，央行发布报告，称“为增强人民币兑美元汇率中间价的市场程度和基准性，中国人民银行决定完善人民币兑美元汇率中间价报价。自2015年8月11日起，做市商在每日银行间外汇市场开盘前，参考上日银行间外汇市场收盘汇率，综合考虑外汇供求情况以及国际主要货币汇率变化向中国外汇交易中心提供中间价报价”。

8月11日当天，人民币汇率开盘大幅贬值1136bp，一次性贬值近2%，虽然中国经济增速放缓和人民币汇率单边持续升值，叠加2015年外汇占款持续下跌预示着人民币有较大贬值压力，但央行在未给市场预期情况下直接进行汇改大超市场预期，引发市场剧烈调整。

汇改之初，债券市场最先做出反应，尽管多空分歧非常严重，但短期内空头占据了上风，当时市场主要担心汇率的贬值会导致资金外流和外资机构抛售。就在市场仍在讨论汇率贬值对债市的影响时，8月19日股市大跌，股灾再度袭来，一时间各种关于降准、降息的传言纷纷传来。8月25日，传言得到证实，央行宣布降息、降准。这一次债券市场不像第一次股灾时反应那么滞后，长期利率快速向下突破，利率债收益率曲线进一步平坦化。高等级信用债的收益率曲线小幅平坦化，信用利差小幅拓宽，中低等级信用债的等级利差有所收窄。

“8·11 汇改”不仅造成我国资产价格大幅杀跌，而且引发了全球多个新兴市场国家货币跟随贬值，包括哈萨克斯坦、俄罗斯、巴西、土耳其等，全球投资者对汇率的担忧愈发加深。面对市场的质疑，央行一方面承诺人民币汇率将维持稳定，包括总理和央行官员在不同场合纷纷表达人民币汇率不具有贬值基础。另一方面央行在汇率市场中积极出手，卖出美元以稳定人民币币值稳定，同时出台多重资本管制措施以限制本外币流动。

不过拉长时间来看，“8·11 汇改”虽然造成了市场的剧烈震荡，但它改变了自 2005 年“7·21 汇改”人民币单方向升值的大趋势，形成了双向波动的态势，通过该次汇改，中间价的形成机制得以完善，有效提升了汇率政策的规则性和透明度，大幅提高了市场化水平，为未来人民币国际化提供了较好的基础，对后市的汇率稳定发挥了重要作用。尽管这不是最好的时点，但 2016 年特朗普上台，中国外部环境恶化，“8·11 汇改”的意义更显突出。

交易所信用债市场大发展

2015 年 1 月 15 日，中国证监会发布《公司债券发行与交易管理办法》，该管理办法的发布标志着交易所信用债市场扩容提速即将到来。

该管理办法首先进一步扩大发行主体范围，将此前仅限于境内交易所上市公司、境外上市外资股的境内股份公司及证券公司这一较为狭窄的发行范围扩充为所有公司制法人。其次对发行方式进一步优化，建立了非公开发行制度，并且将交易场所从上交所、深交所扩充至中小企业股份转让系统、机构间私募产品报价与服务系统。此外该管理办法大力度简化审核流程，取消公司债发行中的保荐制度和发审委制度，明显提升了审批效率，证监会将大量审批流程下放到上交所和深交所，审批时间从此前的 4—6 个月逐步缩短到 2—3 个月。

此后，随着该管理办法的发布，证券业协会及上交所、深交所分别发布了相关细化准则及操作指引，进一步优化了发行审批及交易环节。受益于政策的优化，发行审核效率大幅提升，交易所信用债在 2015—2016 年获得了迅猛发展，2015 年交易所信用债发行规模达到 1.03 万亿元，较 2014 年的 1407 亿元增长 630%，发行数量达到 879 只，较 2014 年的 469 只增长 87.4%。具体细分来看，私募债 2015 年发行规模 5032 亿元，同比提升 676%，一般公司债发行规模 5251 亿元，同比增长 592%。此后 2016 年交易所信用债继续快速扩容，2016 年交易所信用债发行规模达到 2.78 万亿元，同比 2015 年再度增长 170.9%。

2015 年是交易所信用债大发展之年，发行审批放松、发行范围扩宽、发行品种丰富三管齐下快速改变了整个信用债市场的发行格局，也让过往只能通过银行和信托方式获取资金的房地产行业获得了足够的直接融资资金支持。2015 年房地产行业发行交易所信用债达到 3770 亿元，而 2014 年这一数字仅有 137 亿元，2016 年房地产发行交易所信用债规模进一步扩容至 6809 亿元。但过快的发展也带来了经济过热的特征，也为 2016 年地产严监管埋下了伏笔。

值得一提的是，交易所债券市场在数年后信用债存量规模超过银行间债券市场，极大地促进了中国信用债市场发展，监管竞争在某些时候是有利于金融市场发展的。

四、信用风险事件点评

2015 年违约信息一览

2015 年共有 30 只债券违约，其中包含 19 只中小企业私募债，其他均为公募品种。回顾 2015 年信用债违约的案例，主要的信用风险触发缘由可以归结为几个方面：全社会信用风险偏好降低造成外部融资收缩、行业景气度下滑造成经营情况恶化严重、公司治理乃至公司管理层纠纷甚至是管理人的私人问题出现超预期发展、担保履约风向等。但更多时候是以上几类风险同时发生导致企业的信用危机积重难返。

表 11－2　2015 年违约债券主体信息

发行人	企业性质	首次违约债券简称	首次债券违约日期
内蒙古奈伦农业科技股份有限公司	民营企业	12 蒙农科	2015－01－09
东飞马佐里纺机有限公司	中外合资企业	12 东飞 01	2015－01－27
安徽蓝博旺机械集团	民营企业	12 蓝博 01	2015－02－04
宿迁市致富皮业有限公司	民营企业	12 致富债	2015－02－05
申环电缆科技有限公司	民营企业	12 申环 01	2015－03－27
中科云网科技集团股份有限公司	民营企业	12 湘鄂债	2015－04－07
内蒙古恒达公路发展有限公司	民营企业	12 蒙恒达	2015－04－18
保定天威集团有限公司	中央国有企业	11 天威 MTN2	2015－04－21
山东嘉寓润峰新能源有限公司	民营企业	13 鲁润峰	2015－04－24
天津市泰亨气体有限公司	民营企业	12 泰亨债	2015－05－11
珠海中富实业股份有限公司	民营企业	12 中富 01	2015－05－25
江苏大宏纺织集团股份有限公司	民营企业	13 大宏债	2015－07－15
吉林粮食集团收储经销有限公司	地方国有企业	14 吉粮债	2015－07－31
重庆市福星门业（集团）有限公司	民营企业	13 福星门	2015－08－07
上海市建设机电安装有限公司	民营企业	12 沪机电	2015－08－24
中国第二重型机械集团有限公司	中央国有企业	12 二重集 MTN1	2015－09－15
保定天威英利新能源有限公司	中外合资企业	10 英利 MTN1	2015－10－13
国机重型装备集团股份有限公司	中央国有企业	08 二重债	2015－10－14
中国中钢股份有限公司	中央国有企业	10 中钢债	2015－10－19
浙江平湖华龙实业股份有限公司	民营企业	13 华龙 01	2015－10－29
莒南县鸿润食品有限公司	民营企业	13 莒鸿润	2015－11－06
山东山水水泥集团有限公司	民营企业	15 山水 SCP001	2015－11－12
四川圣达集团有限公司	民营企业	12 圣达债	2015－12－07
山东滨州新天阳化工有限责任公司	民营企业	13 新天阳	2015－12－20
陕西国德电气制造有限公司	民营企业	13 国德 01	2015－12－25

数据来源：Wind

总结 2015 年信用债违约，有以下几个特征值得注意：

从行业分类角度看，信用风险重点发生在专用设备制造、建筑工程、金属、水泥等行业。这些行业普遍特性是同质化明显，产能过剩严重导致盈利空间极其有限，但债务负担极重，但其行业特性又主要通过债务驱动规模扩张，故在行业景气度下滑时期，行业亏损面会大幅增加。

从发行人级别来看，对于已发生违约的公募品种，低评级主体违约概率较高，但已经呈现出违约向高评级蔓延的特征。比如中钢股份、二重集团违约均非低评级主体，但行业景气度下滑亏损面加大，救助难度加大，导致违约。

从企业性质角度来看，民营企业抗风险能力较弱，成为信用违约高发区。民营企业由于没有政府背书，在外部环境恶化，经济走势偏弱或者行业周期性调整的时候，融资难度将急剧上升，风险累积较快，导致融资缺位，盈利恶化，现金流断裂最终走向违约。最典型的现象便是当年出现了大量中小企业私募债违约，发债时趁着政策东风顺利融资，但还债时由于经营困难，债券续发可能性较低导致无法偿付，最终违约。

从企业性质角度看，国企违约概率加大，且出现恶性逃废债情况。2015年由于过剩产能行业供需结构恶化，部分重资产周期性国企经营困难，经营情况急剧恶化，而其上级国企出现剥离优质资产，逃废债情况，最典型的便是兵装集团旗下的保定天威违约事件，这一事件影响极端恶劣，逃废行径毫无底线，作为以信用存在的债券市场，若连支柱的国企都不讲诚信，市场的信用机制将走向混乱，这对于起步时间不长的信用市场可谓打击巨大。

央企首例信用债违约——天威集团

2015年4月21日，保定天威集团有限公司（简称“天威集团”）正式发布公告，未能于当日兑付“11天威MTN2”的利息，天威集团正式宣告违约，“11天威MTN2”是债券公开市场上第一家央企发生违约，同时也是第一只银行间市场公开发行债券发生的违约案例，其背后的触发因素值得深思。

天威集团的前身是保定变压器厂，在2008年1月由国务院国资委批准央企兵装集团进行无偿接收天威集团100%股权。其工商登记于2008年3月13日完成，从此成为央企全资子公司。

天威集团早期主营变压器，传感器等输变电设备，至2000年公司创建第一家光伏新能源企业“西藏华冠科技股份有限公司”，从此涉及光伏、风电领域。

公司于 2011 年 2 月 16 日发行“11 天威 MTN1”，期限 5 年，发行规模 10 亿元，票面利率 5.85%，发行时主体评级为 AA+，当时评级报告指出给予该评级的一个重要因素就是其为兵装集团全资子公司。

公司完成发债后，其业绩呈现持续下滑的态势，2010 年年报披露其归母净利润仍有 4.1 亿元，但其母公司非合并报表净利润仅有 0.2 亿元，其主要利润来源于下属上市子公司保变电气（600550.SH），当时天威集团仍然持有 51.1% 的保变电气股权，属于绝对控股大股东。天威集团盈利情况从 2011 年开始快速恶化，2011—2014 年天威集团归母净利润分别为 -9.03 亿元、-16.4亿元、17.01 亿元和 -76.04 亿元。这背后有由于 2011 年欧债危机及美国双反调查等因素造成的光伏行业景气度下降造成的亏损，但究其公司管理层面，天威集团却存在较为明显的有资质产转移迹象，具体时间如下：

2011 年 9 月 19 日，天威集团将子公司保变电气 1 亿股质押给兵装集团；2013 年 1 月 31 日再次将 1 亿股质押给兵装集团财务公司。此后在 2013 年 5 月 31 日再次质押 1.52 亿股至兵装集团财务公司，前后合计质押 3.52 亿股，占保变电气 25.64% 的股权。

天威集团在完成了保变电气股权质押后，于 2013 年 6 月 4 日公告将保变电气 3.52 亿股直接转让给兵装集团，6 月 13 日完成过户登记，转让后，天威集团对核心资产保变电气的持股比例从 51.1% 下降至 25.66%，兵装集团提高持股比例至 25.64%。

保定天威集团有限公司
关于与保定天威保变电气股份有限公司
进行资产置换的公告

经保定天威集团有限公司（以下简称“天威集团”或“我公司”）控股股东中国兵器装备集团公司的批准。天威集团拟与保定天威保变电气股份有限公司（以下简称“天威保变”）进行资产置换。

我公司是天威保变的控股公司，持有天威保变 25.66%的股权。为优化产业结构、整合现有资源，提升天威集团在输变电行业的整体优势，我公司拟与天威保变进行资产置换。我公司以持有的保定天威电气设备结构有限公司 100%股权、保定天威变压器工程技术咨询维修有限公司 100%股权、保定保菱变压器有限公司 66%股权、保定多田冷却设备有限公司 49%股权、保定惠斯普高压电气有限公司 39%股权、三菱电机天威输变电设备有限公司 10%股权以及部分商标、专利、土地使用权、房屋所有权与天威保变持有的保定天威风电科技有限公司 100%股权、保定天威风电叶片有限公司 100%股权、天威新能源（长春）有限公司 100%股权、保定天威薄膜光伏有限公司 100%股权进行置换。

本次资产置换事项对天威集团的日常管理、生产经营、偿债能力无重大影响。

图 11－8　保定天威资产转移公告

数据来源：Wind

天威集团完成了旗下最赚钱子公司保变电气股权转让后，于 2013 年 10 月 12 日公告与保变电气进行资产置换，天威集团以输变电相关子公司股权、土地、房屋所有权、商标和专利为代价，置换了保变电气包括电气光伏、风电新能源相关子公司股权。但我们都知道在当时环境下，光伏、风电处于严重产能过剩时期，企业经营持续暴亏，但是在当时的资产置换约定时，净资产的资产对价却呈现为资产价值对等的奇异情形。对比来看天威集团置换出的资产中仅有一家子公司有亏损，其余均为盈利公司，而置入资产中子公司全部出现大幅巨亏，并且在如此不公平的交易对价下，天威集团还需要额外支付 7079.5 万元的现金差价。

2013 年 12 月 9 日，天威集团再次公告称保变电气拟向兵装集团非公开发行股份，发行完成后，兵装集团对保变电气持股比例提高至 33.47%，成为保变电气新的大股东，该议案在 2013 年 12 月 25 日经由国资委批复同意。

回溯来看，2013 年天威集团逐步失去了其最主要的利润来源，通过一系列资产置换，将有盈利能力的输变电业务悉数置换出去，反而置换了大幅亏损的光伏和新能源业务。在这一背景下，天威集团从 2013 年中开始逐步出现银行贷款逾期问题，此后问题进一步加剧，最终在没有盈利支撑的背景下，出现了债务违约。

回过头来看，“11 天威 MTN2” 的违约，既有自身押注光伏行业，过度投资不谨慎造成，亦有母公司掏空子公司逃废债的行为。天威集团违约后引发市场轩然大波，投资者要求公司实际控制人兵装集团提供无条件担保、提请交易商协会公开谴责并暂停兵装集团及其子公司发行债务融资工具，但该议案最终并未通过。对于债券市场投资者而言，央企的信仰被击碎，而信用风险最终落到企业实际经营层面逐步得到市场的共识，信用市场投资者对于刚兑的预期逐步走低，信用风险的识别要求和难度进一步提升。

控制权之争引发信用违约——山水水泥

中国山水水泥集团有限公司（简称“山水水泥”）于 2008 年 7 月 4 日成为首家在香港红筹股上市的水泥企业。从整体经营情况来看，山水水泥在 2011 年之前保持着较高的盈利增速，但 2011 年之后受制于行业景气度下降及控制权纷争，公司盈利状况有所弱化。公司 2010—2014 年净利润分别为 11.49 亿元、27.93 亿 19.06 亿元、14.48 亿元和 8.22 亿元，到 2015 年 9 月末公司净利润跌至 -4.91 亿元。盈利状况逐步走弱，融资渠道收窄，最重要的是股东内部斗争导致在 2015 年 11 月 11 日，无法偿还“15 山水 SCP001”，构成实质性违约。

公司逐步走向违约并非单纯由于公司经营和行业景气度造成。更重要的是公司由于持续陷入股权纷争，最终走向违约。这一违约的新情况引发了市场后续对于公司控制权问题的极大关注，也为后续信用市场信用甄别提供了一种全新的考量思路。

公司控制权之争最早需追溯至山水水泥筹备上市阶段，时任董事长张才奎以酌情信托的方式对山水水泥 3900 多名职工股东进行代持。直至 2013 年 11 月，张才奎推出了两份不平等的职工持股回购方案，通过该方案张才奎将成为唯一股东，并且所有股份变现的资金将源于山水水泥的年度分红，这意味着持股职工签字变现后将不再享受分红，而张才奎将最终以 13.7% 股份完成对山水投资 100% 的控制。但由于条款设置不公平引发职工强烈不满，内部斗争自此加剧，此后在 2014 年 8 月有 2000 多名职工及高管将时任总经理张才奎起诉到香港高等法院，申请解除信托关系。

张才奎在无法与员工达成和解情况下，引入央企中国建材成为山水水泥第二大股东，此后，山水投资对山水水泥持股比例下降至 25.09%，对于山水水泥的控制权有所减弱。而持股比例下降导致外部投资者存在不达到要约就能获得大股东地位的可能性。首先对山水水泥进行大肆买入的是亚洲水泥，至 2014 年 12 月 1 日，亚洲水泥对山水水泥持股比例提升至 20.9%，接近山水投资持股比例。但螳螂捕蝉，黄雀在后，天瑞集团在 2015 年初直接拿出 50 亿港元大举扫货，在 4 个月时间内，天瑞集团买入山水水泥近 10 亿股，持股比例高达 28.16%，成了山水水泥第一大股东。但疲于应付员工问题的张才奎直到大股东地位旁落时才发现已经变天了。

天瑞集团成为山水水泥第一大股东后，从 2015 年 6 月至 10 月，天瑞水泥 4 次提出重组董事会议案，试图掌握山水水泥控制权。最终该议案于 2015 年 12 月 1 日通过，天瑞集团对时任董事会进行集体罢免，原实控人张才奎、董事长张斌被迫出局。而该议案通过的背后也有控制权之争的背景，山水水泥在 2015 年 11 月 11 日出现债券违约后，山水水泥第一大股东天瑞集团提出协助山水水泥取得融资，但前提是更换时任董事会并增派天瑞的被提名人，从而天瑞集团通过山水水泥债务问题进入其董事会。但山水水泥的故事却远未结束，之后由于天瑞集团未能取得控制权，甚至发生了“武斗”事件，而山水水泥的债券违约也在此后多年持续延期，缓慢偿付。

山水水泥的债券违约事件，是一场非典型的债券违约的案例，这样的案例此后数年也再未有过。山水水泥在 2011 年能够获得 27.9 亿元净利润，但在此后两年急剧下滑，对于债券投资者来说，在当时市场环境下是很难想象一家盈利超 20 亿的公司在三年后就面临了债务违约。回溯来看股东间的控制权纷争确实影响了公司的实际经营，管理层不稳定容易引发公司融资层面出现问题以及极端风险出现。山水水泥事件之后，债券市场投资者不仅关注企业自身的盈利情况，也开始更加关注其管理层稳定性、股权集中度等公司管理层面问题，为信用市场的定价体系增加了一条新的标准。

数年后山水水泥的债券本息都得到全额偿还，信达资产也介入其中获利颇丰。

首例债务转至母公司完成兑付案例——12 二重集 MTN1

中国第二重型机械集团公司（简称“二重集团”）早期是国务院直属央企，在 2013 年由国务院批准与中国机械工业集团实施联合重组，成为中国机械工业集团核心子公司，主要生产重型专用设备制造、石化设备制造等。

二重集团在 2012 年 9 月发行“12 二重集 MTN1”，规模 10 亿元，票面 5.65%。但由于公司所处过剩产能行业，竞争激烈，产品价格持续压降，订单下降等因素，公司经营情况持续恶化，2010—2014 年，公司净利润分别为 1.6 亿元、-5.26 亿元、-27.55 亿元、-30.96 亿元和-81.24 亿元。公司最终于 2015 年 9 月 15 日，无法完成利息支付，构成实质性违约。

2014 年公司亏损规模达到 83.6 亿元，资产负债率达到 133.7%，2015 年上半年资产负债率继续攀升至 140.05%，处于严重资不抵债状态。公告显示，截至 2015 年 4 月 29 日，公司及控股子公司累计银行贷款等债务逾期金额为 80.14 亿元。

公司由于经营情况持续恶化，于 2015 年 9 月 15 日，二重集团发布公告称债权人申请对公司进行破产重整，而且二重集团提示“12 二重集 MTN1”存在利息无法按期支付及公司存在进入清算程序的风险。9 月 16 日，主评机构中诚信国际将二重集团信用等级调降至 CC。

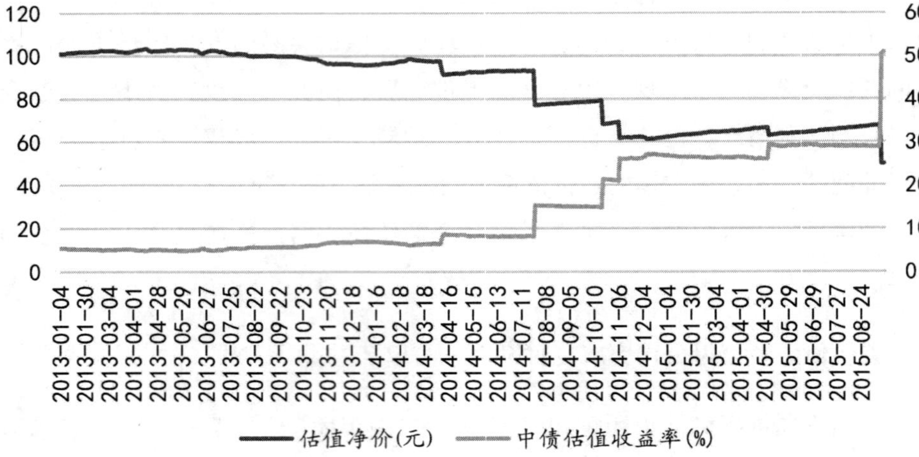

图 11－9　二重集 MTN1 估值变化情况

数据来源：Wind

二重集团由于持续亏损，市场对于其偿债风险加剧已有预期，其估值水平从 5.6%一路攀升至 50%，估值净价最终下滑至 49.94 元/张。但二重集团并未就此无所作为，公司于 2015 年 9 月 22 日发布公告称，公司控股股东、实际控制人大央企中国机械工业集团（简称“国机集团”）通知，为了保护投资者利益，国际集团或其受托机构拟受让全部本期中票，并于 2015 年 11 月 9 日，公司发布持有人会议公告“12 二重集 MTN1”将于 2015 年 11 月 11 日完成提前兑付工作。最终该期中票由实际控制人国机集团完成提前兑付，该期中票兑付也成为首例债务转至母公司完成兑付的经典案例。

中国第二重型机械集团公司关于 2012 年度第一期中期票据恢复交易及其他有关事项的公告

中国第二重型机械集团公司（简称“公司”）2012 年度第一期中期票据（12 二重集 MTN1，债券代码：1282369，简称“本期中票”）因到期利息偿付存在较大不确定性，公司积极与投资者就偿债方案进行协商论证。

由于存在较大不确定性，为保护投资者利益，公司申请本期中票于 2015 年 9 月 21 日下午开始暂停交易。

接到公司控股股东、实际控制人中国机械工业集团有限公司（简称“国机集团”）通知，为保护投资者利益，国机集团或其受托机构拟受让全部本期中票。公司后续将及时披露交易结果情况。

图 11－10　国机集团受让债权公告

数据来源：Wind

回溯来看，从该期中票的法律关系上来看，国机集团对该期债券未形成担保的情况下，子公司的违约母公司和股东并不存在代偿义务。该案例能够实现在自身经营状况较差无法完成债券兑付情况下，通过母公司受让债权的方式完成最终兑付，这背后的一个关键性因素是国机集团对二重集团具有极强的救助意愿。

据当时中国证券网报道，2015 年 1 月国机集团曾经偕同四大国有行和中国南车领导赴二重集团进行调研，并且在座谈会中表态：“中国二重的困难是发展过程中暂时的困难，国机集团有信心在采取一系列措施后使企业有更好的发展。中国二重扭亏脱困是国机集团当前工作的重中之重。在帮助二重走出困境的过程中，我们非常需要银行方面的支持和理解，通过双方都能够接受的方式，把中国二重的财务负担降下来，使企业能够轻装前进。同时，也希望南车集团这样的兄弟企业能够支持中国二重，充分发挥中国二重的产能，最终通过发展来解决中国二重目前遇到的困难。”

回过头来看，国机集团由于自身实力强大，偿债能力较强，且二重集团主营业务对国机集团整体业务具有重要意义，集团对其进行代偿虽然出乎意料，但又在情理之中，二重集的债务受让最终让市场认识到母公司的实力也在一定程度上决定了公司最后的债券偿付能力。

中国钢铁企业的首例债券违约——10中钢债

中钢集团公司（简称“中钢集团”）为国务院直属的央企，是全国最大的钢铁工业综合服务集团，其中中钢股份为其核心子公司，中钢集团约90%的收入来源来自中钢股份。中钢股份主营业务包括钢材、铁矿石、冶金辅料的贸易。公司主营以钢材贸易为主，其中内贸与外贸占营收比例分别为85%和4%。

2010年，中钢股份发行了“10中钢债”，该期债券为企业债，发行规模20亿元，期限5+2年，发行利率为5.30%，资金用途为14亿元用于建设冶炼等相关项目建设，2亿元归还银行贷款，4亿元用于补充运营资金。2015年10月19日，中钢股份公告称，将以上市公司中钢国际股票对10中钢债进行追加担保质押，并将延期支付利息，构成实质性违约。

回顾来看，中钢集团走上违约之路，有历史的必然，也有自身过度扩张后带来的恶果。

中钢集团在2003年仍然是一家以铁矿石贸易为主的公司，营收规模仅130亿元。当时国资委提出对央企要做大做强，并计划对160多家央企进行重组合并至80—100家，中钢集团由于处于行业中游水平，为避免被淘汰，采取了过度扩张的道路，通过央企背景，较容易获取资金的方式，快速收购重组相关公司，并对澳大利亚、南非等铁矿基地进行投资收购。由于投资决策失误，造成巨大亏损，特别是对澳洲中西部公式的收购最终项目规划失误，造成收购失败，该笔并购亏损高达100亿元。此外，据媒体报道，从2005年开始，中钢集团一系列国内外并购投资项目造成的亏损高达350亿元，巨额亏损为公司后续违约埋下了巨大隐患。

从公司管理层来看，2014年10月30日，中纪委网站公布消息称中钢集团中钢钢铁有限公司原总经理辛希乐涉嫌严重违纪问题进行了立案调查，其涉及山西中宇受贿案件，当时山西中宇与中钢集团自 2007 年开始进行贸易，而辛希乐牵头两方签署 5 年期战略合作协议，但后续由于山西中宇实力有限且管理不善导致无法按期交付产品，导致中钢集团 40 亿元资金无法收回。后续在辛希乐被调查时，中钢集团的应收账款规模已经高达 150 亿元，其中被民企占用就超过 100 亿元，公司内控管理较为混乱且管理层存在较大问题也是公司最终走向违约的一个重要原因。

从财务数据来看，2009—2013 年，中钢股份营业收入分别为 1605. 3 亿元、1830. 2 亿元、1769. 2 亿元、1331. 5 亿元、1370. 4 亿元，净利润分别为 4. 72 亿元、 -7. 28 亿元、 -39. 49 亿元、 -21. 72 亿元、1 亿元，资产负债率分别为 93. 05%、92. 99%、98. 47%、94. 78%、94. 87%。公司从 2010 年开始短债占比已达到 80%，千亿债务对的滚动压力已经极大。至 2013 年，公司短期债务规模达到 549. 45 亿元，占有息负债比例 88. 65%，短债长投，资金错配，投资失误，亏损加剧，最终导致银行对其信贷收紧，融资渠道断裂，最终造成债务违约。中钢集团也成了首家信用违约钢铁企业。

“10 中钢债”违约后，中钢集团并未完全放弃该期债券。2016 年 9 月，中钢集团发布公告称“在国家政府部门的指导、支持下，在相关各方的共同努力下，中钢集团债务重组正式获批”，并在后续组织债委会对该期债务进行追偿。在此后的两年时间里，中钢股份合计发布了 34 次延期回售登记“10 中钢债”的公告，最终在 2017 年 10 月 20 日悄悄完成了兑付。而最终兑付的资金来源根据市场猜测可能来自国企结构调整基金，由于 2017 年 8 月 8 日，中钢股份旗下上市公司中钢国际（000928. SZ）公告，中钢集团及中钢股份将其持有的超 40% 股份进行质押，质权方为国企结构调整基金。

“10 中钢债”违约事件虽然在多年后最终兑付，但是首例钢企违约无疑让市场真正认识到过剩产能行业的不景气问题已经切身地影响到了公司的债务偿还。盈利能力弱、债务负担高的公司，即便拥有央企的背景加持，在市场环境恶化的情况下，金融机构依然会用脚投票，掐断其融资渠道控制损失，而公司自身经营恶化情况下，想要穿越完整周期的难度是极高的，“10 中钢债”有较多的标签，包括企业债、央企等等，但同样无法摆脱违约的最终命运，无序扩张导致自身经营出现恶化是最终违约的根源，信用风险的定价从2015年的违约层出不穷后开始愈发重要。

东飞马佐里的诡异担保违约

东飞马佐里是家从事纺织机械制造的公司，2005年于江苏省盐城市下属县级市东台市注册成立，其法人及实控人为朱鹏。

发行人于2013年1月25日发行金额1.1亿元、期限2年的中小企业私募债“12东飞01”，此后又于2013年3月21日发行总额1.5亿元“12东飞02”，两期私募债合计发行总额2.6亿元，发行利率高达9.5%。

东飞马佐里整体经营情况较弱，2011年末净资产为2.56亿元，同期净利润为2453万元，其自身资质发债难度较高，而其发行成功得益于城投平台东台市交通投资建设集团有限公司为其提供不可撤销连带责任担保。

但2015年1月26日，“12东飞01”未能偿付，作为其担保人的东台交投却突然称不存在担保一事。1月26日，东台交投出具声明称其不用为违约的债权提供连带清偿责任。声明文件显示，东交投的担保事项是东飞马佐里发行的中小企业私募债券的信用评级。如债券发行人未能清偿本期债券项下的任何本金或利息，东交投不承担任何代为清偿或与之类似的义务和责任。

东台交投仅对该期债券的债项评级进行了担保，但对债券的清偿并未有担保一事。该案件一度扑朔迷离，直至2018年8月，江苏省高级人民法院最终裁定发行人东飞马佐里对募集说明书和担保函进行虚假编造，其对东台交投出具的“信用评级”担保材料伪造成“不可撤销连带责任保证”担保材料。该过程由公司实控人朱鹏进行安排编造，并将编造材料提供给长城证券尽职调查人员，最终报送至深交所进行审核。

最终该企业主要负责人被追究了刑事处罚，并追缴回案款2.539亿元。东飞债违约告诉我们即便是担保函亦存在造假可能，信用定价的复杂程度也许远超想象。

五、结语

2015 年是中国信用债市场非常重要的一年，这一年交易所债券市场大爆发，实现弯道超车，极大地提升了信用债市场的广度和深度，特别是上交所债券部在其中起到了非常重要的作用。市场在流动性宽松的背景下，一级发行供需两旺，发行规模再创新高。

2015 年债券市场继续了 2014 年以来的牛市，二级市场收益率在下半年明显下行，不过由于流动性宽松和信用风险事件频发爆发等因素的影响，短期限、高等级的债券表现好于长期限、弱资质的品种。

然而，流动性充裕并不能掩盖信用风险不断发酵。在经济下行的大背景下，零违约的神话终于破灭。随着天威集团、二重集团、中钢集团这样的央企或国企连续违约，曾经的信仰不断遭到质疑。刚性兑付的打破让市场参与者风险意识得到强化，提高风险识别、防范、应对和定价能力的必要性不断增强。

2016年：从“资产荒”到“债灾”

2016年世界经济保持复苏态势，但“黑天鹅”事件频现，民粹主义、逆全球化、贸易及投资保护主义抬头，地缘政治不确定性上升。主要发达经济体复苏节奏持续分化，美国经济表现相对较好，但特朗普新政府的政策走向存在较大不确定性。欧元区经济略有改善，但仍然面临难民问题与银行业风险。日本经济增长仍然较缓慢，并且缺少政策空间。美国、欧元区、日本2016年GDP同比增速分别录得1.7%、1.9%、0.8%，分别较上年降低了1.4个、0.1个、0.8个百分点。新兴市场国家经济有所企稳，不过经济结构调整和转型压力仍然存在。在这样的背景下，主要经济体货币政策进一步分化。美联储于12月14日宣布将基准利率再次上调25bp，还上调了美国短期经济增长和通胀预期，并上调2017年加息预期次数至三次。

2016年供给侧改革正式全面推广实施，全年经济探底企稳，实现GDP同比增长6.85%，CPI同比2.0%。货币政策在上半年平稳偏宽，中国人民银行普遍下调金融机构人民币存款准备金率0.5个百分点，两次下调中期借贷便利（MLF）利率，6个月和1年期MLF利率分别累计下调40bp和25bp。下半年思路从稳增长转向“去杠杆”和“防风险”，8月末央行重启14天逆回购，标志着2014年开始的货币政策宽松周期结束，“去杠杆”成为未来很多年资本市场不得不面对的现实。

2016年债券收益率走势波动较大。前三季度在相对宽松的货币环境下，收益率震荡下行，银行委外和表外理财的爆发式增长倒逼资产荒加剧，致使10年期国债收益率下行至历史低位。四季度在货币政策转向和特朗普上台等多重因素的影响下，收益率快速上行。12月份由于“国海萝卜章”事件引发债灾，国债期货上市后首次出现跌停，结束了近 3 年的债券牛市，又一轮债券熊市开启。

图 12－1　2015—2016 年国债利率曲线变化

数据来源：Wind

2016 年信用债市场经历了大幅波动，全年前 10 个月的涨幅在最后两个月全失。10 月之前“资产荒”主导市场，一级市场供需两旺，二级市场信用利差、期限利差被压缩至历史低位。收益率中枢下行导致部分资金存在着资产端和负债端不匹配的问题，进而向加杠杆索取收益。然而，普遍的高杠杆导致市场风险不断积聚，埋下了“债灾”的隐患。2016 年流动性宽松和资管行业大爆发让很多骗子公司混入了信用债市场，发行主体信用等级下调数量显著增加，信用风险在流动性收紧后加速暴露，违约事件频繁发生。

一、重点事件时间轴

● 2016－1－11　财政部公布《关于对地方政府债务实行限额管理的实施意见》，明确对地方政府债务余额实行限额管理，并提出建立健全地方政府债务风险防控机制和妥善处理存量债务。地方政府存量债务中通过银行贷款等非政府债券方式举借部分，通过三年左右的过渡期，由省级财政部门在限额内安排发行地方政府债券置换。

- 2016－1－25　中债信用增进投资股份有限公司发布公告称，由于青岛三特电器集团有限公司无法按期兑付本期票据，作为本期票据的信用增进方，已代偿三特电器未能兑付的本金和利息。
- 2016－1－28　财政部印发《关于做好2016年地方政府债券发行工作的通知》，首次对地方债的发行节奏做出明确规定，同时扩大地方政府财政、债务信息披露范围，鼓励将地方债作为抵（质）押品以改善地方债流动性。
- 2016－2－14　央行出台了《全国银行间债券市场柜台业务管理办法》，首次允许“年收入不低于50万元，名下金融资产不少于300万元，具有两年以上证券投资经验的个人投资者”投资柜台业务的全部债券品种和交易品种。
- 2016－2－14　亚邦投资控股集团有限公司未能按照约定筹措足额偿债资金，“15亚邦CP001”不能按期足额偿付。
- 2016－2－16　人民银行等八部委发布《关于金融支持工业稳增长调结构增效益的若干意见》，提出扩大公司信用类债券发行规模，拓展可交换债券、可转换债券市场，积极发展绿色债券、高收益债券等创新金融工具。
- 2016－2－19　中国银行间市场交易商协会发布公告称，协会组织市场成员完成《非金融企业债务融资工具注册发行规则》《非金融企业债务融资工具公开发行注册工作规程》及《非金融企业债务融资工具公开发行注册文件表格体系》的修订工作。
- 2016－2－24　国家发改委发文指出，2016年将继续扩大企业债券发行规模，在现有专项债券品种基础上，进一步创新品种，扩大专项债券支持重点领域、重点项目的范围，并会同有关部门研究推出高风险、高收益债券品种。
- 2016－2－29　央行决定自2016年3月1日起，普遍下调金融机构人民币存款准备金率 0.5 个百分点。

- 2016 – 3 – 8　淄博宏达矿业有限公司不能按期足额偿付“15 宏达 CP001”，这是国内首例发布了兑付公告且未进行任何风险提示而最终违约的债券。
- 2016 – 3 – 9　广西有色金属集团有限公司由于连续亏损，并已进入破产重组程序，造成“13 桂有色 PPN001”本息到期不能偿付。
- 2016 – 3 – 13　江苏中联物流股份有限公司未能按时兑付“13 中联 01”本息，构成实质违约。
- 2016 – 3 – 17　南京雨润食品有限公司未能按照约定筹措足额偿债资金，“15 雨润 CP001”不能按期足额偿付，构成实质性违约。
- 2016 – 3 – 17　国家发改委发布通知，建立包括沈阳等 40 个市县所属企业申请企业债券“直通车”机制，发行企业债可直接申报，无须经由省级发改委转报。
- 2016 – 3 – 22　中成新星油田工程技术服务股份有限公司受国际油价下跌影响，企业经营一直较为困难，现金流紧张，未能按时足额兑付“12 中成债”本息，构成实质性违约。
- 2016 – 3 – 28　东北特殊钢集团有限责任公司未能按照约定筹措足额偿债资金，“15 东特钢 CP001”不能按期足额偿付，已构成实质性违约。
- 2016 – 4 – 1　国务院常务会议决定将社保基金债券投资范围扩展到地方债，并将企业债和地方政府债投资比例从 10% 提高到 20%。
- 2016 – 4 – 6　中煤集团山西华昱能源有限公司由于经营业绩出现亏损，造成公司资金链紧张，“15 华昱 CP001”不能按期足额偿付，成为首家债券违约的煤炭央企。
- 2016 – 4 – 11　中国铁路物资股份有限公司发布关于重大事项的特别风险提示暨相关债务融资工具暂停交易的公告，称申请公司相关债务融资工具于当日上午开始暂停交易，待相关事项确定并向投资人披露后，再申请恢复交易。
- 2016 – 5 – 4　内蒙古奈伦集团股份有限公司无法按时、足额偿付“11 蒙奈伦债”应付利息及回售款项，构成实质性违约。

● 2016－5－6　央行发布〔2016〕第8号公告，住房公积金、养老金、慈善基金被首次明确作为独立非法人机构投资者参与银行间市场，银行理财产品在银行间市场的开户范围也从16家上市银行大幅扩展至全部银行。

● 2016－5－16　春和集团有限公司未能按照约定筹措足额偿债资金，“15春和CP001”不能按期足额偿付。

● 2016－5－29　鄂尔多斯市益通路桥有限公司未能兑付大成西黄河大桥通行费收入收益权专项资产管理计划益通优先02（“14益优02”）到期本息。

● 2016－6－1　甘肃华协农业生物科技股份有限公司因公司资金规划原因，未能按期支付华协农业私募债券第一、第二期本息。

● 2016－6－15　四川省煤炭产业集团有限责任公司受煤炭行业产能过剩、煤价大幅下跌、新发行债券困难等多方面因素影响，公司资金链紧张，虽然通过多方渠道筹集资金，但依然未能筹集足额偿付资金，“15川煤炭CP001”不能按期足额偿付，已构成实质性违约。

● 2016－6－29　中债信用增进投资股份有限公司发布公告称，将履行对“福建省宁德市2013年度第二期区域集优中小企业集合票据”的信用增进责任。

● 2016－7－19　云南云维股份有限公司发布公告称，云南圣乙投资有限公司将于7月26日开始代为偿付“云债暂停”2016年6月1日至2016年7月13日期间债券利息和本期债券的本金。因云维股份2014年、2015年连续两年净利润为负值，上海证券交易所决定自2016年5月10日起暂停上述债券上市，债券简称也由“11云维债”更名为“云债暂停”。

● 2016－7－28　河南佳源乳业股份有限公司未按时兑付“14佳源债”本息。

● 2016－8－8　上海清算所公告确认，国裕物流未能足额划付付息兑付资金，“15国裕物流CP001”构成实质性违约。

● 2016－8－22　国务院印发《降低实体经济企业成本工作方案》，明确提出改革完善公司信用类债券发行管理制度，合理扩大债券发行规模，提高直接融资比例。

● 2016－8－30　媒体报道多家券商收到交易所窗口指导，发行人最近三年的营业收入来自所属地方政府的比例若超过50%，将不能在交易所发债，发债门槛大幅提升。

- 2016－9－2　上交所在新闻发布会上表示，经过反复论证与审慎评估，对地方融资平台的甄别标准进行了修订：一是将“双50%”调整为“单50%”；二是调整指标计算方法。此次调整有利于防范地方政府债务风险。
- 2016－9－9　交易商协会发布《投资人保护条例范例》，针对债务融资工具违约风险点，设计了“交叉保护条款”“事先约束条款”和“控制权变更条款”，将风险事件作为持有人会议触发情形，并分别设置了相应的投资人保护机制。同月，《银行间市场信用风险缓释工具试点业务规则》以及信用风险缓释合约、信用风险缓释凭证、信用违约互换、信用联结票据等四份产品指引发布，推出CDS和CLN，为投资者提供了信用风险对冲工具。
- 2016－9－21　金乡县华光食品进出口有限公司未能如期偿付“13华光04”本金及利息。
- 2016－10－28　上交所、深交所先后发布《关于试行房地产、产能过剩行业公司债券分类监管的函》，对房地产、产能过剩行业分别采取了“基础范围＋综合指标评价”“产业政策＋综合指标评价”的分类监管标准，并规定了房地产、煤炭和钢铁企业应合理审慎确定募集资金规模、明确募集资金用途及存续期披露安排，明确房地产企业的公司债券募集资金不得用于购置土地。
- 2016－11－3　莱芜信通印刷设备有限公司称其已积极尝试引进新的投资人和合作者进行资产重组，然而重组需要时间，仍未筹措到“14信通债”到期利息和回售本金。
- 2016－11－11　国家发改委发布《关于企业债券审核落实房地产调控政策的意见》，限制房地产开发企业发行企业债券融资用于商业地产项目，并对用于保障性住房和安置性住房的企业债发行做出详细规定。
- 2016－11－14　国务院办公厅印发《地方政府性债务风险应急处置预案》。同时经国务院批准，财政部还印发了《地方政府性债务风险分类处置指南》。提出我国将建立地方性债务风险分级响应机制，实施债务高风险地区财政重整。明确地方政府依法承担地方政府债券的全部偿还责任，中央实行不救助原则，升级政府对本地区政府性债务风险应急处置负总责，省以下地方各级政府按照属地原则各负其责。

- 2016－11－14　山东迪浩耐磨管道股份有限公司因公司资金筹划的原因，“14 迪浩债”剩余 320 万元到期本金未能按期支付。
- 2016－11－16　河北省物流产业集团有限公司由于个别应收款未按期到位，公司资金调配出现临时性资金紧张导致未能及时兑付“15 冀物流 CP002”。
- 2016－11－21　大连机床集团有限责任公司由于技术性原因，未能按照约定将“15 机床 CP003”偿付资金按时足额划至托管机构公司，并拟于次日 10：00 前划付。
- 2016－11－23　银监会对外发布《商业银行表外业务风险管理指引（修订征求意见稿）》，内容包括扩展表外业务定义范围，要求商业银行建立表外业务风险限额管理制度等。
- 2016－11－28　中国城市建设控股集团有限公司未能按时兑付“14 中城建 PPN003”利息，构成实质违约。
- 2016－12－5　内蒙古博源控股集团有限公司未能按照约定筹措足额偿债资金，“16 博源 SCP001”不能按期足额偿付，构成实质性违约。
- 2016－12－12　中国银行间市场交易商协会发布《非金融企业资产支持票据指引（修订稿）》及《非金融企业资产支持票据公开发行注册文件表格体系》，旨在贯彻落实关于降低实体经济企业成本和降低企业杠杆率的系列政策精神，推动企业有序开展资产证券化，助力企业盘活存量资产，拓宽融资渠道。
- 2016－12－12　大连机床集团有限责任公司因资金链紧张，未能按照约定筹措足额偿债资金，“16 大机床 SCP001”不能按期足额偿付，已构成实质性违约。
- 2016－12－21　国家发改委、证监会发布《关于推进传统基础设施领域政府和社会资本合作（PPP）项目资产证券化相关工作的通知》。

● 2016－12－26　全国首单社会效应债券——山东沂南扶贫社会效应债券在全国银行间债券市场成功发行，专项用于沂南县扶贫特色产业项目、公共服务及基础设施等工程。

二、信用债市场回顾

一级市场发行情况

表 12－1　信用债一级新发行情况

债券类型	发行期数（只）			发行规模（亿元）			平均发行规模（亿元）		
	2015 年	2016 年	增幅	2015 年	2016 年	增幅	2015 年	2016 年	增幅
一般短期融资券	1109	687	－38%	9725	6063	－38%	9	9	1%
超短期融资债券	1435	1949	36%	23081	27613	20%	16	14	－12%
一般企业债	300	495	65%	3406	5876	73%	11	12	5%
一般中期票据	916	896	－2%	12724	11415	－10%	14	13	－8%
一般公司债	320	884	176%	5251	12982	147%	16	15	－11%
私募债	559	1376	146%	5033	14878	196%	9	11	20%
定向工具	1118	742	－34%	8845	5991	－32%	8	8	2%
合计	5757	7029	22%	68064	84816	25%	12	12	2%

数据来源：Wind

说明：在计算平均数时结果只保留到个位，但计算增幅时使用的是精确度更高的数据。

2016 年，债券市场继续扩容，信用债发行期数和发行规模分别较上年增加 22% 和 25% 左右，增幅较大在一定程度上是因为地产企业加大公司债发行以及企业债发行门槛降低和审批便利化的影响。债券的平均发行规模变化较小。

具体来看，2016 年累计发行短期融资券 687 期，发行规模为 6063 亿元，发行期数、发行家数、发行规模均较上年下降 38% 左右，平均发行规模变化较小，发行期限仍以 1 年期为主。

2016 年超短期融资券发行数量 1949 只，较 2015 年上升 36%，发行规模发2.76万亿元，较2015年上升20%。超短期融资券的发行规模是短期融资券发行规模的4倍以上，表明超短期融资券对于短期融资券的替代和分流效应持续加强。

2016年企业债发行数量495只，较2015年300只提升了65%，平均发行规模12亿元较2015年上升5%。2015年末以来，出于稳增长的考虑，国家发改委采取降低企业债券发行门槛及提高发行审批效率等措施促进了企业债券发行量的上升。

2016年一般中期票据发行数量896只，较2015年916只下降2%，发行规模为1.14万亿元，较2015年的1.27万亿元下滑10%。主要由于临近年末，信用债收益率大幅走高导致长期限资产发行难度加大。

2016年一般公司债发行数量884只，较2015年提升176%，发行规模达到1.29万亿元，较2015年增长147%。私募债发行数量1376只，较2015年增长146%，发行规模达到1.48万亿元，较2015年增长196%。一般公司债和私募债的高速增长一方面得益于政策鼓励发展交易所创新品种，绿色公司债、熊猫公司债、可续期公司债、创新创业公司债等成为公司债市场的新亮点；另一方面是由于公司债较低的发行门槛以及便利的发行流程，特别是在房地产行业走好背景下前三季度房地产企业公司债发行量明显增加。

2016年定向工具发行数量742只，较2015年1118只下降了34%，发行规模5991亿元较2015年下降32%。主要由于私募债发行条件放宽，对定向工具造成较为明显分流。

2016年全社会融资利率整体下降，间接融资利率处于2011年以来的低位。直接融资利率方面，2016年全年企业平均发债利率较2015年下行，然而四季度以来多种因素促使债市收益率不断上行，信用违约事件的频发也使得企业融资利率开始上升。短期融资券发行利率1月到3月下行，3月至6月上行，6月至9月下行，9月至12月上行，尤其11、12月份利率水平一路飙涨，12月平均发行利率达到4.08%，相比2015年同期上行69bp。中票发行利率3月至10月均为下行趋势，11、12月一路上行，2016年末最后一周发行利率比2015年末提高80bp。

二级市场成交情况

2016 年信用债收益率和信用利差走势剧烈波动。一季度宏观经济增长继续呈现放缓的态势，货币政策整体偏宽松，但在稳增长担忧、大宗商品价格上升、债市供给明显增加等的影响下，市场收益率整体呈现震荡局面，信用利差较为平稳。

3 月份开始，债市违约明显增加，特别是广西有色、东北特钢两家地方国企违约对债券市场造成明显的冲击。进入二季度以后，债市违约继续发酵，中煤华昱、奈伦集团和春和集团等相继违约，债市风险偏好明显下降，信用债收益率明显上升，信用利差急剧上行。5 月以后债市新增违约明显减少，市场情绪明显修复。加之二季度宏观经济继续探底，5 月 9 日，权威人士判断“中国经济运行不可能是 U 形，更不可能是 V 形，而是 L 形的走势。这个 L 形是一个阶段，不是一两年能过去的”，显著调整了市场对经济基本面的预期。

进入 6 月，英国脱欧公投成为黑天鹅事件，点燃全球避险情绪。与此同时，同业套利和委外投资的链条带来基金专户、券商资管、银行理财等机构的规模不断膨胀，在收益率不断走低的过程中，加杠杆行为愈演愈烈，进一步放大了债券配置力量，使得期限利差、信用利差不断收窄。然而此时需求力量膨胀导致交易异常拥挤，风险已经开始堆积，此外经济也开始出现积极变化，终于，央行在 8 月 24 日重启 14 天逆回购，通过“锁短放长”间接提高公开市场操作投放的资金平均成本。不过当时牛市氛围极为浓厚，市场并未意识到政策的思路已经发生转变，更为明显的是央行在 9 月 14 日重启 28 天逆回购之时，收益率甚至再度掉头向下。10 月下旬，市场传闻央行计划将表外理财纳入 MPA 考核，正式引爆债市进入调整。在此期间，央行继续“锁短放长”，并且增加了 6 个月和 1 年期中期借贷便利 MLF 的操作规模，抬升资金成本。11 月 9 日，特朗普当选美国总统，再次掀起全球风险偏好以及通胀担忧，全球避险资产应声下跌，中国债券市场也未能幸免。12 月 15 日，美联储加息落地，市场悲观情绪极为浓厚。而在此期间，河北物流、中城建、大连机床相继违约，流动性资金极度紧张，“国海萝卜章”事件后机构纷纷自保，引发市场踩踏，并进入下跌、赎回、下跌的负反馈之中。总之，收益率在两个月内快速上行，信用债利差快速反弹。随后，在监管出面协调国海事件、央行投放流动性资金、银行提高对非银拆借之后，市场紧张情绪缓和，收益率迎来小幅下行，中高等级信用利差企稳，低等级信用利差继续上行。

全年来看，信用债绝对收益率于2016年末上行，信用利差收窄，低等级压缩幅度更大。以3年期中债中短期票据到期收益率为例，AAA级收益率相对于2015年末上行84bp，AA+级上行68 bp，AA级上行44 bp，AA-级上行12 bp。信用利差分别压缩4 bp、20 bp、44 bp和76 bp。

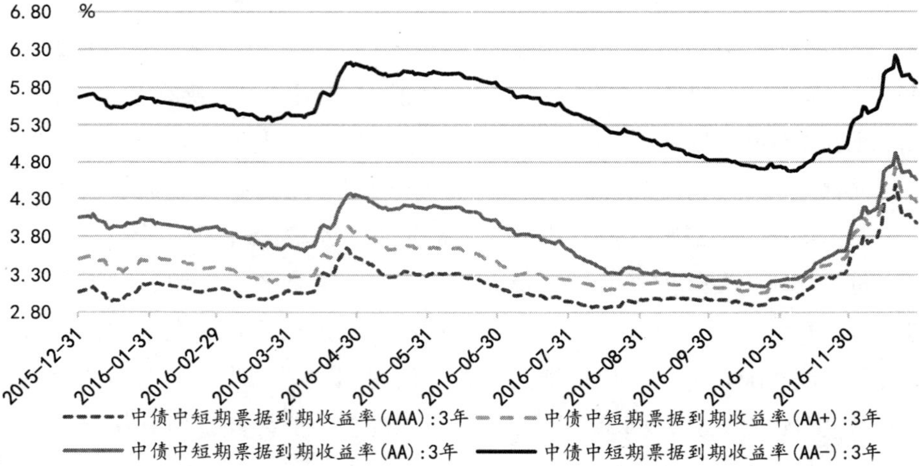

图12-2　2016年3年期信用债收益率大幅波动

数据来源：Wind

信用利差——多数收窄

2016年信用债收益率在年末阶段明显上行，以3年期中票估值收益率来看，AAA、AA+、AA品种收益率上行均超30bp，分别上行至3.90%、4.18%、4.48%。由于高流动性资产抛售较快，导致信用利差有所收窄。其中3年AAA、AA+、AA和AA-信用利差分别收窄4.63bp、20.63bp、44.63bp和76.63bp。

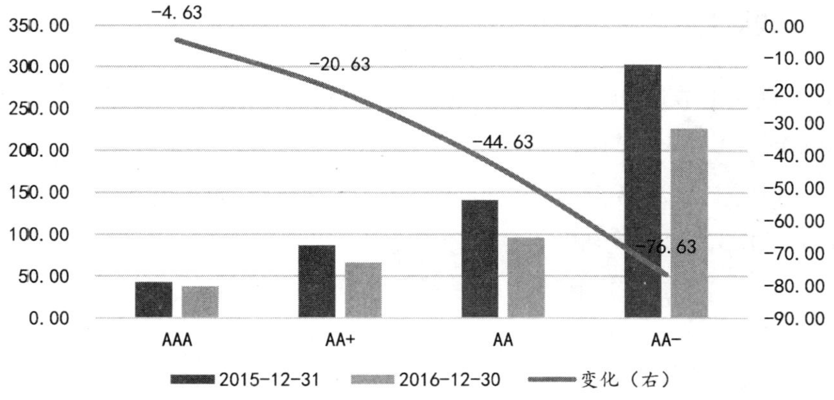

图 12 - 3　2016 年 3 年期各等级信用利差变化（bp）

数据来源：Wind

期限利差——多数收窄

信用债期限利差方面，3 - 1 利差方面，2016 年除了 AA - 级期限利差上行 35.57bp，其余品种 AAA 级、AA + 级、AA 级 3 - 1 期限利差分别下行 22.4bp、31.4bp、28.4bp。AAA 级、AA + 级、AA 级 3 - 1 期限利差分别位于 5%、5%、6% 分位点，处于历史极低水平。

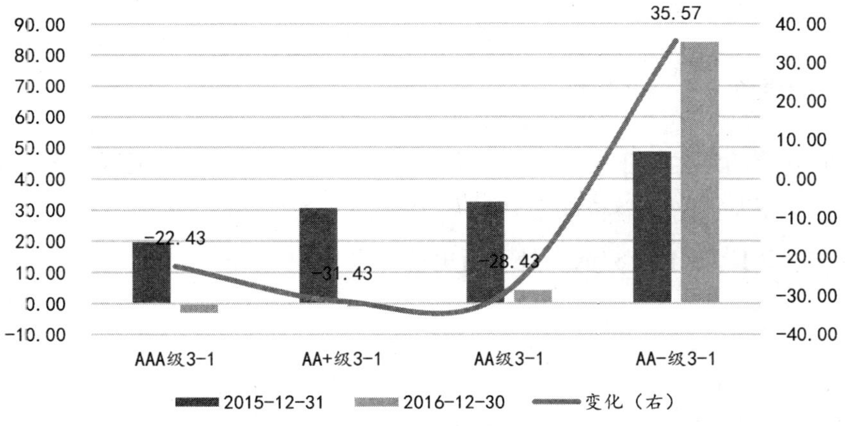

图 12 - 4　2016 年各等级期限利差（bp）

数据来源：Wind

评级间利差——一致收窄

评级间利差在 2016 年呈现一致收窄的特征。其中，1 年期短期融资券 AAA 与 AA +、AA + 与 AA、AA 与 AA - 评级间利差分别收窄 7bp、27bp、96bp。3 年期中票 AAA 与 AA +、AA + 与 AA、AA 与 AA - 评级间利差分别收窄 16bp、24bp、32bp。

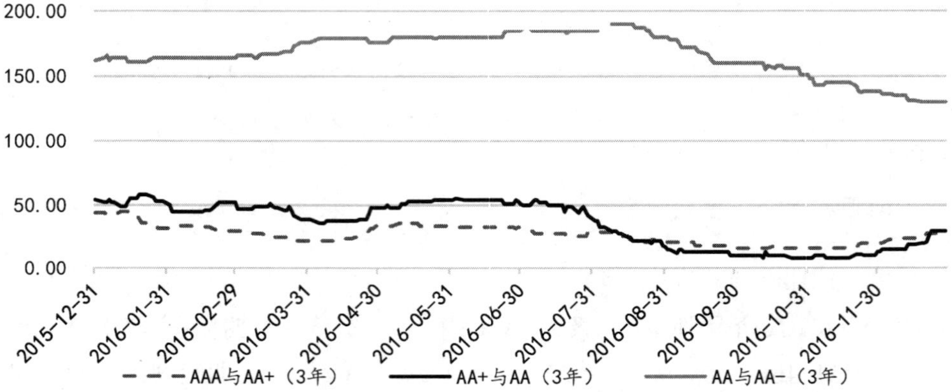

图 12 - 5　2016 年 3 年期中票评级间利差（bp）

数据来源：Wind

民企溢价——快速压缩

2016 年的流动性极度宽松，“资产荒”情绪推升全市场配置意愿，叠加风险事件较少，民企溢价明显压缩，民企产业债 2016 年底相对国企债利差 82bp，较 2015 年压缩 83bp，处于历史较低水平。

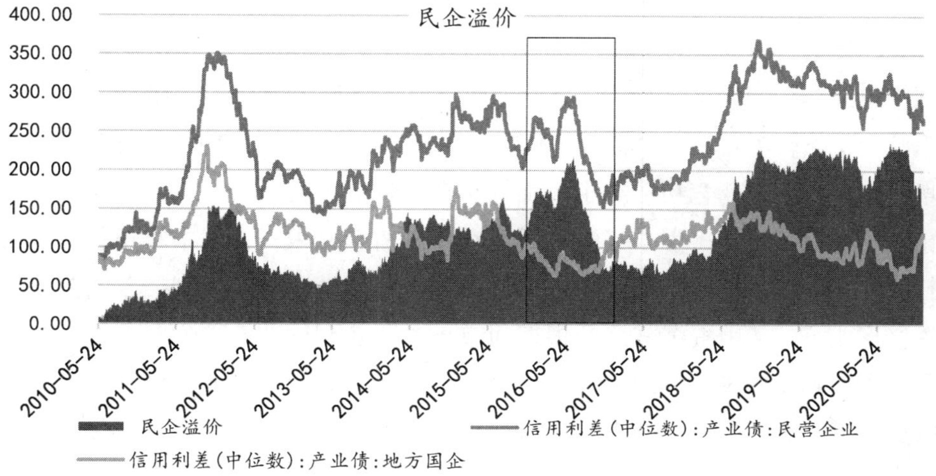

图 12－6　2016 年民企溢价率（bp）

数据来源：Wind

三、重要事件评述

“资产荒”

“资产荒”是 2016 年债券市场前 10 个月的主旋律，“资产荒”并不是缺乏资产，而是指当时银行、委外机构缺乏与其资金风险偏好相匹配的高收益、低风险资产。

受“三去一降一补政策”的影响，2015 年底实体融资需求恢复。地方政府找到了政府购买、PPP、产业基金等融资渠道，而地方债置换在 2016 年大规模实施，在降低地方政府债务负担的同时，也增加了债券供给。房地产受益于去库存，购房政策放松，房地产销售火爆，催生居民等大规模融资需求。由于融资渠道的拓宽，加上市场利率下行，房地产企业通过债券市场获得了大量资金，大量拍地，“地王”重现。此外，“去产能”政策下，过剩产能行业利润修复，过剩产能债券收益率开始下行。

但是，债券投资需求增长更快。为了应对经济下行压力和股灾等风险事件，2015 年全年央行 4 次降低存款准备金率，5 次降低贷款基准利率，OMO 利率也连续下调，从 2014 年初的 4.1% 一路下调至 2.25%。2016 年上半年货币政策仍然较为宽松，央行也进行了一次降准，并下调了 MLF 招标利率。市场对货币政策长期宽松形成了较强的预期，投资者借短放长、猛加杠杆的现象较为普遍。此外，由于当时对同业存单的监管有限，很多中小银行通过发行同业存单主动负债，企图通过加杠杆扩大资产端。同业套利链条兴起引导资金形成了一条由资金富余的银行间市场参与者到同业存单发行银行，再到同业资产到委外投资再到最终债券等标的的传导路径。同业套利和委外投资的链条带来了基金专户、券商资管、银行理财等机构的规模不断膨胀，以及债市需求力量的崛起。从非金融信用债（企业债、中票、短期融资券和超短期融资券）的托管数据来看，2016 年末，商业银行托管规模为 2.29 万亿元，同比下滑 5657 亿元；以理财为主的广义基金托管规模为 5.71 万亿元，同比增长 1.36 万亿元。受此影响，广义基金在非金融信用债投资者结构中的占比由 2015 年末 45.28% 迅速攀升至 2016 年末 56.37%。此外，由于委外资金负债成本高，并且采用资金池、期限错配等操作方式，资金整体的信用风险偏好较高，推动了信用债配置的资质下沉，结果就是各评级收益率泥沙俱下，一切价值洼地均被扫平，加速了债券市场泡沫化。

“国海萝卜章”事件

2016 年 12 月 14 日，有媒体报道称，国海证券一团队负责人失联，其请人代持的数百亿债券浮亏巨大，而国海证券拒绝承担该笔亏损。12 月 15 日，市场担忧该事件会导致金融机构间的信任危机，国债期货各品种出现历史性跌停。当日国海证券公告称该事件涉业务相关协议中加盖的“国海证券股份有限公司”印章纯属伪造。

按照监管要求，公募基金进入全国银行间同业市场进行债券回购的资金余额不得超过基金资产净值的 40%、证券公司质押回购融资规模/注册资本不超过 80% 等，场外代持成为机构绕过监管规定放大杠杆的潜规则。在牛市行情中，代持双方都能获利，机构通过代持可以在募集资金前提前收集筹码或是提高杠杆倍数增厚账户收益，而帮助代持的中小银行自认为其不承担风险便能享受一定的融资利率。然而从三季度开始央行将政策思路转变为防风险和去杠杆后，资金利率和债券收益率的快速上行使得投资者损失惨重，代持亏损方不愿认账，引发了“萝卜章”事件曝光。

由于债券代持回购交易没有集中交易平台，不受监管约束，多以口头或抽屉协议存在，完全依托于机构信用。“国海萝卜章”事件的曝光引发了金融机构之间的信任危机，尤其是银行对非银机构的不信任，这直接导致了金融机构融资成本飙升，进而演化为流动性资金危机。流动性资金紧张进一步引发连锁反应，部分大行突然集中大规模赎回货币基金，导致债市出现大量踩踏行为，信用债、利率债均出现抛盘。在此影响下，银行和非银回购资金利率分化出现大幅分化，1 年期国债收益率一周之内上行了 40bp，10 年期国债也大幅上行了 10bp。

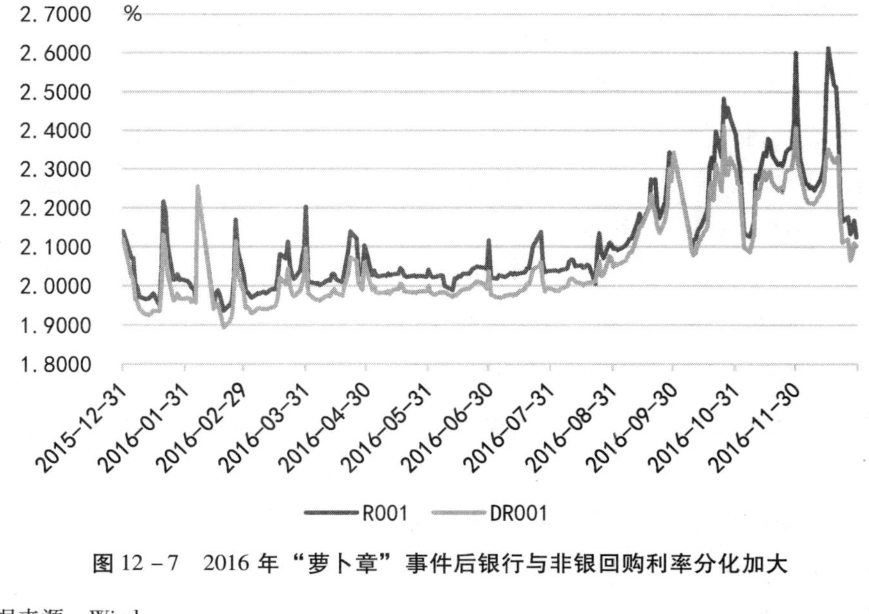

图 12－7　2016 年“萝卜章”事件后银行与非银回购利率分化加大

数据来源：Wind

“国海萝卜章”事件因监管快速响应和央行流动性资金注入而平息。2016 年 12 月 21 日，国海证券承认伪造公章签下的相关协议有效性，愿意与相关机构共同承担责任。此外，根据 12 月 21 日路透社报道，已有至少一家国有银行通过回购向基金公司提供数十亿元流动性资金支持。12 月 21 日当日债市迎来反弹，30 年期国债利率下行 10bp，10 年期国债利率下行约 15bp。

虽然“国海萝卜章”事件快速平息，但这次事件背后的金融去杠杆政策对债市的影响才刚刚开始。2017 年一系列金融监管和去杠杆政策相继发布，成为主导债市走势的重要因素。交易对手方风险也逐渐成为主流机构内部风控的重要考量，机构间开展业务时的合规要求相应提升，市场经历此事件之后也变得更加规范。

四、信用风险事件点评

2016 年违约信息一览

进入 2016 年，受国内经济继续下行、经济结构转型和去杠杆政策的影响，产能过剩行业、强周期行业和抗风险能力较弱的中小企业经营面临严峻挑战，债券市场信用风险暴露速度加快，发行主体信用等级下调数量显著增加，信用债市场呈现违约事件井喷的现象。

银行间公募债券市场共有 398 家发行人主体信用等级发生调整，其中信用等级被调升的有 271 家，调升率为 527%，较 2015 年下降 2. 4 个百分点；信用等级被调降的有 127 家，调降率为 2. 47%，高于 2015 年 0. 45 个百分点。整体来看 2016 年银行间债券市场发行人主体信用等级调升趋势明显减缓，调降率创近年新高。在评级调降的发行人中，有 34 家发行人主体发生大跨度评级调整［信用等级调整超过 3 个（含）子级］，反映了在经济下行压力下部分企业基本面迅速恶化，信用风险加速暴露。其中，大部分发生大跨度评级下调的企业已触发违约。另外，共有 93 家发行人被列入评级观察名单，为近三年的最高水平。

违约债券数量从 2014 年的 6 只、2015 年的 27 只提高至 2016 年的 55 只，违约债券规模从 2014 年的 13.4 亿、2015 年的 121.7 亿跃升至 2016 年的 391.77 亿。2016 年信用违约事件真正走向了常态化，让信用债市场参与各方迅速成长。

以下为 2016 年首次违约主体，合计 28 家。从违约主体性质来看，自 2015 年我国发生首例国企违约事件后（“11 天威 MTN2”），债券违约主体范围从民企开始逐步扩大，地方国企及央企出现违约后，信用风险的企业性质开始呈现多样性，2016 年违约主体以民营企业为主，民营主体 21 家，地方国企 6 家，央企 1 家。行业方面，钢铁、煤炭、船舶制造、光伏等产能过剩行业企业违约较多。

表 12－2　2016 年违约债券主体信息

发行人	企业性质	首次违约债券简称	首次债券违约日期
亚邦投资控股集团有限公司	民营企业	15 亚邦 CP001	2016－02－14
中恒通（福建）机械制造有限公司	民营企业	14 中恒 02	2016－02－29
上海云峰（集团）有限公司	地方国有企业	15 云峰 PPN005	2016－02－29
淄博宏达矿业有限公司	民营企业	15 宏达 CP001	2016－03－08
广西有色金属集团有限公司	地方国有企业	13 桂有色 PPN001	2016－03－09
江苏中联物流股份有限公司	民营企业	13 中联 01	2016－03－13
南京雨润食品有限公司	民营企业	15 雨润 CP001	2016－03－17
中成新星油田工程技术服务股份有限公司	民营企业	12 中成债	2016－03－22
东北特殊钢集团股份有限公司	地方国有企业	15 东特钢 CP001	2016－03－28
中煤集团山西华昱能源有限公司	中央国有企业	15 华昱 CP001	2016－04－06
内蒙古奈伦集团股份有限公司	民营企业	11 蒙奈伦债	2016－05－04
春和集团有限公司	民营企业	15 春和 CP001	2016－05－16
鄂尔多斯市益通路桥有限公司	民营企业	14 益优 02	2016－05－29
甘肃华协农业生物科技股份有限公司	民营企业	15 华协农业 01	2016－06－01
四川省煤炭产业集团有限责任公司	地方国有企业	15 川煤炭 CP001	2016－06－15
东兴金满堂商贸有限公司	民营企业	金满锐溢	2016－06－17
河南佳源乳业股份有限公司	民营企业	14 佳源债	2016－07－28

续表

发行人	企业性质	首次违约债券简称	首次债券违约日期
武汉国裕物流产业集团有限公司	民营企业	15 国裕物流 CP001	2016-08-08
金乡县华光食品进出口有限公司	民营企业	13 华光 04	2016-09-21
百花医药集团股份有限公司	民营企业	百花医药 1 期 B	2016-10-21
莱芜信通印刷设备有限公司	民营企业	14 信通债	2016-11-03
山东迪浩耐磨管道股份有限公司	民营企业	14 迪浩债	2016-11-14
河北省物流产业集团有限公司	地方国有企业	15 冀物流 CP002	2016-11-17
大连机床集团有限责任公司	民营企业	15 机床 CP003	2016-11-21
中国城市建设控股集团有限公司	民营企业	14 中城建 PPN003	2016-11-28
内蒙古博源控股集团有限公司	民营企业	16 博源 SCP001	2016-12-05
惠州侨兴电信工业有限公司，惠州侨兴电讯工业有限公司	民营企业	侨兴电信债 003	2016-12-15
广州华工百川科技有限公司	地方国有企业	13 百川债	2016-12-16

数据来源：Wind

债券发生违约的直接原因是发行人经营和财务状况恶化，现金流断裂。从 2016 年债券违约的原因来看，造成发行人经营和财务状况恶化的原因主要有以下几点：

宏观经济下行及行业景气度下滑导致公司经营恶化。在经济基本面继续向下及经济结构逐步调整的宏观大背景下，钢铁、煤炭、水泥等产能过剩行业以及与经济基本面高度联动的强周期性行业，下游行业需求不振，该类行业内企业面临较大的经营压力及融资压力。例如，“15 川煤炭 CPOO1”的发行人就是部分受到煤炭行业整体产能过剩、产品价格大幅下跌的影响发生违约；天威集团受光伏行业产能过剩的影响持续亏损，最终资不抵债导致债券发生违约。

公司经营管理不善导致公司盈利能力大幅下降。例如，山东山水集团所发生的债务问题，部分原因是因为控股股权纷争未解决，公司融资渠道受到限制，导致资金链紧张。宏达集团受核心业务转让、实际控制人变更影响，偿债能力丧失，导致债券发生违约。

实际控制人发生风险对企业经营产生严重不良影响。公司实际控制人接受调查或失联可能会导致公司内部经营发生混乱，也会导致外部融资渠道对公司产生担忧。对于公司治理不完善的民营企业，实际控制人风险更是雪上加霜。例如，2016 年 1 月亚邦集团实际控制人、董事长许小初因个人原因，应相关部门要求协助调查，直接导致外界对亚邦集团的偿债能力产生怀疑，多家银行进行抽贷，外部融资渠道受阻，导致债券发生违约。

股东、政府或相关利益方支持能力和意愿减弱导致信用风险加大。多数企业依靠自身已无法偿本付息时，股东支持和金融机构外部流动性资金支持是其偿债的最后一根稻草。例如，广西有色由于持续亏损，经营难度加大叠加前董事长被立案调查，公司偿付压力增大，而在宣布“12 桂有色 MTN1”存在兑付不确定性后，政府为最大化保全资产，反而将广西有色旗下核心优质资产华锡集团进行股权转移，最终公司走向违约。

亚邦投资控股集团有限公司债券违约

2016 年 2 月 15 日，亚邦投资控股集团有限公司（简称“亚邦集团”）发布公告称“15 亚邦 CP001”本应于 2016 年 2 月 9 日兑付本息（因遇节假日顺延至下一工作日，即 2 月 14 日），但公司未能及时筹措足额偿债资金，“15 亚邦 CP001”不能按时足额偿付，使得该期短期融资券成为春节后第一只违约债券。

亚邦集团是位于江苏省一家大型民企，主营业务为染料和医药产品的生产、销售及仓储物流，其中染料业务是公司主要的收入和利润来源。亚邦集团是多家公司母公司，其中上市公司亚邦股份是其主要收入和利润来源。

亚邦集团违约前债务规模持续扩张，短期偿债能力较弱。2012 年以来，亚邦集团负债规模持续扩张，其中有息债务规模也逐年增长。截至 2015 年三季度末，公司全部债务中 73. 28% 为短期债务，规模为 54. 57 亿元。然而亚邦集团母公司层面可动用的资金处于较低的水平，2013 年末和 2014 年末公司本部的货币资金分别仅有 1248 万元和 177. 6 万元，2015 年 9 月末货币资金规模增加至 2. 01 亿元。与此同时，公司虽然持有上市子公司亚邦股份的部分股权，但截至2015年12月25日，已质押的部分占持股比重高达91.2%。另外，公司还存在关联方占款、为互保企业垫款的情况。2014年公司其他应收款大幅增加至21.8亿元，其中超过三分之一为关联方占款，2015年公司还曾为互保企业支付垫款3亿元。

实际控制人被带走调查，银行抽贷加剧公司流动性资金风险。根据公司2016年1月26日公告，董事长许小初应相关部门要求协助调查。董事长许小初同时也是公司的控股股东和实际控制人，该事件发生后，多家银行抽贷压贷。一直以来，公司对于外部融资的依赖程度较高，融资渠道受阻直接导致公司资金链断裂。

3月10日，公司公告称对“15亚邦CP001”进行了足额偿付，并于4月17日和9月11日如期兑付了“15亚邦CP002”和“15亚邦CP003”。然而因处置非主业资产的瘦身计划进度比预期慢、开展的股权收益转让与回购、资产信托计划等新的融资活动未能如期完成，导致9月29日未能兑付“15亚邦CP004”，再次违约。2017年3月24日公司将该期债券本息全部兑付完毕。从公司披露的信息来看，处置资产和进行新的融资可能是短期融资券兑付的主要原因。但亚邦在违约过程中展现的责任和担当体现了当代中国民营企业家身上某些优良的品质，这是债券最后得以兑付的关键，也验证了投资的本质是投人的道理。

东北特殊钢集团股份有限公司债券违约

2016年3月28日，东北特殊钢集团股份有限公司（简称“东特钢”）公告称，截至到期兑付日日终，公司未能按照约定筹措足额偿债资金，“15东特钢CP001”不能按期足额偿付，已构成实质性违约。公司后续的债券亦不能按时兑付。

东特钢为辽宁省国资委实际控制企业，股东分别为辽宁省国资委、黑龙江省国资委、辽宁省国有资产经营公司和中国东方资产管理股份有限公司，分别持股46.13%、14.52%、22.68%和16.67%，其中辽宁省国资委直接和间接持股68.81%。公司主要从事特殊钢产品生产和销售，拥有大连、抚顺和北满三个生产基地，具备年产特殊钢整体钢 560 万吨、钢材 419 万吨产能，是东北最大的特殊钢生产和科研基地。主导产品不锈钢型材、工模具钢、轴承钢、特种合金产量国内市场占有率均居于第一位。

2008—2011 年是公司的快速扩张期，公司财务报表在此过程中快速扩张。2008—2011 年，公司总资产从 225 亿元增长至 472 亿元，增长了 1 倍多。与此同时，资产负债率也从 71% 上升至 81%。公司大连基地搬迁项目投资规模大，用时长，原计划是 2006—2010 年完成，总投资 56.4 亿元，到 2012 年末项目竣工投产实际已投资 132 亿元，导致在建工程/总资产占比持续较高，且建设期间无法形成现金流。然而 2011 年下半年开始，钢铁行业已进入景气度下行周期，下游行业需求萎缩，特钢价格大幅回落。钢铁行业采购经理人指数从 2011 年开始徘徊在 50% 的枯荣线上下，2012—2015 年持续在 50% 以下，2016 年短暂回暖，直至 2017 年景气度才有所恢复。进入 2015 年下半年，过剩产能行业风险事件逐渐变多，2015 年 10 月 19 日，中国中钢股份有限公司（央企）发行的“10 中钢债”回售违约。2016 年 3 月 8 日，淄博宏达矿业有限公司（民企）发行的“15 宏达 CP001”实质性违约。3 月 12 日，龙煤职工欠薪事件爆发。3 月 18 日，渤海钢铁已成立债委会。

2016 年 3 月 16 日，因融资租赁合同纠纷，远东租赁向上海浦东新区人民法院申请对东北特钢、北满特钢和大连特钢诉前财产保全。3 月 25 日，东特钢董事长、党委书记杨华在其居所自缢身亡，成为公司接连违约的导火索。

总体来看，由于特钢的行业供需关系优于普钢，所以其毛利率高于钢铁行业的平均水平。但其债务负担是行业内最重之一，而且集中于短期。公司货币资金大部分均为受限，债务偿付严重依赖外部再融资周转。但受行业景气度影响，公司 2014 年以来债务几乎无新增，同时持有上市公司股权全部被轮候冻结，导致资金周转困难时无法快速融资，最终触发违约。违约之后，地方政府也没有给出明确的有效方案，导致公司剩余债券全部违约，深陷债务泥潭。

公司债务负担较重，且短期化严重，严重依赖外部融资。公司总有息负债占总资产的比重逐年上升，从 2010 年开始持续在 70% 以上，而（不受限货

币资金 + 应收票据）/（短期有息负债 - 受限货币资金）呈下滑趋势，从2010年以后持续维持在20%以下。然而，公司授信额度从2013年9月份开始逐年减少，而未使用授信持续低于10%，且持有上市公司抚顺特钢的股票持续质押或冻结比例超过80%。

国家开发银行公布的兑付风险提示公告指出："我行于3月24日获知杨华先生意外去世，同时被告知此前初步确定的本期债券偿债资金筹措方案难落实，债券本息偿付存在不确定性。"因此债券违约不排除与实际控制人意外去世有关。根据公司3月30日公告，远东国际租赁有限公司和平安国际融资租赁有限公司分别向法院申请财产保全，导致公司持有的上市子公司股权全部被冻结。此后，公司被多个债权人起诉，导致上市子公司股权被轮候冻结，致使公司在出现兑付危机时无法通过股票质押快速获取流动性资金。

地方政府协调不及时。从东特钢首次违约起，辽宁省政府并未给出解决问题的方案，并且在多次持有人会议中也没有派出代表参加。

2016年10月，东特钢进入法律破产重组程序。10月10日，大连市中级人民法院依法裁定东北特钢、大连特钢、大连棒线材的重整申请。12月19日，齐齐哈尔市中级人民法院依法裁定受理北满特钢及其下属北方锻钢及北兴特钢进行重整，并于12月23日指定重整管理人。2017年8月，重组方案敲定。8月8日，召开债权人大会，重整计划草案一次性通过，最终方案是：东北特钢及其下属两家企业作为一个整体进行重整，一是普通债权人持有的50万元以下的部分将根据债权人意愿100%清偿。二是超过50万元的部分，非金融类债权人和债券持有人有两种选择：拿到所持债务的22.09%作为一次性现金偿付，或者将其转换为股权。三是金融类债权人持有的超过50万元的部分将全部转换为股权。8月11日，大连市中级人民法院已批准东北特钢重整计划并终止其重整程序，裁定宁波梅山保税港区锦程沙洲股权投资有限公司、本钢板材股份有限公司作为重整的投资人参与本次重整，重整完成后锦程沙洲持有东北特钢43%股权，为控股股东。

东特钢因流动性资金紧张导致债券违约，理论上不应走上破产重组的道路。然而违约之后不到一年，公司对资产进行计提减值，导致资不抵债，顺势提出破产重组方案。这一方面说明公司前期的会计处理方式不够严谨，另一方面也体现了公司通过债务重组甩掉历史包袱的强烈意愿。

东特钢违约在情理之中，但又在意料之外。接连违约以及后续的破产重组方案也在严重损害投资人的利益，其中某些做法甚至给投资人造成了心理阴影，导致东北地区债务风险增大、区域再融资受阻、经济增长减速、债务风险进一步上升。从 2016 年开始，辽宁的新增社会融资规模不断下降，尤其是在 2020 年华晨违约后，辽宁当年社融新增规模全国垫底。

中国城市建设控股集团有限公司违约

中国城市建设控股集团有限公司（简称“中城建”）是城市开发建设企业，成立于 1990 年，主要从事工程施工业务，原来隶属于中国房地产研究会下属的中国城市发展研究院有限公司。中国房地产研究会是经民政部批准，从事房地产及住宅问题研究的全国性社会团体，住建部对其进行行业主管。因此，中城建债券发行文件中明确公司是由住建部实际控制的国有控股公司，一直以国企的身份进行大规模融资，但实际上住建部对公司的支持力度有限。

2015 年 7 月，中共中央办公厅、国务院办公厅印发了《行业协会商会与行政机关脱钩总体方案》，住建部根据中央关于整顿精减合并社团组织的精神，于 2015 年 9 月 20 日决定将中国房地产研究会注销，并限令中城建集团在 2016 年上半年前完成工商变更脱离。然而 2016 年公司发行的中票和短期融资券募集说明书仍然把中国房地产研究会放在股权结构中，披露实际控制人为住建部。

2016 年 4 月 25 日，中城建发布公告称其实际控制人发生变更，北京惠农基金持有其 99% 的股权，而原股东中国城市发展研究院持有股权比例 100% 降至 1%。一般而言，国有资产转让都需要层层审批，但是中城建仅经过股东会决议就完成了股权转让操作。对于股权变更，中城建的解释是，为了实施党中央、国务院提出的“让企业走出去”的战略，以及落实住建部关于社团企事业机构减并精神，经有关部门批准，集团携同国际资本开始步入资产国际化和证券化的新阶段，现集团部分工程类资产已并入香港主板公众上市公司“中国城建集团股份有限公司”（股票代码 HK00711，原俊和集团）；其他资产已全部由大型国际产业基金持有。然而值得注意的是，股权变更后的控股股东惠农基金为股权投资基金，公司此前曾多次参与投资惠农基金管理人尚融资本管理的基金，并且共同参与收购香港上市公司俊和集团，说明两者之间早有渊源，但入主后未见实际支持行动。有趣的是，在 4 月 20 日，中城建子公司中国城市建设（国际）2017 年 6 月到期的三年期点心债在公告实际控制人变更前价格异常波动，从 20 日起，价格从 96 元大幅下挫，22 日报 91.5 元，收益率飙升至逾 13%。而中城建设 2016 年 6 月到期的一只在岸债券收益率仅有 3.2% 左右。2016 年 4 月 26 日，联合资信将公司列入可能下调的评级观察名单，称因公司股权结构和高管人员发生重大变动，其可能对后续经营发展不利。

股东方变化触发了香港子公司点心债提前赎回条款，中城建于 5 月 9 日宣布公司将在 6 月 20 日以面值的 101% 提前赎回其 2017 年 7 月到期的 25 亿人民币点心债。5 月 10 日，联合资信将公司主体及相关债项评级从 AA + 下调为 AA -。超预期的是，5 月 12 日，中城建紧急请求人民银行金融稳定局避免债权人动乱，原因是投资人对集团股东一夜变身产生了“过分担忧”，中城建“决不能崩盘”。然而，公司未能按时提前赎回点心债，构成实质违约，公司给出的理由是境内资金无法如期汇出。

故事还没有结束。2016 年 8 月 10 日，中城建发布重大重组进展公告，宣称北京中冶投资有限公司（简称“北京中冶”）已经完成对中城建 51% 股权的协议收购，对价 15.84 亿元。此次控制权变更后的新控股股东北京中冶亦由事业单位下属，公司再次披上国企的外衣。但国资委网站显示并未在央企名录或委内机构名录中，国企性质仍存疑，而且北京中冶资本金实力弱，与其控股股东均已被列入失信被执行人名单，实际支持力度有限。该股权转让的工商变更登记于 2016 年 8 月 19 日办理完毕，但北京中冶未支付转让对价，于是股权转让方中城建国际科技发展（北京）有限公司（简称“中城科技”）将北京中冶列为被告向法院提起诉讼。2016 年 11 月 28 日，“12 中城建

MTN1”未按时兑付利息，构成实质性违约。

2018 年 2 月，中城科技状告北京中冶，表示中冶投资未按约定支付股权转让款，对其控股权的有效性的合法性提起诉讼。另外，公司表示北京中冶控股以来，公司多期债券违约，责任应由北京中冶承担。而且 2018 年 2 月 7 日，公司发布关于企业目前状况的公告称未来将继续引入其他的信用良好且有实力的实际控制人。2018 年 10 月 31 日，北京市高级人民法院作出民事裁定书，判决北京中冶与中城科技的股权转让无效，北京中冶持有的本公司 51% 股权回归中城科技所有。

中城建违约事件是中国信用债市场发展过程中的一出闹剧，暴露了诸如发行文件披露不谨慎等各种问题。投资人不能仅依据发行文件中描述的企业性质进行判断，而需要经过多方查询验证，了解真实的企业实际控制人。

五、结语

回望 2016 年，中国经济缓慢复苏，央行维持了低息环境，银行理财迅猛发展，年末银行理财产品余额 29.05 亿元。资管行业快速发展增加了对于信用债投资的需求，推动了市场发展也加速债市泡沫化。2016 年一级市场继续扩容，前三季度的大部分时间内呈现供需两旺的格局。

2016 年是债券投资者再次深刻体验“别人贪婪的时候你应该恐惧，别人恐惧你应该贪婪”的投资哲学的一年。从“资产荒”到“债灾”只需要 2 个月，面对缺少匹配负债成本的资产环境，杠杆套息、加长久期的策略成了多数投资者的选择。前 10 个月信用债收益率震荡下行，信用利差被压缩至历史极低位置，但年底利率的快速上行让多数投资者损失惨重。

在经济增速缓慢复苏的态势下，信用债违约事件呈现了爆发式增长，曾经的各类信仰被一一打破。二季度信用债发行在违约爆发后快速下降，这一状况进一步加剧了市场缺少收益匹配资产的状况，市场给债券投资者又出了一道“既要控制信用风险，又要保证收益”的难题。

2016 年虽然是焦灼和艰难的一年，但这一年对于债券投资者走向成熟具有极大的意义。这一年让市场参与者深刻认识到杠杆和久期的风险，特别是资管行业从业者，为2016年迅速变化的市场交出了大额学费，但市场不经历血和泪的教训是不会成熟的，这也是中国信用债市场发展的必经之路。

2017年：违约暴风雨的前夜

2017年全球经济呈现共振回升态势，IMF于年中两度上调全球经济增长预期，由2016年中3.4%上调至3.6%。美国复苏态势良好，已经接近充分就业状态。欧元区经济复苏步伐逐步加快，各经济体形势普遍改善。日本经济复苏态势转好，但通胀水平仍然疲软。美国、欧元区、日本2017年GDP同比分别录得2.3%、2.6%和1.7%，分别较上年增加0.6个、0.7个和0.9个百分点。新兴市场经济体总体也保持较快增长，即便此前陷入衰退的俄罗斯、巴西亦在2017年实现了经济正增长，但部分经济体仍面临调整与转型挑战。在这样的背景下，主要的发达经济体货币政策向正常化回归。美联储全年连续加息3次，加息幅度达75bp，并计划于2018年逐步缩减投放规模。然而需要注意的是，全球经济复苏的另一面是特朗普政府上台后，美国政策转向美国优先，退出TPP协定，退出巴黎协定，民粹主义、逆全球化和贸易保护措施逐步抬头。在全球经济逐步爬出泥潭后，国际政治局势又出现了巨大变化，特朗普政府成为此后数年影响世界政治经济形势的重要因素。

2017年我国经济呈现稳中向好，全年GDP增速达到6.95%，较上年提升0.1个百分点，CPI水平维持在1.6%，经济呈现由高速发展往高质量发展的转型。2017年我国货币政策服务于去杠杆的主要目标，政策中性偏紧。1月24日，中国人民银行上调MLF利率10bp，并于2月3日上调逆回购利率、7日与1个月SLF利率10bp，隔夜SLF利率上调35bp。3月16日上调逆回购和MLF利率10bp。在12月14日美联储加息当日再次上调逆回购和MLF利率5bp。

在经济向上、货币收紧、金融严监管和去杠杆的背景下，2017年债券市场呈现明显的熊市格局。全年来看，1 年期国债利率上行 114bp 至 3.79%，10 年期国债上行 87bp 至 3.88%，呈现利率逐步走高态势。

图 13-1　2016—2017 年国债利率曲线变化

数据来源：Wind

2017 年信用债市场全年呈现熊市行情，一级新发难度加大，取消发行比例大幅提升，信用债全年发行规模同比下降 36%，二级市场收益率持续普遍上行。2017 年供给侧改革开始取得初步成效，经济结构优化、钢铁煤炭等行业效益改善明显，企业现金流有所改善。叠加 2016 年的宽松流动性下，大量企业通过债券市场实现了 3 年左右的中期融资，2017 年信用风险事件有所减少，级别下调情况亦在下降。然而，2017 年信用债市场的发行规模缩量是之后几年信用债违约大潮出现的重要原因之一。

一、信用事件时间轴

- 2017-2-7　“12 伊旗城投债”完成本息提前兑付，是我国首单城投债券提前偿还的案例。

- 2017 – 3 – 1　海外机构 Emerson 发布沽空研究报告，质疑中国宏桥的氧化铝和发电成本的真实性，存在财务造假以及大额关联交易等；沽空报告处于公司年报公布前期，公司无法公开回应使市场恐慌情绪升温。
- 2017 – 3 – 13　华盛江泉集团有限公司未能派发“12 江泉债”回售本金，构成实质性违约。
- 2017 – 3 – 17　沪深交易所分别发布《公司债券存续期信用风险管理指引（试行）》，构建了一个以债券发行人、受托管理人为核心的债券存续期信用风险管理制度。
- 2017 – 3 – 19　中国证券业协会发布《公司债券受托管理人处置公司债券违约风险指引》。
- 2017 – 3 – 24　辽宁最大的乳制品公司辉山乳业因股市一日暴跌 85% 广受关注，而这股市暴跌的背后是其金融债权达到了 130 亿元左右，资金链断裂，已无法还清银行的利息。
- 2017 – 3 – 28　山东齐星集团传出资金链断裂，欠下银行巨额贷款无法偿还。
- 2017 – 4 – 7　中国结算向市场修订发布《质押式回购资格准入标准及标准券折扣系数取值业务指引》，并正式实施。修订版文件将增量公司债回购准入标准提高至债项评级 AAA 级、主体评级不得低于 AA 级，意味着新发债项评级为 AA 和 AA + 的公司债将无法入库开展回购交易。
- 2017 – 5 – 3　财政部等六部门发布《关于进一步规范地方政府举债融资行为的通知》，要求全面组织开展地方政府融资担保清理整改工作，切实加强融资平台公司融资管理，规范政府与社会资本方的合作行为，进一步健全规范的地方政府举债融资机制。
- 2017 – 5 – 8　为指导商业银行规范抵质押品管理，有效防范和化解信用风险，更加有效地服务实体经济，银监会发布《商业银行押品管理指引》。
- 2017 – 6 – 12　天津滨海新区建设投资集团有限公司旗下的离岸 SPV（特别目的载体）Zhaohai Investment（BVI）Limited 在港交所发布公告称，由于过去两年的人民币汇率波动，债券发行人 Zhaohai Investment（BVI）Limit-

ed 和担保人滨海建投香港的截至 2016 年底财务数据不再满足债券“维好条款”的相关要求，构成了技术性违约。

- 2017－6－19　信阳市弘昌管道燃气工程有限责任公司由于经营情况恶化，现金留存不足无法兑付“13 弘昌燃气债”，构成实质性违约。
- 2017－8－10　湖州厉华妤婕联合纺织有限公司无法按期全额支付“14 厉华债本息”，构成违约。
- 2017－8－11　华夏幸福固安新型城镇化 PPP－ABN 成功发行，成为银行间市场首单 PPP 资产证券化项目，同时也是全国首单园区市政服务类 PPP 资产证券化项目。
- 2017－8－14　五洋建设集团股份有限公司由于无法完成“15 五洋 02”本息兑付，构成实质性违约。
- 2017－8－31　中国人民银行发布公告称，决定自 2017 年 9 月 1 日起，将同业存单的期限明确为不超过 1 年，取消 2 年期和 3 年期同业存单，此前已发行的 1 年期（不含）以上同业存单可继续存续至到期。
- 2017－9－30　根据国务院部署，为支持金融机构发展普惠金融业务，聚焦单户授信 500 万元以下的小微企业贷款、个体工商户和小微企业主经营性贷款，以及农户生产经营、创业担保、建档立卡贫困人口、助学等贷款，人民银行决定统一对上述贷款增量或余额占全部贷款增量或余额达到一定比例的商业银行实施定向降准政策。凡前一年上述贷款余额或增量占比达到 1.5% 的商业银行，存款准备金率可在人民银行公布的基准档基础上下调 0.5 个百分点；前一年上述贷款余额或增量占比达到 10% 的商业银行，存款准备金率可按累进原则在第一档基础上再下调 1 个百分点。上述措施将从 2018 年起实施。
- 2017－10－30　丹东港集团有限公司由于公司有息债务负担重，短期支付压力较大未能按期兑付“14 丹东港 MTN001”回售部分本金，已构成实质性违约。
- 2017－11－13　甘肃宏良皮业股份有限公司无法完成“16 宏良 01”本息兑付，构成实质性违约。

- 2017－11－21　亿利资源集团有限公司因资金归集出现意外情况，资金划转时大额交易系统已关闭，最终未能在兑付日日终完成“14 亿利集MTN002”本息的全额兑付，于次日全额兑付，构成技术性违约。
- 2017－11－24　山东玖龙海洋产业股份有限公司无法完成“14 海益宝”本息兑付，构成实质性违约。
- 2017－12－1　江苏保千里视像科技集团股份有限公司无法完成“16 千里01”本息兑付，构成实质性违约。

二、信用债市场回顾

一级市场发行情况

表 13－1　信用债一级新发行情况

债券类型	发行期数（只）			发行总规模（亿元）			平均每只发行规模（亿元）		
	2016 年	2017 年	增幅	2016 年	2017 年	增幅	2016 年	2017 年	增幅
一般短期融资券	687	464	－32%	6063	3955	－35%	9	9	－3%
超短期融资债券	1949	1675	－14%	27613	19811	－28%	14	12	－17%
一般企业债	495	382	－23%	5876	3731	－37%	12	10	－18%
一般中期票据	896	906	1%	11415	10341	－9%	13	11	－10%
一般公司债	884	538	－39%	12982	5642	－57%	15	10	－29%
私募债	1376	662	－52%	14878	5383	－64%	11	8	－25%
定向工具	742	726	－2%	5991	5127	－14%	8	7	－13%
合计	7029	5353	－24%	84816	53990	－36%	12	10	－16%

数据来源：Wind

说明：在计算平均数时结果只保留到个位，但计算增幅时使用的是精确度更高的数据。

2017 年信用债发行规模合计 5.39 万亿元，较 2016 年的 8.48 万亿大幅降低 36%。主要由于 2017 年去杠杆的主基调，同业理财发行缩量，债市配置力量减弱，叠加利率呈现上行，城投风险排查及环保限产等相关政策影响，信用债一级发行难度提升明显，取消发行情况明显增加。从细分项来看，2017

年所有信用债品种均出现了不同幅度的发行下降，特别是私募债、公司债发行规模降幅超 50%。

2017 年一般短期融资券发行规模 3955 亿元，较 2016 年 6063 亿元下降 35%，超短期融资券 2017 年发行规模 1.98 万亿元，较 2016 年 2.76 万亿下降 28%。紧信用环境下叠加利率上行背景下，短期限信用债品种发行规模呈现萎缩。

2017 年企业债发行数量 382 只，较 2016 年 495 只下降了 25%，平均发行规模 10 亿元较 2016 年下降 18%，企业债呈现明显缩量情况。这主要因为 2017 年开展了较为严厉的地方债务问题问责行动，对违规担保等此前存在的问题进行正本清源，也导致了部分资质较弱的城投主体发债难度有所上升。

2017 年一般中期票据发行数量 906 只，较 2016 年 896 只小幅提升，中票品种为 2017 年唯一实现发行数量正增长品种，但由于平均单期发行规模下降，2017 年中票发行规模也呈现下滑特征，较 2016 年下降 9%。

2017 年一般公司债发行规模 5642 亿元，较 2016 年的 1.29 万亿元下降 57%，私募债 2017 年发行规模 5383 亿元，较 2016 年的 1.49 万亿元下降 64%，这与 2016 年下半年开始房地产调控有较大关系，2017 年房地产迎来严监管年，房企发债难度不断上升。

2017 年定向工具发行数量 726 只，较 2016 年 742 只小幅下降了 2%，平均发行规模 7 亿元较 2016 年下降 13%，整体发行规模 5127 亿元较 2016 年下降 14%。主要由于地方政府债务约束加强，银行间私募品种受到发行限制较大导致发行难度提升所致。

2017 年信用债发行利率整体走高，短期融资券发行的加权平均利率从 1 月的 4.21% 大幅上升至 12 月的 5.21%，中票发行的加权平均利率从 5.16% 大幅上升至 12 月的 6.26%。

二级市场成交情况

进入 2017 年后，春节前央行推出临时流动性资金便利操作（TLF）应对节日取现压力，7 天回购利率小幅回落。但 1 月 24 日央行首次将 MLF 利率上调 10bp，给市场释放了货币政策收紧信号，信用债市场乐观情绪快速消退，进入 2 月份，央行同时上调多个期限的逆回购、SLF 操作利率，7 天回购利率较上月平均上行 38bp 至 3.06%，3 月份由于季末 MPA 考核及银行类转债新债上市分流资金，7 天回购利率月度均值继续攀升至 3.47%，在此期间，信用债收益率呈现持续走高态势，AAA 评级 3 年期信用债估值从 3.75% 上行至 3 月末的 4.20%。3 月 14 日，美联储如期加息，央行随之上调公开市场利率和 MLF 利率，并且央行在答记者问中恢复货币利率上行时随行就市的结果，并不意味货币政策方向变化。进入 7 月，信用债市场又迎来银监会的同业监管“三三四”检查，同业业务受到严厉打压，同业存单发行规模快速下降，在强监管条件下，部分银行委外出现赎回，信用债市场呈现出卖盘加重，利率走高的负反馈循环。并且由于市场新增资金较少，一级新发难度较大，AAA 评级 3 年期信用债估值从 4.20% 快速攀升至 5 月中旬的 4.96%。

进入 6 月下半月，财政存款逐步投放，市场资金面开始缓解，并且监管政策推进进入相对平静期，央行也并未跟随美联储再次加息，信用债市场迎来短暂的喘息机会，各期限信用债在 6 月份迎来一波 30bp—60bp 的利率下行期。但好景不长，8 月份央行公开市场转为持续净回笼，8 月 31 日央行宣布同业存单发行期限不得超过 1 年，且较低的超储率给予货币政策的空间较少，市场对未来预期较为悲观。10 月份由于经济基本面修复好于预期，监管政策趋严，利率债供给加大，叠加海外特朗普税改政策带动海外市场收益率快速上行，信用债收益率再度走高。11 月 17 日，“一行三会”联合发布《关于规范金融机构资产管理业务的指导意见（征求意见稿）》，市场的委外资金被赎回的概率大幅提升，短期引发了严重的债券抛售潮，市场踩踏严重。由于赎回潮加剧，导致高流动性资产反而抛售剧烈，10 年期政策性银行债收益率一度冲高至 5%，并且 12 月 14 日在美联储年内第三次加息后，央行再度跟随上调公开市场回购利率，信用债市场迎来惨烈的利率加速上行。AAA 评级 3 年期信用债收益率从 10 月份的 4.6% 一路攀升至年末的 5.30%。整体来看，2017 年信用债市场是毫无机会、持续受打压的一年，严监管及加息周期使得全年信用债收益率持续上行，市场调整的时间和幅度都远远超过了市场的预期。

二级市场，债券市场活跃度有所降低。2017 年，债券市场现券、借贷和回购交易结算量为 1010.05 万亿元，同比增长 4.86%，增速同比下降 37.81 个百分点。其中，全市场现券结算量为 104.69 万亿元，同比下降 14.51%，增速同比下降 57.27 个百分点；全市场的回购交易结算量为 903.12 万亿元，同比增长 7.61%，增速同比下降 35.05 个百分点。

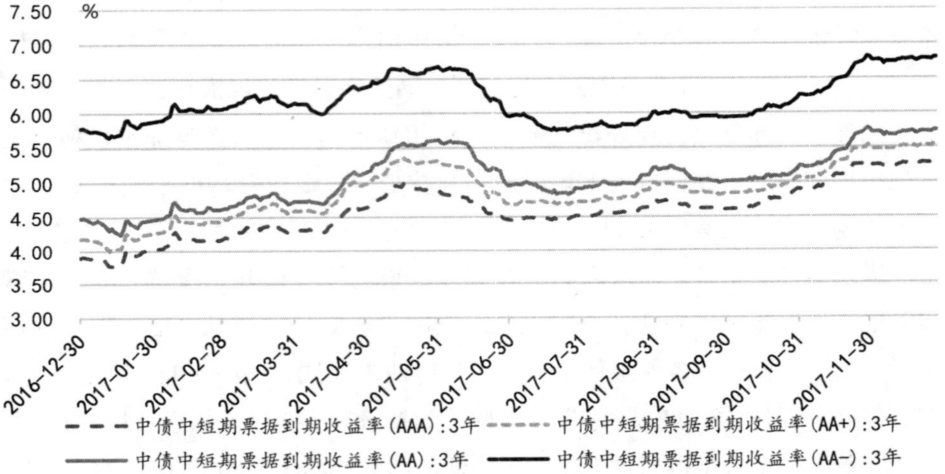

图 13－2　2017 年 3 年期各等级信用债收益率持续上行

数据来源：Wind

二级市场，各期限信用债收益率跟随利率债持续走高，信用债利率持续受到市场冲击，利率明显走高，各等级、各期限中短期票据到期收益率上行约 130bp。

信用利差—涨跌不一

2017 年信用债收益率明显上行，以 3 年期中票估值收益率来看，AAA、AA＋、AA、AA－品种收益率上行超 130bp，分别上行至 5.29%、5.54%、5.74%、6.79%。

虽然信用债收益率明显上行，但由于 2017 年去杠杆刚刚开始，初始时期影响较小，信用风险事件发生较少，信用利差变化不大。其中 3 年 AAA 信用利差上行 11.17bp、AA + 上行，其余信用品种均呈现利差小幅下行状态。

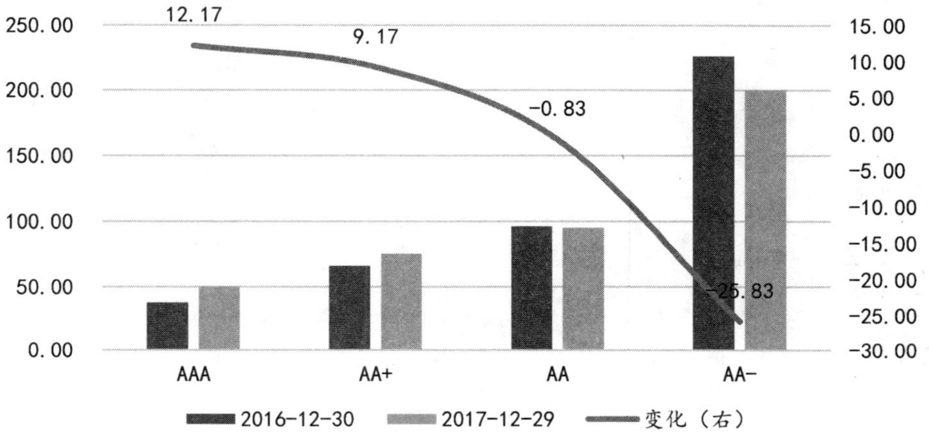

图 13－3　2017 年 3 年期各等级信用利差变化

数据来源：Wind

期限利差——走势不一

信用债期限利差方面，3－1 利差方面，2017 年 AA 和 AA－级期限利差下行 2.4bp 和 49.4bp，其余的 AAA 级、AA＋级分别上行 7.6bp、2.6bp。AAA 级、AA＋级、AA 级 3－1 期限利差分别位于 15%、9%、6% 分位点，处于历史极低水平。

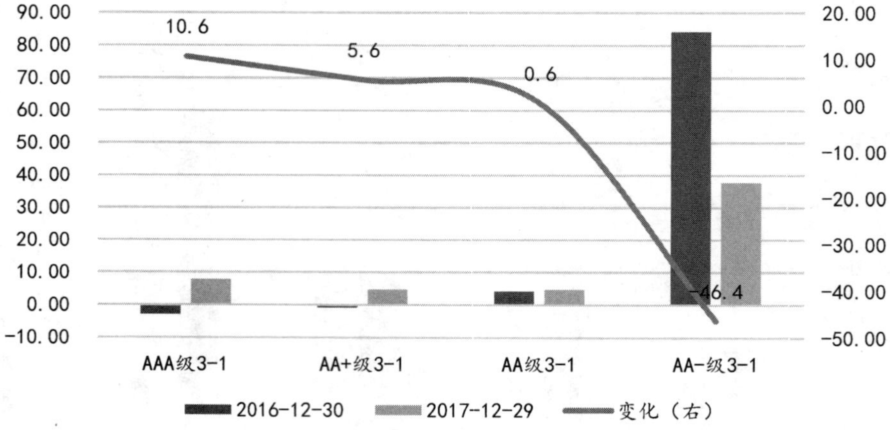

图 13－4　2017 年各等级期限利差均走阔

数据来源：Wind

评级间利差——短期限走阔，长期限收窄

从 1 年期短期融资券和 3 年期中票角度来看，评级间利差在 2017 年出现走势不一的情况。其中，1 年期短期融资券除了 AA＋与 AA 评级间利差收窄 2bp，AAA 与 AA＋、AA 与 AA－评级间利差分别走阔 2bp、228bp。3 年期中票全等级呈现收窄，AAA 与 AA＋、AA＋与 AA、AA 与 AA－评级间利差分别评级间利差分别压缩了 3bp、10bp、25bp。

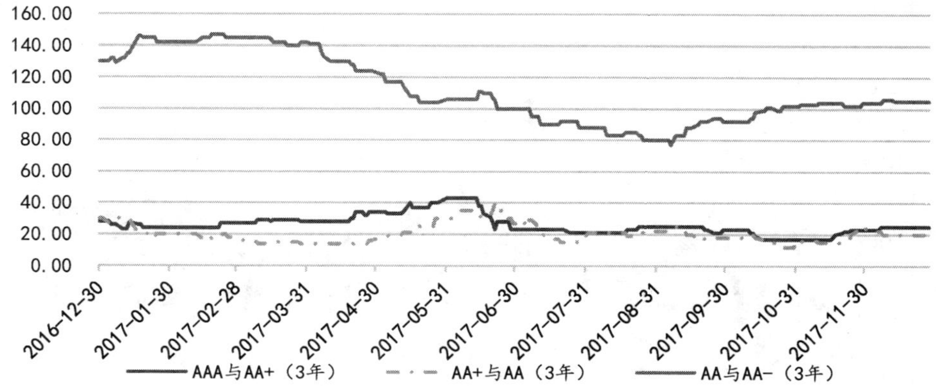

图 13－5　2017 年 3 年期各等级中票评级间利差

数据来源：Wind

民企溢价——呈现震荡

在经历了2014—2016年第一轮信用风险出清后，加之2016年的流动性宽松，2017年信用风险事件整体下降，民企信用利差呈现低位震荡，民企产业债2016年底相对国企债利差82bp，至2017年末该值小幅走阔至88bp，但该溢价率仍大幅低于历史上多数时期。

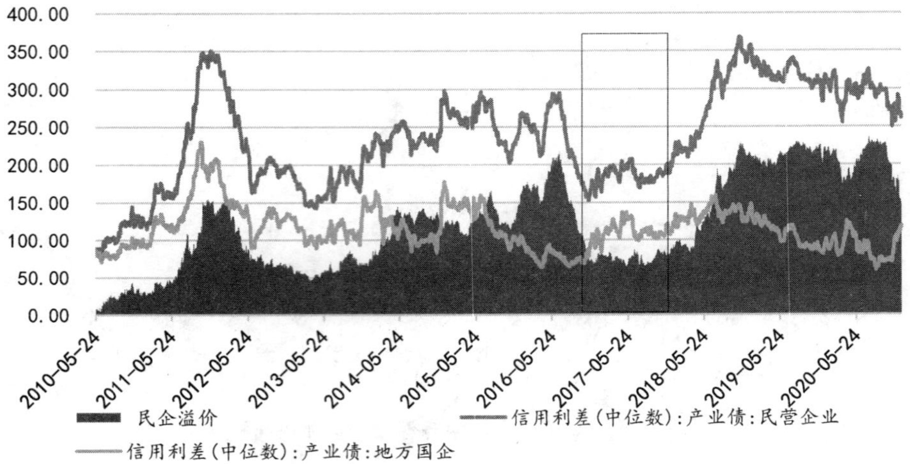

图 13－6　2017 年民企溢价率（bp）

数据来源：Wind

三、重要事件评述

银监会“三三四十”检查

中国银行业资产规模逐步跃升至全球第一，我国银行业金融机构资产总额高达 247 万亿元。在快速发展的同时，风险也在逐步累积，重点体现在资金空转不流入实体经济、多层嵌套规避监管、投向限制性行业及领域等等。

为保障我国的银行业健康发展，也为了严守不发生系统性风险的底线，银监会在 2014 年开展“两加强，两遏制”及“回头看”等例行检查的基础上，从 2017 年 3 月开始，在短短的一个月内密集发布多份监管与自查文件，主要内容包括“三违反”“三套利”“四不当”“十大乱象”专项治理工作，业内俗称为“三三四十”大检查，整治的重点在于银行的同业和理财业务。其中，“三违反”出自“45 号文”，指的是违反金融法律、违反监管规则、违反内部规章；“三套利”出自“46 号文”，指的是监管套利、空转套利、关联套利；“四不当”出自“53 号文”，指的是不当创新、不当交易、不当激励、不当收费。“十大乱象”则来自《关于集中开展银行业市场乱象整治工作的通知》（“5 号文”），包括股权和对外投资、机构及高管、规章制度、业务、产品、人员、廉政风险、监管行为、内外勾结违法、非法金融活动这十大乱象。

2017 年 3 月初，银监会更换负责人，山东省原省长郭树清接棒尚福林。郭树清上任后表示：“整个趋势是金融监管会越来越严，严格执行法律、严格执行法规、严格执行纪律。”此后，银监会开始了雷厉风行的金融乱象整治计划。从结果来看，根据统计数据显示各级监管机构分别检查发现“三违反”问题 1. 15 万个，涉及金额 4. 15 万亿元；发现“三套利”问题 4060 个，涉及金额 3. 78 万亿元；发现“四不当”问题 1. 28 万个，涉及业务金额 6. 16 万亿元；发现“十乱象”问题 3. 13 万个，涉及金额 3. 56 万亿元。

当年的“三三四十”检查强调“让套利者无利可图，让违法者得到应有惩处”，从而打造和树立了“监管姓监”的威严。在该轮检查后，银监会相关负责人表示“乱搞同业、乱加杠杆、乱做表外业务等严重干扰金融市场秩序的不规范行为得到初步遏制”，银行间资产互买、表外业务等逐步得到有效控制，同业理财在 2017 年缩水 2. 8 万亿元，这是 2010 年以来同业理财规模的首次下降，同业泡沫逐步得到压实。

回溯来看，从 4 月“三三四十”检查开始，市场的关注重心转向监管，恐慌情绪蔓延，银行开始赎回委外，债基也遭遇赎回，债券收益率快速上行，信用利差快速扩大，信用债一级市场进入冰封状态。严监管让市场风声鹤唳，但挤泡沫是为了拥有更好的投资环境。5 月 11 日，央行操作 MLF，市场情绪有所缓解。央行主管的《金融时报》报道央行正在召集一行三会加强监管政策沟通协调。5 月 12 日，银监会在近期重点工作通气会上表示需要政策协调配合，对银行达到监管要求预留了 4—6 个月的缓冲期并且实施新老划断。5 月 15 日，新华社发表文章《资本市场不能发生处置风险的风险》，市场心态才逐步稳定。

史上最严房地产调控年

2017 年曾被称作史上最严房地产调控年，但对比起后面的调控政策，只能算一般了。从 2017 年全年来看，近 110 个城市发布了 250 多次调控政策，仅北京一个城市的房地产调控政策就发布超 30 次，监管力度之大可见一斑。

2017 年 3 月两会期间在谈及房地产问题时，李克强总理强调，尽管“2016 年房地产去库存取得积极成效，但目前三四线城市房地产库存依然很重，要因城施策去库存”。两会也明确提出，“房子是用来住的，不是用来炒的”，坚持住房的居住属性，落实地方政府主体责任。

两会后，于 3 月 17 日，北京发布楼市调控政策《关于完善商品住房销售和差别化信贷政策的通知》，俗称“317 调控”，此后持续发布多个延续政策，包括非京户籍购房需连续缴个税 60 个月、二套房首付比例不低于 60%、离婚一年内申请房贷按二套执行、商办项目不得以居住使用、禁止中小学与房地产商合作办学、认房又认贷等。从“317 调控”开始，全国主要城市纷纷跟进，各地房地产调控政策开始如雨后春笋般快速出现。

进入 6 月份，此前在热点城市各大银行贷款利率基本给予 9 折或 85 折优惠均取消，甚至部分银行开始执行首套房贷款利率上浮 10%—20%，二套房贷款利率上浮 30%，少数银行出现停贷情况。此外，银行由于额度限制，各大行放款速度由此前的 1 个月逐步下降至 3 个月，楼市逐步降温。

7 月份，住建部等多部门联合发布《关于在人口净流入的大中城市加快发展住房租赁市场的通知》，提出要继续深化城镇住房制度改革，建立租购并举的住房制度。这一制度的推出将“租”推至“购”之前，也显示了房地产市场往租赁市场转向的迫切性。7 月 20 日，广州、深圳、南京、杭州等地 12 个城市成为“租购同权”首批试点，后续这一同权方案逐步推广开来，住建部也明确未来将立法“租购同权”，使租房与购房者享受同等权益。

2017 年 11 月，财政部部长肖捷在《加快建立现代财政制度》一文中提及了房地产税这一概念，也明确了未来的房地产税的计税依据，这是官方首次明确房地产税的计税依据，这一提法的出现也逐步给予市场房地产税已经在路上的预期。

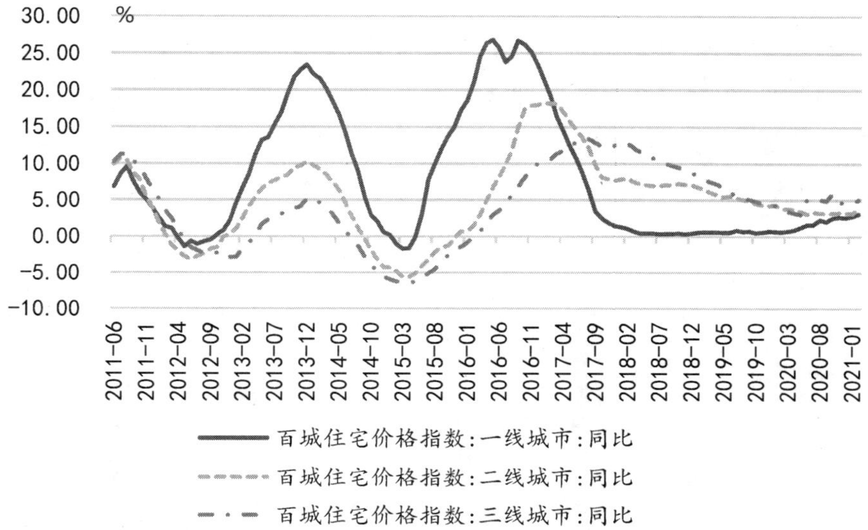

图 13－7　百城住宅价格同比走势

数据来源：Wind

在经历了长期的房价上涨格局下，2017 年下半年各城市开始逐步出现房价下行的情况。在 3 月份北京、广州等地出台严厉调控政策后，房价便停止上涨，到下半年，调控政策延伸至全国各地后，各主要城市均出现不同程度的房价下跌，尤其二手房价格有所走低，北京、深圳部分区域甚至出现超过 20% 的跌幅。而三线、四线城市在去库存政策的引导下，年内房价仍然出现上涨，这是与过往房地产市场同涨同跌不同的市场状况。

2017 年对于中国房地产市场而言，是政策密集调控程度空前的一年，这一年完成了对房地产市场从“调”到“控”的巨大转折，房地产市场由于我国巨大的人口红利和改革红利，获得了长足的发展，但也在这个过程中逐步绑架了整个金融体系，房地产行业在金融体系占比越来越高，风险不断累积。政府通过严格的调控政策，从需求、供给、价格三大市场要素入手，重构房地产市场秩序，但由于巨大的刚需及房地产对于经济的重要拉动作用，房地产市场在此后的多年中仍将保持较大的体量，调控政策任重道远。

地方政府债务监管加码

地方政府债自 2014 年上海等 10 地启动试点以来，规模实现大幅增长，但由于快速扩张导致地方政府通过政府信用违法违规融资的事件层出不穷，财政金融风险隐患逐步增大，而地方债务风险容易扩散传染，可能危害到国家整体的信用健康状况，后果难以想象。

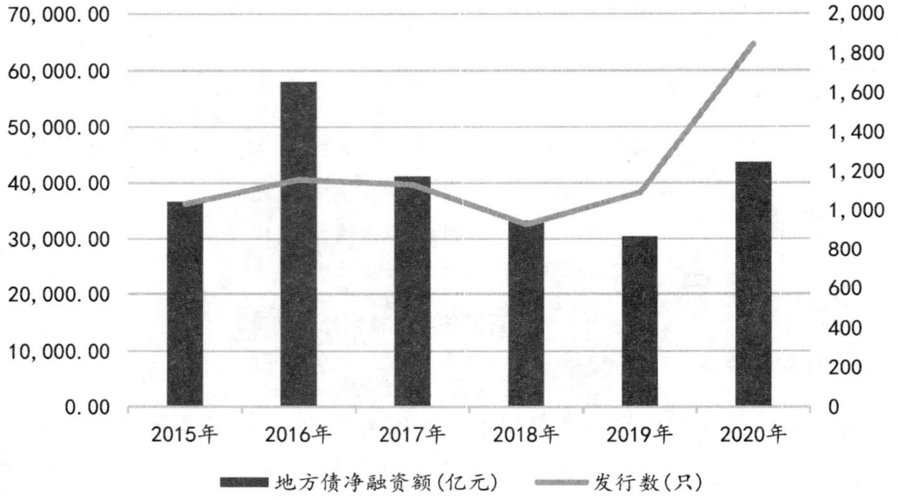

图 13－8　地方债发行融资变化

数据来源：Wind

时任财政部部长肖捷表示，2017 年以来强化地方政府债务管理，采取了设定的“负面清单”等多项措施，将坚决堵住地方政府违法违规举债的“后门”，地方政府一律采取发行政府债券方式规范举债，坚决遏制隐性债务增量，积极稳妥化解累积的债务风险。2017 年财政部重点出了两个标志性的文件，分别是“50 号文”和“87 号文”，对后续的地方政府债务监管提出了新的要求。

2017 年 4 月 26 日，财政部发布了《关于进一步规范地方政府举债融资行为的通知》，也就是未来被市场所熟知的财预〔2017〕50 号文，该文对地方政府及融资平台、金融机构、央企、国企等市场主体关于政府债务、平台公司投融资、政府和社会资本合作（PPP）作了重要规范。

2017 年 6 月 2 日，财政部发布了《关于坚决制止地方以政府购买服务名义违法违规融资的通知》，也就是财预〔2017〕87 号文，其中要求政府购买服务要在年度预算和中期财政规划中据实足额安排，严禁将铁路、公路、机场、通信、教育、储备土地前期开发等作为政府购买项目，要先预算、后购买；严格按照政府采购法确定的服务范围实施政府购买服务，将货物、建设工程改扩建、基础设施建设以及储备土地前期开发、农田水利等建设工程纳入政府购买服务“负面清单”；严禁利用或虚构政府购买服务合同违法违规融资；做好政府购买服务信息公开，防止借政府购买服务名义进行利益输送等违法违规行为。“87 号文”要求在 10 月 1 日前限期整改违法违规的政府购买服务项目，这一法案被称为当年最重磅的监管政策之一。

财政部对地方政府债务的违规举债同时加大问责力度，对于违规问责财政部将直接在其官网“地方债管理”查处问责专栏、地方政府财政机关官网进行公开告示，对直接相关城投公司负责人采取包括撤职、降级、记大过等处分。

回溯来看，违规问责事件主要发生在 2015—2016 年，但对于地方政府债务问题的关注实际上在 2014 年就已经提上较为重要的地位，2014 年颁布了“43 号文”和修订版新《预算法》，但 2015—2016 年法案并未得到有效贯彻，直到 2017 年查出违规举债之后，相关情况才得到有效的遏制。回溯来看，2017 年之前地方政府的基建投资需求是造成违规举债的一个重要原因，并且当时以 GDP 增长为主要的政绩考量，导致地方政府对各类监管采取不同程度的规避方法。

从违规举债的类型来看，其中违规方式最多的是地方政府出函进行违规担保，即地方政府出具承诺函保证本息兑付或者直接将债务还款纳入政府预算，后续由于财政部“50 号文”和“87 号文”发布，要求地方政府及所属部门不得以担保函、承诺函等任何形式提供担保，在这一政策要求下，地方政府融资平台此前仰仗的政府信用被迫加速剥离，城投债发行难度也在 2017

年明显提升。

此外，2015—2016 年由于政绩考核机制不合理、财政管理不够细致、预算编制方法有待改进等问题存在，地方政府为了做大政绩，出现了较多财政收入虚增、数据造假的情况，在 2017 年通过强效的“挤水分”，进一步将地方政府的债务风险进行有效释放。比如 2017 年年初辽宁省曝出的 2011—2014 年虚增财政收入近 20%；2018 年初内蒙古自曝包头市财政数据挤水分，财政收入由 2016 年 271 亿元下滑近 50% 至 137 亿元；2018 年初，天津滨海新区将 2016 年 GDP 由 1 万亿元下调超 30% 至 0. 66 万亿元等。

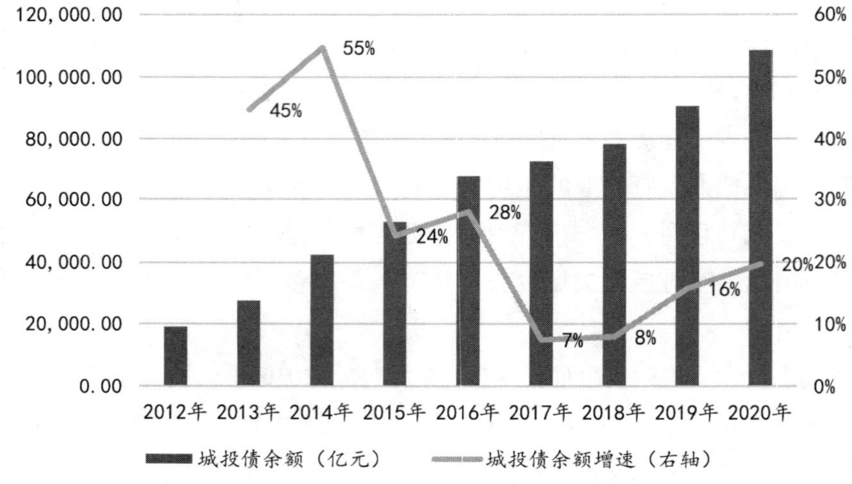

图 13－9　城投债余额变化

数据来源：Wind

2017 年严厉的地方政府债务风险排查工作，将地方政府债务问题摆上台面，政府直面问题，将存在的隐性风险进行暴露和释放。地方政府违规举债问题得到清理，政企信用实现进一步分立，城投公司基于“政府隐性担保”的外部融资也受到明显限制。但随着此后多年市场信用风险的逐步爆发，而城投债务始终屹立不倒，市场又逐步形成了对于“城投信仰”的一致预期，“城投信仰”的瓦解终究会来，但我们仍不知会以何种方式到来。

“2 +26 城”环保限产

据 2015 年统计数据显示，我国 PM 2.5 浓度是美国的 7 倍，是全球均值的 1.3 倍，高耗能、高污染行业对我国环境造成了较大的损害。2013 年 6 月 14 日，国务院召开常务会议确定了大气污染防治的十条措施《大气污染防治行动计划》，被称为“大气十条”，从 2013 年 9 月开始实施，其中约定到 2017 年全国地级及以上城市可吸入颗粒物浓度比 2012 年下降 10% 以上，优良天数逐年提高，特别是京津冀、长三角、珠三角等区域细颗粒物浓度分别下降 25%、20%、15% 左右，其中北京市细颗粒物年均浓度控制在 60 微克每立方米左右。

但环保治理情况并不乐观，2017 年 1、2 月份重污染天气反而呈现增多，京津冀“2 +26 城”上半年 PM 2.5 平均浓度反而出现同比 5.4% 的提升，这是 2013 年之后首次出现不降反升的情况。此外，太原、石家庄等地甚至持续出现同比 30% 的大幅跳升，大气污染防治任务极其艰巨。

2017 年 9 月，环保部（现为生态环境部）协同国家发改委、工信部等多部委共同印发《京津冀及周边地区 2017—2018 年秋冬季大气污染综合治理攻坚行动方案》，方案提出强化冬季大气污染防治，全面降低区域污染排放负荷，工业企业采暖季错峰生产。要求 2017 年 10 月至 2018 年 3 月，京津冀大气污染传输通道“2 +26”城市 PM2.5 平均浓度同比下降 15% 以上，重污染天数同比下降 15% 以上。

对于行业方面，方案要求在 2017 年采暖季前（11 月 15 日），京津冀周边“2 +26 城”需淘汰 72 台机组、398 万千瓦的燃煤机组，京津冀附近钢铁有色水泥行业全面限产停产，采暖季唐山等城市钢铁限产 50%，电解铝和氧化铝企业限产 30% 以上，水泥建材全面停产。以钢铁限产为例，2017 年 3 月采暖季限产开始，到 4 月份再次执行了唐山邯郸地区非采暖季限产，6—7 月又执行了江苏地区限产，8 月份唐山地区再度限产加码，10 月份采暖季来临限产范围扩充，环保限产的政策延续了一整年时间。

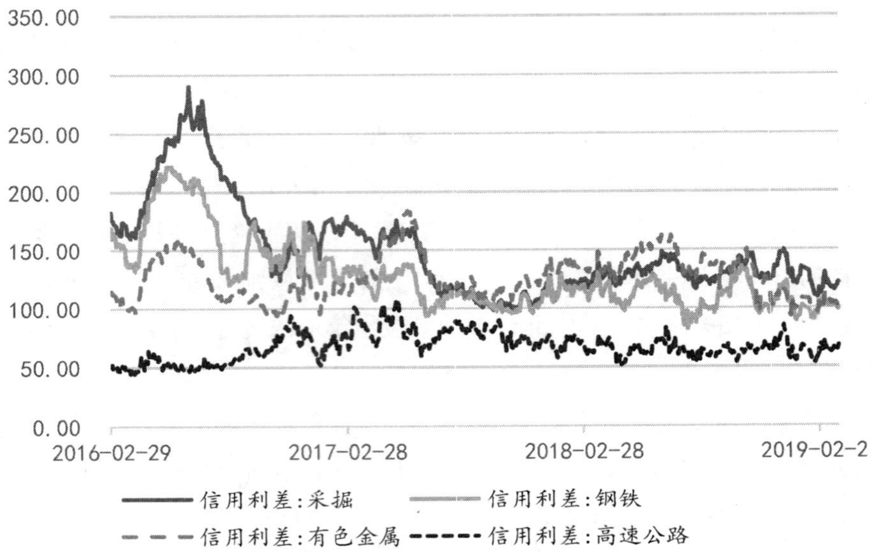

图 13－10　过剩产能行业利差变化（bp）

数据来源：Wind

2017 年环保限产力度可谓空前，而且与此前多轮的供给侧改革并不相同。2016 年钢铁、煤炭行业去产能是强制清理落后产能、改善供需格局，引发了资源品价格供需缺口出现价格持续上涨，进而带动工业企业利润同比快速修复，呈现的是“产能去化，量价齐升”的景象。但 2017 年环保限产则是对产能直接进行强制约束，主要核心传统工业均大幅减产，市场呈现的是“量缩价涨”的情形。

虽然 2017 年环保限产力度空前，导致部分传统制造业公司面临较大的经营压力，但同时也使得那些强化经营管理和注重环保排放的企业在行业供给过剩的尾部产能去化后，实现了明显的经营改善。最明显的一个例子就是华菱钢铁，此前由于行业供给过剩，2015 和 2016 年公司两年亏损总额超过 50 亿元，被迫戴帽，但 2017 年由于公司持续优化经营管理环节，严控环保指标，最终在 2017 年扭亏为盈，当年公司实现净利润 52. 96 亿。也正是在这轮产能出清后，华菱钢铁成了这轮环保限产调控后成长起来的优质钢企，企业盈利情况大幅转正也是这轮环保限产效果体现的一个标志性事件。从信用债角度来看，钢铁、有色、煤炭行业在环保限产、落后产能逐步出清、企业盈利逐步改善后，信用利差出现较为明显的下行。

山东民企信用风险集体发酵

2017 年 3 月 1 日，海外机构 Emerson 发布沽空研究报告，质疑中国宏桥虚报电力、氧化铝等成本，并存在财务造假以及大规模关联交易利益输送等；由于沽空报告处于公司年报公布前期，公司无法公开回应使市场恐慌情绪升温，当日中国宏桥即暴跌超 8%；3 月 21 日，公司公告可能延期披露 2016 年度年报且审计师已暂停审计工作。中国宏桥在境内经营主体山东宏桥新型材料有限公司是全球最大的电解铝生产企业，累计债务余额 310 亿元。做空事件持续发酵，但因为宏桥与投资者沟通不畅，详细澄清公告迟迟不发，导致市场担忧情绪爆发。

3 月 13 日，山东临沂市华盛江泉集团“12 江泉债”未按时兑付回售款 1.77 亿元，构成实质性违约。江泉集团是多元化经营的村镇企业，曾是临沂市最大的钢铁企业，2015 年受环保整治的影响，公司钢铁产能大幅削减，年底对外出租了整个钢铁热电板块；副业中肉制品加工业也处于亏损状态。其间，江泉营业收入大幅下滑，多笔借款逾期，持续经营能力存疑。尽管 3 月 22 日公司已派发回售资金，然而该券一直未兑付剩余本金。

3 月 15 日，齐星集团下属公司邹平铝业下发停产通稿称，因集团公司目前总的流动资产不足以支撑所有下属公司全部运行，现要求公司被迫暂停铝业生产半年，而铝业正是齐星集团的主业之一。实际上在此之前齐星集团就因资金链断裂导致大量银行贷款到期无法偿还，多个项目因资产短缺而停产。3 月 27 日，由滨州市政府、邹平县政府主导，市县等有关部门组织召开了联席会议，集中商讨齐星集团金融机构贷款逾期问题，并制定了《齐星集团有限公司银行业债委会合作公约》。

齐星集团贷款逾期也将滨州市邹平县（现为邹平市）支柱企业西王集团

带入信用风波，一时间市场恐慌情绪升温，与齐星、西王关联的上市公司股票大跌，同在邹平的魏桥系债券收益率飙升。3 月 29 日，西王集团发布《关于齐星集团有限公司担保事项的公告》，显示西王集团对齐星集团及下属子公司提供担保余额为 29.073 亿元，所有担保已全部追加风险缓释措施，西王集团不存在单独为齐星集团及其下属子公司的银行借款提供担保的事项，均采取追加股权质押、房地产、机器设备抵押以及反担保措施。当时部分投资者开始幻想西王或将因祸得福，因为根据反担保协议，西王损失有限，且有望接盘齐星质量较高的核心资产，如电力、电解铝板块，获得协同效应。西王集团虽然在 2017 年未出现违约，但由于债务负担过高，对外担保过多，终究无法逃脱违约的命运，此后两年，西王集团于 2019 年 10 月 24 日无法兑付“18 西王 CP001”宣告违约。

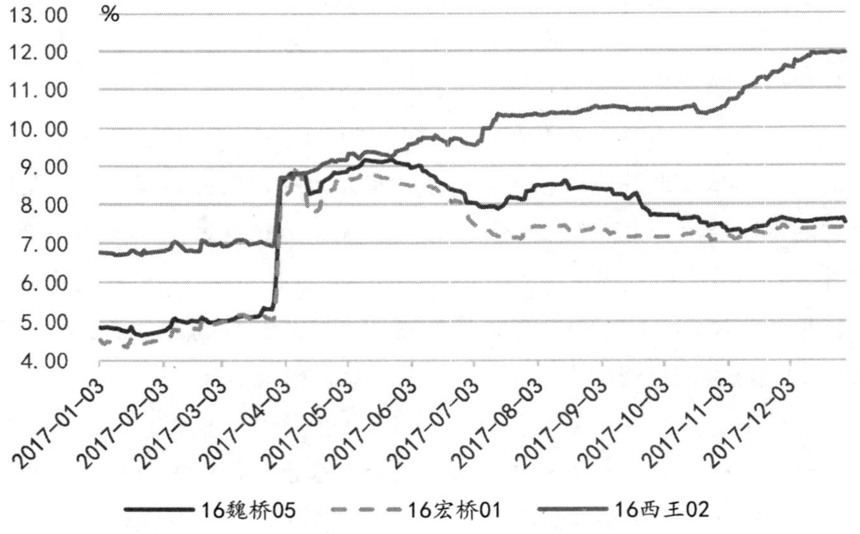

图 13-11　齐星债务危机引发山东民企利率上行

数据来源：Wind

万达集团断臂求生

2017 年 7 月 10 日上午，万达集团和融创中国联合发文，融创以 631.7 亿元的价格收购万达旗下 13 个文旅项目 91% 的股权以及万达 76 家酒店。一向财大气粗的万达集团竟然开启了资产狂甩的模式，一时间便成为资本市场讨论的热点。令市场最不解的是，王健林在接受采访时表示万达负债并不算高。那么万达到底是主动调整还是断臂求生？

不仅如此，早在 6 月 22 日的时候，万达还经历了一场腥风血雨，让这次的万达出售资产显得更加的扑朔迷离。当天财联社报道："监管于 6 月中旬要求各家银行排查包括万达、海航集团、复星、浙江罗森内里在内数家企业的授信及风险分析……部分商业银行先后自主采取了避险措施，万达相关债权因此在近期几天出现了比较大量的成交。"上述信息引发了万达、复星股债双杀。

2017 年 7 月 19 日，这笔中国房地产行业最大的并购案浮出水面，融创以 438.44 亿元收购万达 13 个文旅项目的 91% 股权，而先前协商的酒店则卖给了临时入局的富力地产。交易巨变，协议签约现场也是突发状况不断，临时入局的富力，在签约准备中遭遇到了"被出局"，开始发布会主背景板包括"万达、融创、富力"，但随后背景板文案临时修改，"富力地产"被剔除。就在舆论猜测生变的时候，签约背景板再次更换，富力的名字回归。

这离奇的一幕幕，不由得让人想入非非。具体原因市场不为所知，从结果上来看，万达债券被抛售，估值大幅调整。2017 年 9 月，万达商业的信用评级又被标普和穆迪分别下调为"BB"级和"Ba1"。

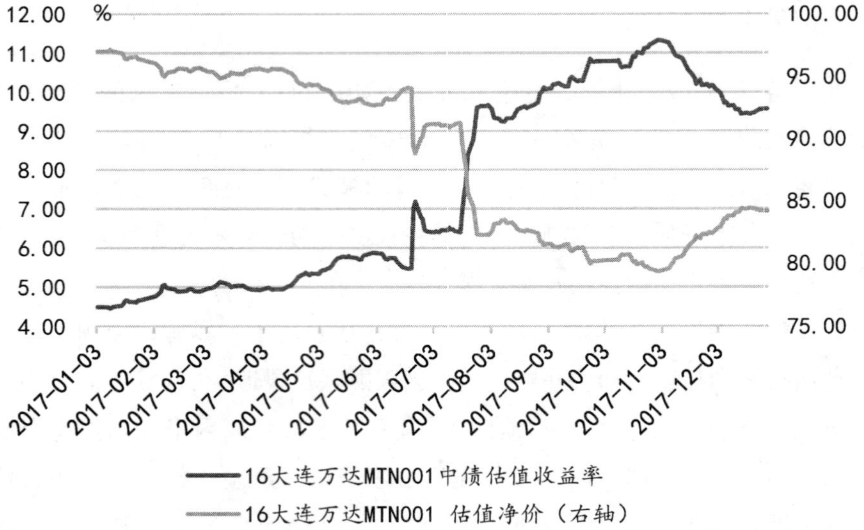

图 13－12　16 大连万达 MTN001 价格大跌

数据来源：Wind

按照标普当时的说法，“下调评级是为了反映万达商业在商业模式方面的不确定性。此前，万达出售大部分房地产开发项目和酒店投资组合。在这一转变过后，预计万达商业在房地产开发行业的市场地位将会减弱”。

数年之后融创在这笔交易中赚得盆满钵满，而富力因为疫情因素使得流动性资金更加紧张，这再次验证了“捡了便宜不一定是好事”“做自己能力范围的事情”的投资哲学。

四、信用风险事件点评

2017 年违约信息一览

2017 年，我国债券市场违约情况明显好于 2016 年，由于供给侧改革，工业企业利润回升，新增违约主体明显减少，但违约债券规模仍处于较高水平。

2017 年共有 34 只债券违约，违约规模达到 312.49 亿元，其中新增违约主体 10 个相较 2016 年减少 20 个。2017 年，信用债违约主体仍主要为民营企业，但与以往不同，2017 年新增违约主体并非属于行业景气度转弱引发的经营困难造成，更多的是企业以往经营状况弱化，在过度扩张之后，2017 年遇上融资受阻资金链断裂所致。

2017 年，新增违约企业均为民营企业，除江苏保千里为上市公司外，企业违约企业均非上市公司。非上市民企发债主体的违约风险在 2017 年呈现远高于国有企业及上市民企的特征。从债券类型来看，公募债券违约多于私募债券。公募债券违约 23 只，其中，中票 13 只，短期融资券 3 只，公开发行公司债 4 只，企业债 3 只；私募债券违约 8 只，其中，定向工具 5 只，非公开发行公司债券 3 只。

表 13－2　2017 年新增违约主体信息

发行人	企业性质	首次违约债券简称	首次债券违约日期
华盛江泉集团有限公司	民营企业	江泉暂停	2017－03－13
信阳市弘昌管道燃气工程有限责任公司	民营企业	13 弘昌燃气债	2017－06－19
湖州厉华妤婕联合纺织有限公司	民营企业	14 厉华债	2017－08－10
五洋建设集团股份有限公司	民营企业	15 五洋 02	2017－08－14
陕西通海绒业股份有限公司	民营企业	16 通海 004 号	2017－09－29
丹东港集团有限公司	民营企业	14 丹东港 MTN001	2017－10－30
甘肃宏良皮业股份有限公司	民营企业	16 宏良 01	2017－11－13
山东玖龙海洋产业股份有限公司	民营企业	14 海益宝	2017－11－24
江苏保千里视像科技集团股份有限公司	民营企业	16 千里 01	2017－12－01

数据来源：Wind

债券发生违约，究其原因都与发行人经营及自身财务状况恶化息息相关，表现的形式普遍呈现现金流紧张，资金链断裂等问题。2017 年导致企业走向债券违约的原因主要涉及以下几点：

宏观经济结构转型使得融资环境变化过快。2017 年我国经济处于增长速度换挡、结构调整阵痛期，经济增速放缓导致市场萎缩，从而引发企业生产经营情况恶化，信用担忧加剧。此外由于 2017 年全年贯穿着紧信用的政策，企业融资难度提升，导致企业无法继续融资而现金流回款不足，最终走向违约。在宏观经济走弱情况下，部分企业风险开始暴露，我国债券市场违约数量增加。

产能过剩及周期性行业由于供给侧结构性改革导致风险暴露加速。随着供给侧结构性改革推进，“三去一降一补”在短期内大幅压缩了产能过剩行业的利润空间，导致流动性资金风险加剧。并且由于整体经济环境不佳，社会需求不足，导致供过于求格局存在时间较长，导致产品销量及价格持续下滑，盈利能力大幅下降，债务负担加重。如四川煤炭产业集团、东北特钢等。

公司自身经营混乱及股权纷争导致风险加剧。由于企业自身经营管理不善、盈利能力大幅下降甚至亏损、偿债能力下滑最终导致信用风险事件发生。例如，山东山水集团所发生的债务问题，很大部分原因来自控股权纷争，导致公司经营混乱且融资受阻，最终资金链断裂走向违约。

实控人风险成为2017年信用市场重大风险之一。公司实际控制人由于接受调查或失联，导致企业经营缺位，外部融资受阻，引发银行收贷、压贷，导致企业短期流动性资金风险加大，尤其是对于公司治理不完善的民营企业，实际控制人风险对企业偿债能力的冲击较大。如亚邦集团、南京雨润等。

来自大股东或政府的外部支持减弱。2017年整体经济环境较弱，各企业融资受阻，外部支持显得尤其重要，但由于市场经济发展，股东、政府或相关利益方支持能力和意愿减弱，在遇到信用危机时，企业偿债机会较小。如广西有色、上海云峰等。

丹东港违约——压垮骆驼的又一根稻草

2017年10月30日，丹东港集团发布公告称，由于公司有息债务负担重，短期支付压力较大，“14丹东港MTN001”因未能按期兑付本金，出现了实质性违约，违约金额为10亿元。

丹东港集团是辽宁省丹东市负责丹东港运营的主体，主营集装箱的装卸、物流及其他港口业务，股权结构上最终实控人是自然人王文良占70%，丹东市国资委持有20%，后续丹东国资持有这部分转让给了进出口行辽宁分行。

本质上来说丹东港为一家民营企业。

丹东港所处区位竞争对手较多，附近港口包括大连港、营口港、秦皇岛港等，在货物吞吐量上区域排名第三。

丹东市政府 2010 年后推出了“以港兴市”的战略，为配合战略执行，2012 年后丹东港集团转向激进投，不断加大港口扩建，在建工程体量持续攀升。回溯来看，2012 年建设大型专业化矿石泊位、100 万吨海洋工程船务，总投 110.3 亿元，2014 年建设 10 万吨集装箱泊位和大东港区仓储工程，总投 30.46 亿元，2015 年再次启动多个 10 万吨级别专业泊位，截至 2017 年 3 月末，丹东港在建项目高达 21 个，总投资达到 203.32 亿元。

随着丹东港项目持续扩建，在地方政府支持下，丹东港集团持续获得较高的银行信贷规模，2014—2016 年获得贷款总额分别为 268.28 亿元、339.09 亿元、373.15 亿元，至 2017 年 3 月末达到 410.92 亿元，贷款的持续高增长给了丹东港集团“大干快干”的充足弹药。但风险也在快速扩张中逐步酝酿，2012—2016 年，公司资产负债率持续提升，从 63.89% 较为健康水平提升至 76.11%，而且更夸张的是丹东港“在建工程/固定资产”比值高达 222%，这一水平对比营口港、大连港等仅有 10%—20% 的水平显得格外突兀。

丹东港由于在建项目较多，但港口又属于开发周期较长，资金密集型行业，公司出现了短债长投情况，大量融入短期限资金滚续项目，至 2017 年 6 月末，公司 1 年内到期债务高达 170.9 亿元，一年财务费用高达 9 亿元以上，但公司全年净利润也仅有 9 亿—10 亿元。公司在 2014—2015 年债券牛市中，分别发行 90 亿元和 139 亿元债券，当时公司认为债券市场犹如提款机，想发多少就发多少，但是 2017 年金融环境趋紧，债务融资难度加大，公司再无法在公开市场顺利发行债券，面对逐步到期的信用债无法类似银行般的展期，公司最后现金流断裂，无法偿付到期债务，于 2017 年 10 月宣告违约。

分析来看，丹东港走向违约既有自身原因又有外部因素。总结起来有以下几点：

（1）当地经济实力较弱且负增长，区域竞争激烈无法匹配巨量需求。2016 年丹东市 GDP748 亿元，同比下降 2.2%，且附近一众大型国有港口，竞争压力大。

（2）债务无序扩张，通过政府政策红利和信用债市场红利，在2012年之后无序扩张，在信用环境收紧，融资困难后，直接出现资金链断裂无法接续情况。

（3）港口投资期长，需时间培养，短期大量投资无法匹配未来现金流回款，短债长投导致最终走向违约。

丹东港是迄今为止中国信用债市场违约的唯一的基础设施发行主体，债务重组过程中暴露出各种问题，让投资者再次面对残酷现实。

保千里违约——财务造假实控人风险暴露

2017年12月1日保千里公告，“16千里01”的第一次付息日为11月30日，因公司目前现金流短缺等原因，未按时支付债券持有人的利息，共计7200万元，该期债券本金12亿元，构成实质性违约。

保千里成立于2006年5月，主要提供高端电子视像方案、产品和服务。保千里2015年4月借壳中达股份上市，上市前2011—2014年净利润分别为0.09亿元、0.13亿元、0.73亿元和2.77亿元，利润增幅惊人，上市后股价狂飙，一度达到900多亿元市值，公司实际控制人庄敏2015年以180亿元身家排在胡润富豪榜第120位。

随着股价走高，保千里开启了大规模扩张的道路，同时向VR、机器人、人工智能等多个方向进行转型发力。发力的方式主要分两个方面，一方面通过大规模融资，发行新股和公司债及银行贷款提供足够的弹药。另一方面主要通过大规模外延并购，实现业绩的快速放量，2015—2016年，公司净利润进一步提升至3.73亿元和7.99亿元，虽然事后来看该数据存在较大注水嫌疑，但是当时的市场选择视而不见，相信其是一家极具增长潜力的高科技公司。

直到2016年12月，保千里涉嫌信息披露违规被证监会立案调查开始，市场逐步意识到其可能存在的财务造假问题。2017年7—8月，实控人庄敏通过体外公司进行虚假产品采购，虚增利润，并且由于上市时提供9份虚假协议被证监会告以《行政处罚事先告知书》。有趣的是 2017 年 7 月 11 日，证监会公布调查结果显示保千里存在重大资产重组造假问题，而当时民生证券两名卖方分析师在 2017 年 7 月 12 日发布报告仍“强烈推荐”保千里，在保千里被立案调查后，民生证券仍然 11 次发布“强烈推荐”报告，成为当时一大新闻事件，也说明当时我国资本市场对于财务造假风险的认识理解还不够，卖方分析师为博眼球可以突破下限。最终民生证券由于该事件收到北京证监局的警示函。

图 13－13　**保千里“推荐”研究报告**

数据来源：Wind

2015—2017 年 9 月，实控人庄敏以扶持小微企业之名，与 20 家关联企业进行投资，为小微企业注入资金购买保千里产品，实现自买自卖闭环，而通过自买自卖，2015 年实现利润 1.57 亿元，占当年利润 41.95%，此后这一规模持续增大。如 2017 年 9 月销售收入 13.86 亿元，对应利润高达 6.07 亿元，占当期净利润 150%，比例十分夸张，而由于自买自卖导致公司出现巨量应收账款、预付账款和其他应收款。最终在被证监会立案调查后，曝出财务造假，2017 年当年曝出净利润巨亏 77.32 亿元，随后公司持续亏损，至 2019 年公司归属上市公司股东净资产为－59.7 亿元，而保千里不仅仅走向了债券违约，保千里也成了新证券法实施后，中国资本市场第一家强制退市股。

分析来看，保千里通过大量应收账款、预付账款、违规担保等关联交易虚增营收和利润，并且实际控制人庄敏持续转移公司资产，将上市公司逐步掏空，公司自身经营存在造假嫌疑，实际控制人亦在持续掏空公司，当年由于外部监管亦不严厉，导致民企财务造假频发。实际控制人道德风险后续也成为信用市场投资者重点考量的因素。民企上市公司的诚信风险成为后面数年信用债市场新的风险点，2020 年康美违约更将这一风险体现到极致。

五、结语

2017 年国内面临金融严监管和去杠杆，国际上美联储加息步伐加快。面临复苏局势，我国货币政策中性偏紧。债券市场面临资金紧平衡，货币市场利率和债券市场收益率不断上新。受多重因素影响，债券发行和交易规模同比下降，推迟或取消发行债券的企业数量和规模创下新高。

二级市场收益率不断上行，投资者度过了惨淡的一年，短久期、高票息策略成为这一年的最优投资策略。

唯一令投资者欣慰的可能是这一年违约事件有所减少。全年新增违约主体 10 个，是 2016 年的二分之一。受益于经济复苏企稳、过剩行业效益改善以及 2016 年的流动性宽松，2017 年信用风险事件有所减少，然而这只是暴风雨前的宁静，之后数年中国债券市场将面临违约大潮。

2018 年：债市违约大爆发

2018 年全球经济总体仍处于扩张区间，但增长势头逐渐减弱。美国经济增长相对强劲，但四季度出现放缓迹象。欧元区经济增长势头逐季放缓。日本经济依然波动较大，通胀仍然处于低位。美国、欧元区、日本 2018 年 GDP 同比分别录得 3.0%、1.9%、0.6%，分别较上年增加 0.7 个、降低 0.7 个、降低 1.1 个百分点。新兴市场经济体表现继续分化，巴西、俄罗斯等国经济动能有所复苏，阿根廷受金融市场动荡影响，经济增速连续收缩。在这样的背景下，全球主要经济体的货币政策继续分化。美联储 2018 年 3 月、6 月、9 月和 12 月分别加息 25bp，但欧元区和日本仍保持货币政策宽松局面。

国内经济下行压力增加，随着 2 月中美“贸易战”正式打响、“232 调查”的升级及贸易问题的反复，经济悲观预期进一步加重。全年实现 GDP 同比增速 6.75%，较上年降低 0.2 个百分点，CPI 同比增长 2.1%。面对复杂的经济金融形势，货币政策由稳健中性转向稳健偏松。中国人民银行全年共实施四次降准或定向降准，加强对小微企业、民营企业等实体经济的信贷支持力度，并创设 TMLF 为金融机构提供长期稳定资金来源（2019 年 1 月 23 日第一次开展了定向中期借贷便利操作，利率低于之前中期借贷便利 15bp）。

在流动性资金充裕及监管政策逐步放松的背景下，2018 年的中国债券市场由熊转牛，收益率先升后降，震荡僵局突破。全年来看，10 年期国债收益率下行 65bp，1 年期国债收益率下行 119bp。

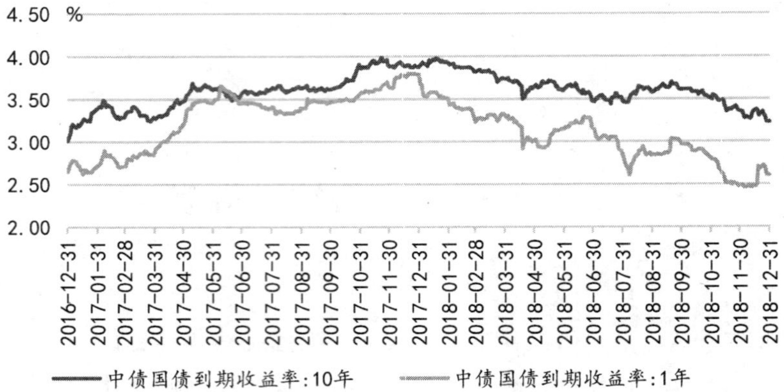

图 14－1　2017—2018 年利率曲线变化

数据来源：Wind

在流动性资金充裕的催化下，信用债一级市场发行规模较 2017 年有所恢复，二级市场收益率也跟随利率走势下行。为帮助民营企业渡过难关，监管层出台了一系列的民企纾困政策，然而未能制止民营企业大规模的信用违约。2018 年全年市场新增 40 家违约发行人，共涉及 106 期违约债券，违约金额合计约 864.86 亿元，新增违约发行人家数、涉及违约债券期数和违约金额较 2017 年均大幅上升，民营企业违约占比较高，信用分层明显。2018 年 3 月 28 日，中央全面深化改革委员会第一次会议通过了资管新规，随后各类配合政策逐步出台，中国资管行业迎来了最重要的纲领性文件。资管新规的出台推动资管业务回归本源，对于信用市场的定价带来了重要影响。

一、重点事件时间轴

- 2018－1－19　国家发改委联合央行、财政部等多个部委发布《关于市场化银行债权转股权实施中有关具体政策问题的通知》，允许符合条件的上市公司、非上市公众公司采取向实施机构发行可转换债券等方式募集资金偿还债务。
- 2018－1－27　亿阳集团股份有限公司正在进行重组工作，无法按时支付

"16 亿阳 01" 回售款、利息及相关手续费，构成实质性违约。

- 2018－2－1　财政部、国家发改委对江苏高邮和洪泽两起违法违规举债担保问题涉及的会计师事务所和发债企业进行处理，警示和督促会计师事务所依法合规经营以及地方国有企业依法合规开展市场化融资。在两起案件中，提供抵押担保的 6 宗地块均属于公益性资产，不符合会计准则关于资产的定义，也不符合《关于进一步强化企业债券风险防范管理有关问题的通知》（发改办财金〔2012〕3451 号）关于"注入资产必须为经营性资产。政府办公场所、公园、学校等纯公益性资产不得注入城投公司"的要求。
- 2018－2－8　国家发改委、财政部发布《关于进一步增强企业债券服务实体经济能力严格防范地方债务风险的通知》（发改办财金〔2018〕194 号），明确要求信用评级机构不得将企业债券申报主体信用品质与地方政府信用挂钩；要求企业债申报企业资产质量优良、权属清晰，再次强调不得将公益性资产计入申报企业资产，加强对城投企业注入资产及重组的管理。
- 2018－2－10　深交所发布《深圳证券交易所发展战略规划纲要（2018—2020 年）》，提出将探索发行公募房地产信托投资基金（REITs）。
- 2018－2－24　财政部印发《关于做好 2018 年地方政府债务管理工作的通知》，提出要依法规范地方政府债务限额管理和预算管理、及时完成存量地方政府债务置换工作、着力加强债务风险监测和防范以及进一步强化地方政府债券管理。
- 2018－3－1　财政部、住房和城乡建设部发布《试点发行地方政府棚户区改造专项债券管理办法》，要求有序推进试点发行地方政府棚户区改造专项债券工作，截至 2018 年末，地方政府专项债已经涵盖了棚改、土储、收费公路、轨道交通等政府支出的重要领域，成为地方债务管理中"开前门"的重要渠道。
- 2018－3－13　全国人大通过《国务院机构改革方案》，对银监会和原保险监督管理委员会进行职责整合，组建中国银保监会，形成"一委一行两会"的金融监管新格局，进一步细化和强化金融监管，加强统筹与协调。
- 2018－3－14　神雾环保技术股份有限公司因公司流动资金较为紧张，控股股东股份多数质押，最终导致“16 环保债”未能如期兑付，构成实质性违约。

- 2018－3－28　财政部发布《关于规范金融企业对地方政府和国有企业投融资行为有关问题的通知》（财金〔2018〕23 号）》指出国有金融企业在服务地方发展、支持地方基础设施和公共服务领域建设中仍存在过于依靠政府信用背书，捆绑地方政府、捆绑国有企业、堆积地方债务风险等加剧财政金融风险隐患的问题，针对这些问题，重申了地方政府债务管理的相关规定。
- 2018－4－17　央行决定从 2018 年 4 月 25 日起，下调大型商业银行、股份制商业银行、城市商业银行、非县域农村商业银行、外资银行人民币存款准备金率 1 个百分点；同日，上述银行将各自按照“先借先还”的顺序，使用降准释放的资金偿还其所借央行的中期借贷便利（MLF）。
- 2018－4－23　证监会、住房城乡建设部联合发布《关于推进住房租赁资产证券化相关工作的通知》，明确开展住房租赁资产证券化的基本条件，积极推动多类型具有债权性质的资产证券化产品，政策的出台有助于推动我国房地产资产证券化的创新发展。
- 2018－4－23　富贵鸟股份有限公司无法按期偿付“14 富贵鸟”应付的回售本金及利息，构成实质违约。
- 2018－4－24　上交所发布《债券质押式三方回购交易及结算暂行办法》，从投资者适当性、担保品管理、交易结算安排、持续管理等方面明确了三方回购业务规范，并按照债券类型、发行方式和债券评级划分了 8 个相对标准化的质押券篮子，不同篮子对应不同的折扣率。
- 2018－4－27　《关于规范金融机构资产管理业务的指导意见》（银发〔2018〕106 号，简称“资管新规”）正式发布。
- 2018－4－27　神雾科技集团股份有限公司未履行“16 神雾 E1”追加担保义务，未使担保比例不低于 140%，构成违约。
- 2018－5－7　中安科股份有限公司受整体市场环境影响，多项应收账款未能按预期时点实现回笼导致目前流动资金较为紧张，无法按期支付“15 中安消”本息，构成实质违约。

- 2018 -5 -7　凯迪生态环境科技股份有限公司因资金周转困难导致“11 凯迪 MTN1”未能兑付，构成实质违约。
- 2018 -5 -8　财政部发布《关于做好 2018 年地方政府债券发行工作的意见》，禁止地方财政部门干预地方政府债券发行定价，允许弹性招标，鼓励通过定向承销发行置换债券，并增加 2 年及 20 年期限开发行的一般债券以及 15 年和 20 年期限公开发行的普通专项债券。
- 2018 -5 -17　新疆金特钢铁股份有限公司面临破产危机，已无力全额偿还“13 金特债”本息。
- 2018 -5 -21　上海华信因受董事局主席不能正常履职、媒体新闻事件等不利因素冲击，公司正常经营受重大影响，未能筹措足额资金，造成“17 沪华信 SCP002”无法兑付构成实质违约。
- 2018 -6 -1　央行公告决定适当扩大中期借贷便利（MLF）担保品范围。新纳入中期借贷便利担保品范围的有不低于 AA 级的小微企业、绿色和“三农”金融债券，AA +、AA 级公司信用类债券（优先接受涉及小微企业、绿色经济的债券），优质的小微企业贷款和绿色贷款等。
- 2018 -6 -1　阳光凯迪新能源集团有限公司因公司经营低迷造成“16 凯迪债”无法兑付构成实质违约。
- 2018 -6 -4　新版《深圳证券交易所公司债券上市（挂牌）协议》和《深圳证券交易所资产支持证券转让服务协议》启用，明确将“惩罚性违约金”作为纪律处分，并新增“出具监管建议函”手段，此举进一步强化交易所自律监管职能，有利于提高自律监管公正性和透明度。
- 2018 -6 -13　中融双创（北京）科技集团有限公司因资金多次用于收购和转让，支出压力大导致“16 长城 01”无法兑付构成实质违约。
- 2018 -6 -24　央行决定，从 2018 年 7 月 5 日起，下调国有大型商业银行、股份制商业银行、邮政储蓄银行、城市商业银行、非县域农村商业银行、外资银行人民币存款准备金率 0.5 个百分点。鼓励 5 家国有大型商业银行和 12 家股份制商业银行运用定向降准和从市场上募集的资金，按照市场化定价原则实施“债转股”项目。

- 2018－6－25　人民银行、银保监会、证监会、国家发改委和财政部联合印发《关于进一步深化小微企业金融服务的意见》（银发〔2018〕162号），从货币政策、监管考核、内部管理、财税激励和优化环境等方面提出23条短期精准发力、长期标本兼治的具体措施，督促和引导金融机构加大对小微企业的金融支持力度，缓解小微企业融资难、融资贵，切实降低企业成本，促进经济转型升级和新旧动能转换。
- 2018－7－5　永泰能源股份有限公司因资金周转困难，高股票质押率导致融资受阻，“17永泰能源CP004”不能按期足额偿付，构成实质违约。
- 2018－7－5　“17永泰能源CP004”发生违约客观触发了永泰集团有限公司存续期内的“18永泰集团SCP001”募集说明书中披露的“交叉保护条款”。
- 2018－7－6　证监会对五洋建设集团股份有限公司涉嫌欺诈发行公司债券、信息披露违法一案做出处罚决定，五洋建设及20名相关责任人面临行政处罚及市场禁入。
- 2018－7－20　央行公布《关于进一步明确规范金融机构资产管理业务指导意见有关事项的通知》。同日，银保监会公布了《商业银行理财业务监督管理办法（征求意见稿）》，证监会公布了《证券期货经营机构私募资产管理业务管理办法（征求意见稿）》与《证券期货经营机构私募资产管理计划运作管理规定（征求意见稿）》。两会发布的文件相当于资管新规的配套细则文件。
- 2018－8－3　乐视网信息技术（北京）股份有限公司因资金周转困难，导致“15乐视01”无法兑付构成实质违约。
- 2018－8－9　国务院金融稳定发展委员会明确提出“建立统一管理和协调发展的债券市场”，随后央行、证监会联合发布2018年第14号公告，对逐步统一银行间债券市场和交易所债券市场评级业务资质、提高评级质量等方面进行规范，为信用评级行业统一监管做出重要制度性安排。
- 2018－8－13　新疆生产建设兵团第六师国有资产经营有限责任公司因兑付

日资金未到位，导致“17 兵团六师 SCP001”延期兑付，构成实质违约，但此后两天实现兑付，其董事长接受调查并处分。

- 2018－8－13　中城建旗下中城投集团第六工程局有限公司因主要资产被查封冻结，流动性资金紧张导致“15 城六局”无法兑付，构成实质违约。
- 2018－8－23　金鸿控股集团股份有限公司因卷入国储能源美元债违约风波，流动性资金紧张导致“15 金鸿债”无法兑付，构成实质违约。
- 2018－8－24　海口美兰国际机场有限责任公司因短期偿债压力大，流动性资金紧缺造成资金链断裂导致“17 美兰机场 SCP002”无法兑付，但在三天后足额偿付。
- 2018－9－10　印纪娱乐传媒股份有限公司因股票质押及应收款过高，流动性资金紧缺导致“17 印记娱乐 CP001”无法兑付，构成实质性违约。
- 2018－9－19　无锡五洲国际装饰城有限公司因经营困难，引发存续私募债均无法兑付本息，构成实质违约。
- 2018－9－25　河南众品食品有限公司因流动资产质量恶化，现金流断裂导致“17 众品 SCP002”无法兑付，后续于次日实现兑付，构成技术性违约。
- 2018－9－25　新光控股集团有限公司因银行信贷收紧，民企融资受困导致流动性资金匮乏导致“17 新光控股 CP001”构成实质违约。
- 2018－9－25　吉林利源精制股份有限公司因资金筹措困难，且过度投资轨道车辆及铝型材深加工导致经营无法维，最终“14 利源债”无法兑付，导致实质违约。
- 2018－9－26　刚泰集团有限公司由于高股票质押率爆仓及受限货币资金较大导致“16 刚集 01”无法兑付，构成实质违约。
- 2018－9－28　飞马投资控股有限公司由于资金周转困难，导致“16 飞投 01”无法兑付，构成实质违约。
- 2018－9－30　中国华阳经贸集团有限公司由于自身经营能力较弱，贸促会支持力度小导致“15 华阳经贸 MTN001”无法兑付，构成实质违约。
- 2018－10－7　央行决定从 2018 年 10 月 15 日起，下调大型商业银行、股份制商业银行、城市商业银行、非县域农村商业银行、外资银行人民币存款准备金率 1 个百分点，当日到期的中期借贷便利（MLF）不再续做。

- 2018 - 10 - 9　安徽盛运环保（集团）股份有限公司由于经营情况恶化，实控人及银行账户由于诉讼遭遇冻结，导致“18 盛运环保 SCP001”无法兑付，构成实质违约。
- 2018 - 10 - 11　国务院发布《关于保持基础设施领域补短板力度的指导意见（国办发〔2018〕101 号）》提出在不增加地方政府隐性债务规模的前提下，引导商业银行按照风险可控、商业可持续的原则加大对符合条件项目的信贷投放力度，支持开发性金融机构、政策性银行结合各自职能定位和业务范围加大相关支持力度。要求金融机构不得盲目抽贷、压贷、停贷。允许融资平台债务展期或重组。
- 2018 - 10 - 12　大连金玛商城企业集团有限公司由于经营恶化，资金周转困难，再融资恶化导致“17 金玛 03”无法兑付构成实质违约。
- 2018 - 10 - 15　北京华业资本控股股份有限公司由于应收款逾期，资金链断裂导致“17 华业资本 CP001”无法兑付构成实质违约。
- 2018 - 10 - 15　宁夏上陵实业（集团）有限公司由于过度依赖外部融资，内部管理混乱，表外债务及代偿相关事项导致流动性资金匮乏，“12 宁夏上陵债”部分本息违约。
- 2018 - 10 - 16　央行发布公告在银行间债券市场正式推出三方回购交易。债券回购相关机制的完善有助于降低回购双方之间的协商成本、提高债券二级市场流动性。
- 2018 - 10 - 18　中弘控股股份有限公司由于流动性资金问题，仅场外兑付“16 弘债 02”部分本息，剩余部分无法兑付，构成实质违约。
- 2018 - 10 - 19　同益实业集团有限公司由于过度依赖融资，短债长投且担保人未能履行代偿义务导致“16 同益 02”无法兑付，构成实质违约。
- 2018 - 10 - 22　国务院常务会议决定，对有市场需求的中小金融机构加大再贷款、再贴现的支持力度，设立民营企业债券融资支持工具，以市场化的方式帮助缓解企业融资难，促进民营企业稳定、健康发展。
- 2018 - 10 - 24　三鼎控股集团有限公司由于公司内控问题导致“17 三鼎

03”资金未如期偿付，在两日后足额兑付，构成技术性违约。

- 2018 - 10 - 26　上海证券交易所、深圳证券交所交易所同步推出纾困专项公司债，纾解民营企业融资困境及防范化解上市公司股票质押风险。
- 2018 - 10 - 28　深圳市金立通信设备有限公司由于短期资金流紧张，且资产重组不及预期，导致融资受阻，变相引发“16 金立债”无法兑付，构成实质违约。
- 2018 - 11 - 1　证监会结合企业具体情况，积极推进以定向可转债作为并购重组交易支付工具的试点，支持包括民营控股上市公司在内的各类企业通过并购重组做优做强。
- 2018 - 11 - 5　雏鹰农牧集团股份有限公司由于受制于“非洲猪瘟”疫区封锁，行业因素导致生猪销售大跌，盈利能力大幅下降，最终“18 雏鹰农牧 SCP001”本息无法兑付，而后雏鹰农牧采取了延期支付及以公司生产的火腿及生态肉等礼盒冲抵债券利息的“特别偿债方案”。
- 2018 - 11 - 25　江苏宏图高科技股份有限公司由于与南风股份重大资产重组失败及华融西部的合同纠纷导致大量资产遭受冻结，公司经营恶化最终“15 宏图 MTN001”无法完成兑付，构成实质违约。
- 2018 - 11 - 26　山东大海集团有限公司由于被担保企业出现风险事件，引发融资收紧，且由于光伏行业补贴退坡及行业竞争加剧，公司经营逐步恶化，公司申请破产后未到期债券以破产申请日视为到期日，最终“17 大海 01”无法完成本息兑付，构成实质性违约。
- 2018 - 11 - 26　山东金茂纺织化工集团有限公司向法院申请重整，“15 金茂债”提前到期未兑付，构成实质性违约。
- 2018 - 11 - 26　洛娃科技实业集团有限公司财务数据真实性存疑，高货币资金与高债券融资并存引发市场担忧，公司涉嫌财务造假，且质疑加剧引发公司融资受阻，最终“17 洛娃科技 CP001”无法完成本息兑付，构成实质性违约。
- 2018 - 11 - 28　佛山市中基投资有限公司由于自身经营困难，丧失融资能力，导致“16 中基 E1”无法兑付，构成实质违约。

- 2018－11－29　中科建设开发总公司由于企业自身经营困难，现金流匮乏导致“16中科建设PPN002”无法兑付，构成实质性违约。
- 2018－12－3　证监会联合央行、国家发改委共同发布《关于进一步加强债券市场执法工作有关问题的意见》，明确由证监会依法对银行间债券市场、交易所债券市场违法行为开展统一的执法。
- 2018－12－10　受永泰能源股份有限公司债券违约事件影响，永泰集团有限公司正常融资功能基本丧失，短期流动性资金极度紧张，“18永泰集团SCP001”未按时兑付本息，构成实质违约。
- 2018－12－24　银亿股份有限公司因短期内资金周转困难，未能按时兑付“15银亿01”回售款和利息，构成实质违约。

二、信用债市场回顾

一级市场发行情况

表14－1　信用债一级新发行情况

债券类型	发行期数（只）			发行总规模（亿元）			平均每只发行规模（亿元）		
	2017年	2018年	增幅	2017年	2018年	增幅	2017年	2018年	增幅
一般短期融资券	464	428	－8%	3955	4735	20%	9	11	30%
超短期融资债券	1675	2490	49%	19811	26299	33%	12	11	－11%
一般企业债	382	286	－25%	3731	2418	－35%	10	8	－13%
一般中期票据	906	1416	56%	10341	16582	60%	11	12	3%
一般公司债	538	798	48%	5642	8185	45%	10	10	－2%
私募债	662	724	9%	5383	6131	14%	8	8	4%
定向工具	726	768	6%	5127	5409	6%	7	7	0
合计	5353	6910	29%	53990	69759	29%	10	10	0

数据来源：Wind

说明：在计算平均数时结果只保留到个位，但计算增幅时使用的是精确度更高的数据。

2018 年，由于中美“贸易战”，外部环境恶化，叠加经济增速持续下行的压力，央行货币政策转向宽松，流动性资金宽裕。尽管违约大潮爆发，但信用债发行利率持续下行。下半年由于各类风险明显上升，资管新规过渡期被迫延迟、中央出台支持民企等各项政策，也推动了信用债发行回暖。2018 年全年信用债（一般短期融资券、超短期融资债券、一般企业债、一般中期票据、一般公司债、私募债、定向工具）发行期数和发行规模均较上年增加 30% 左右，发行人家数较上年变化不大。

2018 年共有 283 家企业累计发行短期融资券 428 期，发行规模为 4735 亿元，发行期数和发行规模较上年分别减少约 8% 和增加约 20%，平均发行规模增加 30%，发行期限仍以 1 年期为主。本年度，共有 680 家企业发行超短期融资券 2490 期，发行规模为 26299 亿元，发行期数和发行规模均较上年大幅增加，发行期限仍以 270 天为主。

2018 年中票发行量大幅增加。全年共有 771 家企业发行中票 1416 期，发行规模为 16582 亿元，发行期数和发行规模均较上年增加 50% 以上，平均发行规模变化不大。发行期限仍主要集中于 3 年期和 5 年期，两者之和在中票总发行期数中的占比（95. 34%）较上年变化不大，其中 3 年期中票在中票总发行期数中的占比较上年上升约 9 个百分点，而 5 年期中票在中票总发行期数中的占比下降约 10 个百分点，表明市场对相对较短期限的中票偏好有所上升。

2018 年企业债券发行量有所减少。全年共有企业债券 286 期，发行规模为 2418 亿元，发行期数和发行规模较上年均减少约 30%，平均发行规模同比减少 13%。从发行期限来看，企业债券发行仍主要集中在 7 年期提前还本的品种。

2018 年公司债券发行量增幅显著。全年共发行一般公司债 798 期，发行规模为 8185 亿元，发行期数和发行规模均较上年增加 48% 和 45%。私募公司债共发行 724 期，发行规模为 6131 亿元，分别较上年增长 9% 和 14%。公司债券发行的明显回暖主要由于 2015 年公司债市场大幅扩容，2018 年面临到期或进入回售期的公司债规模较大，导致再融资需求较大。2018 年公司债发行期限仍主要集中在 3 年期和 5 年期，但 5 年期品种在公司债总发行中的占比较上年下降约 11 个百分点，3 年期公司债发行期数在公司债总发行中的占比较上年上升约 9 个百分点，也印证了市场对相对更短期限的公司债偏好有所上升。

2018 年之后高等级发行人占比持续上升，中国信用债进入市场分层阶段，当年发行的 AAA 级信用债占同期信用债发行总量的比重为 45%，比 2017 年上升了 15%，AA + 占比提升 3%，而同期 AA 及以下品种占比下降了 17%。由于信用债违约事件频发，加速了市场分层同时资管新规 2020 年底的过渡期设置致使市场对于长期限信用债需求下降，另一方面由于信用事件频发投资者对发行人的长期前景缺乏信心，信用债平均期限也开始缩短，1 年以内债券占比进一步提升。

2018 年信用债发行利率大幅下降，企业融资成本逐渐降低。短期融资券发行的加权平均利率从 1 月的 5. 41% 大幅下降至 12 月的 4. 09%，中票发行的加权平均利率从 6. 11% 大幅走低至 12 月的 5. 17%。

二级市场成交情况

2018 年信用债收益率跟随市场利率呈下行态势，1—5 年国开债中债估值收益率下行 120bp—180bp，信用债下行 80bp—160bp，其中短端下行幅度更大，曲线形态陡峭化。

年初在经历 2017 年底收益率大幅攀升之后，信用债短端品种吸引力增强，在资金面转松的情况下，短端率先做出反应，收益率大幅下行，但市场对中长久期品种仍然较为谨慎，收益率走势以窄幅震荡为主。春节后受中美“贸易战”影响，股市大幅下挫，利率债收益率也开始大幅下行，信用债在此带动下，中长期收益率开始跟随下行，行情一直持续至 4 月份，市场情绪在央行宣布定向降准之后达到高潮。年内第一次市场调整发生在 4 月下旬至 5 月中旬，此时资管新规发布以及银行大额风险暴露管理办法正式落地，导致市场情绪谨慎，叠加经济基本面偏强，中长期限利率债出现了一定调整，带动信用债也出现了一波调整，信用利差保持平稳。5 月下旬开始，因海内外事件和贸易战不确定性增强影响，收益率波动较大。直至 6 月公布的 5 月社融数据低于预期、5 月经济数据偏弱、央行未跟随美联储加息、贸易摩擦升级等多重因素使得收益率持续下行。在此阶段信用债收益率出现较为明显的分化，高等级信用债收益率基本跟随利率债走势，但低等级的信用债则受到风险事件频发和市场风险偏好下降影响，收益率出现上行。直至 7 月初监管机构传达维稳意图，宽信用政策陆续出台，低等级信用债收益率也开始下行。信用利差方面，高等级信用利差在此期间内整体平稳有小幅上行，低等级 5 月下旬至 6 月底因收益率逆市上行，导致信用利差明显走阔，7 月有所收窄。8 月初到 9 月下旬，因资金面边际收紧、通胀数据超预期以及地方债供给放量，利率债有所调整，信用债受到违约事件增多影响也明显回调。信用利差在 8 月中上旬整体走阔，主要是因为信用债收益率上行速度快于同期限利率债，而进入 9 月后，信用利差基本平稳，因为利率债收益率加速上行使得信用利差被动收窄。9 月下旬至年末，由于经济数据继续走弱、央行降准、地方债供给高峰已过等多重因素叠加，利率债收益率大幅下行。高等级信用债在利率债的带动下也出现快速下行，低等级品种在中央救助民营企业政策支持下，收益率下行幅度一度大于 AAA 级，信用利差也有所回落。

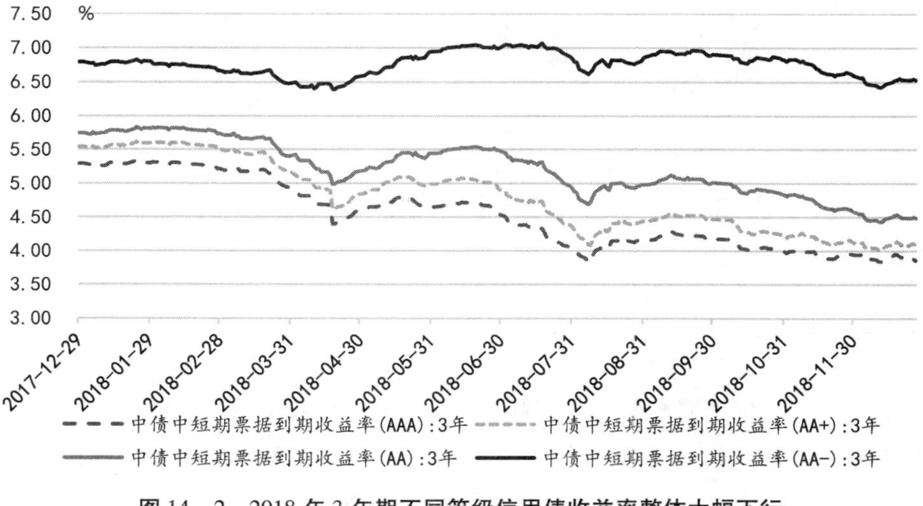

图 14－2　2018 年 3 年期不同等级信用债收益率整体大幅下行

数据来源：Wind

信用利差——低等级信用利差走阔

2018 年不同等级信用利差走势分化，中高等级信用利差较上年末小幅上行，低等级信用利差大幅走阔。以 3 年中债估值曲线来看，3 年 AAA、AA +、AA 和 AA - 品种信用利差分别上行 6bp、5bp、25bp 和 123bp。

历史对比来看，2018 年信用风险加剧导致低等级信用利差大幅走高，各等级信用利差分位点均有明显升高，AA - 信用利差达到 94% 分位点（较 2017 年上升 60. 2%），AAA 信用利差达到 53% 分位点（较 2017 年上升 15. 7%），AA + 信用利差达到 34%（较 2017 年上升 11. 7%），AA 信用利差达到 34% 分位点（较 2017 年提升 21. 7%），呈现出低等级信用利差走阔明显的特征。

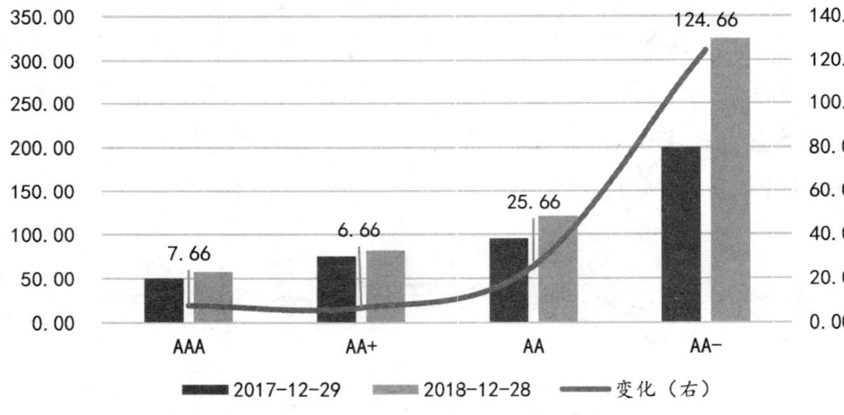

图 14 - 3　2018 年 3 年期各等级信用利差走势（bp）

数据来源：Wind

期限利差——多数走阔

3 - 1 信用债期限利差方面，2018 年除 AA - 级期限利差下行 2bp，其余的 AAA 级、AA + 级、AA 级分别上行 15bp、19bp、27bp。AAA 级、AA + 级、AA 级 3 - 1 期限利差分别位于 36%、32%、35% 分位点，处于历史较低水平。

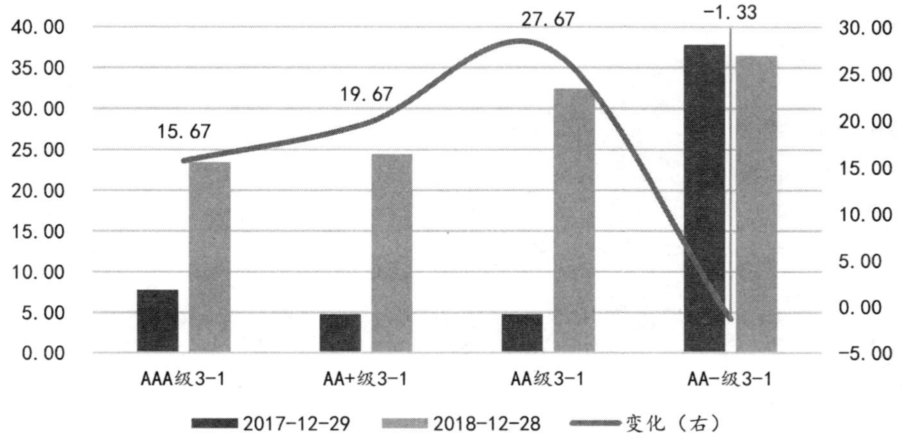

图 14-4　2018 年各等级期限利差（bp）

数据来源：Wind

评级间利差——低等级评级间利差大幅走阔

从 1 年期短期融资券和 3 年期中票角度来看，评级间利差在 2018 年多数出现走阔。其中，1 年期短期融资券除了 AAA 与 AA+评级间利差压缩了 5bp，AA+与 AA、AA 与 AA-评级间利差分别上行 11bp、128bp。3 年期中票除了 AAA 与 AA+评级间利差压缩了 1bp，AA+与 AA、AA 与 AA-评级间利差分别上行 19bp、99bp。

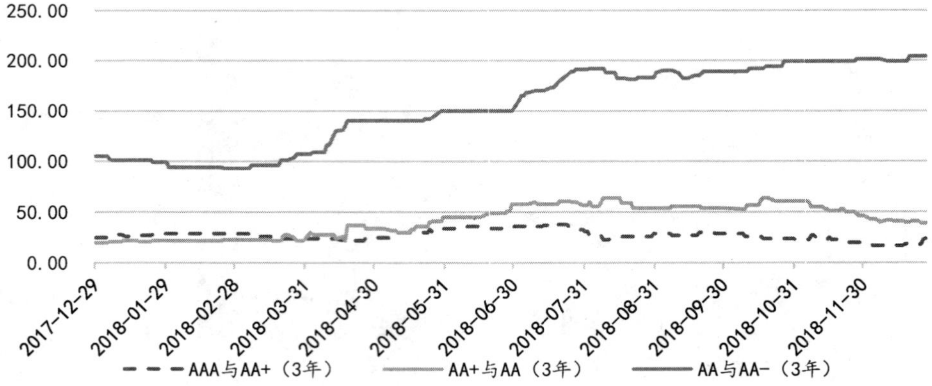

图 14－5　2018 年 3 年期各等级中票评级间利差（bp）

数据来源：Wind

民企溢价——大幅上升

2018 年同等外部评级的民企债券和地方国企债券的利差继续扩大。以 3 年期品种来看，外部评级 AA + 的民企和地方国企之间的利差在 2017 年底为 88bp，到 2018 年末提升至 214bp，上行幅度 126bp。同等外部评级的民企债券收益率大幅高于国企，主要是因为 2018 年年民企债券风险频发。

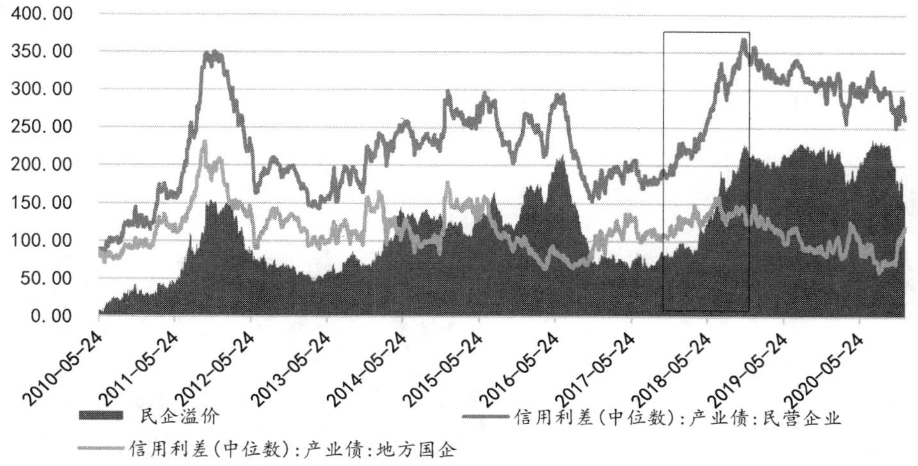

图14-6 2018年民企溢价率（bp）

数据来源：Wind

三、重要事件评述

资管新规出台

2018年中国的资管行业迎来了首个行业纲领性文件，一定程度上统一了规则和制度。4月27日四部委发布了《关于规范金融机构资产管理业务的指导意见》（简称“资管新规”），资管新规的核心思路集中在打破刚兑、净值化转型与去嵌套三大思路，新规的核心精神切断了过去资管行业野蛮生长的路径，资管行业的整体打法思路自此开始发生了根本性的改变。

2012年下半年以来，证券、基金、期货、保险等机构的资产管理业务快速发展，各类机构之间的跨行业资管合作日益密切，中国步入“大资管时代”。中国人民银行发布《中国金融稳定报告（2017）》称：截至2016年末，银行表内、表外理财产品资金余额分别为5.9万亿元、23.1万亿元；信托公司受托管理的资金信托余额为17.5万亿元；公募基金、私募基金、证券公司资产管理计划、基金及其子公司资产管理计划、保险资产管理计划的规模分别为9.2万亿元、10.2万亿元、17.6万亿元、16.9万亿元、1.7万亿元。剔除交叉持有的因素后，各行业金融机构资产管理业务总规模60多万亿元，占GDP总量67%左右。

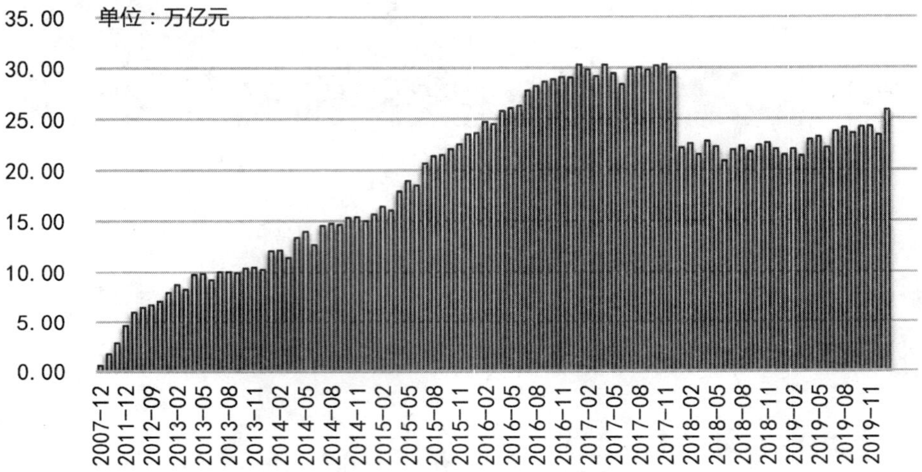

图14-7　资管新规出台后银行理财规模明显下降

数据来源：Wind

尽管资管行业发展迅速，推动了直接融资市场发展，满足了大众不同层次的投资理财需求，但与成熟市场相比，中国资管行业仍处于发展的初级阶段。多年来资管领域暴露出了诸多问题，主要表现为“法律使用混乱、监管标准不统一、缺乏统一的监测监控、存在隐形刚性兑付”等，从而导致出现“不利于投资者保护、市场分割、影响市场功能的正常发挥、易引发监管套利增大系统性风险隐患、脱实向虚加大实体成本”等风险隐患。

由于从事资管业务的行业和机构比较多，过去虽然出台了很多监管政策，但不同监管机构之间标准不统一，存在监管套利。因此为了能在资管业务上实现统一监管，2017年11月由央行牵头、一行三会及有关部门共同参与制定的《关于规范金融机构资产管理业务的指导意见（征求意见稿）》，有望统一同类资产管理产品监管标准，有效防控金融风险。

在 2018 年 4 月资管新规正式出台后，央行、银保监会和证监会均于 7 月 20 日发布资管新规细则，对资管新规的操作细节进行了进一步明确。央行发布《关于进一步明确规范金融机构资产管理业务指导意见有关事项的通知》；银保监会发布《商业银行理财业务监督管理办法（征求意见稿）》（简称“银行理财细则”），对资管新规执行细节进行了进一步的说明和规定；证监会随后就《证券期货经营机构私募资产管理业务管理办法（征求意见稿）》及其配套细则对外公开征求意见。

资管新规对信用债市场影响

资管新规发布后，在打破刚兑、实现净值化管理的要求下，银行理财开始了积极转型，主要转型方向包括产品净值化转型和资产配置多样化转型，头部银行陆续成立理财子公司。

资管新规一年后，对于将近 23 万亿元的银行理财市场，2019 年末理财净值化比例已经提高到为 43%，较 2018 年提高了 16%。2020 年 5 月末新发行净值型产品募集资金占全部资管产品募集资金的 60.3%，净值型转型的步伐在逐步加快。

银行理财在这些年的发展中逐步成长为债券市场最庞大的配置力量。23 万亿元银行理财配置了大量的信用债，同时通过委外加杠杆、信用资质下沉等方式，成为债市的主要新增增持力量。而随着净值化转型推进，债券流动性的重要性逐步提升，曾经靠高票息、高杠杆的策略开始逐步被市场主流机构放弃，强调流动性的市场更加要求债券投资者对于市场方向有所判断，这一趋势也反映在市场价格中，短久期高票息资产被市场追捧，短期限信用利差大幅压缩，而低等级长久期债券却无人问津，低等级期限利差逐步走阔。未来随着净值化转型逐步完成，信用市场的分化将进一步加剧，期限利差、信用利差、等级利差都可能呈现出不同程度的变化。

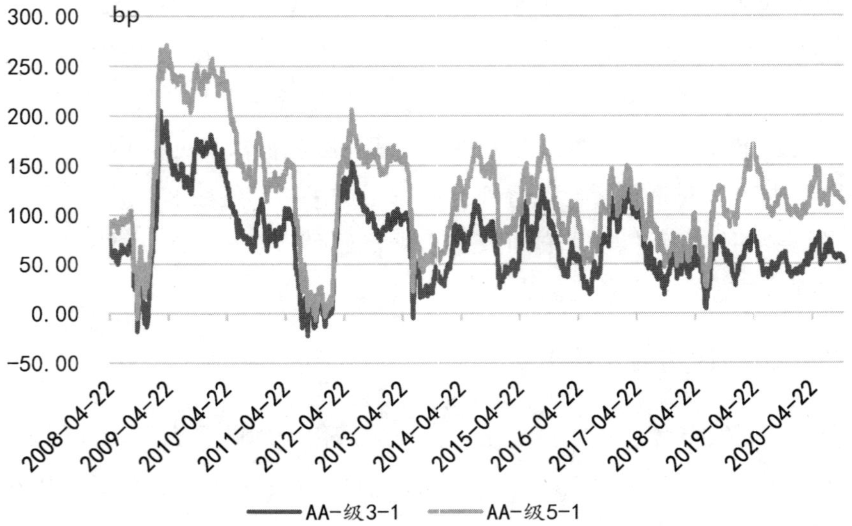

图 14－8　资管新规出台后低等级期限利差维持高位

数据来源：Wind

经济数据注水引发城投信用风险

财政数据“注水”现象被曝光并非新鲜事物，早在 2013 和 2015 年，黑龙江、湖南、云南三省的个别市县就被查出数据造假。真正引起社会广泛关注和激烈讨论的是 2017 年底辽宁的“自曝家丑”——承认“所辖市、县财政普遍存在数据造假行为”。据测算，从 2011 年至 2014 年，辽宁省所辖市、县累计虚增财政收入占同期财政收入的近 20%。

无独有偶，紧随辽宁而来的是 2018 年 1 月，内蒙古与天津先后宣布挤出“水分”，调整 GDP 和财政收入等经济数据。经财政审计部门反复核算后，内蒙古调减 2016 年一般公共预算收入 530 亿元，占总量的 26.3%；核减 2016 年规模以上工业增加值 2900 亿元，占全部工业增加值的 40%，2016 年地区生产总值基数也相应核减。天津滨海新区则表示不再重复统计注册在当地、但未在当地生产的企业的产值，将 2016 年的 GDP 从 10002 亿元调整为 6654 亿元，缩水幅度高达 1/3。

为何辽宁、内蒙古和天津会选择在此时“自曝家丑”？新华社在一篇分析文章中认为：

首先，营改增之后营业税由以往的纯地税变成了中央、地方共享税，地方继续虚报数据就得自己往里面贴钱。同时，中央和财政部加大了对地方政府违法违规举债行为的问责力度。由此，地方政府加杠杆举债，贴补财政收入“注水”后的支出缺口这一链条被严格监管。

其次，不单单是辽宁、内蒙古、天津滨海新区，事实上，以“制造业 + 基建”为核心增长动能的整个北方经济，都面临着增长模式转型的问题。面对超低速增长甚至负增长的整体经济态势，系统性的数据造假已经越来越难，而承认数据造假反而能为未来的增长打开空间。

最后，未来 GDP 等各种经济数据统计将完全由中央负责。地方政府基于政绩需要，有虚报数据的动机；但中央统计经济数据，则是为了获取第一手信息以便于经济决策，所以对数据有求真求实的诉求。未来交由中央统计各项经济数据，如果数据为假，纸是包不住火的，倒不如提早“自曝”。

经济和税收数据下修削弱了偿债保障，令地方债务压力上升。GDP 下调后，天津、内蒙古两地地方政府债务/GDP 均显著上升。在有限的财政收入下，传统依靠举债支持工业投资大幅扩张的模式已难以为继。推进财税改革，扩充地方税源，显得刻不容缓。

从经济与财政数据挤水分开始，东三省和天津区域的信用债和城投债的市场认可度逐步降低，如辽宁省 AA + 评级的城投债，在 18 年中只有 80bp 利差下持续攀升至 470bp 利差，而天津也从不到 50bp 利差拉升到 100bp。财政挤水分意味着财政实力减弱，而作为城市建设的城投主体其中重要的偿债来源就是政府或财政的其他应收款，这意味着城投的偿债能力减弱，城投信仰受到挑战。

轰轰烈烈的民企纾困

2018 年上半年，受经济下行和中美贸易战影响，企业再融资难度加大，尤其是民企的经营和融资状况均出现困难。股价下跌导致股权质押比例较高的民企出现平仓风险，债券集中到期下的民企违约事件也对市场信心产生不小的冲击，金融机构对民企的风险偏好迅速下降。

2018 年 10 月 21 日，金稳委召开“防范化解金融风险”第十次专题会议，强调研究支持民企股权融资，鼓励符合条件的私募基金管理人发起设立民企发展支持基金。而后在 11 月 1 日中央召开民营企业座谈会，习近平总书记表示“对有股权质押平仓风险的民营企业，有关方面和地方要抓紧研究采取特殊措施，帮助企业渡过难关，避免发生企业所有权转移等问题。省级政府和计划单列市可以自筹资金组建政府性救助基金，帮助区域内重点民企纾困。”

政策方面，监管部门合力推出“政策组合拳”。（1）央行：加大民企信贷投放力度；推动设立民企债券融资支持工具；（2）银保监会：允许保险资金设立专项产品参与化解上市公司股票质押流动性风险，不纳入权益投资比例监管；（3）证券业协会：推动设立证券行业支持民营企业发展集合资产管理计划，支持证券公司分别设立若干子资管计划，吸引银行、保险、国有企业和政府平台等资金投资，形成 1000 亿元总规模的资管计划；（4）交易所：积极研究推出创新型基金等金融工具，帮助困境上市公司纾解股票质押风险。

信贷方面，在民企纾困政策推出后，2019 年全年，小微企业获得了较为显著的支持。从银保监会祝树民副主席在新闻发布会的表述来看，截至 9 月末，五家大型银行小微企业贷款余额是 2.52 万亿元，较 2018 年末增加 47.9%，已超额完成这五家大行全年增量计划和政府工作报告 30% 的增量目标。五家大型银行平均贷款利率是 4.75%，较 2018 年全年平均贷款利率下降 0.68 个百分点。同时，通过发放信用贷款、减费让利等措施降低小微企业其他融资成本 0.58 个百分点，所以小微企业在五大行的综合融资成本下降了约 1.26%。

在受纾困的 200 余家上市公司中，86.2% 的纾困对象为上市公司控股股东，81.7% 的公司为民营企业。纾困方式方面，受让股东股份等股权方式及质押融资等债权方式占比各半。

回顾民企纾困基金情况，总结来看，上市公司流动性资金危机出现后，纾困基金推进速度较快，几千亿规模的纾困资金看似规模庞大。但最终落地的规模（实缴到位并实际投到企业中的金额）可能只有几十亿或者更少，非市场化的行政手段总是有较大的局限性。

落地难的原因，一方面是筛选纾困企业的标准较难拿捏，纾困基金对部分上市企业的经营业务没有十足的把握或者了解不够深入，待纾困企业的业务经验、人员设置、资产等多少存在一些瑕疵和不足，使得援助一方犹豫不决。部分纾困基金的管理机构通过走访、调研等之后认为市场上优质标的其实比较稀缺。另外一方面，纾困基金的投资人对纾困企业及纾困方式想法不一致也是部分纾困基金推进放缓的一个主要因素。

市场上的纾困基金多为金融机构或地方政府、国有企业发起设立，鲜有民营 PE 机构主导，即使有社会资本参与金融机构或国有企业设立的纾困基金，投入的资金量也不大。可能有两个主要原因导致了这样的现状：其一，民营 PE 机构往往担心纾困基金纯属企业援助，收益率无法保障，甚至担心投入的资金有去无回；其二，民营 PE 机构也担心如与地方政府合作发起纾困基金，其在后续管理和运营基金的过程中话语权不够，无法取得投资主导权，如市场化 PE 机构不能活跃于纾困基金的发起设立环节，则市场势必无法撬动更多的社会资本参与到这场纾困行动中。因此，尽管政策出发点是好的，但由于各种原因落地困难，许多企业并没有真正得到纾困，或者没有把握住机会，不少民营企业最终还是走向了债务违约。

四、信用风险事件点评

2018 年违约信息一览

进入 2018 年，随着前期金融严监管政策陆续落地、融资环境整体趋紧等外部因素影响，市场风险偏好下降，企业再融资压力加大。部分企业面临较大的流动性资金压力，同时部分发行人还存在经营状况不佳、企业治理结构不完善、股票质押比例过高等问题，导致信用风险加速暴露。

2018 年，我国债券市场新增 40 家违约发行人，共涉及 106 期违约债券，违约金额合计约 864.86 亿元，新增违约发行人家数、涉及违约债券期数和违约金额均达到历史之最。另有 8 家 2018 年之前已发生违约的发行人继续未能按时偿付其存续债券利息或本金，涉及违约债券 21 期，违约金额合计约 147.28 亿元。

以下为 2018 年首次违约主体。从违约主体性质来看，民营企业 33 家，占比 82.5%，较以往年度有所提高。值得一提的是，2018 年新增的 40 家违约主体中，有 15 家是上市公司，且多是股权质押比例较高的上市公司。从行业来看，违约主体分布较为分散，主要集中在商业贸易、采掘、综合等行业。

表 14－2　2018 年首次违约主体信息

发行人	企业性质	债券简称	首次债券违约日期
亿阳集团股份有限公司	民营企业	16 亿阳 01	2018－01－27
神雾环保技术股份有限公司	民营企业	H6 环保债	2018－03－14
富贵鸟股份有限公司	民营企业	14 富贵鸟	2018－04－23
凯迪生态环境科技股份有限公司	公众企业	11 凯迪 MTN1	2018－05－07
中安科股份有限公司	民营企业	15 中安消	2018－05－07
新疆金特钢铁股份有限公司	中央国有企业	13 金特债	2018－05－17
上海华信国际集团有限公司	民营企业	17 沪华信 SCP002	2018－05－21
阳光凯迪新能源集团有限公司	民营企业	H6 凯迪债	2018－06－01
中融双创（北京）科技集团有限公司	民营企业	16 长城 01	2018－06－13
永泰能源股份有限公司	民营企业	17 永泰能源 CP004	2018－07－05
乐视网信息技术（北京）股份有限公司	民营企业	15 乐视 01	2018－08－03
中城投集团第六工程局有限公司	中央国有企业	15 城六局	2018－08－13
新疆生产建设兵团第六师国有资产经营有限责任公司	地方国有企业	17 兵团六师 SCP001	2018－08－13
金鸿控股集团股份有限公司	民营企业	15 金鸿债	2018－08－23
印纪娱乐传媒股份有限公司	民营企业	17 印纪娱乐 CP001	2018－09－10
无锡五洲国际装饰城有限公司	民营企业	16 锡洲 02	2018－09－19
吉林利源精制股份有限公司	民营企业	H4 利源债	2018－09－25
新光控股集团有限公司	民营企业	17 新光控股 CP001	2018－09－25

续表

发行人	企业性质	债券简称	首次债券违约日期
刚泰集团有限公司	民营企业	16 刚集 01	2018-09-26
飞马投资控股有限公司	民营企业	16 飞投 01	2018-09-28
中国华阳经贸集团有限公司	中央国有企业	15 华阳经贸 MTN001	2018-09-30
安徽盛运环保（集团）股份有限公司	民营企业	18 盛运环保 SCP001	2018-10-09
大连金玛商城企业集团有限公司	民营企业	17 金玛 03	2018-10-12
宁夏上陵实业（集团）有限公司	民营企业	12 宁夏上陵债	2018-10-15
北京华业资本控股股份有限公司	民营企业	17 华业资本 CP001	2018-10-15
中弘控股股份有限公司	民营企业	H6 弘债 02	2018-10-18
同益实业集团有限公司	民营企业	16 同益 02	2018-10-19
深圳市金立通信设备有限公司	民营企业	16 金立债	2018-10-29
雏鹰农牧集团股份有限公司	民营企业	18 雏鹰农牧 SCP001	2018-11-05
中科建设开发总公司	地方国有企业	16 中科建设 PPN002	2018-11-19
山东金茂纺织化工集团有限公司	民营企业	15 金茂债	2018-11-26
山东大海集团有限公司	民营企业	17 大海 01	2018-11-26
江苏宏图高科技股份有限公司	民营企业	15 宏图 MTN001	2018-11-26
佛山市中基投资有限公司	民营企业	H6 中基 E1	2018-11-28
深圳市一体投资控股集团有限公司	民营企业	16 体 EB01	2018-11-29
洛娃科技实业集团有限公司	民营企业	17 洛娃科技 CP001	2018-12-06
龙跃实业集团有限公司	民营企业	17 龙跃 E1	2018-12-06
永泰集团有限公司	民营企业	18 永泰集团 SCP001	2018-12-10
神雾科技集团股份有限公司	民营企业	H6 神雾 E1	2018-12-15
银亿股份有限公司	外资企业	H5 银亿 01	2018-12-24

数据来源：Wind

从 2018 年债券违约的原因来看，造成发行人经营和财务状况恶化的原因主要有以下几点：

行业景气度下行，企业盈利能力出现下滑甚至亏损。富贵鸟股份有限公司主要从事鞋类生产销售，由于行业整体呈现下行趋势，行业内部竞争激烈，公司门店数量持续减少，盈利水平持续下滑。此外公司还存在大额对外担保和资金拆借的情况，严重影响自身信用水平，2017 年下半年以来公司发生多起担保代偿事项，偿债能力严重恶化，最终发生违约。雏鹰农牧主要从事生猪产品和家禽产品的生产，受到猪周期下行期因素影响和非洲猪瘟冲击，公司生猪销售价格及数量均低于预期，盈利能力受到较大冲击。另外实控人持有的股份中质押比例达到 98%，后续受交易所监管函、实控人股份被司法冻结等负面消息影响，公司再融资渠道受阻，导致不能按时兑付债券本息。

企业业务发展激进，依赖债务快速扩张。凯迪生态环境科技股份有限公司主要从事生物质发电等环保业务，业务采用 BOT 模式，前期投资规模大，资金回收周期长，公司大规模举债承接新项目和异地扩张业务，导致原本就紧张的资金链更加脆弱。洛娃科技实业集团有限公司主要从事乳制品和日化业务，2017 年公司在海外进行大量兼并收购业务，收购多家农业及日化公司，导致公司债务规模快速上升。永泰能源股份有限公司是唯一一家煤炭板块上市民企，公司对外投资较为激进，相继涉足电力、物流、金融和医疗等板块。此外，公司控股股东永泰集团持有的股票质押比例高达 99.92%。新光控股集团有限公司以饰品起家，后涉足地产、制造业、互联网和金融等多个行业。公司违约前几年大量举债进行并购或投资，主营业务盈利水平下滑，同时过于依赖非标等表外融资渠道，且所持有的上市子公司的股份几乎全部被质押，融资渠道严重受限，2018 年公司存续债券集中到期，因流动性资金严重不足发生违约。

实际控制人发生风险对企业经营产生严重影响。上海华信国际集团有限公司大举扩张、负债高企，在控股股东中国华信能源有限公司董事会主席涉嫌经济犯罪接受调查、不能正常履职等负面事件冲击下爆发流动性资金危机。中弘控股股份有限公司内控制度存在重大缺陷，实际控制人违规操作并购项目，致使公司资金链高度紧张，同时公司涉及多起诉讼事件，股份悉数被冻结，且存在信息披露违规等问题，外部融资环境逐渐恶化，4 期存续债券均发生违约。

沪华信违约——尊重常识的力量

上海华信国际集团有限公司成立于 2003 年，2011 年的资产规模仅为 50.98 亿元，到 2017 年三季度末资产规模高达 1830.22 亿元，年复合增长率高达 81.63%。短短的几年，发展成为集能源贸易、储备、海外能源投资等功能于一体，横跨能源、金融等板块的大型企业集团，跻身世界五百强。

外部评级机构在 2018 年之前多次对沪华信上提评级，包括联合资信 2014 年 6 月首次给予评级 AA，2015 年 4 月上调至 AA+，2017 年 7 月上调至 AAA；中诚信国际 2016 年 12 月给予评级 AAA。但由于公司负债增长过快，沪华信的外部评级有如过山车般在 2018 年 3 月又遭遇持续的评级下调，分别为联合资信/联合信用于 2018 年 3 月 1 日至 2 日下调至 AA+、4 月 9 日至 10 日下调至 AA、5 月 4 日下调至 BBB+；中诚信国际 3 月 8 日下调至 AA+、3 月 30 日下调至 AA-、5 月 2 日下调至 BBB-、5 月 16 日下调至 BB，同样继续列入可能降级的观察名单。

最终沪华信于 2018 年 5 月 21 日未能如期兑付“17 沪华信 SCP002”导致实质性违约。曾经风光无限的沪华信最终倒下，主要有如下几点原因：

公司经营过于激进，持续加杠杆且巨额应收款回款存疑导致公司无法经营。公司 2012—2016 年油品销售量分别为 66 万吨、1322 万吨、1658 万吨、7039 万吨和 8677 万吨，呈几何级增长态势，2016 年收入接近 2500 亿元。公司 EBITDA 随盈利逐年增长，但公司 2014—2016 年及 2017 年 Q3 应收账款分别增长 102 亿元、164 亿元、227 亿元和 194 亿元，经营现金流持续大幅净流出。但由于发行人 2012 年成立了财务公司并向其归集资金，每年均有大量“收到/支付其他与筹资活动的现金”，经营与筹资现金流存在较大的分类问题。截至 2017 年 9 月末，公司资产中有 818 亿元应收账款，占总资产的比例为 45%，接近一半，而且据公司披露应收账款已经出现大规模逾期，公司实际回款能力较报表反映相去甚远。

政治风险引发连锁反应。2017 年 11 月，外媒报道香港中华能源基金会秘书长何志平被美国司法机关起诉。2018 年 3 月华信董事局主席叶简明被调查，

5 月 11 日披露的兑付风险提示公告，叶简明不能正常履职。受负面传闻影响，部分客户持观望态度，致使发行人业务大幅萎缩，应收账款发生较大规模逾期，可供经营周转的货币资金短缺。

涉外业务过多，资金有效性弱。沪华信违约前进行多次重大对外投资项目，通过并购布局海外能源，包括以 18 亿美元对价购买 ADNOC ONSHORE 陆上租让合同区块 4% 权益、以 6.8 亿美元对价收购哈萨克斯坦国家石油天然气公司的国际化平台 KMGI、以 9.8 亿欧元对价收购捷克 J&T 金融集团 50% 股份等，海外投资耗费巨大。但叶简明被调查后，沪华信海外并购项目无法推进，收购捷克 J&T 金融集团剩余股权事项宣布暂停，收购俄罗斯国家石油公司 14.16% 股权交易进度出现延期、终止交易，前期支付的较大规模款项无法收回。过度进行海外外延投资造成公司资金真实性存疑，不确定性过高。

融资背靠国家开发银行，给市场造成错误印象。截至 2017 年 6 月末，公司获得银行授信总额 529 亿元，未使用额度 106 亿元，其中最大授信银行为国家开发银行，提供的授信额度 343 亿元，占发行人获得银行授信总额的 65%，授信集中度高，且由于国家开发银行给予的极高授信额，引发了市场对于国家开发银行为其背书的错误印象。国家开发银行作为具有一定国家主权信用的政策性银行，此举无疑给市场造成了一定困惑，最终国家开发银行原董事长因卷入沪华信案件中落马。

沪华信事件充分说明了几个关键问题：首先，实际控制人背景无法核实的公司需要高度警惕，甚至不应该纳入投资范围；其次，对于贸易公司应特别谨慎，如果叠加诚信问题，其中风险完全无法了解和分析；最后，产业债投资不能完全依赖信仰，要注重常识。

永泰能源违约案例

永泰能源是经泰安市体改委 1988 年 11 月 6 日批准，以泰安润滑油调配厂为发起人，改组为泰安鲁润股份有限公司，1998 年 5 月在上交所上市（鲁润股份，600157.SH），2010 年更名为永泰能源，经营范围由油品经营转型进入煤炭工业领域。2015 年 2 月和 2016 年 5 月完成两次非公开发行，分别募集约

100 亿元和 49 亿元。截至 2018 年 3 月末，总股本 124.26 亿元，控股股东为永泰集团，持股比例 32.41%，已质押 40.24 亿股，实际控制人为王广西。

永泰能源主营业务为煤炭和电力销售。2015—2017 年及 2018 年一季度收入分别为 107.84 亿元、136.99 亿元、223.88 亿元和 46.69 亿元，毛利率分别为 44.4%、32.6%、28% 和 24.9%。2017 年收入中，电力收入 82.4 亿元（毛利率 18.57%）、煤炭采选 62.09 亿元（毛利率 69.1%）、石化贸易 54.3 亿元（毛利率 0.4%）、煤炭贸易 19.76 亿元（毛利率 0.52%）。

永泰能源于 2018 年 7 月 5 日晚间公告，“17 永泰能源 CP004”未按期进行兑付，构成实质性违约。股票自 2018 年 7 月 6 日起停牌。分析永泰能源违约情况，总结下来有这么几方面的原因：

（1）控股股东高股票质押率导致流动性资金紧缺。截至 2018 年 7 月 5 日，控股股东永泰集团持股 40.27 亿股，持股比例 32.41%，全部被中证登冻结，发行人控股权面临变更风险。

（2）自身高杠杆经营，融资稳定性极弱。截至 2018 年 3 月末，永泰能源资产负债率 73%，总有息负债 725.19 亿元，占总资产 67.6%，有息负债规模极大。其中短期有息负债 332.28 亿元，货币资金/短期有息负债 26.9%，货币短期覆盖率较低。

（3）公司无形资产占比高，探矿权变现难度高。永泰能源无形资产占比高，超过煤炭企业、电力企业一般水平。截至 2017 年末，资产总计 1071.73 亿元，其中非流动资产占比 81.3%，无形资产占比 40.13%，固定资产占比 24.46%。

（4）受限资产账面价值较大，最终可分配给一般债权人的资产有限。截至 2017 年末，受限资产合计 428.26 亿元，占资产总额的 39.96%，其中固定资产 238.28 亿元、无形资产 121.38 亿元、在建工程 30.61 亿元、货币资金 23.43 亿元、应收账款 13.48 亿元。

（5）持续进行大额投资，现金流枯竭。截至 2018 年 3 月末，主要在建工程总投资 123.61 亿元，已完成投资 50.67 亿元，未来资本支出需求仍较大，面临一定的融资压力。

永泰能源违约后公司控股股东永泰集团与北京能源集团有限责任公司于2018年8月15日签署《战略重组合作意向协议》，但最终永泰集团与京能集团尚未就可能交易订立具有法律约束力的协议，合作意向协议失效。永泰能源违约最终仍未能得到救赎。

总结永泰能源违约事件，会发现作为一家民营企业，通过债务杠杆快速扩张的方式是存在巨大风险的。即便公司盈利能力尚可，但是一旦有微小的事件性冲击出现，通过短债长投的模式必然会造成流动性资金紧缺，而在流动性紧缺状况下，民企的再融资能力是极弱的，压弯骆驼可能最后真的只要一根稻草，因为存续的债务将持续到期，新增的融资却迟迟未到，经营现金流根本无法匹配债务期限，最终企业走向倒闭。

2020年永泰完成债务重组，方案总体比较合理，债券投资人损失大幅降低，所以民营企业实际控制人的道德底线还是非常重要的。

美兰机场违约案例

2018年8月24日下午，“17美兰机场SCP002”的兑付本金迟迟未划入上清所账户，多家金融机构的投资人都陷入无比的焦急和紧张的情绪之中。当日晚间，上清所公告称未足额收到“17美兰机场SCP002”的兑付资金，暂无法代理发行人进行本期债券的付息兑付工作。随后美兰机场公告称由于大额系统关闭原因，未能将本金10亿元转至固定收益产品付息兑付资金户。目前资金在途，预计将于8月27日上午到位。

海口美兰国际机场有限责任公司是由中国民用航空中南地区管理局、中国航空油料总公司、海南航空股份有限公司、海南省国际信托投资公司四家股东单位共同出资成立。成立之初中国民用航空中南管理局为第一大股东，持股比例为46%。后经过注册资本以及股东的数次变更，股权结构分散，且无实际控制人。截至2018年3月末，国开发展基金有限公司是第一大股东，持股25.14%，但其作为财务投资者不参与日常经营活动。其他持股比例10%以上的重要股东包括海南航旅交通服务有限公司、海南航辉农业开发有限公司、海南省发展控股有限公司和海航机场集团有限公司。其中海航机场集团有限公司、海南航旅交通服务有限公司均为海航系股东，合计持股 29.06%，在 9 名董事会席位中占据 3 席。

公司以海口美兰国际机场为运营载体，主要从事机场地面服务、喷气航煤及油料销售、机场内场地和设备租赁、特许经营等业务。海口美兰国际机场是省会机场，距离三亚凤凰国际机场 200 公里。2017 年旅客吞吐量为 2258 万人次，在我国通航机场中旅客吞吐量排名第 11 位。截至 2017 年末，美兰机场拥有始发航线 255 条，其中国内航线 228 条、国际 22 条、地区 5 条。

公司 2017 年总资产 526.48 亿元，营业收入 39.62 亿元，毛利率 27.29%，净利率 11.17%，整体经营和盈利较为稳定。

然而公司仍存在很多问题。首先是现金流状况不佳。现金流实际上主要由关联往来决定，与主业经营相关性较低。2015 年至 2017 年，公司收到其他与经营活动有关的现金流分别为 19.3 亿元、29.5 亿元、40.3 亿元和 7.5 亿元，支付其他与经营活动有关的现金分别为 23 亿元、13 亿元、26.5 亿元和 3.3 亿元，其他与经营活动有关的流入和流出占经营现金流流入和流出的一半左右，主要为关联方往来。其次是筹资和经营活动产生的现金流入无法支撑投资的支出。以 2017 年为例，经营活动净现金流量约为 19.1 亿元，投资活动净现金流量约为 -146.76 亿元，筹资活动净现金流量约为 93.54 亿元。公司从 2014 年开始进行股权投资，2014 年和 2015 年，公司分别投资 18.6 亿元和 33 亿元，2016 年和 2017 年投资支付的现金猛增至 177.9 亿元和 137.3 亿元，所投对象大多为海航系下属非上市公司股权，变现能力较差。此外，公司受限资产比例较高，银行支持力度一般，再融资渠道受阻。截至 2017 年末，公司受限资产合计占总资产比例约 25%。授信结构中，长期借款完全无信用借款，主要为抵质押借款，一年内到期的非流动负债也无信用借款，均为保证和质押借款，说明银行支持力度一般。此外，受到 2017 年 11 月媒体报道海航下属子公司寻求 35 元港元贷款延期、2018 年海航集团董事局主席陈锋对路透社承认公司出现流动性资金问题等负面事件影响，2018 年公司未有债券发行成功，而 2018 年全年公司债券到期量达到 36 亿元。

2018 年 7 月，海航集团董事长王健在法国意外身亡，原有高层进行了大面积的调整，对公司本就脆弱的资金平衡产生重大不利影响。

尽管“17 美兰机场 SCP002”为技术性违约，于 8 月 27 日足额兑付，但此次事件也在一定程度上反映了公司乃至整个海航系流动性资金较为紧张的局面。投资人对整个大而不倒的海航系都产生了进一步的担忧，这将使其后续的再融资难度增加，并对后期的债券兑付产生不利影响，2019 年在包商银行事件冲击下海航系终于走到了全面违约这一天。

五、结语

2018 年，在货币政策转向宽松、资管新规过渡期延迟和政策支持民企等多重因素下，信用债一级市场回暖，发行期数和发行规模均较上年增长 30%左右。

信用债收益率整体上大幅下行，结构上出现大幅分化。短期限、中高等级债券相对长期限、低评级债券表现更好，同等外部评级的地方国企债券表现优于民企债券，民企和国企之间的利差继续扩大。

2018 年，中国信用债市场的违约大潮让中国信用债市场的参与者承受了巨大压力。违约事件在债市牛市行情中爆发让人诧异，违约引发的一系列问题上升到国家政策层面，民企纾困、小微企业扶持等政策频出。对于债券市场，信用债踩雷已经不再是新鲜事，形式多样的违约让投资者防不胜防，上海华信作为首只 AAA 违约主体的事件引发了市场加速抛弃外部评级，存在财务造假嫌疑市场盛传已久的标的如宏图高科、洛娃科技等也在 2018 年逐步倒下。然而信用市场的这种变化也给市场带来了新的机会，市场深度和广度不断延伸，高收益债市场迅速发展。

这一年资管新规的出台是中国资管行业标志性的事件，资管行业终将全面走向市场化。这在一定程度上重构了信用债市场的投资交易模式，过去简单加杠杆、拉长久期、按照成本法估值的投资模式难以持续，流动性溢价持续上升。

2019年：银行刚兑打破，违约大潮继续

2019年，全球贸易保护主义抬头，宏观经济整体呈现疲弱态势，美日欧等发达经济体经济增长放缓，多数新兴经济体经济增速亦呈现放缓迹象。美国经济增速明显下行，全年GDP同比增速2.2%，相比2018年下行0.8%。在全球经济低迷、贸易前景不确定及失业率持续攀升的背景下，美联储2019年重启预防式降息，全年基准利率从2.5%降息75bp至1.75%，并重启扩表。

2019年，我国内外承压，经济下行压力较大。全年GDP同比增速6%，相比2018年下行0.75%，呈现前高后低态势。内外部需求不足叠加中美贸易摩擦，进出口承压，但因进口增速下行幅度更大，净出口拉动GDP增长0.76%，较上年提高1.24%。受到内外需疲弱的影响，制造业投资增速出现断崖式下滑；政府债务管控叠加大规模减税降费以及专项债的错位使用使得基建投资恢复缓慢，增速始终不达预期；地产政策调控一直未放松地产行业韧性依然较强全年销售数据保持小幅增长，地产商加快去库存，地产投资增速依然平稳，土地市场维持较高热度。全年投资拉动GDP增长1.73%，较上年下降1.16%。经济下行带来的消费信心不足，以及地产竣工延后带来相关消费走弱，全年消费增速略有下降，拉动GDP增长3.52%，较上年下降0.77%。2019年结构性通胀明显，年中以来猪价急速上涨，CPI食品项推动CPI指数快速上涨，但非食品项仍然较弱。

2019年中国人民银行实施稳健的货币政策，加强逆周期调节，在多重目标中寻求动态平衡。一是先后三次降低存款准备金率。二是先后下调中期借贷便利（MLF）以及7天和14天逆回购操作利率各5bp。三是通过逆回购、MLF等公开市场操作调节市场流动性，进一步发挥常备借贷便利（SLF）的

利率走廊上限功能。四是完善贷款市场报价利率（LPR）形成机制，疏通货币政策传导渠道，促进降低实体经济融资成本。

2019 年利率债收益率全年震荡，小幅下行。全年来看，1 年期国债利率下行 24bp 至 2.36%，10 年期国债利率下行 9bp 至 3.14%。分阶段来看，2019 年 10 年期国债收益率走势大致可以分为两个阶段，第一阶段为年初至 8 月中旬，受二季度经济数据回落影响，10 年期国债收益率触及 3% 的年内低点。第二阶段为 8 月下旬至年末，9 月起通胀预期升温，收益率反弹，年末又回落至年初水平附近。

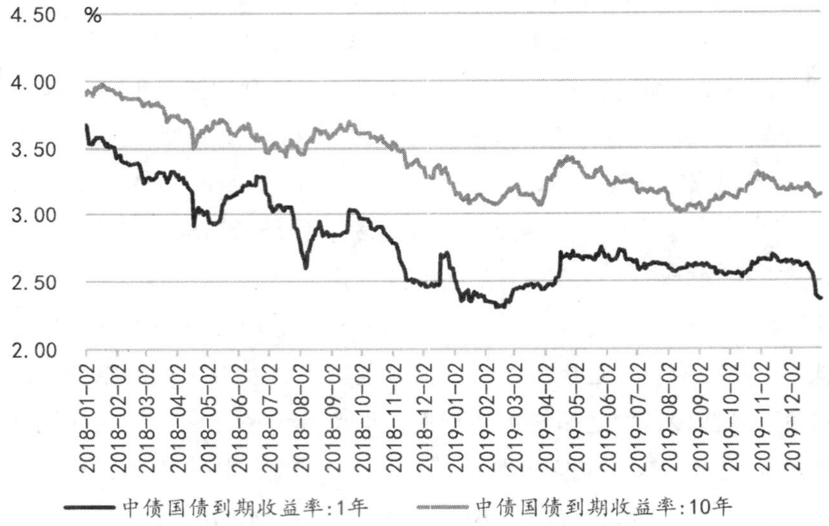

图 15－1　2018—2019 年国债利率曲线变化

数据来源：Wind

2019 年，不考虑违约的因素，信用债表现优于利率债，整体属于结构性小牛行情。一方面在逆周期调节的政策环境下，高等级城投债迎来了较为明显的收益率下行行情；另一方面民企财务造假和违约频发，使得中低品级产业债的信用利差呈现继续扩大趋势。一级市场供给持续放量，但呈现冰火两重天的格局，发行明显集中于高评级和国企债券，民企融资进一步恶化，低评级主体中也主要是国有企业融资改善。城投净增额占据信用债半壁江山，区域分化也仍显著，内蒙古和辽宁净增仍为负数。全年来看，信用事件未见放缓且“违约形态”增多，网红主体陆续爆雷，“僵尸”国企违约苗头抬升。包商银行被接管意味着银行刚兑信仰被打破，从此 NCD 也不再是无风险资产，不同金融机构之间的流动性分层愈加明显。2019 年的信用债市场使机构抱团逐步形成一致预期，这一事件也成了中国信用债市场里程碑式的事件。

一、重点事件时间轴

- 2019－1－4　央行为保持银行体系流动性资金总量合理充裕，同时兼顾内外均衡，保持人民币汇率基本稳定，宣布实施对金融机构存款准备金率下调 0.5% 的全面降准措施，释放约 1.5 万亿资金。
- 2019－1－7　河南众品食业股份有限公司公告公司未能按时兑付“16 众品 02”的回售款，构成实质违约。
- 2019－1－15　康得新复合材料集团股份有限公司未能按照约定筹措足额兑付资金，“18 康得新 SCPOO1”未能按期足额偿付本息，已构成实质性违约。
- 2019－1－17　沪深交易所修订并发布《债券交易实施细则》，将债券质押式回购交易时间及接受债券质押、解除质押申报时间延长至每个交易日的 15：30。
- 2019－1－18　沪深交易所联合中国结算发布《信用保护工具业务管理试点办法》，健全信用风险分担机制，业务试点初期仅推出信用保护合约。
- 2019－1－18　河南众品食品有限公司公告由于受宏观降杠杆、银行信贷收缩、债务集中到期、再融资困难等多重因素影响，公司流动性资金紧张。“17 众品 MTN001”不能按期足额偿付，已构成实质性违约。
- 2019－1－24　央行创设央行票据互换工具（CBS），增加银行永续债市场流动性资金，增强市场对银行永续债的认购意愿。
- 2019－1－29　宝塔石化集团有限公司公告“14 宁宝塔 MTNO01”不能按期足额偿付本息，已构成实质性违约。
- 2019－2－1　国购投资有限公司由于账户被查封、现金流短缺以及筹融资渠道受限等原因，无法按时偿付“16 国购 01”利息及回售本金，构成实质性违约。

- 2019－3－1　哈尔滨秋林集团股份有限公司公告华夏银行天津分行拒不配合完成募集资金划付和查询余额业务，导致公司“16 秋林 01”回售本金和利息未能在 2019 年 2 月 27 日前按时划转，对公司后续债务履约造成了严重影响。
- 2019－3－15　山东胜通集团股份有限公司破产重整申请收到山东省东营市中级人民法院裁定受理，未到期的债权，在破产申请受理时视为到期。公司未能清偿“18 鲁胜 01”等到期债券的本息，构成实质性违约。
- 2019－3－16　东辰控股集团有限公司破产重整申请收到东营市中级人民法院裁定受理，未到期的债权在破产申请受理时视为到期。“16 东辰 01”等 5 笔债券构成实质性违约。
- 2019－3－18　东方金钰股份有限公司公告公司及控股股东云南兴龙实业有限公司虽然积极筹措支付债券利息的资金，但截至公告日，资金暂时未到账，公司无法按期支付“17 金钰债”利息，构成实质性违约。
- 2019－3－19　三胞集团有限公司公告“12 三胞债”目前债券余额为 5.5 亿元，公司将委托中国结算上海分公司办理个人投资者资金划付及相应债券的注销，将自行与机构投资者沟通协商解决。
- 2019－3－20　庞大汽贸集团股份有限公司公告“16 庞大 03”于 2019 年 2 月 20 日债券回售，根据公司经营状况，该期债券回售本息延期支付，具体支付时间和支付方式将与债券持有人另行协商安排。未回售部分因交叉违约及加速清偿条款于 2019 年 3 月 20 日加速到期，根据公司经营状况，未能按时兑付该期债券加速到期本金及利息。
- 2019－3－25　成都天翔环境股份有限公司流动资金较为紧张，未能如期兑付“16 天翔 01”本金和利息，构成实质性违约。
- 2019－4－8　中国民生投资股份有限公司未能及时完成“16 民生投资 PPN002”付息，构成实质性违约。
- 2019－4－9　财政部、央行推出储蓄国债“随到随买”试点，将储蓄国债发行时间由原来的 10 天延长至全月。

- 2019－4－9　大连天宝绿色食品股份有限公司公告受资金流动性持续紧张的影响，未能按时兑付“17 天宝 01”本息，已构成实质性违约。
- 2019－4－22　云南中小企业公告因经营不善，维和药业公司、天浩金属公司无法按时支付“13 云中小债”本金及利息，昆明产业开发投资有限责任公司为其代偿本息合计 11549 万元。
- 2019－4－28　中信国安集团有限公司公告因流动资金紧张，未能按照约定筹措“15 中信国安 MTN001”足额付息资金。
- 2019－5－6　央行宣布对部分资产规模小于 100 亿元的农村商业银行执行与农村信用社相同档次的存款准备金率，该当为 8%，此举措释放约 2800 亿资金。
- 2019－5－15　金洲慈航集团股份有限公司因公司流动资金紧张，未能按时兑付“17 金洲 01”回售款和利息。
- 2019－5－24　中国人民银行和银保监会宣布包商银行出现“重大信用风险”，对包商银行实行接管。
- 2019－5－24　证监会指导沪深交易所联合中国结算发布《关于为上市期间特定债券提供转让结算服务有关事项的通知》，对违约债券等特定债券的转让、结算、投资者适当性、信息披露等事项作出安排，以帮助投资者通过二级市场转让化解债券违约风险，形成有效的风险定价机制。
- 2019－5－24　国家发改委宣布对存在企业债券违约或违约后处置协调工作不到位的省、区、市，实行企业债券“直通车”评选一票否决。
- 2019－6－10　腾邦集团有限公司因短期内资金周转困难，未能按时足额支付“17 腾邦 01”利息。
- 2019－6－17　南京建工产业集团有限公司因资金紧张，未能按期足额划付“H7 丰盛 02”的回售金额及利息。
- 2019－6－25　北讯集团股份有限公司公告正与多家战略投资者洽谈解决公司流动性资金问题的具体事宜，同时还在与其他金融机构对接流动资金，但尚未能归集足额兑付派息资金或获得持有人的延期付息同意，构成违约。

● 2019－7－12 安徽配天投资集团有限公司延期兑付“16配投01”议案未通过持有人会议，且未能未按时兑付利息。

● 2019－7－15 安徽省华安外经建设（集团）有限公司境外矿产资源开发前期投入较大，暂未取得相关收益，金融机构融资、境内外资产处里等均无实质进展，未能按照约定偿付“16皖经02”利息及回售本金。

● 2019－7－15 精功集团有限公司因公司流动资金紧张，“18精功SCPOO3”未能按期足额偿付本息，已构成实质性违约。

● 2019－7－17 沈阳机床（集团）有限责任公司的破产申请得到受理，“15沈机床MTN001”提前到期未兑付。

● 2019－7－25 天津市浩通物产有限公司未能按期兑付“18浩通01”的利息。

● 2019－7－26 华泰汽车集团有限公司现金流短缺以及筹融资渠道受限等原因，不能按期兑付“16华汽02”本息。

● 2019－8－1 美联储降低联邦基金基准利率25bp，从2.5%降低至2.25%，这是自2015年末以来的加息周期后首次降息。

● 2019－8－16 沈阳机床股份有限公司未能兑付因破产重组提前到期的“15沈机床股MTN001”剩余本息。

● 2019－8－17 央行宣布完善贷款市场报价利率（LPR）形成机制，进一步推动贷款利率市场化。

● 2019－8－30 天津物产能源资源发展有限公司公告不能按期兑付“18天物01”利息。

● 2019－8－31 上交所、全国股转公司、中国结算共同发布《非上市公司非公开发行可转换公司债券业务实施办法》，将非公开发行可转债发行主体范围由创新创业公司扩展至非上市公司，拓宽企业融资渠道。

● 2019－9－6 央行为对冲9月中旬税期，宣布全面下调金融机构存款准备金利率0.5%，并对仅在省级行政区域经营的城市商业银行再额外定向下调准备金率0.5%用于发放小微民营企业贷款，合计释放约9000亿资金。

● 2019－9－6 三鼎控股集团有限公司公告因目前资金周转困难，不能按期支付“17 三鼎 01”的回售本金及债券利息。

- 2019－9－19　美联储于 2019 年第二次降低联邦基准利率 25bp，从 2.25% 降低至 2%。
- 2019－9－30　青海盐湖工业股份有限公司破产申请得到法院裁定受理，“16 青海盐湖 MTN001”提前到期未兑付。
- 2019－10－8　广东东方锆业科技股份有限公司公告由于季度末资金紧张以及筹融资程序缓慢等原因，将先兑付本期债券利息及部分债券本金。
- 2019－10－16　央行、外管局制定《关于进一步便利境外机构投资者投资银行间债券市场有关事项的通知》，允许同一境外主体 QFII/RQFII 和直接入市渠道下的债券进行非交易过户，资金账户之间可以直接划转，同时同一境外主体通过上述渠道入市只需备案一次。
- 2019－10－18　辅仁药业集团有限公司公告因流动性资金极为紧张，部分融资业务未能及时筹措到债券兑付资金，“16 辅仁药业 PPN003”构成实质违约。
- 2019－10－24　西王集团有限公司公告受宏观金融环境及企业融资环境等诸多因素影响，公司的资金周转现暂时性困难，导致“18 西王 CP001”未按时足额兑付。
- 2019－10－28　天广中茂股份有限公司未按时支付“16 天广 01”回售本金和利息。
- 2019－10－31　美联储于 2019 年第三次降低联邦基准利率 25bp，从 2% 降低至 1.75%。
- 2019－10－31　东营方圆有色金属有限公司未能全额兑付“16 方圆 01”本金及利息，构成实质违约。
- 2019－11－3　郴州市金贵银业股份有限公司公告因本公司目前资金周转困难，未按时支付“14 金贵债”本息，构成实质性违约。
- 2019－11－5　央行开展中期借贷便利（MLF）操作 4000 亿元，完全对冲当日到期量，期限 1 年，但利率较上期下降 5bp 至 3.25%。
- 2019－11－8　甘肃刚泰控股（集团）股份有限公司因目前资金面尚未明

显好转以及多家银行账户被冻结等原因，暂无法兑付“17 刚股 01”利息。

- 2019－11－11　贵人鸟股份有限公司公告由于公司当前流动性资金紧张，未能按照约定筹措足额兑付资金，“16 贵人鸟 PPN001”未能按期足额偿付本息。
- 2019－11－18　央行公告称当日开展的 7 天期逆回购中标利率为 2.50%，较上期下降 5bp。
- 2019－11－18　东旭光电科技股份有限公司称由于资金暂时出现短期流动性资金困难，造成“16 东旭光电 MTN001A”和“16 东旭光电 MTN001B”未能如期兑付。
- 2019－11－21　山东玉皇化工有限公司由于受宏观降杠杆，银行信贷收缩，民营企业融资困难等多重因素影响，流动性资金出现问题，导致未能按期兑付“16 玉皇 03”和“16 玉皇 04”应付的回售本金。
- 2019－12－2　北大方正集团有限公司因流动资金紧张，公司未能按照约定筹措足额偿付资金，“19 方正 SCP002”不能按期足额偿付本息。
- 2019－12－6　呼和浩特经济技术开发区投资开发集团有限责任公司未能兑付“16 呼和经开 PPN001”利息，引发市场对于城投是否会违约的讨论。
- 2019－12－13　央行、外管局起草《境外机构投资者境内证券投资资金管理规定（征求意见稿）》落实取消投资额度限制后，对 QFII/RQFII 境内证券投资，进行资金管理和风险防范的相关要求，进一步便利境外投资者开展境内证券投资。
- 2019－12－13　沪深交易所发布《关于规范公司债券发行有关事项的通知》，指出发行人不得在发行环节直接或间接认购自己发行的债券。
- 2019－12－18　央行公告称，当日开展的 14 天期逆回购中标利率为 2.65%，较上期下降 5bp。
- 2019－12－20　央行、国家发改委、证监会印发《公司信用类债券信息披露管理办法 征求意见稿》，统一了存续期重大事项认定及披露要求，规定企业进入破产程序的，除企业自行管理财产或营业事务的，企业信息披露义务由破产管理人承担。推动公司信用类债券信息披露规则统一，完善公司信用类债券信息披露制度。

- 2019－12－27　央行、国家发改委、证监会起草《关于公司信用类债券违约处置有关事宜的通知（征求意见稿）》明确要进一步建立健全跨部门联合惩戒机制。建立健全债券违约处置机制，妥善化解信用风险。
- 2019－12－27　交易商协会发布《银行间债券市场非金融企业债务融资工具违约及风险处置指南》，指出 发生违约及风险时，发行人应及时建立工作组，制定、完善违约及风险处置应急预案，并开展相关工作。
- 2019－12－27　东旭集团有限公司由于出现流动性资金困难，未能按时足额兑付其发行的“16 东旭 01”利息和“16 东集 06”及“17 东集 01”到期本息，已构成实质性违约。
- 2019－12－28　央行发布公告推动存量浮动利率贷款的定价基准转换为 LPR。

二、信用债市场回顾

一级市场发行情况

表 15－1　信用债一级新发行情况

债券类型	发行期数（只）			发行总规模（亿元）			平均每只发行规模（亿元）		
	2018 年	2019 年	增幅	2018 年	2019 年	增幅	2018 年	2019 年	增幅
一般短期融资券	428	468	9%	4735	4826	2%	11	10	－7%
超短期融资债券	2490	3048	22%	26299	31428	20%	11	10	－2%
一般企业债	286	392	37%	2418	3624	50%	8	9	9%
一般中期票据	1416	1675	18%	16582	20308	22%	12	12	4%
一般公司债	798	889	11%	8185	10861	33%	10	12	19%
私募债	724	1569	117%	6131	14577	138%	8	9	10%
定向工具	768	862	12%	5409	6181	14%	7	7	2%
合计	6910	8903	29%	69759	91806	32%	10	10	2%

数据来源：Wind

说明：在计算平均数时结果只保留到个位，但计算增幅时使用的是精确度更高的数据。

2019 年，流动性宽松推动了债券收益率的下行。社融的不断增长以及全社会财富管理需求不断增加，信用债市场继续扩容，一级市场信用债发行持续放量，发行量创下历史新高。2019 年信用债发行 8903 只，较 2018 年 6910 只提升 29%，发行规模达到创纪录的 9.18 万亿元，较 2018 年的 6.97 万亿提升 32%。发行节奏方面，除 2 月春节因素、5 月补年报、6 月受包商事件冲击影响外，其余时间信用债一级供给均较为旺盛。2019 年信用债各券种发行量同比均有所提升，其中私募债、超短期融资券、企业债均贡献较大增量。

一般短期融资券发行小幅增长，2019 年全年共发行短期融资券 468 期，同比提升 9%，发行规模 4826 亿元，较 2018 年提升 2%，平均发行规模小幅下降 7%。

超短期融资券发行量增幅明显，2019 年全年共发行超短期融资券 3048 期，同比提升 22%，发行规模高达 3.14 万亿元，占信用债发行规模 30% 以上，主要受益于发债环境宽松，发行审批速度较快等优势，超短期融资券在 2019 年继续快速增长。

企业债券发行量明显增加。2019 年全年共有企业债券 392 期，发行规模为 3624 亿元，发行期数和发行规模较上年均增长超 30%，由于城投发债扩容，企业债发行规模有所增加。

中票发行数量及发行规模亦呈现较明显增长。2019 年中票发行 1675 只，同比 2019 年增长 18%，发行规模 20308 亿元，同比增长 22%，2019 年中票平均发行规模为 12 亿元较 2018 年同比提升 4%，主要原因在于 2019 年债券市场整体利率下行，大牛市行情带动发行规模持续提升。

交易所私募债成为 2019 年增速最快的品种。全年共发行 1569 只，较 2018 年同比提升 117%，发行规模高达 1.46 万亿元，同比提升 138%，平均发行规模亦提升 10%。除因货币政策环境宽松、基建相关企业发债需求上升、交易所发行制度不断完善外，还因公司债进入集中兑付高峰，为顺应发行人债务滚动需求，交易所对公司债审核标准有所放松，2019 年私募债获得了较大发展。但由于 2019 年私募债发行增速过快，甚至一举超越公募债发行规模，2019 年 10 月 14 日，监管窗口指导对于私募债发行规模超过净资产 40%

的部分只能用于借新还旧。

定向工具发行数量及发行规模亦呈现较明显增长。2019 年定向工具发行 862 只，同比 2019 年增长 12%，发行规模 6181 亿元，同比增长 14%，2019 年定向工具平均发行规模为 7 亿较 2018 年小幅同比提升 2%。

从评级来看，信用债供给仍以中高等级为主，但由于利率债和高等级信用债收益率已降低至较低水平，投资者采取信用下沉策略，传导至一级市场，带动 AA 及以下的低等级债券融资好转。然而信用下沉主要在城投层面，2019 年包含城投在内的地方国企信用债发行明显提速，全年 AA 级地方国企发行量占同期所有 AA 级主体发行量的比重为 93.7%。事实上 2019 年年信用债市场上表现最为亮眼的就是城投债，Wind 口径城投债全年发行量约 3.4 万亿元，同比增长 36.0%，净融资额为 1.2 万亿元，是上年的 1.8 倍。比较而言，2019 年产业债发行量为 5.8 万亿元，同比增长 21.3%，增幅明显不及城投债，且净融资额仅较上年增加 637 亿元至 1 万亿元。

城投板块整体债券供给虽然放量，但区域分化仍然显著，内蒙古和辽宁地区的城投债净融资规模均为负值，黑龙江和青海省虽为正净融资，但也仅有 8 亿—9 亿元。2019 年民企债发行仍未见起色，全年民企信用债发行量同比下降 29.2%，占同期信用债发行量的比重从上年的 7.7% 降至 4.3%，净融资缺口也进一步扩大。这主要源于民营企业违约多发且财务造假等负面事件频繁发生，导致投资者对民企债存在规避心理。从发行期限来看，2019 年信用债发行期限仍然集中在 3 年以内，这一方面与资管新规净值转型的大趋势导致市场对于长期限信用债需求有限有关，另一方面也是由于信用事件频发的环境下投资者对长期信用基本面的预期仍然谨慎。

2019 年信用债发行利率整体下移，短期融资券发行的加权平均利率从 1 月的 3.58% 下降至 12 月的 2.90%，中票发行的加权平均利率震荡，但较 2018 年有所下行。

二级市场成交情况

二级市场，债券市场交投活跃度提升。全年信用债现券成交额 21.1 万亿元，较上年增加3.3万亿元。二级市场收益率全年大幅下行，幅度在30bp—75bp。其中短端下行幅度相对更大，各评级短期融资券收益率下行幅度均超40bp，曲线形态陡峭化。相比利率债，1—5年政策性银行债收益率下行10bp—35bp，下行幅度小于信用债下行幅度。

一季度信用债收益率下行幅度超过利率债，且受资金面宽松影响，短端下行幅度明显大于长端，曲线陡峭化。低评级下行幅度大于高评级品种，其中1年期AA等级中短期票据收益率下行达到50bp，这一方面受益于之前民企纾困等支持政策陆续出台，另一方面由于在负债端成本压力和收益率驱动下，信用债下沉策略开始逐步受到部分机构青睐。

进入二季度，在多重利空因素的影响下，债市开始快速调整，十年期国债达到2019年的最高点3.43%，信用债上行幅度与利率债上行幅度相当，低等级、短久期品种上行幅度相对较小。但5月份包商银行出现重大信用风险，央行和银保监会宣布对包商银行实行接管，一时间市场风声鹤唳。因为按照规定，包商银行5000万元以上的对公存款和同业负债都面临着违约风险，承兑的票据也会受到牵连，这意味着银行的刚兑也被打破。银行普遍提升备付以应对不时之需，导致流动性突然收紧。为避免风险的无序传染，央行一方面通过综合运用OMO、MLF、常备借贷便利等多种政策工具投放流动性资金，另一方面对中小银行流动性资金提供定向支持，包括针对中小银行开展增量MLF操作、对农商行定向降准等。一时间银行间流动性资金又极度充裕，DR001一度突破1%，为近十年以来最低。然而，股份行与城商行同业存单发行利差从20bp左右快速上行至80bp。位于流动性资金最底层的非银尤其是产品户更是受到了歧视，部分机构出现风控“一刀切”，交易对手白名单制度使得部分机构宁愿将资金趴账，也不愿意出给非银机构。中低等级信用债收益率大幅上行，信用利差明显走阔。

三季度以来，美联储降息三次，全球央行启动降息潮，市场预期国内央行会跟随海外降息，然而迟迟未见到跟随政策落地，此外由于非洲猪瘟问题加剧，猪价在此阶段节节走高，对货币政策形成掣肘。风险偏好受贸易摩擦边际缓和影响有所抬升，债市继续调整。信用债则表现相对滞后，前期跟随利率债小幅上行 30bp，直到 10 月下旬才开始补跌。

11 月 5 日，央行在小幅减量续作 MLF 同时，操作利率下降 5bp，市场情绪终于有所缓解。随后几天 10 月 CPI 同比 3.8%，较 9 月走高 0.8 个百分点，大超市场预期，破 5 和破 6 的声音不绝于耳，担忧情绪重返。然而在 11 月 18 日，央行再次下调逆回购利率，让市场颇感意外，使得 10 年期国债收益率由 3.3% 下行至 3.17%，并在此附近短暂震荡调整后于 12 月 31 日收于 3.14%。信用债受到市场回调后绝对收益率回升以及邻近年末配置需求较为旺盛影响，收益率再度开始回落，其间 5 年期 AAA 和 AA 评级的中债估值收益率较 10 月底分别下行 30bp 和 27bp。信用利差方面，其间整体呈现小幅收窄或持平，信用利差压缩已较此前趋缓，12 月中旬至年底信用利差开始出现小幅走阔。

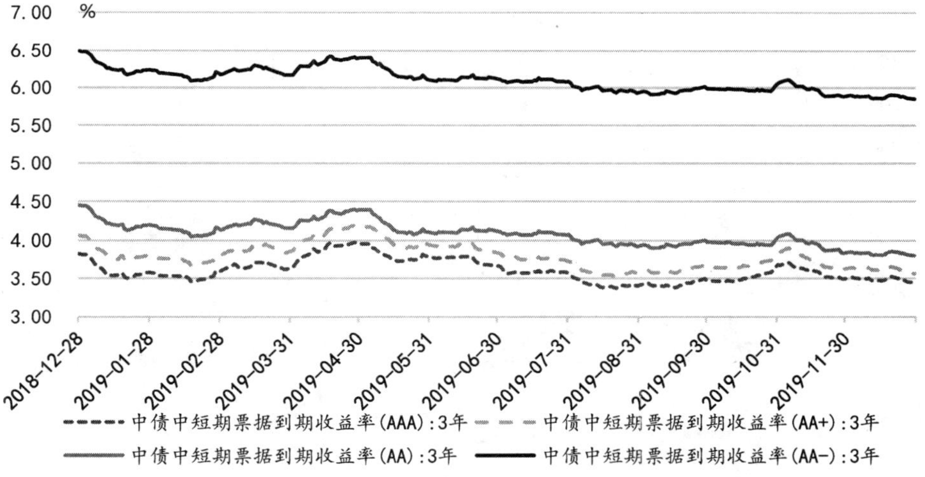

图 15－2　2019 年 3 年期各等级信用债收益率继续下行

数据来源：Wind

信用利差——低等级信用利差收窄较多

2019 年不同等级信用利差走势分化，随着全年利率整体走低，信用债配置需求逐步增大，信用利差呈现压缩情形，特别是低等级债券信用利差压缩较为明显。以 3 年中债估值曲线来看，3 年 AAA、AA＋、AA 和 AA－品种信用利差分别下行 5bp、17bp、32bp 和 31bp。

2019 年 5 月由于包商银行被执行接管，该事件引发了中小银行信用分层，部分中小行存单发行难度急剧加大，中小行融资渠道受阻，往后由于 2019 年下半年由于限制地产融资的政策频出，信用分层情况进一步加剧，高等级债券受到市场追捧，但低等级产业债开始被市场抛下。AAA 等级信用利差在下半年回落到 60% 分位数附近，但 AA + 和 AA 评级债信用利差仍在不断抬升，基本处于历史最高分位水平。

历史对比来看，2019 年信用配置需求较强下，信用利差分位点有所压缩，AA – 信用利差从 2018 年 94% 分位点压缩至 81% 分位点，AAA 信用利差达到 45% 分位点，而 AA + 和 AA 信用利差分别为 14% 和 11% 分位点，处于较低水平。

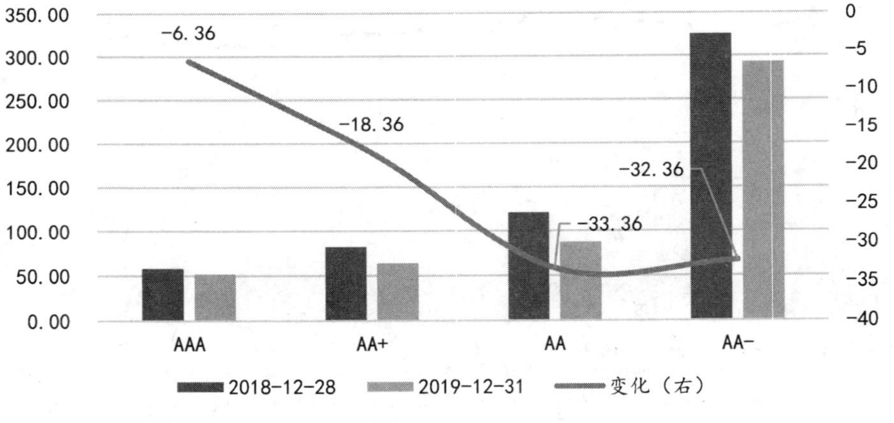

图 15 – 3　2019 年 3 年期各等级信用利差走势

数据来源：Wind

期限利差——多数走阔

信用债期限利差方面，3 – 1 利差方面，2019 年各等级信用债期限利差小幅走阔，AAA 级、AA + 级、AA 级和 AA – 级分别上行 3bp，4bp、9bp 和 4bp。AAA 级、AA + 级、AA 级 3 – 1 期限利差分别位于历史 38%、33%、39% 分位点，处于历史较低水平。

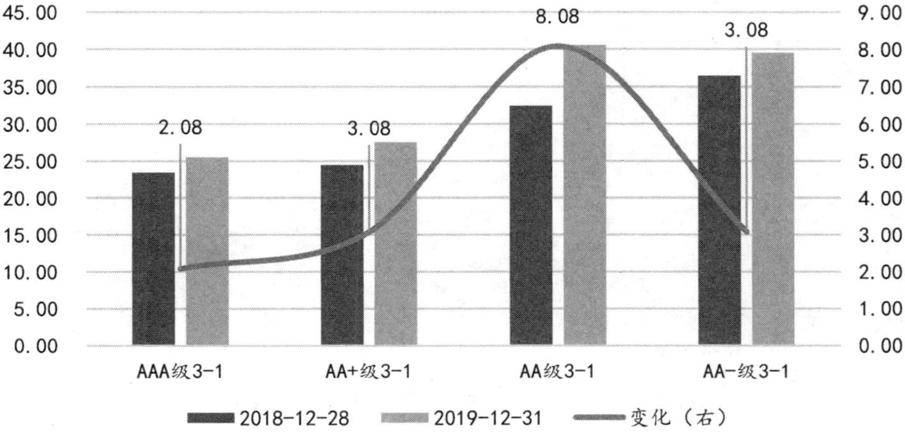

图 15-4　2019 年各等级期限利差（bp）

数据来源：Wind

评级间利差——整体较为平稳

无论从 1 年期短期融资券还是 3 年期中票角度来看，评级间利差在 2019 年多数出现小幅收窄。其中，1 年期短期融资券 AAA 与 AA+、AA+与 AA、AA 与 AA-评级间利差分别压缩 12bp、15bp、1bp。3 年期中票除了 AA 与 AA-评级间利差走阔了 6bp，AAA 与 AA+、AA+与 AA 评级间利差分别压缩 13bp、20bp。

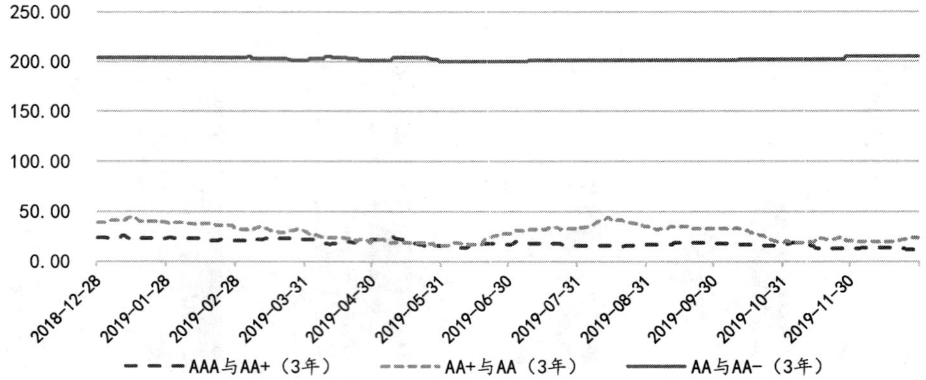

图 15－5　2019 年 3 年期中票评级间利差（bp）

数据来源：Wind

民企溢价——继续上升

2019 年由于信用风险事件呈现更加复杂特征，国企民企均有爆雷民企实际信用利差在 2019 年继续扩大。以 3 年期品种来看，外部评级 AA + 的民企和地方国企之间的利差在 2018 年底为 214bp，尽管到 2019 年末仅小幅提升 1bp 至 215bp。但数据并没有真实准确反映市场情况，2019 年很多民企退出债券市场，而不少国企评级整体提升，导致较多 AA + 国企实际资质不足。

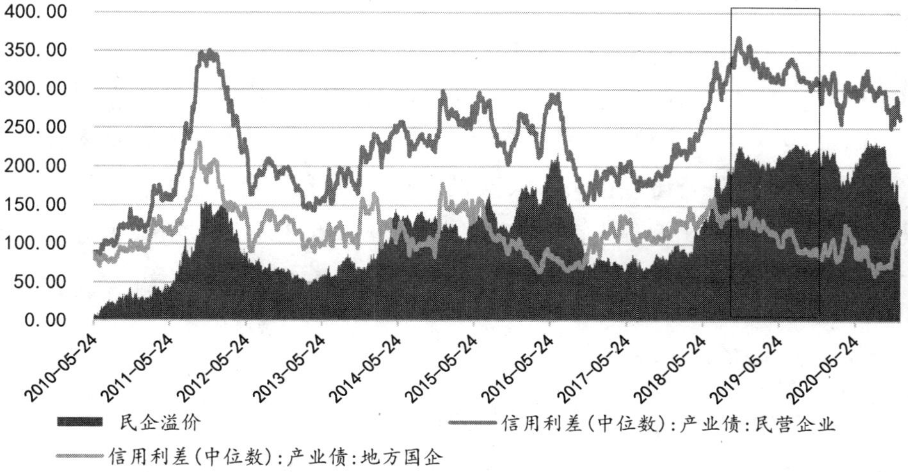

图 15－6　2019 年民企溢价率（bp）

数据来源：Wind

三、重要事件评述

包商银行接管事件

2019 年 5 月 24 日，中国人民银行、中国银行保险监督管理委员会发布公告，鉴于包商银行股份有限公司出现严重信用风险，为保护存款人和其他客户合法权益，依照《中华人民共和国中国人民银行法》《中华人民共和国银行业监督管理法》和《中华人民共和国商业银行法》有关规定，中国银行保险监督管理委员会决定自 2019 年 5 月 24 日起对包商银行实行接管，接管期限一年。自接管开始之日起，接管组全面行使包商银行的经营管理权，并委托中国建设银行股份有限公司托管包商银行业务。建设银行组建托管工作组，在接管组指导下，按照托管协议开展工作。

包商银行简介

包商银行成立于1998年12月，是内蒙古自治区最早成立的股份制商业银行，前身是包头市商业银行，2007年9月经中国银监会批准更名为包商银行。截至2017年3月末，注册资本为47.31亿元，前三大股东分别为包头市太平商贸集团有限公司、包头市大安投资有限责任公司和包头市精工科技有限责任公司，持股比例分别为9.07%、5.51%和5.32%，股权较为分散，股东以民营企业为主，是民营金控“明天系”旗下重要的金融机构。

包商银行为何被接管？

官方给出的公告称包商银行被接管的原因是发生严重信用风险。央行有关负责人在答记者问中明确，“包商银行的大股东是明天集团，该集团合计持有包商银行89%的股权，由于包商银行的大量资金被大股东违法违规占用，形成逾期，长期难以归还，导致包商银行出现严重的信用危机，触发了法定的接管条件被依法接管”。包商银行各项经营指标显著承压，信用风险突出，资本充足率自2017年起已突破监管红线。截至目前，包商银行2017年的年报和2018年的年报都尚未公开披露，这也从侧面显示其可能存在较严重的经营问题，包商事件也是金融供给侧改革背景下的一个必然事件。具体来看：

盈利能力方面，包商银行盈利能力持续恶化。其营业收入、利息净收入和净利润同比增速明显下降，分别由2014年末的25.5%、25.3%、22.1%持续下降至2017年三季度末的0.5%、-6.3%、-13.9%。但2017年其盈利水平仍位于行业中等位置，因此盈利状况可能不是包商银行被接管的主要依据。

负债端集中到期压力较大，对同业资金的依赖程度高。（1）负债规模大幅增加。2017年包商银行负债规模持续增加，截至2017年9月末，资产负债率为94.36%，远高于行业均值90.76%。从负债水平来看，包商银行2017年过于激进，在同业银行降杠杆时该行却逆势而行，继续提高负债率。（2）对同业资金的依赖程度高，同业负债占比偏高，业务调整压力大。截至2017年二季度末，未包括同业存单的同业负债占比达 32.24%，高于监管要求的警戒线。（3）短期兑付压力较大。据 Wind 统计，包商银行存续期同业存单和债券共计 684.3 亿元，其中除“15 包商银行二级”65 亿元债务在 2025 年 12 月份到期外，其余 619.3 亿元债务均在未来一年以内密集到期，对包商银行短期偿债能力形成很大压力。

资产质量方面，不良率持续攀升。截至 2017 年一季度末，包商银行不良贷款率持续攀升至 1.7%，较 2014 年末上行 33bp，关注类贷款占比亦快速上升至 3.87%，较 2015 年末上升 1.44%。截至 2017 年末，包商银行总资产规模 5559.4 亿元，其中贷款规模 2211.24 亿元，同业投资规模 1786.78 亿元，后者实质是有瑕疵的或不审慎的信贷，两者相加近 4000 亿元。从多位包商银行内部人士处了解到，包商银行总的不良贷款约 2900 亿元，损失预计在 1400 亿元。

资本充足水平方面，包商银行的资本补充压力巨大。截至 2017 年 9 月末，包商银行资本充足率已经下降到 9.52%，一级资本充足率和核心一级资本充足率均下降至 7.38%，均低于监管的要求。

包商银行破产影响

包商银行作为一家民营银行，被“明天系”围猎，在 2005—2019 年间“明天系”成立 209 家空壳公司，通过 347 笔借款形式从包商银行套取信贷资金，形成占款规模达到 1560 亿元，且这些部分全部形成不良，至 2020 年 10 月末，包商银行的总资产仅剩 4.46 亿元，总负债高达 2059.62 亿元，股东权益为 -2055.16 亿元。其影响之深之大可见一斑。

2019 年 5 月底，包商银行被接管后公布了客户权益保障问题处置方案，5000 万元以内的同业负债施行全额兑付；5000 万—1 亿元的同业负债仅兑付本金；1 亿—20 亿元的同业负债兑付 90% 本金；20 亿—50 亿元的同业负债兑付 80% 本金；超过 50 亿元的同业负债兑付 70% 本金。这一决议对银行间同业市场影响巨大，例如对包商银行同业负债规模最大的徽商银行，其中同业存单损失就高达 30 亿元，其余同业存放及同业理财损失合计甚至高达 60 亿元，对徽商银行产生重大影响，但之后作为对价接管组将包商银行北京、深圳、成都和宁波几家分行打包给徽商银行，使得其省外机构网点布局大大扩展到中国经济最发达的地区，在城商行中的竞争力进一步增强，这真所谓福祸相依。

2020 年 11 月 13 日，包商银行发布公告称将于 11 月 13 日将已发行的“15 包商银行二级”65 亿元全额进行减计，并且对任何支付的累计应付利息不再支付，这一事件也成了中国首例银行二级资本债全额减计事件，也是改革开放以来中国第一家经由司法破产程序完成清盘退出的商业银行。

16 呼和经开 PPN001 回售违约，城投信仰再遭质疑

2019 年 12 月 6 日晚间，市场流出一份银行间清算所发给投资人的通知，根据该通知，呼和浩特经济技术开发区投资开发集团有限责任公司（以下简称“呼和经开”）所发行的定向工具“16 呼和经开 PPN001”未能按时偿付回售款以及当期利息。此前市场还沉浸在“看遍万千债，还是城投好”的美好期望中，甚至监管允许 AMC 收购融资平台债务的利好消息余波未平，这则城投回售违约的消息来得猝不及防。市场瞬间炸开了锅，纷纷讨论呼和经开是不是城投。一些观点是，根据 Wind 分类，“16 呼和经开 PPN001”发行主体不是城投，另外该债券与其对应的相关城投债收益率曲线也有较大差异；另一些观点是，从业务上看，呼和经开无疑隶属呼和浩特经济技术开发区内的城投平台。

过去四年间，国企、央企信仰相继被打破，2019 年 5 月份银行同业信用也被打破，唯独城投信用金身不破。其实市场没有平白无故的所谓“信仰”，城投也没有不可打破的“金边”属性。

事后来看，呼和浩特市经开区违约其实并不意外，单看其发行 PPN 的 2016 年非标融资占比就高达 91%，2018 年出现非标违约，市场已经得知其融资异常紧张。公司自身偿债能力很差，外部给其的支持力度也有限。2018 年，呼和浩特经济技术开发区一般公共预算收入完成 15.78 亿元，比上年增加 1.31 亿元，同比增长 9.1%。2018 年呼和浩特市经开区地方政府债务限额

0.55 亿元，但余额也为 0.55 亿元，如果加上隐性债务，其债务规模更高。

此外，呼和经开领导班子存在重大问题，为后续违约埋下了巨大的隐患。2011 年 3 月时任呼和经开党工委书记李建平上任，在其 8 年的任职期内，通过权钱交易，经开区违规进人 862 人，将经开区机关人数从 77 人扩充至 868 人，并且成立空壳公司骗取国有资金，攫取巨额经济利益，总涉案金额高达 30 余亿元，成了内蒙古在新中国成立以来第一大贪腐案件。巨额贪腐叠加自身造血能力孱弱，呼和经开最终走向违约并不意外，但城投信仰崩塌对于区域经济的影响是深远而巨大的，单一主体的违约可能导致整个区域的融资功能丧失，这是城投公司和所在区域无法承受的代价。

据新闻报道，12 月 8 日，呼和浩特市政府组织开会协调兑付事宜，12 月 9 日“16 呼和经开 PPN001”最终完成延期兑付。虽然呼和经开事件最终解决，但城投信用分层已开始逐步加剧，弱资质区域城投发行难度快速提升。

四、信用风险事件点评

2019 年违约信息一览

2019 年信用债市场新增实质违约发行人共 42 家，违约债券 169 只，总违约债券涉及本金金额 1535 亿元。新增违约发行人家数接近 2018 年，违约债券只数和违约金额超过 2018 年水平。

2019 年债务违约潮不同于 2014—2017 年由于行业周期性影响造成，也不同于 2018 年由于金融监管趋严造成，2019 年整体市场环境呈现较为宽松的情况，市场风险偏好有所下降，但在经历了 2014—2018 年的违约风波后，市场参与机构对于信用风险的控制力度大幅提升，信用分层在 2019 年急剧分化。

主要体现在公募债券市场中，AA + 及以上主体违约率持续上升，信用评级的有效性在 2019 年开始逐步受到市场质疑。而与此前相似的情形是民营企业仍然是违约的高发区域，特别是融资环境较差，融资成本攀升的民营企业违约的概率大大增加。此外，经济欠发达区域的债券违约概率也大大增高。

表 15 - 2　2019 年首次违约主体信息

发行人	企业性质	债券简称	首次债券违约日期
河南众品食业股份有限公司	民营企业	H16 众品 2	2019 - 01 - 07
康得新复合材料集团股份有限公司	民营企业	18 康得新 SCP001	2019 - 01 - 15
河南众品食品有限公司	民营企业	17 众品 MTN001	2019 - 01 - 18
宝塔石化集团有限公司	民营企业	14 宁宝塔 MTN001	2019 - 01 - 29
国购投资有限公司	民营企业	16 国购 01	2019 - 02 - 01
哈尔滨秋林集团股份有限公司	民营企业	16 秋林 01	2019 - 03 - 01
山东胜通集团股份有限公司	民营企业	18 鲁胜 01	2019 - 03 - 15
东辰控股集团有限公司	民营企业	16 东辰 01	2019 - 03 - 16
东方金钰股份有限公司	民营企业	17 金钰债	2019 - 03 - 18
三胞集团有限公司	民营企业	12 三胞债	2019 - 03 - 19
庞大汽贸集团股份有限公司	民营企业	16 庞大 03	2019 - 03 - 20
成都天翔环境股份有限公司	民营企业	H6 天翔 01	2019 - 03 - 25
中国民生投资股份有限公司	民营企业	16 民生投资 PPN002	2019 - 04 - 08
大连天宝绿色食品股份有限公司	民营企业	17 天宝 01	2019 - 04 - 09
云南中小企业		13 云中小债	2019 - 04 - 22
中信国安集团有限公司	公众企业	15 中信国安 MTN001	2019 - 04 - 28
金洲慈航集团股份有限公司	民营企业	17 金洲 01	2019 - 05 - 15
腾邦集团有限公司	民营企业	17 腾邦 01	2019 - 06 - 10
南京建工产业集团有限公司	民营企业	H7 丰盛 02	2019 - 06 - 17
北讯集团股份有限公司	民营企业	18 北讯 03	2019 - 06 - 25
安徽配天投资集团有限公司	民营企业	16 配投 01	2019 - 07 - 12
精功集团有限公司	民营企业	18 精功 SCP003	2019 - 07 - 15
安徽省华安外经建设（集团）有限公司	民营企业	16 皖经 02	2019 - 07 - 15
沈阳机床（集团）有限责任公司	地方国有企业	15 沈机床 MTN001	2019 - 07 - 17
天津市浩通物产有限公司	地方国有企业	H18 浩通 1	2019 - 07 - 25
华泰汽车集团有限公司	民营企业	16 华汽 02	2019 - 07 - 26
沈阳机床股份有限公司	地方国有企业	15 沈机床股 MTN001	2019 - 08 - 16
天津物产能源资源发展有限公司	地方国有企业	H18 天物 1	2019 - 08 - 30
三鼎控股集团有限公司	民营企业	17 三鼎 01	2019 - 09 - 06

续表

发行人	企业性质	债券简称	首次债券违约日期
青海盐湖工业股份有限公司	地方国有企业	16青海盐湖MTN001	2019-09-30
广东东方锆业科技股份有限公司	公众企业	12东锆债	2019-10-08
辅仁药业集团有限公司	民营企业	16辅仁药业PPN003	2019-10-18
西王集团有限公司	民营企业	18西王CP001	2019-10-24
天广中茂股份有限公司	公众企业	16天广01	2019-10-28
东营方圆有色金属有限公司	中外合资企业	16方圆01	2019-10-31
郴州市金贵银业股份有限公司	民营企业	14金贵债	2019-11-03
甘肃刚泰控股（集团）股份有限公司	民营企业	17刚股01	2019-11-08
贵人鸟股份有限公司	民营企业	16贵人鸟PPN001	2019-11-11
东旭光电科技股份有限公司	民营企业	16东旭光电MTN001A	2019-11-18
山东玉皇化工有限公司	民营企业	16玉皇03	2019-11-21
北大方正集团有限公司	中央国有企业	19方正SCP002	2019-12-02
呼和浩特经济技术开发区投资开发集团有限责任公司	地方国有企业	16呼和经开PPN001	2019-12-06
东旭集团有限公司	民营企业	H6东集06	2019-12-27

数据来源：Wind

总结2019年债券违约，有以下几个特征：

违约仍集中于非国企，但国企违约数量增多。2019年新增违约的42家发行人中共有35家为非国企，非国企确认违约债券共160只，总违约债券本金金额1393亿元。除企业盈利下滑、外部融资不畅、债务管理能力弱、股权质押风险等因素导致违约外，违约民企多存在公司治理不当、经营风格激进、实控人风险高等问题，同时像康美这类发行人的财务报表造假问题加剧了投资者对于民企的不信任心理。此外2015—2016年牛市时累积的债券到期滚动压力也比较大，2019年除4月外非国企信用债净增量均为负。国企方面，2019年新增1家公募债违约央企，比上年少1家；但新增3家地方国企，比上年多2家。整体上，国企占比15.4%，高于上年的9.7%。

中高等级违约数量增多。从违约主体级别看违约风险正逐步向中高等级主体蔓延。2019年新增公募债 违约主体中，发行时评级为AA及以下级别的

17 家，占比 65.4%，低于上年的 83.9%；同时，中高等级违约主体占比从上年的 9.7 大幅提高至 34.6%，其中 AA+ 级违约企业有 7 家，多于上年的 2 家，AAA 级企业有北大方正和青海盐湖 2 家，而上年仅为 1 家。

交易所债券违约规模占比高于历史水平，其中私募公司债违约规模大于公募公司债。2014—2018 年公司债累计违约只数和金额分别为 67 只和 648 亿元，占全部信用债违约总支数和金额的比例均为 34%，规模仅为银行间品种的一半左右。但 2019 年新增违约债券中，公司债共违约了 108 只、发行金额合计 902 亿元，占当年全部违约个券的比例分别为 64% 和 59%，明显高于历史平均水平。2019 年新增违约的公司债中，公募公司债违约 47 只、金额 433 亿元，私募公司债违约 61 只、金额 469 亿元，私募品种的违约量大于公募品种。公司债的违约占比提升，与 2015 年下半年至 2016 年公司债大幅扩容后，2018 年下半年开始进入期回售高峰有关。尤其私募公司债发行主体门槛较低，融资渠道狭窄、融资需求较为迫切的中低评级发行人更多，债务到期滚续压力较大，更容易发生兑付风险。

除实质性违约外，本息展期、场外兑付、要求撤销回售等情形增多。2019 年各种不进行违约公告确认的疑似违约案例越来越多，包括但不限于展期兑付、要求撤销回售、场外私下兑付等。从公开信息来看，2019 年共有 27 只债券涉及债务展期，发行金额合计 249 亿元。其中大部分都明确提及展期安排与投资者协商一致，但是否确实达成一致不得而知。从展期后的兑付进展来看并不理想，比如 17 天宝 01、17 金洲 01 和 18 北讯 03 等明确公告在原展期后的兑付日未能完成兑付，而 18 北讯 01、16 雏鹰 01、17 奥马 01 和 16 雏鹰 02 等进行了多次展期。此外，2019 年有公开信息的新增场外兑付和撤销回售案例共 16 起，均集中在 3 月份以后，并且除三胞和宜华分别有一只企业债和可交换债外，其余均为公司债。信用事件发生的形式和花样变多，虽然未必构成实质性违约，但会引发市场的担忧情绪。投资者处于信息不对称的位置，权益得不到有效的保护。

中民投违约事件回顾

发行人基本情况和评级变动

中国民生投资股份有限公司（简称“中民投”）成立于 2014 年 8 月 21 日，注册资本高达 500 亿元，由 59 家知名民营企业发起成立，创立之初由国务院批复，涉及行业包括机械制造、冶金、信息科技、资产管理等方面。

中民投掌舵人为此前担任民生银行董事长一职长达 8 年的董文标，并且其余参与方包括苏宁集团、巨人网络集团、中国泛海控股、亿达集团等知名民营企业。中民投最初的设想是围绕投融资及战略新兴产业进行多元化投资，并且对过剩产能行业中钢铁、光伏和船舶三个行业进行全方位整合。并且在兼并、重组过剩产能行业的同时进行土地开发等环节进行资本运作，中民投早期主要践行董文标的设想，以中民投为投融资平台，计划在钢铁、光伏、船舶三个领域各投 1000 亿元，从而撬动万亿级的资产规模。

截至 2018 年 9 月末，公司（合并）资产总额为 3108. 64 亿元，所有者权益为 780. 72 亿元，资产负债率为 74. 89%。公司整体盈利情况并不稳定，2014—2017 年营业利润分别为 52. 3 亿元、21. 1 亿元、6. 1 亿元和 80. 8 亿元，同期净利润为 54. 1 亿元、52. 8 亿元、39. 8 亿元和 86. 6 亿元，公司通过营业外收入调节净利润，使其尽量平滑。但对比其经营性现金流状况会发现其利润质量实际较差，2014—2017 年经营性净现金流分别为 –242. 2 亿元、–153. 0亿元、–147. 1 亿元和 –146. 9 亿元，投资性净现金流分别为 –178. 1 亿元、–137. 3 亿元、–326. 5 亿元和 –194. 6 亿元，高额的经营性及投资性现金流流出，而通过巨额融资撬动使其现金流整体为正。

2019 年 1 月 29 日，中民投 30 发行的 30 亿债务融资工具“16 民生投资 PPN001”出现技术性违约，后足额偿付。但 2019 年 4 月 22 日，中民投未能兑付“18 民生投资 SCP004”正式宣告违约。反观评级机构，上海新世纪在 2018 年 11 月底中民投风险已然暴露情况下，仍然给予其 AAA 评级，并且评级展望稳定，直至2020年中，上海新世纪仍然以中民投未公布2018—2019年审计报告为由，延迟披露更新后评级意见。

事件发生过程

中民投成立之后，便展开了大规模扩张，2014年成立之初500亿元注册资本，至2015年末总资产便扩充至1440亿元。2016年通过大量债券融资和长期借款，使得资产规模再度扩充至2725亿元。2015—2016年，中民投收购了亿达中国和思诺保险，从而实现了公司资产重心转移至地产和金融的目标。

2014年9月，中民投便参与了上海黄金地块董家渡13/15地块，一举投入300亿元以地王身份高调拿下该地块，并且董文标向中民投股东承诺“三年内就能回本”的豪言壮志。

但随着中民投的快速扩展，后遗症也在逐步显现，至2017年中民投债务结构逐步趋向短期化，2017年末总资产小幅增长至3061亿元。并且在2017年末，中民投短期债务规模已经快速攀升至896.97亿元，相对2016年的短期债务387.58亿元扩张了130%，而公司账面货币资金反而从2016年的365.8亿元下滑到237.3亿元，中民投至此逐步陷入债务快速扩张后的债务危机期。在2017年后期，中民投已开始处置部分房地产业务，包括中民外滩、成都海润、上海金心、浙江筑友等业务，产生175亿元投资收益。但由于多元扩张，且核心资产思诺保险在2017年出现亏损，中民投整合资产多为长期限资产，而行业类整合所需时间较长，风险较大，但公司债务短期化导致整合资产还未开始贡献现金流，债务便持续到期，而融资成本却逐步走高，融资难度明显提升，公司的财务风险快速加大，负债情况急剧恶化。

2018年10月25日，中民投董事局主席董文标离职，作为中民投初创的核心人物，董文标的离职标志着中民投的危机已经在爆发边缘，市场对其担忧与日俱增。2019年初，时任中民投总裁吕本献称，2018年中民投共偿还债务800多亿元，仅四季度偿还债务规模就超230亿元。

2019年初，盛极一时的中民投轰然倒下，但作为一家拥有着国务院批复的民营企业，其外部评级却在危机暴露之后并未发生调整，直至违约后才出现评级的纷纷下调，中民投作为一家具有代表性意义的民营投资平台，在自身条件不足的情况下，过度扩张，最终积重难返，明星企业终究沉沦。

中民投事件启示及关注点

回溯来看，中民投的违约有以下借鉴意义：

发行人跳脱风险控制，以个人能力度量企业水平是存在巨大风险的。中民投依托于董文标的个人能力，大肆融资，将财务杠杆运用到极致，并且无序扩张，但个人能力终究在现实面前是苍白无力的，当投资资产变现能力弱，无法产生稳定现金流，债务又持续到期时，在没有政府背书、没有资金实力的背景下，这类公司是属于最危险的行列。

发行人对所处行业认知不足是较大隐患，内部管理混乱，代理人风险极大。中民投早期团队以金融背景为主，但所做之事却是整合产业进行管理。早期团队以资产是否便宜为目标，对于价格合适的稀缺资产便加以收购，但资产如何运营管理却十分无序，这也是造成公司后续资金链断裂的一个重要原因。

民营企业融资能力较难跨越牛熊市。民营企业由于都是独立个体，在没有极强股东背景情况下，当自身经营出现问题时，银行断贷，债券断发是大概率事件，在这种规则之下，民企无序扩张便成了极大的风险事件。

中信国安违约事件回顾

发行人基本情况和评级变动

中信国安集团成立之初是由中信集团全资投资的北京国安宾馆组建的全民所有制企业，早期为一家典型的国有企业。2013 年，公司进行增资扩股进行重组改制，引入民营资本，中信集团持股比例也顺势从 100% 下降至 20.94%，但中信集团仍然作为公司的第一大股东，只是从股权结构上来看，公司成了公众企业。

中信国安集团从成立之初开始，便采取了高杠杆运作的方式进行规模扩容。2006年公司资产负债率处于60%，至2012年改制前，公司资产负债率攀升至80%，并且混改后，公司将高负债模式运用得更加淋漓尽致，从2014年1170亿元总资产快速扩充至2017年末的2143亿元，并且布局领域相当之广，包括金融、信息、资源开发、房地产、旅游、文化、海外投资等方方面面，在一系列扩张后，中信国安集团成了中信国安（000839.SZ）、中葡股份（600084.SH）和国安国际（0143.HK）3家上市公司的实际控制人，并且是白银有色（601212.SH）第一大股东；同时，通过旗下国安通信、西藏满庭、国安化工等多个平台，中信国安集团还间接投资了江苏有线（600959.SH）、报阅传媒（838506.OC）、鸟巢、三六零等等。

2019年4月28日，中信国安未能按照约定足额偿付“15中信国安MTN001”利息资金，构成实质性违约。“15中信国安MTN001”发行总额30亿元，票面利率6.5%，作为一家名字中带“中信”字样，资产规模超2000亿的大型企业，虽然市场对其早有质疑，但当它真的轰然倒下时仍然远超了市场预期。从评级来看，2018年之前，中信国安由联合资信给予AA+评级，但由于公司负债过高，经营情况持续恶化，2019年3月18日，联合资信将其评级降级至AA-，展望负面。至违约后，再度将其评级下调至BBB，最终调至C级。

事件发生过程

中信国安集团高杠杆运作的基因从创立之初便延续至今，但混改之后，公司从典型意义的国有企业逐步转变为公众企业，融资难度明显提升，并且所投项目多数无法产生较好投资收益。在中信国安2014—2017年总资产分别为1171亿元、1579亿元、1874亿元和2143亿元大幅扩容的情况下，公司同期净利润分别为7.42亿元、9.07亿元、17.75亿元和13.04亿元，利润增长与资产规模增速并不匹配。

公司财务费用2014—2017年分别为31.04亿元、39.25亿元、36.24亿元和39.15亿元。公司盈利能力弱且财务费用极高，在常年80%以上的负债率情况下，公司不仅不进行财务状况的优化，反而变本加厉进行融资扩容，负债驱动的模式下，公司最终走向违约已是必然，最终中信国安作为一家总资产 2000 亿元的巨无霸公司，因无法偿付一期中票利息宣告违约，令人唏嘘。

中信国安事件启示及关注点

回溯来看，中信国安的违约有以下借鉴意义：

假国企具有极强的迷惑性，需要排查其真实控制权背景。中信国安并不是一家足够优秀的公司，早期便通过高杠杆运作，以金融资源债务驱动获得公司发展，混改后在管制力度降低情况下，更是无序扩张，中信国安以“中信”之名，各处融资，实则风险巨大。

公司经营主业的价值高低决定政府对其救助意愿。中信国安违约后，中信集团虽然启动对其资产重组工作，但 2 年过去了，中信国安的重组仍然迟迟没有进展，最终来看，中信国安以国企自居的信仰荡然无存，自身资产质量缺乏价值也导致大股东最终并未实施有效的救助。

青海盐湖事件回顾

发行人基本情况和评级变动

盐湖股份为青海省大型国有企业，主营业务依托于中国最大的可溶性钾镁盐矿床——察尔汗盐湖，进行钾肥生产经营。钾肥涉及产能高达 500 万吨，占全国总产能一半以上，是中国的绝对钾肥龙头。1997 年盐湖股份便在深交所上市，上市后公司依托于钾肥业务，长期保持着较好的盈利水平，年利润达到 20 亿元。但后续随着公司开展金属镁项目，持续投资最后颗粒无收，最终导致负债规模过大，资金链断裂。

2019 年 9 月 30 日，西宁市中级人民法院裁定青海盐湖工业股份有限公司的重整申请。依照我国《破产法》规定，未到期的债权在进行破产申请受理时视为债权提前到期，此后停止计息。而在受理日时，青海盐湖未能兑付“15 盐湖 MTN0010”“16 青海盐湖 MTN001”，最终构成实质性违约。

从评级情况来看，青海盐湖由于其持续稳定的盈利能力，在 2018 年 6 月之前，由大公国际和中诚信两家评级机构给予其 AAA 评级，但 2018 年 6 月 20 日，大公国际率先将其评级展望调整至负面，2019 年 6 月 27 日，中诚信将其主体评级调降至 AA +，同年 7 月 18 日大公国际亦将其评级调至 AA +，待公司发生实质违约后，两家评级机构均将其评级调至 BB 级。

事件发生过程

公司虽然通过盐湖资源，依托钾肥业务持续获得稳定利润，但在生产钾肥的过程中产生大量的氯化镁卤水，为了更大程度利用资源，公司开展了金属镁项目，从 2009 年 5 月开始逐步推行，但金属镁项目的发展反而成了后来的重大隐忧。

由于金属镁具有易燃易爆炸特性，金属镁提炼难度高，2011 年公司陆续推出的资源综合利用一、二期工程及金属镁一体化项目，预计总投资金高达 300 亿元。而 2011 年末，公司的总资产规模也仅有 206.3 亿元，这一投资规模相对资产总额来看极不匹配。但由于该项目为国内首创，省政府大力推行，银行配套融资持续跟进，以此实现公司能够持续进行超额投入。但投资进展并不顺利，金属镁一体化项目无先例可进行参考，建设规划难度极高，导致项目建设持续延期，投入资金持续超过预期，其中金属镁一体化项目拟投资金从 200 亿元攀升至 432 亿元，并且由于工艺复杂且金属镁特性，出于安全性原因，公司在建设期间多次停工，在持续高额投入后，金属镁项目始终无法贡献现金流与盈利，对公司影响较大。

直到 2016 年，公司完成了金属镁建设项目，但由于从 2017 年开始区域环境保护政策趋严，青海省煤炭开采暂停，导致公司只能使用天然气，但生产成本提升导致公司利润明显下滑。2013—2017 年公司净利润分别为 10.66 亿元、13.31 亿元、5.44 亿元、2.1 亿元和 -42.88 亿元，2017 年公司利润呈现巨额亏损，而由于公司此前大规模融资，导致每年财务费用支出在 2018 年高达 20 亿元，在经营状况恶化下，2018 年公司利润再度出现巨亏，亏损额 36 亿元，拆分来看，2018 年公司最主要亏损来自金属镁业务，亏损高达 47.2 亿元，公司大额投资的金属镁业务不仅未给公司带来效益，反而成了拖垮公司的重大包袱。连续两年的亏损也导致公司面临着退市风险。

最终公司在持续暴亏下不堪重负，2019 年宣布破产，债券同期宣告违约，而后当年大额计提拨备损失，2019 年净利润亏损高达466.62 亿元，成为 A 股当年的亏损王，公司净资产也在当年直接转负至 –450.67 亿元。

盐湖股份破产后，于 2020 年 1 月发布了重整方案，方案包括是对于有财产担保的债券留债期限为 5 年，每年平均还本付息；二是对于职工债券和税款债权全额清偿，不做调整；三是对于普通债券来说可以选择以股抵债和留债两种方式，以股抵债是以每 100 元普通债权分得约 7.63 股转增股票进行转换，而普通债券的留债的方式则根据留债期限的不同设定不同的清偿率和每年的还本付息比率。

青海盐湖事件启示及关注点

回溯来看，青海盐湖违约事件带给了我们以下启示：

优质企业进行无序投资同样危险。盐湖股份早期依托于察尔汗盐湖进行钾肥生产，经营稳健，盈利稳定，是一家优质的上市公司。但是进行大规模镁项目投资的时候，风险就在急剧升高，一旦投资失败对公司来说就是一场毁灭性的灾难，面对具有大规模投资的公司需要格外谨慎。

外部支持有时是把双刃剑，需要客观面对。盐湖股份走上金属镁项目投资，很大程度得益于青海省政府的支持，但这种支持使其早期能够顺利融资反而成了后续暴露更大风险的潜在隐忧。

地方政府资源有限，救助能力不足，同时不愿意放弃相关利益，最终走向违约。盐湖股份的违约再度开启了地方拥有一定较优质资源国企违约的先例，由于青海经济总量小，其影响较小，但其后辽宁省和河南省在华晨和永煤上借鉴这一先例，无序违约，甚至逃废债，终于引发了中国债券市场的雷曼时刻。

康得新事件回顾

发行人基本情况和评级变动

康得新复合材料集团股份有限公司（简称“康得新”）成立于2001年8月，主要负责包括预涂及光电材料模块、新兴显示设备和碳纤维复合材料三部分研究制造与销售。

康得新于2002年投产了我国第一条预涂膜生产线，而后随着公司经营壮大，2011年进军光学膜领域，此后公司经营走上快车道，2015年收购荷兰3D技术公司，至2019年公司逐步成了预涂材料、裸眼3D、大屏幕触控等技术领域的全球领先机构，其产品远销全球80多个国家和地区。公司2013—2017年利润总额分别为7.29亿元、11.75亿元、16.46亿元、23.02亿元、29.12亿元，在五年时间内利润实现了近3倍的增长，康得新股价也从2013年末8元/股逐步攀升至2017年26.67元/股高位，公司在光学膜领域的布局具有全球领先性，且公司货币资金常年处于百亿级别，从表面来看，康得新作为一家拥有核心技术且盈利快速增长，账上高额存款的公司无疑成了市场追捧的对象。

后续由于财务造假问题被监管查出，公司经营一落千丈，最终2019年1月15、21日，“18康得新SCP001”与“18康得新SCP002”相继违约，曾经的大白马成了黑天鹅。从评级情况来看，率先对康得新进行评级下调的是中债资信，早在2018年6月25日便将其评级从A+调整至A，此后2018年8月23日穆迪将其主体评级从Ba3调低至B1，而国内的主流评级机构如上海新世纪仅在公司违约前半个月的2019年1月2日将其评级由AA+调至AA，整体来看反应较慢且并未起到提示风险的作用。

事件发生过程

康得新作为市场白马股却持续存在市场质疑的声音，主要原因是其作为一家账上货币资金达百亿级别的大白马公司，公司持续在债券市场进行融资，从 2012 年开始，公司合计在信用债市场融资达 120 亿元，高存高贷成了市场对其产生怀疑的重要原因。2019 年 1 月 15 日，康得新在市场始料未及之时宣告无法偿还“18 康得新 SCP001”这期仅 10 亿元面额的债券，但同时康得新财务报表却显示其有 122.1 亿元银行存款，这一事件引发市场轩然大波，证监会开始立案调查，并于 1 月 23 日，将公司戴帽 ST。同时，面对市场的一片质疑声，作为康得新账户主要归集资金的北京银行西单支行回复称“可用余额为零”，122 亿多元存款不翼而飞。随后 2 月 12 日，康得新公告称公司实际控制人钟玉先生因个人原因，辞去董事长等相关职务。5 月，钟玉因涉嫌非法挪用资金被苏州公安机关逮捕。后经调查及实控人反馈，其货币资金出现巨额出入的主要原因在于，母公司康得投资集团通过上市公司与大股东资金存放于同一个资金池混用，通过康得投资集团挪用相关资金投资于碳纤维业务和补仓股票质押，导致最终上市公司资金逐步转移。此外，康得新涉及严重财务造假，通过虚构销售业务，虚构采购等方式，将资金于上市公司体外循环，并且通过《现金管理合作协议》，对账户资金归集安排，以余额形式对外呈现，从而给外界造成账上高货币资金的假象。根据证监会调查认定，康得新 2015—2018 年虚增利润总额高达 23.81 亿元、30.89 亿元、39.74 亿元和 24.77 亿元，从追溯调整来看，公司 2015—2018 年实际利润分别为 -7.35 亿元、-7.87 亿元、-10.62 亿元和 -21.34 亿元，康得新将连年巨额亏损包装成了连年持续高增长盈利令世人震惊。

回溯来看，康得新也许早期并未走上财务造假之路，2011 年公司介入光学膜领域大获成功，2015 年这部分营收已经高达 60 亿元，三星、LG、京东方等全球主要显示屏供应商均为康得新稳定客户，并且康得新当年也一再受到各级部门称赞。但 2015 年后，消费电子行业发展降速，面板需求有所下滑，公司选择了裸眼 3D 为主要突破口，2016 年通过定增募资 47 亿元，其中 23 亿元用于裸眼 3D 开发，但直到公司最终违约，该技术也并未实现突破，而公司在押注裸眼 3D 之后又大举进发碳纤维业务，以顺应全球汽车行业节能减排，降低能耗的大趋势。康得新也在这一阶段大干快干，在全球 8 个国家布局 9 个研发中心，并且在 2016 年 7 月号称已经成为中国第一、世界第五的碳纤维生产线已经投产，甚至如日中天的蔚来汽车也与康得新签订了60亿元大合同。而钟玉为了让上市公司报表干净，且深知碳纤维业务需要大量资金投入，所以想让该部分业务在上市公司体外进行孵化，但是实际情况并未如钟玉所想这般简单，碳纤维项目耗资巨大，且始终难以市场量产，上市公司资金持续被康得集团套用，而康得新为保持报表靓丽，联合北京银行、审计机构等相互包庇遮掩，最终东窗事发，康得新终究倒下。

康得新事件启示及关注点

反思康得新违约案例会发现一个最基本的规律，那就是任何时候都需要相信常识。高存高贷本身就具有极大的不合理性，一家公司既拥有高现金存款，又发行高收益债券，这种行为就仿佛在给市场送钱，而作为一家实体经营企业，控制经营成本是必定要做的事，异常之举往往意味着不为人知的潜在风险。但康得新的案例具有较强的隐蔽性，货币资金被大股东占用问题逐步成了后续债券投资人重点关注的新方向，在传统认知中上市公司报表质量较高，并且财务与母公司独立这是基本认知，但在实际经济运行中，不少公司仍然上市公司与母公司一本账，其中就潜伏着巨大的不为人知的风险。康得新案例为投资者敲响了信用研究的警钟，天上不会掉馅饼，擦亮双眼才能行稳致远。

五、结语

2019年，信用债市场受益于逆周期调节政策，一级市场发行量和净融资额较快增长，发行利率波动下行，但国企在盛夏，民企在寒冬。城投债表现尤其亮眼，特别是低等级发行放量，带动低等级信用债发行占比回升，净融资转正，而民企债发行占比持续走低，净融资缺口进一步扩大，体现投资者对于民企债的明显规避。

二级市场呈现结构性小牛市的行情，不同等级和期限的信用债收益率都有所下行，信用利差整体压缩。但等级之间的信用利差走势分化，中高等级跟随利率债，中低等级信用利差压缩较多。与一级市场相对应的，低等级信用债利差也存在结构分化，国企、城投债利差下行带动整体信用利差收窄，而低等级民企债利差居高不下。期限之间的信用利差走势也出现分化，短期限的品种信用利差压缩幅度大于中长期限。整体来看，短久期、高票息的投资策略在 2019 年表现占优。

2019 年信用风险事件仍处于频发状态，违约事件仍集中在弱资质民企。违约的花样也逐渐增多，本息展期、场外兑付、要求撤销回售等情形增多，财务报表质量问题、实际控制人风险问题等也使得投资者对民企保持绝对的警惕。然而，沈阳机床、青海盐湖、北大方正以及呼和浩特市经开区等陆续爆雷，显示出违约向部分中高等级主体和弱资质国企蔓延的趋势，私募及公募城投债偶发违约的可能性需要提高警惕。

违约潮本质是债务周期的产物。2018—2019 年的违约潮源于 2015—2016 年的融资宽松，2015 年交易所公司债新规大幅放宽企业发行公司债的门槛，再乘着债券牛市的东风，民企发债规模井喷，杠杆率飙升。2018 年开始陆续到期或进入回售期，再融资压力增大，而此时却面临金融去杠杆的政策大背景，再融资收紧成为压倒企业的最后一根稻草。然而需要注意的是，经过近两年的频繁违约，民企融资陷入困境，使得弱资质民企债加速出清，后续债务到期压力降低。相比之下，2018 年以来，受益于债券牛市以及机构对民企债的规避情绪，国企产业债和城投债受到机构追捧，也经历了一轮债务扩张周期，这也意味着后续的偿债压力已经逐步积累。

2020 年：中国信用债市场的雷曼时刻

2020 年，新冠肺炎疫情突发并肆虐全球，影响深远。世界各国被迫采取“封城”“隔离”等措施，全球经济经历了二战以来最严重的衰退，美国、日本、欧元区 GDP 同比增速分别录得 -3.5%、-6.8%、-4.8%。为减轻疫情对经济造成的伤害，维持居民和企业的基本生存能力，以美联储为代表的海外主要央行均启动了超宽松的货币政策。美联储更是最为激进，将联邦基金利率降低至 0.25% 以下，增加回购协议规模，承诺无限量购买国债，在一个季度内将资产负债表从 4 万亿美元扩充到 7 万亿美元，升级了 2008 年金融危机时期的救助工具，还创设了多个结构性工具，购买企业债 ETF，通过主街计划直接投放信贷，史无前例。

国内方面，年初疫情暴发，宏观经济出现短暂的断崖式下滑，一季度 GDP 同比下降 6.8%。疫情冲击之下，决策层反应迅速，宽货币、宽信用政策频出。1—4 月份，中国人民银行三次下调金融机构存款准备金率，并下调超额存款准备金利率。MLF 和逆回购操作中标利率下行 30bp，并通过 LPR 传导进一步降低民营和小微企业融资成本。全年分批次安排 1.8 万亿再贷款、再贴现政策，并推进两个直达实体经济的货币政策工具支持中小微企业发展。4 月开始国内疫情得到有效控制，经济活动逐渐复苏，中国货币政策领先于全球恢复正常化。全年来看，我国成为全球唯一实现经济正增长的主要经济体，也是少数实施正常货币政策的主要经济体之一。全年我国 GDP 同比增长 2.3%，经济总量突破 100 万亿元，CPI 同比增长 2.5%，就业形势总体稳定，进出口贸易逆势增长。

2020 年利率债收益率先降后升，呈 V 型走势。全年来看，1 年期国债利率上行 11bp 至 2.47%，10 年期国债利率下行 1bp 至 3.14%。分阶段来看，2020 年 10 年期国债收益率走势也可以分为两个阶段，第一阶段为 1 至 4 月份，受疫情影响，10 年期国债收益率从年初 3.15% 快速下行 60bp 至 4 月的 2.48%，创下近 20 年新低。第二阶段，随着疫情防控取得阶段性成果，政策对冲力度不断加大，经济向好回升，债券收益率曲线整体上行。

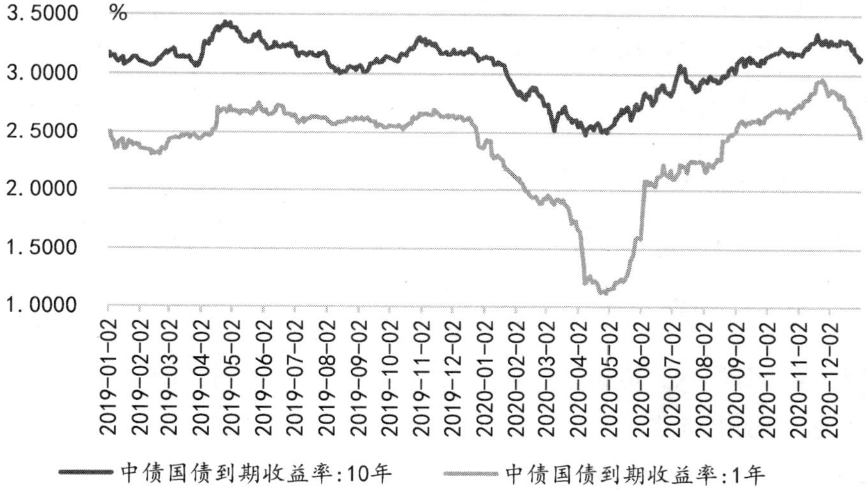

图 16－1　2019—2020 年国债利率曲线变化

数据来源：Wind

2020 年信用市场也经历了大起大落。无论是一级市场发行量创下历史新高，还是二级市场收益率和利差水平一度下行至历史极低位置，都足以说明 2020 年是标准的信用债大牛市年。逻辑上信用大年往往对应着违约小年，而 2020 年却是标准的违约大年，尤其是四季度华晨、永煤违约更是摧毁了债券市场的信心。信用债定价陷入无序混乱，信用利差急速扩大，曾经具有较强信仰的国企债券利差陡然上行，信用风险呈现大面积传染态势。直到 11 月 21 日金稳委会议后稳定市场信心，严厉打击逃废债行为，市场紧张情绪才有所缓和，但信用市场的信心恢复仍需等待时日，在大的信用下行周期难言乐观。

一、重点事件时间轴

● 2020－1－1　央行决定于2020年1月6日下调金融机构存款准备金率0.5个百分点（不含财务公司、金融租赁公司和汽车金融公司）。

● 2020－1－15　重庆力帆控股有限公司因公司流动资金紧张并存在持续性，公司未能偿付“18力控01”回售本金及上年度利息，构成实质性违约。

● 2020－1－20　针对“新型冠状病毒感染的肺炎疫情”有关防控情况，钟南山院士接受了央视采访，首次明确了新冠病毒人传人和医务人员感染的情况。

● 2020－1－20　大连天神娱乐股份有限公司因公司经营情况恶化，造成“17天神01”未能如期偿付回售款和部分利息，构成实质性违约。

● 2020－1－23　武汉市新冠肺炎疫情防控指挥部发布“封城”通告，自2020年1月23日10时起，全市城市公交、地铁、轮渡、长途客运暂停运营；无特殊原因，市民不要离开武汉，机场、火车站离汉通道暂时关闭。恢复时间另行通告。

● 2020－2－1　央行、财政部、银保监会、证监会、外汇局五部委联合发布《关于进一步强化金融支持防控新型冠状病毒感染肺炎疫情的通知》，明确指出要提高债券发行效率，对募集资金主要用于疫情防控以及疫情较重地区金融机构和企业发行的金融债券、资产支持证券、公司信用类债券建立注册发行“绿色通道”，优化信用类债券发行流程。

● 2020－2－3　交易商协会发布《关于进一步做好债务融资工具市场服务疫情防控工作的通知》，指出将建立债务融资工具注册发行绿色通道，并加快研究推出“（疫情防控债）”标识，积极支持受疫情影响较重企业及参与疫情防控企业债务融资工具注册发行。

● 2020－2－3　央行开展3000亿元14天期、9000亿7天期逆回购操作，中标利率分别为2.40%和2.55%。此前，7天期逆回购中标利率为2.5%，14天期逆回购操作中标利率为2.65%。

- 2020－2－3　康美药业股份有限公司由于公司流动性资金较为紧张，未如期偿付“15 康美债”的回售款，构成首次实质性违约。
- 2020－2－7　交易商协会印发《“疫情防控债”十问十答》，进一步明确适用于“绿色通道”的主体范围，主要包括募集资金用于疫情防控领域的债券发行人，其在募集资金用途中需披露疫情防控有关内容；用于疫情防控的金额占当期发行金额应不低于 10%；若在债券简称或债券全称中添加“（疫情防控债）”标识的债券，其信息披露和后续的变更资金用途约束相对较多，监管机构对其资金用途有着较为严格的限制。
- 2020－2－8　国家发改委发布《关于疫情防控期间做好企业债券工作的通知》，要求多措并举支持疫情地区和疫情防控企业的债券融资需求、最大限度简便疫情防控期间企业债券业务办理和切实做好债券存续期信息披露和本息兑付工作。
- 2020－2－11　财政部提前下达 2020 年新增地方政府债务限额 8480 亿元，其中一般债务限额 5580 亿元、专项债务限额 2900 亿元。加上此前提前下达的专项债务 1 万亿元，共提前下达 2020 年新增地方政府债务限额 18480 亿元。
- 2020－2－17　央行开展了 2000 亿元中期借贷便利（MLF）操作，并将利率从 3.25% 下调 10bp 至 3.15%。
- 2020－2－18　北大方正集团有限公司旗下上市公司方正证券、方正科技、中国高科、北大医药等齐发公告称，方正集团于近日收到北京市第一中级人民法院送达的通知，北京银行向法院申请对方正集团进行重整。2 月 19 日，北京市第一中级人民法院裁定受理这一破产重整申请。
- 2020－2－28　湖北省交通投资集团有限公司成功发行 5 年期企业债券 30 亿元，发行利率 3.38%，申购倍数 3.16 倍，为全国首单只持疫情防控企业债券。
- 2020－3－1　新《证券法》开始实施，公司债和企业债全面施行注册制、债券发行门槛降低、投资者保护制度更为完善、信息披露更加充分、违法成本显著提高等对于信用债市场影响较大。

● 2020－3－2　北京桑德环境工程有限公司发布公告称，拟发行一期置换票据，专项用于以非现金方式置换“17 桑德工程 MTN001”，成为境内首单债券置换要约，也是银行间债券置换的首单试点。

● 2020－3－6　新华联控股有限公司受新型冠状病毒肺炎疫情不可抗力因素的严重影响，公司所属文化旅游、商业零售、景区景点、酒店餐饮、石油贸易等业务遭受重创，加之持续受到降杠杆，民营企业融资难发债难的影响，偿付贷款和债券导致现金持续流出，流动资金极为紧张，未能按照约定足额兑付“15 新华联控 MTN001”，构成实质性违约。

● 2020－3－6　北京北大科技园建设开发有限公司未能兑付“18 北大科技 ABN001”优先级的回售资金，且差额补足义务人北大方正集团有限公司及北大资源集团有限公司亦未履行差额补足义务，构成实质性违约。

● 2020－3－16　力帆实业（集团）股份有限公司由于公司流动性资金紧张，公司未能按期兑付“16 力帆 02”债券本息，构成实质性违约。

● 2020－3－17　华昌达智能装备集团股份有限公司发布关于“17 华昌 01”的债券置换公告，成为交易所首单债权置换。

● 2020－3－25　中共中央政治局召开会议，会议提出抓紧研究提出一揽子宏观经济政策措施，积极的财政政策要更加积极有为，适当提高财政赤字率，增加地方政府债券规模，并首次明确发行特别国债。

● 2020－3－30　央行开展 500 亿元 7 天期逆回购操作。中标利率为 2.20%，较上一次操作降低 20bp。

● 2020－3－31　国务院常务会议提出，强化对中小微企业普惠性金融支持，特别是引导公司信用类债券净融资比上年多增 1 万亿元，为民营和中小微企业低成本融资拓宽渠道。

● 2020－4－3　央行决定对农村信用社、农村商业银行、农村合作银行、村镇银行和仅在省级行政区域内经营的城市商业银行定向下调存款准备金率 1 个百分点，于 4 月 15 日和 5 月 15 日分两次实施到位，每次下调 0.5 个百分点，共释放长期资金约 4000 亿元。中国人民银行决定自 4 月 7 日起将金融机构在央行超额存款准备金利率从 0.72% 下调至 0.35%。

- 2020 – 4 – 9　瓦房店沿海项目开发有限公司发布债券票面利率调整的公告，称公司发行的“20 瓦房 02”不通过现金认购，投资者以“17 瓦房 02”的持有份额作为权利凭证按面值 1：1 等比例方式认购。“17 瓦房 02”票面利率6.80%，20 瓦房02 票面利率7.5%。名为票面利率调整的公告，实为债券置换要约公告，瓦房店沿海成为城投债务置换首例。
- 2020 – 4 – 14　海航集团仅提前半小时通知 13 海航债投资者进行持有人会议登记，并于次日公告议案通过，债券本息展期 1 年，“闪电会议”引发市场争议。
- 2020 – 4 – 15　央行开展中期借贷便利（MLF）操作 1000 亿元，利率较前次下降 20bp 至 2.95%。
- 2020 – 4 – 20　中融新大集团有限公司受新型冠状病毒肺炎疫情的严重冲击，公司能源化工板块和物流清洁能源板块的生产经营活动在产供销等多方面受到严重影响，同时，受去产能、降杠杆及再融资渠道不畅等因素影响，公司近年来融资性现金流持续净流出，直接净融资规模大幅下降，最终公司未能偿付“18 中融新大 MTN002”本息，造成实质性违约。
- 2020 – 4 – 21　金地集团公告称将下调“18 金地 03”票面利率至 1.50%，这与募集说明书中的“上调”字眼矛盾。在上交所要求核实利率调整的合理性后，公司于 4 月 29 日公告称将不调整票息，“18 金地 03”票面利率仍然维持 5.29%。
- 2020 – 4 – 30　经首都严格进京管理联防联控协调机制、北京新冠肺炎疫情防控工作领导小组研究，按程序报批后，确定 4 月 30 日零时起将北京突发公共卫生事件一级响应机制调整为二级，并相应调整防控策略。
- 2020 – 5 – 6　宜华企业（集团）有限公司公告未能完成“17 宜华企业 MTN001”本息兑付，构成实质性违约。
- 2020 – 5 – 10　央行在 2020 年第一季度中国货币政策执行报告中提出保持 M2 和社会融资规模增速与名义 GDP 增速基本匹配并略高。
- 2020 – 5 – 13　泰禾集团股份有限公司公告称公司正筹划引入战略投资者，控制权可能发生变更，拟引入的战略投资者的主要经营业务中包含房地产业务，引发市场猜测。

- 2020－5－18　由于中国吉林森林工业集团有限责任公司破产申请被受理，“15森工集MTN001”于2020年5月18日到期并停止计息，公司未能完成本息兑付，构成实质性违约。
- 2020－5－22　两会政府工作报告中指出，强化对稳企业的金融支持，中小微企业贷款延期还本付息政策再延长至明年3月底，对普惠型小微企业贷款应延尽延，对其他困难企业贷款协商延期。M2和社融增速要明显高于去年。报告同时强调要防止资金“空转”套利。
- 2020－5－25　湖北交投与国家开发银行湖北省分行等9家金融机构签订《高速公路融资再安排银团贷款合同》，将湖北省交投集团所属22条高速公路的存量债务贷款延长、高息调低，贷款规模达1200亿元。同日，甘肃省公航旅集团与甘肃省内16家主要银行达成1673亿元债务重组协议，将集团的收费公路债务利率调低，还款期限统一延长至30年。
- 2020－5－26　中国人民银行行长易纲在两会期间就重点问题接受媒体采访。对于货币政策走向，指出下一阶段，稳健的货币政策将更加灵活适度，将按照政府工作报告提出的要求，综合运用、创新多种货币政策工具，确保流动性资金合理充裕，保持广义货币M2和社会融资规模增速明显高于去年。
- 2020－6－1　央行公布两个新工具，一是支持银行对小微企业贷款延期还本付息，二是支持银行加大小微企业信用贷款投放，通过SPV对地方法人银行形成鼓励和支持。
- 2020－6－1　北京信威通信技术股份有限公司因公司为海外项目提供担保陆续发生担保履约，且公司正在进行的重大资产重组程序复杂，公司融资能力受限，公司整体资金压力大，无法按期兑付“15信威通信PPN003”的本息，构成实质性违约。
- 2020－6－8　北京桑德环境工程有限公司因经营情况恶化，发行人仅足额支付“20桑德工程EN001”该期债务融资工具的利息资金，未能足额支付该期债务融资工具约定偿还的本金，构成实质性违约。

- 2020－6－17　国常会称将逐步引导债券利率下行，适度进行降准操作。部署引导金融机构进一步向企业合理让利，要求推动金融系统全年向各类企业合理让利 1.5 万亿元。
- 2020－6－18　易纲行长在陆家嘴论坛上表示，疫情应对期间的金融支持政策是阶段性的，要注意激励约束相融，关注政策后遗症，保持总量适度，并提前考虑相关工具的适时退出。
- 2020－6－19　青海省投资集团有限公司因被裁定破产重整，“12 青投资”视为到期且未能足额兑付，构成实质违约。
- 2020－6－24　康美实业投资控股有限公司公司未能筹集“17 康 01EB”的回售本金及利息，构成实质性违约。
- 2020－7－1　中国人民银行、国家发改委、证监会发布《关于公司信用类债券违约处置有关事宜的通知》，对违约处置过程中的参与机构勤勉尽职的义务进行逐一强调，覆盖范围较广，且条款所针对的问题在实务中均较为突出和典型，尤其是重点明确了受托管理人在违约处置中的核心地位，强调要压实各方责任。
- 2020－7－2　华讯方舟科技有限公司因公司流动资金紧张，已发生多笔贷款逾期及银行贷款提前到期的情况，导致公司融资能力下降，加剧了公司的资金紧张状况，公司未能在约定的付息日前筹措足额的偿付资金，不能按期偿付“H8 华讯 02”本息，构成实质性违约。
- 2020－7－6　泰禾集团股份有限公司受地产整体环境下行，新冠肺炎疫情等叠加因素的影响，公司现有项目的去化率短期内有所下降，销售预期存在波动，同时由于公司自身债务规模庞大，融资成本高企，债务集中到付等问题使得公司短期流动性资金出现困难，公司经多方努力筹资，仍未能完成本次“17 泰禾 MTN001”本息的按时兑付，构成实质性违约。
- 2020－7－31　央行发布公告称，为平稳推动资管新规实施和资管业务规范转型，人民银行会同国家发改委、财政部、银保监会、证监会、外汇局等部门审慎研究决定，资管新规过渡期延长至 2021 年底。
- 2020－8－20　住建部、央行召开重点房地产企业座谈会，形成重点房地产企业资金监测和融资管理规则，即“三道红线”。根据“三道红线”触线情况不同，试点房地产企业分为“红、橙、黄、绿”四档，分档设定有息负债规模的增速阈值：每降低一档，上限增加5%，即：若三道红线全部触及，则房企的有息负债就不能再增加；若触及两条，则有息负债规模增速不得超过5%；触及一条，则增速不得超过10%；一条未中，则增速不得超过15%。

● 2020－8－24　铁牛集团有限公司未兑付“16铁牛01”已到期金额2000万元本金，构成实质性违约。

● 2020－8－24　天津市房地产信托集团有限公司由于现金流短缺以及筹融资渠道受限等原因，无法按时偿付“16房信01”利息及回售本金，构成实质性违约。

● 2020－9－8　天津房地产集团有限公司因经营困难，资金紧张，未能足额筹措兑付“16天房04”资金，构成实质性违约。

● 2020－9－10　彭博社报道，泛海控股拟将“15泛海MTN001”偿付10%，剩余部分置换为2年新券，新券期限为2年期或1＋1年期（附回售权），票息调高至7.5%；同日，公司回应称，目前正以多措并举采取各种方式积极筹措资金，将积极沟通各中票持有人洽谈债券置换业务。

● 2020－9－16　贵州茅台集团公告称董事会同意公司控股子公司贵州茅台集团财务有限公司开展固定收益类有价证券投资业务，投资总规模不超过其资本总额的70%。

● 2020－9－22　上海三盛宏业投资（集团）有限责任公司由于处于债务重组的关键阶段，资金紧张，未能足额筹措兑付资金，公司无法按期足额偿付“16三盛04”回售日应付的本息，构成实质性违约。

● 2020－9－30　同煤集团、晋煤集团、晋能集团、潞安集团、阳煤集团以及转制改企的中国（太原）煤炭交易中心，重组新设成立晋能控股集团，原山西省属七大煤企重组后的新格局基本显现。

● 2020－10－19　上海巴安水务股份有限公司因公司未与债券持有人达成债务和解，导致17巴安债无法完成兑付，构成实质性违约。

- 2020－10－23　华晨汽车集团控股有限公司作为辽宁省最大国有企业，因自身经营困难，且存在与市场前期沟通不充分，无法完成“17华汽05”本息兑付，构成实质性违约。
- 2020－10－23　沈阳盛京能源发展集团有限公司因收到法院送达的破产裁定，“18沈公用PPN001”提前到期并停止计息，发行人无法完成本息兑付，构成实质性违约。
- 2020－11－2　河南豫联能源集团有限责任公司因破产重整，“18豫02EB”提前到期。
- 2020－11－4　茅台集团发布公告称，将发行不超过150亿元无担保公司债，募集资金扣除发行费用后，拟将不超过86亿元用于收购贵州高速公路集团有限公司股权，不超过61亿元用于偿还有息负债，不超过3亿元用于补充流动资金。
- 2020－11－9　辉瑞公司宣布其与德国生物科技公司BioNTech共同开发的新冠mRNA疫苗能够有效阻止90%的感染。
- 2020－11－10　河南永城煤电控股集团有限公司10亿元超短期融资券“20永煤SCP003”到期未能兑付，构成实质性违约。由于此前毫无市场预期，引发市场对于发行人“逃废债”的猜测。
- 2020－11－13　成龙建设集团有限公司由于公司经营困难，无法按期支付这部分到期的本息，构成违约事项。目前公司资金周转困难，无法按期偿付“17成龙03”到期应付的回售本金及利息，构成实质性违约。
- 2020－11－14　山西省国有资本运营中心发表《致山西省属企业债权人的一封信》，明确表达山西国资将履行好出资人义务，充分保障债权人权益，山西国企有足够的实力，确保到期债务不发生一笔违约。
- 2020－11－16　紫光集团有限公司因流动资金紧张，未能筹集到期偿付资金，“17紫光PPN005”不能按期足额偿付，已构成实质性违约。
- 2020－11－19　福建福晟集团有限公司因公司经营情况恶化，造成18福晟02的本金及利息未能兑付，构成实质性违约。
- 2020－11－21　刘鹤主持召开金融委第四十三次会议，研究规范债券市场发展、维护债券市场稳定工作。会议表态将秉持“零容忍”态度，维护市场公平和秩序；要依法严肃查处欺诈发行、虚假信息披露、恶意转移资产、挪用发行资金等各类违法违规行为，严厉处罚各种“逃废债”行为，保护投资人合法权益。

● 2020－11－23　宁夏远高实业集团有限公司受多种原因影响，公司未能偿付“18远高01”本息，且本次债券连带保证担保人高红明，郝凤仙未能履行担保责任，致使公司未能如期兑付本期债券兑付，构成实质性违约。

● 2020－12－14　鸿达兴业集团有限公司因公司经营困难，无法完成“20鸿达兴业SCP001”本息兑付，构成实质性违约。

● 2020－12－14　山东如意科技集团有限公司受自身债务集中兑付以及融资循环受限的影响，公司出现流动性资金压力；加之今年新冠肺炎疫情的暴发，公司生产、销售等经营活动受到严重影响，上半年营业收入及现金流明显减少，加剧了流动性资金紧张，致使公司无法实现“17如意科技MTN001”本息兑付，构成实质性违约。

● 2020－12－24　贵州茅台集团公告，根据贵州省人民政府国有资产监督管理委员会的相关通知要求，茅台集团贵州茅台5024万股股份无偿划转至贵州省国有资本运营有限责任公司。这是茅台集团第二次划转5024万股给省国有资本运营公司，第一次划转于2019年12月31日完成。

● 2020－12－24　国务院国资委在京召开中央企业负责人会议，部署2021年重点工作，明确表示要“确保央企不发生债券违约”“严禁逃废债”“坚决守住不发生重大风险的底线”。

● 2020－12－28　人民银行会同国家发改委、证监会联合发布《公司信用类债券信息披露管理办法》。

● 2020－12－31　延安必康制药股份有限公司资金面紧张局面尚未得到有效缓解，未能及时兑付“18必康01”债券本金的50%和相应利息。

二、信用债市场回顾

信用债一级发行回顾

表 16－1　信用债一级新发行情况

债券类型	发行期数（只）			发行总规模（亿元）			平均每只发行规模（亿元）		
	2019 年	2020 年	增幅	2019 年	2020 年	增幅	2019 年	2020 年	增幅
一般短期融资券	468	515	10%	4826	4936	2%	10	10	－7%
超短期融资债券	3048	4327	42%	31428	45051	43%	10	10	1%
一般企业债	392	387	－1%	3624	3926	8%	9	10	10%
一般中期票据	1675	2120	27%	20308	23447	15%	12	11	－9%
一般公司债	889	1212	36%	10861	15243	40%	12	13	3%
私募债	1569	2404	53%	14577	18454	27%	9	8	－17%
定向工具	862	1022	19%	6181	7082	15%	7	7	－3%
合计	8903	11987	35%	91806	118139	29%	10	10	－4%

数据来源：Wind

说明：在计算平均数时结果只保留到个位，但计算增幅时使用的是精确度更高的数据。

2020 年信用债发行规模呈现明显的前高后低走势。前 4 个月由于新冠疫情影响，央行投放大量流动性资金稳定市场信心，债市收益率呈现明显下行，债券发行利率不断下行，加之监管推出债券发行“绿色通道”，鼓励企业发行疫情防控债，信用债发行量逐月走高。但 5 月随着央行货币政策回归正常化，资金利率和二级市场收益率大幅上行，进而带动一级发行利率回升，抑制企业债券融资需求。同时，市场调整背景下，发行人和投资人之间的博弈加剧，部分发行人选择调整融资安排，这也造成取消发行的债券规模占比上升。至 10 月，以华晨、永煤为代表的国企无序违约导致市场情绪极为悲观，信用债发行规模迅速萎缩。全年来看，信用债发行规模较 2019 年呈现明显上涨。本年度，统计短期融资券、超短期融资券、企业债、中票、公司债、定向工具合计发行期数 11987 只，较上年增 35%。发行规模 118139 亿元，较上年增长超29%。

超短期融资券发行数量及发行规模均较2019年实现较大提升，2020年短期融资券发行数量4327只，较去年同期增长42%，发行规模45051亿元，较上年同期增长43%；短期融资券发行数量515只，同比增长10%，发行规模4936亿元，同比增长2%，平均发行规模较2019年有所下降。

中期票据发行数量及发行规模亦呈现较明显增长。2020年中票发行2120只，同比2019年增长27%，发行规模23447亿元，同比增长15%，2020年中票平均发行规模为11亿较2019年同比下降9%，主要原因在于2020年上半年信用环境较为宽松，此前较弱资质主体亦能在该市场环境中实现债券发行，但单券发行规模相对较小所致。

企业债发行数量有所减少，企业债为2020年所有发行品种中发行数量下降的唯一品种，主要在于企业债审批时间较长，发行节奏相对较慢所致。2020年企业债发行数量387只，较2019年的392只小幅下降1.3%，但发行规模3926亿较2019年仍然提升8%，企业债平均单券发行规模为10亿元，较2019年提升10%。

2020年交易所债券市场规模实现了较大增长，2020年一般公司债发行数量1212只，较2019年同比提升36%，发行规模15243亿元，同比提升40%，从数量和总额上都实现较大程度增长，这与交易所审批时效性提升有较大关系。此外，私募债亦呈现类似情形，2020年私募债发行数量2404只，较2019年同比增长53%，发行规模18454亿元，较2019年增长27%，发行平均规模有所下降，但由于资金面较为宽松，发行只数明显增长。

二级市场成交情况

2020年中国国债收益率曲线呈现V字形走势，1—4月，疫情暴发，全球经济社会活动停滞是此阶段的主线，信用债跟随利率债走牛。先是国内春节期间疫情迅速发展，政府采取了严格的管制措施，同时针对经济受损出台了相应的对冲政策。避险情绪和货币宽松共同点燃了年初债牛行情，2月3日春节开市后第一个交易日后10年期国债收益率单日下行到17bp。此后疫情逐步得到控制，避险情绪有所缓和，但在流动性宽松的加持下，利率保持低位震荡。然而 2 月下旬以来海外疫情加速发酵，以美联储为代表的海外央行纷纷大幅“放水”对冲，美联储在一个月内紧急降息两次，累计降幅 150bp。为推动经济复苏和防范风险，国内央行进一步加码宽松政策。由此 4 月初到 5 月下旬收益率持续触底至 2009 年危机以来最低水平。4 月 24 日，1 年期国债年化收益率降至 1. 11% 最低点。在 4 月最后一周，5 年期和 10 年期国债年化收益率分别降至 1. 8% 和 2. 5% 。信用债市场跟随利率债市场走牛，不同等级信用债也跟随利率债走势呈现普涨行情，但信用利差被动走阔，和以下几方面因素有关：一是流动性宽松对利率债作用更直接。相对于信用债，债牛环境下利率品种更具进攻性；二是前期各等级信用利差均被压缩至历史低位；三是信用债的供给冲击以及疫情对信用基本面的影响也使得信用债走势慢于利率债。

5—8 月，国内疫情逐步得到控制，以两会召开为标志，国内经济复苏进入快车道，海外疫情防控也出现积极进展，政策逐渐从宽货币转向宽信用，债牛行情宣告结束，7 月初更是在股债跷跷板效应下大幅杀跌。在信用利差的保护和信用环境改善的情况下，这一阶段信用债走势明显强于利率债。5—6 月，经济、金融各项数据超出市场预期使得经济企稳预期升温，央行连续暂停多日逆回购、4 月和 5 月的 MLF 减量续作、两会总理点名资金空转套利、降准迟迟未落地、陆家嘴论坛表态偏鹰等逐渐击溃了市场对宽松政策的预期。利率债收益率明显上升，信用债收益率也跟随上行，而信用利差震荡收窄。这一方面是因为前期积累了一定的利差保护垫，另一方面央行创设直达实体的工具、M2 和社融增速明显高于去年和推动金融系统全年向各类企业合理让利等政策表态，均意味着政策向宽信用过渡。7—8 月，债市经历了快熊向慢熊的转变。7 月初，权益市场情绪高涨，上证综指在两周内从 3000 点以下一度突破 3400 点，赚钱效应显著。市场风险偏好明显上升，人们将大量资金从理财和债基赎回投入股市，利率债和中短期信用债首当其冲。10 年期国债收益率快速向上突破 3% ，再度回到疫情前收益率水平，信用债收益率也跟随快速上行。7 月下旬，股市上涨势头减弱、快速下跌的债市对利空有所钝化、中美摩擦升温等多重因素推动债市出现一波超跌反弹。但进入8月，在疫苗投产、经济修复、资金紧平衡、地方债供给压力较大等多重因素下，债市在慢熊中度过。

9—12月债券市场延续慢熊，国企信用风险站上风口浪尖，信用利差明显走阔。9月上旬在利率债供给压力较大、银行超储率水平较低以及银行压降结构性存款的影响下，债市表现受到压制。9月下旬受到央行超额续作MLF、欧洲疫情反弹、英国脱欧等因素带来短暂的交易性行情。但好景不长，进入10月后，市场开始针对美国大选选情进行交易，10月上旬因拜登选情持续走高，市场风险偏好升温带来债市调整，10月下旬因经济修复斜率低于预期、资金面平稳、特朗普选情再度走高，债市迎来反弹。信用方面，9—10月信用债收益率跟随利率债走势变化，信用利差维持低位徘徊。进入11月，美国大选尘埃落定，全球风险偏好明显抬升，终结了小幅反弹的行情，10年期国债收益率小幅上行。信用债方面更为惨烈，10月23日华晨集团违约后，11月10日永煤集团突发违约，引发市场对于弱资质国企“逃废债”的猜疑和担忧。11月11日魏桥集团被下调评级、紫光集团债券暴跌，加剧恐慌情绪和连锁反应。多家机构提高回购对手方和质押品标准，机构内部纷纷展开持仓债券排查，弱资质区域国企债、过剩产能产业债、高评级网红主体遭到大面积折价抛售，多只基金净值出现较大跌幅，持有人赎回基金导致流动性资金冲击，市场进入螺旋下跌，信用利差持续走阔。11月21日，金融委会议召开，指出要依法严肃查处欺诈发行、虚假信息披露、恶意转移资产、挪用发行资金等各类违法违规行为，严厉处罚各种“逃废债”行为，保护投资人合法权益。央行也出手呵护资金面，市场情绪终于有所稳定，利率债迎来小幅反弹，信用债收益整体上跟随下行，其中高等级信用债下行幅度更大。然而市场心态仍然脆弱，建立在信仰基础上的弱国企和尾部城投信用利差和收益率仍大幅上升。

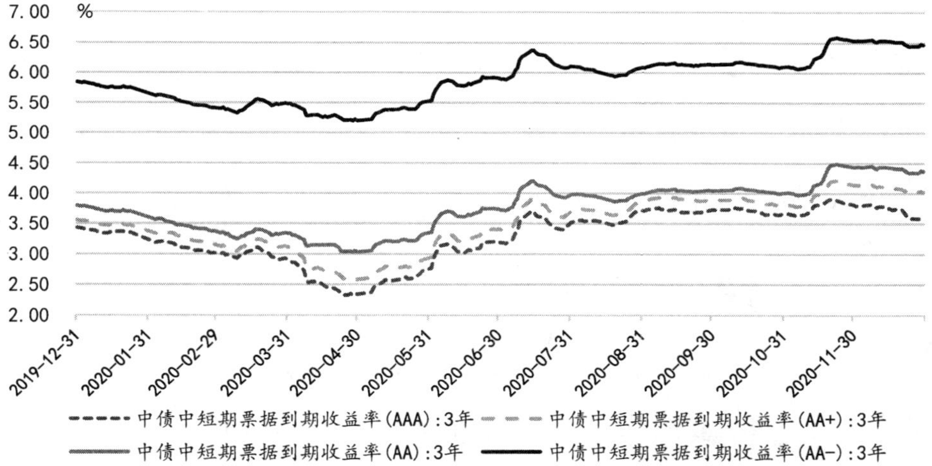

图 16－2　2020 年 3 年期各等级信用债收益率走势 V 型反转

数据来源：Wind

信用利差——走阔，且等级越低走阔越明显

2020 年信用债利差整体走阔，低等级信用利差大幅走阔。以 3 年中债估值曲线来看，3 年 AAA、AA＋、AA 和 AA－品种信用利差分别上行 11bp、47bp、60bp 和 65bp。

历史对比来看，2020 年信用风险加剧及货币政策转向预期导致低评级利差大幅走高，AA－信用利差达到 97% 分位点，AA＋和 AA 信用利差分别为 73% 和 71% 分位点，而 AAA 信用利差达到 57% 分位点处于较低水平。

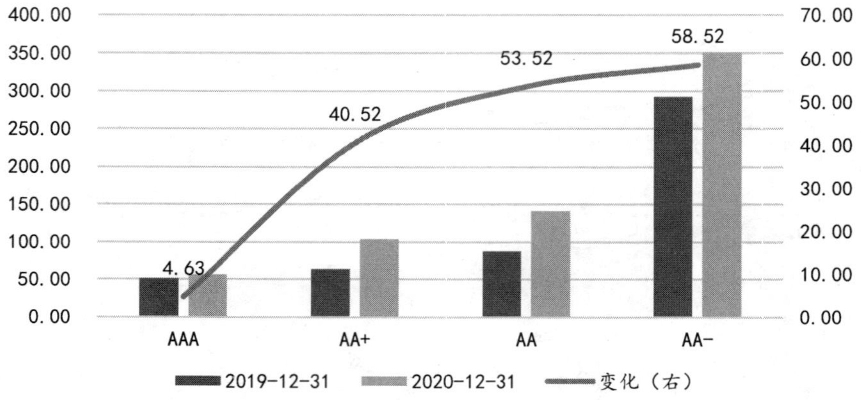

图 16－3　2020 年 3 年期各等级信用利差（bp）

数据来源：Wind

期限利差——多数走阔

信用债期限利差方面，3－1 利差方面，各等级期限利差均有所拉动，AAA 级、AA＋级、AA 级和 AA－级分别上行 14.8bp、30.79bp、14.79bp 和 20.79bp。AAA 级、AA＋级、AA 级 3－1 期限利差分别位于 54%、71%、55%分位点，处于历史较高水平。

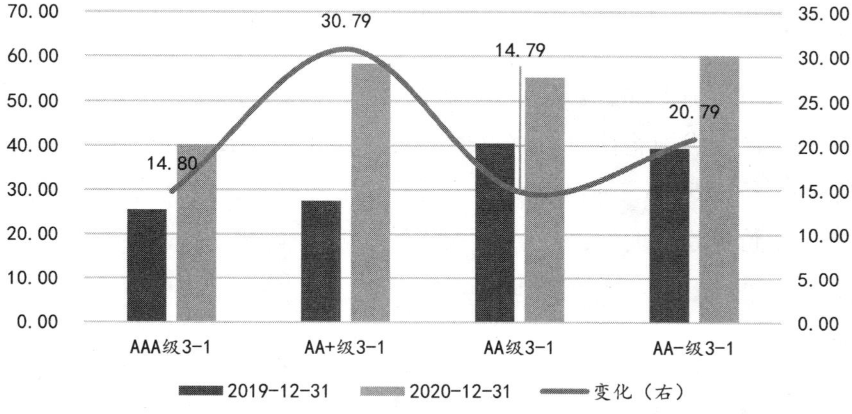

图 16－4　2020 年信用债各等级期限利差（bp）

数据来源：Wind

评级间利差有所走阔——整体较为平稳

评级间利差在 2020 年呈现为小幅走阔特征。其中，1 年期短期融资券 AAA 与 AA＋、AA＋与 AA 评级间利差分别走阔 20bp、29bp，AA 与 AA－评级间利差压缩 1bp。3 年期中票 AAA 与 AA＋、AA＋与 AA 和 AA 与 AA－评级间利差分别走阔 35bp、13bp 和 5bp。

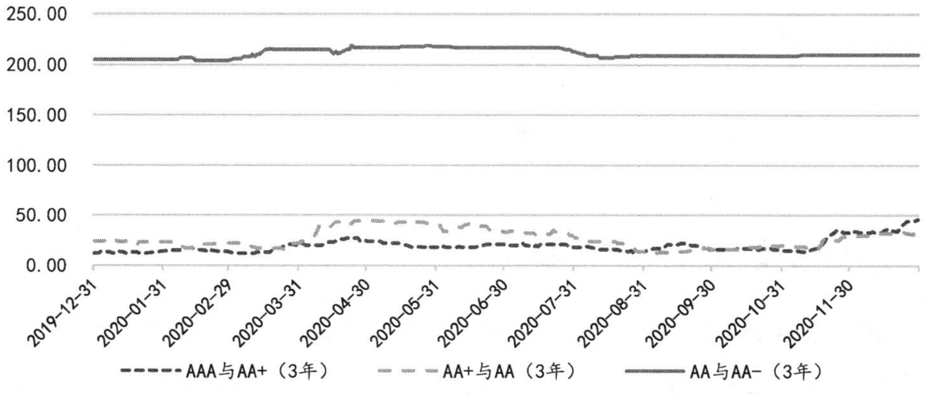

图 16－5　2020 年 3 年期各等级中票评级间利差（bp）

数据来源：Wind

信用溢价——地方国企利差走阔，民企溢价相对收窄

2020 年民企违约事件虽仍在出现，但由于华晨、永煤、紫光出现大面积国企违约，产业类国企债收益率出现了大幅跳升，从永煤事件后，地方国企信用利差上行超 50bp，而民企利差反而呈现下降趋势，国企信仰打破后，市场对风险定价更趋合理。

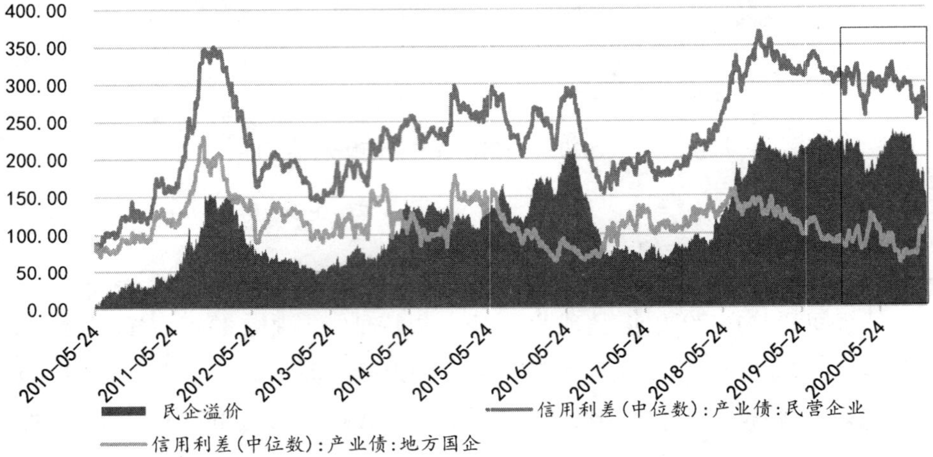

图 16－6　2020 年地方国企信用利差（bp）

数据来源：Wind

三、重要事件评述

“三道红线”政策收紧房企融资

2020 年 8 月 20 日，住建部、央行召开重点房地产企业座谈会，形成了以“三道红线”为核心的重点房地产企业资金监测和融资管理规则。“三道红线”具体是指：一是剔除预收款后的资产负债率大于 70%；二是净负债率大于 100%；三是现金短债比小于 1。根据踩线情况不同，试点房地产企业将被分为“红、橙、黄、绿”四档，分档设定有息负债规模的增速阈值：每降低一档，上限增加 5%，即：踩中三道红线的房企被列为红档，有息负债不得增加；踩中两道红线的房企被列为橙档，有息负债总额增幅不得超过 5%，踩中一道的房企被列为黄档，有息负债总额增幅不超过 10%，绿档房企则增幅不超过 15%。在“三道红线”的约束下，房地产企业如果想维持融资端的扩张速度，则需要提高销售及回款的速度，保证经营性现金流充沛，而不是依赖借新债还旧债来维持资金周转。这项政策在短期内将迫使高负债房企出售项目、压降杠杆，甚至可能会使得部分房企产生较大的流动性资金压力。但从长远来看，这将鼓励房企回归经营，避免激进扩张。未来依赖大幅举债实现弯道超车的房企黑马将难以再现，而稳健经营和精细管理的企业将从行业内胜出。

回顾我国房地产融资监管历史，会发现明显的阶段性特征。2016 年以前，监管政策呈现周期性和一刀切特点，主要跟随房地产市场景气度收紧或放松。2016 年以后，监管政策向长远性和精细化转变。房地产融资监管政策不仅发挥短期调控经济周期和行业周期的作用，而且承担防风险的任务。监管部门针对银行信贷、非标、公司债、企业债、私募债、ABS、境外债分别出台了相关的文件。这次“三道红线”政策从有息负债总量的角度进行控制，但控制的是有息负债规模的增速，而非规模本身，给满足标准的企业留有发展空间，因此并非过去的一刀切。同时这次政策制定了明确的标准，体现“因司施策”的特征，使得房地产企业有据可依，在规则落实方面也更加有方向性。

规范结构性存款

2020 年 6 月以来，部分大中型银行收到了来自银保监会的窗口指导，要求规范结构性存款管理，压降结构性存款规模，在三季末前压降至年初规模，并在年底前逐步压降至年初规模的 2/3。6 月 11 日，据财新消息，有大行叫停了结构性存款。而后，6 月 12 日，北京银保监局发布《关于结构性存款业务风险提示的通知》，要求年内结构性存款业务增长过快的银行，应逐月压降本行结构性存款规模以在 2020 年末将其控制在监管政策要求的范围之内。

早在2019年10月，银保监会发布《关于进一步规范商业银行结构性存款业务的通知》，对结构性存款进行“新老划断”，要求在2020年10月前，“老”的结构性存款应该严控规模、有序压缩、及时整改，到期或兑付后结清。另外，通知明确要求发行结构性存款应该具备普通类衍生品资质，这是监管首次明确只有普通类资格才可以发行结构性存款。2020年3月初，央行将结构性存款保底利率纳入自律机制管理范围，同时将银行执行情况纳入宏观审慎评估（MPA）考核，并指导自律机制将上述情况纳入金融机构合格审慎评估。尽管监管采取了多项举措控制结构性存款乱象，但2020年4月仍然出现结构性存款增长过快的现象，特别是对公结构性存款。

2018年9月，银保监会颁布的《商业银行理财业务监督管理办法》对结构性存款作出定义，“结构性存款是指商业银行吸收的嵌入金融衍生产品的存款，通过与利率、汇率、指数等的波动挂钩或者与某实体的信用情况挂钩，使存款人在承担一定风险的基础上获得相应收益的产品”。这是监管层首次对结构性存款进行定义，2019年10月的《结构性存款新规》也沿用了此概念。

从定义可以看出，不同于普通存款，使存款人在承担一定风险的基础上获得更高收益。但在现实中，为吸引客户，银行通过虚假挂钩、保底收益等方式，进一步提升结构性存款吸引力。结构性存款规模快速增长出现在2017年和2018年两年，两年内规模从5.1万亿元快速发展至9.6万亿元。这主要是因为从2017年开始，各类监管政策推动金融和同业去杠杆，银行的同业资产和负债两端都出现收缩，同业业务派生存款减少。银行需要有力的工具去推动存款增长，当年结构性存款总量增长了1.8万亿元。2018年资管新规落地，去杠杆从同业领域转向实体领域，非标业务受控，部分企业融资渠道断裂，进一步限制了银行存款的派生。银行不得不通过发行结构性存款来吸收负债，2018年结构性存款又进一步膨胀了2.7万亿元。除此之外，货基和银行理财对普通存款的分流以及为满足流动性资金风险管理指标要求等因素也加剧了银行对于存款的争夺。

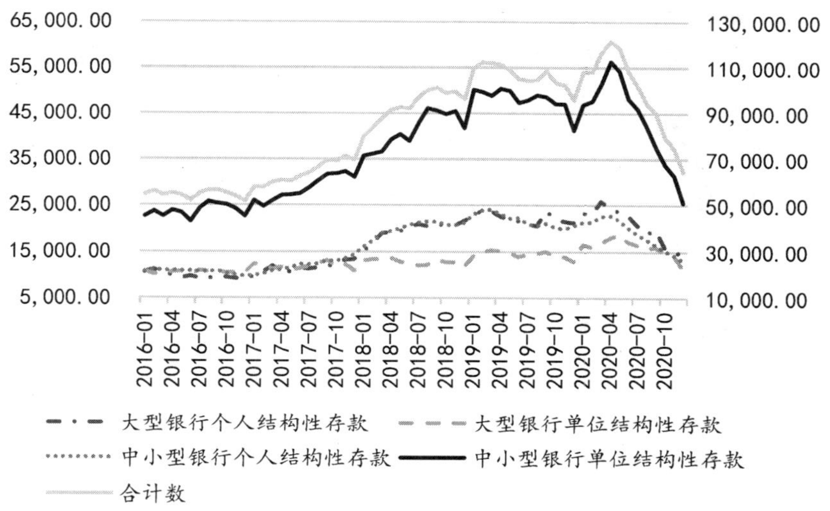

图 16－7　中资全国性银行结构性存款规模（亿元）

数据来源：Wind

尽管结构性存款设计灵活，能够帮助银行减轻揽储压力，但较高的收益也导致银行负债成本抬升且较为刚性。据融 360 不完全统计（主要包括国有银行、股份制银行、外资银行），2020 年 5 月 4 日至 5 月 10 日人民币结构性存款平均期限为 145 天，平均预期最高收益率为 4.87%。而同期 1 年期定期存款基准利率为 1.5%，银行一般上浮 20%—30%，则 1 年期定存利率约为 1.8%—1.95%，远低于 4% 以上的结构性存款利率。

不仅如此，由于结构性存款整体定价较高，且风险较低，容易引发套利行为。2019 年 1 月和 2020 年 1—5 月出现过两次明显的套利行为，2019 年 1 月主要是通过票据，2020 年 1—5 月这次不仅通过票据，还包括短期贷款和短期限信用债。直接原因在于资金面较为宽松，部分企业通过较低成本的贷款、发债和票据贴现融资后，购买结构性存款赚取价差。

因而结构性存款大幅增加的背后是企业资金空转套利行为及银行负债成本难以下降的困境，这显然违背了监管层希望资金流向实体经济并降低实体融资成本的意愿。因此，2020 年两会政府工作报告中总理点名资金空转套利行为，监管窗口指导及发布文件压降结构性存款的意图十分清晰。

政策刚发布时，市场一度将其解读为有助于降低银行负债端成本，对债市构成利好。但事与愿违的是，结构性存款的压降大幅减少了银行稳定的负债来源，进而迫使银行大量发行同业存单，存单利率居高不下，成为银行负债成本的另一症结。存单利率向债券利率传导，成为2020年三季度之后债市表现的主要压制因素。

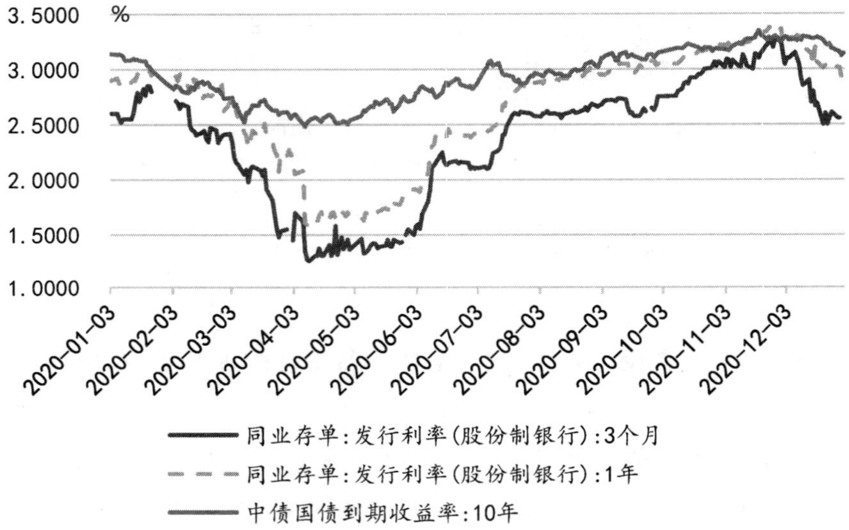

图16－8　2020年三季度后结构性存款压降使同业存单利率明显上升

数据来源：Wind

截至2020年末，结构性存款规模压缩至6.4万亿元，相比于2019年末的9.6万亿元，基本完成监管层指导的“今年底压降至去年底2/3”的要求。至此结构性存款的压缩应该已经接近尾声，存单供给压力减小，存单利率对债市的压制影响告一段落。然而打破刚性兑付、降低整体银行负债端成本仍然任重而道远。

四、信用风险事件点评

2020 年违约信息一览

2020 年初新冠肺炎疫情暴发，之后监管层加大宏观政策逆周期调节力度，市场流动性资金合理充裕，市场收益率下行，企业融资状况明显好转。加之各方面通过撤销回售、贷款展期等方式尽量缓解企业债务集中到期压力，而且大量弱资质企业在前两年已经暴露违约，因此 2020 年新增违约发行人 30 家，较 2019 年 43 家明显下降。但涉及到期违约金额 1003 亿元，较 2019 年 915 亿元明显上升。

表 16－2　2020 年首次违约主体

发行人	企业性质	债券简称	首次债券违约日期
延安必康制药股份有限公司	民营企业	18 必康 01	2020－12－31
山东如意科技集团有限公司	中外合资企业	17 如意科技 MTN001	2020－12－14
鸿达兴业集团有限公司	民营企业	20 鸿达兴业 SCP001	2020－12－14
宁夏远高实业集团有限公司	民营企业	18 远高 01	2020－11－23
福建福晟集团有限公司	民营企业	18 福晟 02	2020－11－19
紫光集团有限公司	中央国有企业	17 紫光 PPN005	2020－11－16
成龙建设集团有限公司	民营企业	17 成龙 03	2020－11－13
河南豫联能源集团有限责任公司	外资企业	18 豫 02EB	2020－11－02
华晨汽车集团控股有限公司	地方国有企业	H17 华汽 5	2020－10－23
沈阳盛京能源发展集团有限公司	地方国有企业	18 沈公用 PPN001	2020－10－23
上海巴安水务股份有限公司	民营企业	17 巴安债	2020－10－19
上海三盛宏业投资（集团）有限责任公司	民营企业	16 三盛 04	2020－09－22
天津房地产集团有限公司	地方国有企业	16 天房 04	2020－09－08
铁牛集团有限公司	民营企业	16 铁牛 01	2020－08－24
天津市房地产信托集团有限公司	地方国有企业	16 房信 01	2020－08－24
泰禾集团股份有限公司	民营企业	17 泰禾 MTN001	2020－07－06

续表

发行人	企业性质	债券简称	首次债券违约日期
华讯方舟科技有限公司	民营企业	H8 华讯 02	2020 - 07 - 02
康美实业投资控股有限公司	民营企业	17 康 01EB	2020 - 06 - 24
北京桑德环境工程有限公司	中外合资企业	20 桑德工程 EN001	2020 - 06 - 08
北京信威通信技术股份有限公司	民营企业	15 信威通信 PPN003	2020 - 06 - 01
中国吉林森林工业集团有限责任公司	地方国有企业	15 森工集 MTN001	2020 - 05 - 18
宜华企业（集团）有限公司	民营企业	17 宜华企业 MTN001	2020 - 05 - 06
中融新大集团有限公司	民营企业	18 中融新大 MTN002	2020 - 04 - 20
力帆科技（集团）股份有限公司	民营企业	16 力帆 02	2020 - 03 - 16
新华联控股有限公司	民营企业	15 新华联控 MTN001	2020 - 03 - 06
北京北大科技园建设开发有限公司	地方国有企业	18 北大科技 ABN001 优先级	2020 - 03 - 06
青海省投资集团有限公司	地方国有企业	17 青投债	2020 - 02 - 20
康美药业股份有限公司	民营企业	15 康美债	2020 - 02 - 03
大连天神娱乐股份有限公司	公众企业	17 天神 01	2020 - 01 - 20
重庆力帆控股有限公司	民营企业	18 力控 01	2020 - 01 - 15

数据来源：Wind

总结 2020 年信用债违约，有以下几个特征值得注意：

AAA 评级主体违约大幅升高。公募债券市场高信用等级发行人违约数量上升明显，特别是从 2020 年第三季度开始，我国信用债市场接连发生 AAA 级发行人违约事件。华晨汽车集团控股有限公司、永城煤电控股集团有限公司和紫光集团有限公司三家 AAA 级国有企业先后违约，对债券市场信用环境造成极其严重的冲击，市场一度陷入信用评级体系崩溃瓦解的窘境，机构投资者风险偏好迅速下降。

信用债市场传染性提升。华晨、永煤超预期违约后，市场陷入极度恐慌状态，恐慌情绪蔓延至整个信用债市场，并且对信用风险相对较大的尾部风险影响更为深远，包括对煤炭行业企业以及河南、河北、云南等地国有企业，债券取消或推迟发行情况增多，相关企业债券被低价抛售。

国有企业信用风险暴露加剧，国企信仰破裂。2020 年新增违约发行人中国有企业共 9 家，较上年增加 3 家，在新增违约主体总数的占比为 30%，新增违约国有企业涉及到期违约金额约为 670.78 亿元，占新增违约主体总到期违约金额 66.91%，较上年（111.73 亿元，12.22%）大幅上升，国有企业违约家数和涉及到期违约金额达到历史新高点。由于此前部分国企管理较为粗放，对投资及融资无规划，导致债务规模快速扩张，盈利能力却无法匹配，并且多数呈现出“子强母弱”的特征，并且随着归母权益下降导致政府救助意愿降低，违约风险大幅升高。

地方政府财力有限，救助难度较高。近年来受减税降费和经济数据挤水分的影响，部分区域的财政状况急剧恶化，财政入不敷出情况严峻。例如天津房地产集团有限公司，由于前期大规模举债，无序投资，拿地激进，导致公司债务规模快速增长，公司短期偿债压力瞬间增高。后续叠加房地产调控政策升级，导致土储无法快速建设变现，公司流动性资金快速缩紧。而天津区域由于经济降速及财政挤水分，财政盈余资金不足，无法对公司巨额债务进行救助，最终导致天房集团违约。

从违约原因来看，2020 年新增违约主体一方面由于疫情冲击导致短期现金流无法覆盖，但企业自身偿债意识，对信用风险的传染力判断不足及自身常年积弊才是最终走向违约的重要因素。

华晨集团违约事件回顾

发行人基本情况和评级变动

华晨汽车集团控股有限公司前身为 1958 年成立的国营东北公路总局汽车修造厂的基础上成立的沈阳汽车制造厂。公司在 2005 年 9 月 1 日由辽宁省国资委履行出资人职责，公司实控人为辽宁省国资委。

截至 2019 年末，华晨集团拥有 34 家子公司，包括 4 家上市公司，分别为华晨中国（1114. HK）、金杯汽车（600609. SH）、申华控股（600609. SH）、新晨动力（1148. HK）。公司具有乘用车、轻卡和轻客整车及其核心零部件的制造能力，运营品牌包括“华晨中华”“华颂”“华晨金杯”等自主品牌以及

“华晨宝马”“雷诺金杯”等合资品牌。整车产能达到115万辆/年，其中乘用车95万辆/年，商用车产能20万辆/年。

截至2020年3月末，公司（合并）资产总额为1754.37亿元，所有者权益为527.62亿元，资产负债率为69.93%。2019年及2020年1—3月，公司实现营业总收入分别为1811.30亿元和303.67亿元，利润总额分别为163.56亿元和30.26亿元。虽然合并口径华晨集团利润仍然客观，但反观公司本部情况却完全不同。截至2020年3月末，公司本部资产总额为475.04亿元，所有者权益-53.02亿元，资产负债率为111.16%。2019年及2020年1—3月，公司本部实现营业收入分别为43.39亿元和5.14亿元，利润总额分别为-9.59亿元和-3.77亿元。

东方金诚于2020年8月27日将发行人列入评级观察名单，9月29日东方金诚将发行人主体评级从AAA下调至AA+，同时大公国际将发行人评级从AAA下调至AA。2020年10月16日，东方金诚再度下调发行人评级至AA-，同时大公国际将评级调降至A+。11月6日东方金诚和大公国际进一步下调发行人评级至CCC。

事件发生过程

回到2020年7月份，华晨集团虽然自身经营情况一般，“金杯”“中华”品牌每况愈下，但是借由华晨宝马在中国的迅猛销售，每年通过华晨宝马为华晨集团带来的高分红收益，市场并未出现对于华晨集团的违约预期。

但7月份开始少量的负面信息已经在逐步释放，7月14日，华晨集团如期偿还10亿规模超短期融资券。但7月22日，华晨集团下属子公司持有的金杯汽车股权被冻结，拉开了信用迅速恶化的帷幕。7月27日，朝阳银行申请6亿冻结保全。9月份，华晨集团多笔非标利息出现逾期。

直到10月份市场仍对违约毫无预期，主要由于发行人对市场持续引导告知投资人会力保债券市场，市场对于其质疑仍然较低，但10月23日，“17华汽05”平地惊雷宣告违约，这一事件完全超出了市场预期。

华晨集团的违约事件完全超越了市场认知的一个重要原因，是其通过对于市场兑付预期的持续引导与最终违约的情景是完全相反的，在对市场积极表态认真偿债的同时却直接就地躺倒是让市场投资者始料未及的，而背后其一系列的操作更是引起了市场对于其“逃废债”行为的关注。

根据港交所2020 年6 月19 日公告，华晨集团将2 亿股华晨中国的股权划转至辽宁交通投资集团，总价合计 13. 38 亿港元，而华晨中国是华晨集团目前盈利的主要来源，也是其最主要的核心资产（主要为与宝马集团的合资股权）。而后华晨集团8 月 14 日继续减持4 亿股华晨中国股份，总价29. 08 亿港币；结合华晨中国的特殊派息规则，华晨集团股权转让预计带来近40 亿人民币现金流入。

再结合此前7 月份子公司股权冻结问题，上述减持行为市场普遍认为是华晨集团通过变现华晨中国的股权获得现金流进行偿债，而通过报表口径结合中报的117 亿元货币资金，加上近40 亿元现金流入，华晨集团的货币资金将达到157 亿元，对于偿还“17 华汽05”应该是极其容易的。

此外，华晨中国还于8 月份与债券持有人召开电话会议，在电话会议中华晨中国强调了华晨中国作为辽宁省的核心国有企业，辽宁省对支持华晨集团发展摆在极其重要的位置，未来将会持续通过清收 + 盘活 + 资产处置回笼资金，到2022 年前，钱是足够的。8 月 14 日华晨在各大财经媒体发布对债务风波的回应，华晨集团债券融资相关负责人称甚至公开强调公司至2021 年3月份之前的刚性兑付是没有问题的。8 月 18 日公司发布澄清公告，称公司将坚定履行国企职责，按时兑付到期债券。

华晨集团澄清说明

华晨集团是大型国有企业，承担着深化改革扩大开放、发展区域经济、解决职工就业、扶贫抗疫等重大经济和社会责任。我公司将继续坚定履行国企职责，按时兑付到期债券，维护投资人合法权益，充分发挥推动区域经济社会发展的重要作用。

郑重提醒广大投资者:本公司发布的信息以公告为准,请广大投资者理性投资,注意风险。

特此公告。

二〇二〇年八月十八日

图 16－9　华晨集团澄清说明公告

资料来源：Wind

此后华晨集团也确实在进行着一定的资产划转工作，但市场当时均将该行为定义为公司进行着资产盘活，却从未想过华晨集团可能是在进行资产转移，将核心资产转出，方便后续“逃废债”事项。9 月 22 日，华晨集团成立一个名叫辽宁鑫瑞汽车产业发展有限公司的壳，注册资本只有 1000 万元，同时将华晨中国（1114. HK）的股权转移至壳公司下。如此操作，即便最终债券违约，投资人也只能冻结这个壳公司的股权。在不断发布澄清公告的同时，华晨集团为避免核心资产被冻结，做出了欺骗投资者的行为。

10 月 17 日，华晨集团变更了另外一家旗下上市公司申华控股（600653. SH）的公司名称、注册地址，注册地址由上海市变更为辽宁自由贸易试验区沈阳片区。事后反观这一行为会发现，华晨集团实际在调整诉讼管辖权归集问题，如果后面债券投资人起诉华晨，或者申请冻结旗下申华控股股权的时候，以前应该在属地上海进行起诉，但现如今将回到辽宁进行起诉，表面看似并无实际变化，但一旦出现地方保护主义苗头，那么投资人利益将无法得到保障。

华晨中国汽车控股有限公司（股份代码1114.HK）

公告

本公告由华晨中国汽车控股有限公司根据《香港联合交易所有限公司证券上市规则》第13.09（2）（a）条及《香港法》第571章证券及期货条例第XIVA部项下内幕消息条文作出。

本公司董事会获本公司之控股股东华晨汽车集团控股有限公司（“华晨”）告知，基于内部股权结构调整需要，于2020年9月30日，华晨与其全资附属公司辽宁鑫瑞汽车产业发展有限公司（“辽宁鑫瑞”）订立股份转让协议。根据该协议约定的条款和条件，辽宁鑫瑞经由华晨受让1,535,074,988股本公司每股面值0.01美元之普通股，相当于本公告日期本公司已发行股本总数约30.43%。本次重组完成，华晨将不再直接持有本公司股份。

二〇二〇年九月二十日

图 16 – 10　华晨集团核心股权转移公告

资料来源：Wind

华晨事件启示及关注点

中国信用债市场发展 15 年，投资者对于债券违约事件的发生已经能够接受，但是无法接受企业一而再再而三的欺骗。欺骗性的行为不仅仅是逃废债这么简单，更是对长期建立起来的中国信用体系进行根基性的攻击和损害。

虽然从短期结果来看，华晨集团可能可以赖掉数十亿的债务，但是长期来看，欺骗投资者的行为可能让华晨集团后续再不能从债券市场上轻易融资，而且这种效应可能逐步扩散至辽宁省其他企业。对于企业而言，不能通过逃避责任的方式获取短期利益，对于国有企业而言，更不应当通过欺骗投资者，转移资产这种方式来逃避责任，这样企业自身不仅会有信任危机，同时这种信任危机可能会转移到地方政府上，将会严重影响地方经济发展。

后续对于该类型的主体，作为债券投资人需要更加关注以下几方面：

（1）“子强母弱”企业，需注重关注母公司实际对子公司的管控能力，尤其子公司是独立的上市主体，信用需要分开来看。对子公司的掌控力度往往关系着母公司的真实偿债能力，而如果管辖能力偏弱的情况下，势必将出现母公司承担所有债务，而上市子公司仅承担少量债务的同时能够持续盈利，这种不对等关系容易导致“丢母保子”的情况。

（2）产业债研究仍然应该聚焦于基本面，企业经营管理能力永远都要摆在信用研究的基础位置，“国企信仰”只是在最后发生违约时的支撑因素，而非决定性因素。“国企信仰”对应的地方政府应区别看待，不同的地方政府施政方式差异明显，投资者应审慎考虑。

2020 年辽宁新增社融全国倒数第一，甚至不及西藏青海，不能不说这与华晨违约事件有密切关系，这一事件对辽宁乃至整个东北区域的影响将极其深远，地方国企无序违约并逃废债的做法将在未来很长一段时间让区域经济发展付出数十倍于这种做法的代价。

永煤集团违约事件回顾

发行人基本情况和评级变动

永煤集团是河南省“三煤一钢”之一，是河南省极其重要工业企业，控股股东为河南能源化工集团（持股占比96.01%，简称“豫能化”），豫能化是河南省国资委下属独资公司。集团主营业务包括煤炭、化工、贸易、有色、装备制造等，其中煤炭是核心业务。业务广泛分布在河南、贵州、安徽、新疆等地。其中煤炭业务是公司的核心领域，且公司是国内领先的精品无烟煤生产龙头企业，也是全国主要无烟煤基地之一。

从主营构成看，公司煤炭业务占比约50%，但贡献近90%的利润，且近几年盈利水平较为稳定，毛利率基本保持在40%左右，在行业领域中属于中等偏上的水平。而物流贸易收入占比高达42%，但盈利低下，毛利率仅有2.15%。此外化工业务是公司业绩拖累相对严重的范畴，毛利率自2018年近19%的高点回落至2.07%的水平，并且在此前数年计提折旧后呈现持续亏损状态。从母公司报表看2015—2019年，母公司未分配利润从2007年开始就持续为负，而且当公司进行煤化工业务后，亏损体现在未分配利润中愈加增大，到2020年第三季度末，未分配利润已经达到-72.91亿元。

从股权结构看，公司对煤炭核心企业永煤集团股份公司持股仅有61.9%，但多数化工企业为100%持股，此种情况造成公司少数股东损益金额偏高，归母净利润持续为负值，公司核心业务利润明显被严重吞噬。

永煤控股的历史评级在违约前持续处于AAA，并且评级展望均为稳定，但违约后中诚信国际于2020年11月11日将发行人评级下调至BB，至12月7日中诚信国际进一步下调评级至B。

事件发生过程

2020年11月10日，永城煤电控股集团一纸违约公告令众多投资者一片愕然，市场不解之处不在于违约又发生了，而在于在没有任何市场预期的情况下，永煤轰然倒下，过于的“超预期”，打乱了市场的原有投资逻辑，市场一度陷入无序的慌乱之中。

永煤虽然称不上是一家经营业绩优异的煤炭企业，但其仍然是河南省最主要、盈利状况较好的国营煤企。其母公司豫能化集团在河南省有 18 万员工，且持续获得资本市场的支持。并且永煤在违约之前一个月内仍然持续发债，所以其突然违约出乎市场预料。不仅如此，部分异常行为也让其违约带有“逃废债”的嫌疑。

首先，在 2020 年初，永煤母公司豫能化所获主要贷款银行的授信额度剩余 1008 亿元，永煤期末现金及等价物余额 328 亿元。此外，10 月 20 日，永煤刚刚发行一期 10 亿中票，而到了 11 月 10 日，永煤却因为一期 10 亿元的短期融资券发生违约，按报表口径永煤控股 2020 年 9 月末账上货币资金仍然高达 469. 68 亿元，即便是母公司口径仍然有 66. 69 亿元货币资金，但最终因为 10 亿元债务发生违约实在让市场费解。

此外，2020 年 11 月 2 号，永煤发布资产无偿划转事项的公告，将其核心资产中原银行股权与资不抵债的煤化工资产一并无偿划出。中原银行是河南省最核心的城商行，也是港股上市企业，对于永煤控股来说是极其优质的股权类资产。这一行为引起市场的疑惑，虽然该资产在发行人资产中的占比不高，但仍然存在转移核心资产的可能性。

在 11 月 10 日宣告违约对于发行人似乎已经排练好一般。违约日下午 5 时 35 分，永煤很快就发出违约通告，似乎早有准备。发行人对违约并未有一丝一毫挣扎的意思，显示出的偿债意愿是极弱的。

此外永煤除了 234 亿的自身存续债券外，违约还会触发豫能化旗下 115 亿债券的交叉违约条款，存续债券合计近 350 亿元，涉及规模相当巨大，这一违约对全市场来说，在华晨这一惊雷未平之时，无疑像一道重锤将整个信用市场彻底击垮，所有的债券投资人都陷入信用崩塌下逻辑框架破碎后无法选择资产的境地，中国信用债市场迎来了最惨烈的雷曼时刻。

由于永煤事件快速发酵，市场恐慌情绪极其浓烈，产业类国企发债一度呈现停发状态，信用风险传染超过市场预期。11 月 21 日，中央快速对这一事件进行干预，金融委第四十三次会议提出："近期违约个案有所增加，是周期性、体制性、行为性因素相互叠加的结果。金融监管部门和地方政府要从大局出发，建立良好的地方金融生态和信用环境，秉持"零容忍"态度，维护市场公平和秩序。要依法严肃查处欺诈发行、虚假信息披露、恶意转移资产、挪用发行资金等各类违法违规行为，严厉处罚各种"逃废债"行为，保护投资人合法权益。"此后于 11 月 24 日，永煤集团兑付"20 永煤 SCP003"50%本金至主承销商监管账户。市场情绪逐步趋于缓和，但信用市场的融资功能仍未完全修复。

永煤事件启示及关注点

永煤违约首先引发了全市场对于国企产业债的担忧逐步加重。由于我国的信用市场发展以来，通过债券融资的国企普遍属于重资产类的产业类国企，重点集中于过剩产能行业，而这一行业的特征就是债务负担重，历史包袱大，涉及面极广。在永煤违约后，产业债的投资逻辑发生了颠覆性变化，国企的信仰完全崩塌，进一步带动市场对其他省份弱资质国企以及冀中、平煤等产能过剩行业企业的担忧，甚至包括山西的一系列煤企的担忧都在加深。

其次作为信用债市场最核心投资品种的国企债无疑是机构持仓最为集中的部分。永煤违约后，对类似国企产业债带来了一轮估值的高速上移，在推进固收类产品净值化改造的进程中，估值的快速抬升造成了基金净值的持续下跌，而由于下跌带动的基金赎回潮导致基金不得不在信用环境较差的情况下折价卖出各类债券，导致市场陷入"债基赎回－估值下行－被动赎回－估值下行"负反馈循环中。

永煤作为核心国有企业，但却以如此方式违约，无疑挑战了传统信用分析框架，动摇了偿债意愿分析和政府支持的可靠性与核心资产带来的偿债安全边际，甚至引发投资者对地方政府主动进行债务减记的担忧，带来对投资人合法权益保护的疑虑。永煤事件是中国信用债市场发展至今信用受到摧残的最严重也是最危险的一次，所幸金融委及时出手干预，否则波及面可能进一步蔓延，甚至在信用风险传染下引发系统性危机，所以对于信用市场的规则维护是市场需要坚守，监管需要守护的底线。债券投资者不惧怕违约的发生，但惧怕市场无序发展。

校企北大方正违约事件回顾

发行人基本情况和评级变动

北大方正集团有限公司成立于 1992 年 12 月，前身是北京大学全资设立的北京大学新技术公司，依托的是王选院士的激光照排技术。公司在 2003 年改制，改制之前为北大资产 100% 控股，改制后引入北京招润、成都华鼎、深圳康隆，分别占比 30%、18%、17%，其中北京招润为员工持股。违约前公司第一大股东是北京大学设立的国有独资企业北大资产经营有限公司，持股比例为 70%，北京招润持股 30%，公司实际控制人为教育部。但实际上北大资产仅自持 35% 的北大方正股权，其余 35% 为代持。北大资源代持的社会股东方的实控人是李友，所以李友及其一致行动人合计持有公司股权的 70%。公司旗下有 17 家子公司，其中下属境内外上市共有 6 家，分别为方正科技、方正证券、方正控股、中国高科、北大医药和北大资源。

北大方正以王选院士的激光照排技术起家，多元化发展下业务较为分散，缺乏亮点。公司核心业务是信息技术和医疗医药，但公司收入主要来自大宗商品贸易，2018 年收入 682.31 亿元，占总收入的 51.2%，而 2018 年信息技术和医疗医药收入合计占比仅 21.50%；主要的毛利润来源是产业地产和金融证券，2018 年占比分别为 46.37% 和 32.85%，而信息技术和医疗医药合计占比仅 18.45%。

然而，公司仅持有方正证券 27.75%，北大资源 48.99%，北大科技园 30% 的股权，持股比例均不高。信息技术业务的毛利率自 2018/年起持续下降，医疗医药业务在 2019 年上半年才扭亏为盈，核心业务均发展疲弱。其他业务如金融证券，大宗商品贸易和钢铁等均受宏观经济影响较大，其中钢铁毛利率 2019 年一季度下滑到了 -11.91%，公司多元化发展并未取得 1+1>2

的效果。

2019 年 12 月 2 日，联合资信在北大方正无法偿付“19 方正 SCP002”时，将发行人评级由 AAA 直接下调至 A，此后持续下调至 B，最终将评级调低至 C。

事件发生过程

北大方正由于其股权问题，长时间处于纷争之中，股权问题及管理层问题是北大方正内部管理混乱的一个缩影。

北大方正自 2003 年混改以来一直深陷股权纠纷，伴随着公司高层多次大范围变动。

2016 年公司前 CEO 李友被认定犯内幕交易罪，被判处有期徒刑四年六个月。

公司及下属子公司多次因涉嫌信息披露违规违法受到证监会处罚。2019 年 6 月，公司控股股东北大资产向北京市第一中级人民法院起诉请求判定 2003 年改制无效，法院已正式立案。

2019 年 8 月起，公司股东北京招润和北大资产股权接连遭冻结。

2019 年 10 月，公司美元债暴跌。

2019 年 12 月 2 日，北大方正集团有限公司公告称因流动资金紧张，公司未能按照约定筹措足额偿付资金，“19 方正 SCP002”不能按期足额偿付本息。“19 方正 SCP002”发行总额 20 亿元，期限 270 天，债券利率 4.94%。

分析来看，北大方正之所以走上违约之路，从表面财务数据看有以下几方面原因：

（1）公司财务费用极高，对公司利润形成持续侵占，导致公司归母利润连续为负。2016 至 2018 年，公司经营性净现金流分别为 15.80 亿元、78.17 亿元和 51.15 亿元，公司现金流看似合理，但是公司这期间的期间费用分别为 124.16 亿元、154.19 亿元和 188.51 亿元，期间费用远高于现金流水平，对利润侵蚀明显，致使公司进一步亏损。公司归母净利润连续三年亏损，2017 和 2018 年分别为 -5.45 亿元和 -3.44 亿元，2019 年 1 至 9 月更是达到

-31.93 亿元。

（2）公司持续高杠杆运作，负债率持续攀升。2016 年至 2018 年公司资产负债率分别为 76.68%，76.71% 和 81.84%，2019 年第三季度末进一步上升到了 82.84%。据 Wind，申万一级行业中计算机企业资产负债率的中位数为 50.06%，公司负债水平远超同业。母公司层面债务问题更加严峻，2018 年母公司资产负债率为 93.34%，2019 年第三季度末为 95.59%。

（3）短债长投，资产错配，导致短期集中兑付压力极大。2018 年底公司应付债券余额为 916.24 亿元，其中一年内到期占比为 27.25%。债务结构上，2018 年末短期债务/长期债务为 0.54，2019 年第三季度末该比例提升至 0.80，公司短期偿债压力极大。另外，公司历年筹资现金流持续大额进出，流入主要为取得借款，流出主要为偿还债务，2019 年第三季度公司取得借款收到的现金为 1011 亿元，偿还债务支付的现金为 1021.1 亿元。

（4）为应对现金流紧缺问题，持续对下属上市主体高质押融资导致融资空间逐步缩窄。北大方正下属上市公司股权受限比例较高，再融资空间有限。截至 2019 年 3 月，公司持有方正科技、方正证券、北大医药和中国高科股份的受限比例分别为 100%，99.98%，49.58% 和 74.36%，其中公司直接持有方正证券股权的 48.54% 已质押。方正证券为公司资质最优的下属上市公司，公司所持股份几乎全部受限，公司通过股权质押进行再融资的空间十分有限。

启示及关注点

北大方正从结果来看，其高杠杆高融资运作导致最终资金链断裂，但是从根源来看，其走向违约很大程度来自其股权持续分散，无实际控制人的状况下，公司无序扩张，管理混乱造成。2003 年北大方正的股权改制方案便存在较大瑕疵，公司内部控制权不明导致的管理层不稳定以及外部持续的诉讼，公司治理面临巨大挑战。公司核心业务占比从 2009 年的 54.11% 逐渐下降至 2018 年的 21.50%。

此外，“母弱子强”是个在债券市场愈发明显的融资问题，母公司为平台型企业，只负责融资无实际业务，而为了保障上市公司体系健康，通过母公司融资输血给子公司，但由于过度投资及母公司无盈利来源，导致母公司资产负债率逐步走高，负债规模愈发加大，最终导致积重难返走向违约。未来“母弱子强”的经营格局将逐步成为考量信用风险的重要方向，粗放式的信用评级体系也在北大方正校企违约后开始得到改善。

校企紫光集团违约梳理及思考

发行人基本情况和评级变动

紫光集团是清华系核心企业，控股股东是清华控股，实际控制人是教育部。

紫光集团前身为1988年成立的清华大学科技开发总公司。当时的出资方包括清华控股有限公司、北京首都旅游集团有限责任公司、北京神州投资管理有限公司和北京市旺达网科技发展有限公司，四家公司共同设立紫光集团。

2010年，清华控股作为紫光集团实际控制人引入战略投资机构北京健坤投资集团有限公司，该公司的实际控制人为后续执掌紫光集团的赵伟国。

2012年，清华控股和北京健坤投资对公司增资，增资后持股比例分别为51%、42.73%。

2013年，首旅集团和旺达科技将所持公司股份转让给北京健坤投资（持股比例增至49%）。

截至违约之前的2020年6月末，清华控股和北京健坤投资分别持有紫光集团51%、49%股权。

2020年6月3日，公司公告控股股东拟同意公司增资扩股引入重庆两江新区管委会指定的重庆两江新区产业发展集团有限公司或其关联方，最终清华控股、健坤投资、两江产业集团或其关联方三方各持有紫光集团三分之一股权。但直至违约，紫光集团仍未能完成这一增资扩股方案。

紫光集团是一家主营IT及相关设备制造及服务、电子元器件及设备制造、能源环境和教育培训服务四大业务板块的综合型大型集团，旗下子公司在芯片和云网业务细分领域具有较强竞争力。

紫光集团属于控股型公司，母公司不承担实际经营职能，主要作为融资角色。随着持续并购，集团总资产大幅增长，并表子公司数量增多，而归母所有者权益占比大幅降至10%左右，母公司对子公司的控制力有所下降。

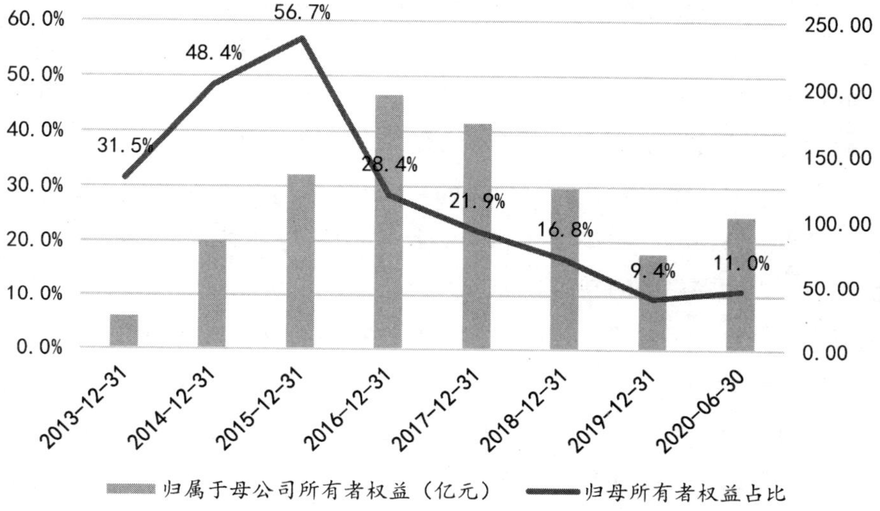

图 16-11　紫光集团归母权益占比持续走低

数据来源：Wind

截至2020年6月末，纳入公司合并范围的各级子公司总计286家，较年初净减少301家，主要由于终止合并紫光学大及其控股子公司。此外，核心子公司经营较为独立，本身具备融资能力，紫光股份、紫光国微等为上市公司，资金用途也受到严格监管。

据中诚信公告，“17紫光集团PPN005”应于2020年11月15日兑付（顺延至11月16日），截至2020年11月16日终，公司未能与投资者达成展期协议，同时未提供“17紫光集团PPN005”足额偿付本息的相关证明。

2020年11月13日，中诚信国际在紫光集团违约前三天将发行人评级从AAA下调至AA，至违约后于2020年11月17日再度下调评级至BBB，此后于12月8日进一步下调至B。

事件发生过程

紫光集团作为控股型集团，并不实际参与各个子公司经营管理，但却负责了集团整体合并口径的债务融资功能，而由于紫光集团主要承载的是芯片制造等资本密集型行业，投入周期长，但产出不确定性又高，在没有稳定现金流的状况下，紫光集团通过其清华校企的身份持续进行大额融资，并且大幅并购，最终导致现金流的断裂。融资结构与业务特征不匹配，且过度依赖债券融资。紫光集团扩张是通过持续的并购和业务整合、大规模的基地建设和研发投入。公司核心布局芯片和云网业务，是典型的知识技术密集型、资本密集型和人才密集型的高科技产业，前期需要较大规模的研发投入和项目建设支出，具有一定的研发风险，如果通过收并购技术成熟的企业，通常需要付出较高的溢价。

2016 年以来，伴随着高溢价并购，紫光集团的商誉急剧攀升，2019 年末商誉为 539 亿元，占净资产比重达 68%。

公司收并购步伐加快造成有息负债规模的持续扩大。2016 年以来，母公司有息债务规模大幅增长，2019 年末有息债务为 730 亿元，是 2015 年末的 4.24 倍。

此外，2015—2019 年母公司通过境内债券融资占比持续超 60%，而由于中国债券市场不同于间接融资的银行融资，债券投资者没有相关资产抵押，抓手较弱，当出现风吹草动或信用恶化时，债券融资很难进行展期或者续期，债券到期的刚性兑付相较银行贷款的借新还旧会更加彻底和残酷。紫光集团在 2019 年第一季度发行了 2 只境内债之后，再无新债发行。

紫光集团的违约并非没有先兆，在 2019 年市场质疑的声音便在逐步增大，在大额投资的同时却并没有稳定现金流流入，紫光集团也意识到债券融资受阻，其很难进一步通过债券的滚动发行进行偿债了。所以紫光集团于 2019 年末开始加快股权投资的变现。2019 年 11 月，集团转让紫光展锐 13.39% 股权，转让价款为 73.66 亿元。2019 年 12 月，转让紫光同创 24% 股权和华山智安 21% 股权，转让价款为 39 亿元。2020 年 9 月，转让紫光股份

5.68%股权，转让价款为46.66亿元。2020年7月和10月，多次通过二级市场减持紫光国微股份。

但是股权融资对于短期大额的到期仍然是杯水车薪，债券面临较大的到期压力，2020年以来债券价格明显下跌也导致债券滚续难上加难，最终资金链断裂导致违约。

启示及关注点

违约国企盈利能力较弱，自身造血能力不足，对于债券融资占比过高，期限较短的公司，常常在行业景气度下降的时候面临极大的偿债压力，企业面临这一情景时将极其危险。紫光集团债券融资占比超过60%，但每年集团的净利润仅有个位数，债券又以短期限为主时，偿债压力过大，资金链极其容易断裂。

此外，母公司权益占比低是2020年违约企业的一大共性，无论是此前的华晨、永煤，还是紫光集团，均呈现出“母弱子强”的特征。归母权益占比较低，而紫光集团尤甚，归母权益占比仅有11%，这意味着母公司基本承担了集团100%的债务，但却仅仅只有10%的净资产，意味着要以10%的净资产承载100%的债务，更何况本身盈利能力就较弱，以此来看紫光集团的账是永远无法算平的，拖的时间越久，母公司偿债压力就越大，恶性循环最终都将导致资金链条的断裂。

核心校企曾经是信用市场的香饽饽，如今信仰崩塌，国企或央企的身份只在其风光时为其带来了较好的融资渠道，但是在信用风险加剧时，金融风险的考量也将放大，贷款的滚续、债券的续发难度随之增加。所以，公司自身经营才是考量公司的核心标准，信仰对于公司的加成永远只是锦上添花，无法成为雪中送炭的信用强化。

笔者内部机构曾经讨论过是否将清华紫光作为高收益债投资标的，但会议开始3分钟就结束了，因为内部信评介绍第一段内容就是，紫光集团本部2018年末其他应收款465亿元，大部分是应收其子公司。合并层面178亿元，主要是对关联方的咨询费，而这些关联方主要是实际控制人控股的公司，于是我们决定不再讨论了，因为无法讨论，当时紫光二级市场股价还在 80 多元。

五、结语

回顾总结全年市场情况是债市参与者每年的必修课，但 2020 年却和往年有太多不同。新冠疫情席卷全球，成为 2020 年经济和金融市场运行的主线。一级发行规模再创新高，但发行节奏跌宕起伏。1—4 月，在流动性资金充裕和资管新规延期等的利好下，发行人市场化债券融资诉求较高，资管类机构配债意愿亦得到大幅增强，一级市场发行火爆，抢资产进入白热化地步；5—8 月，疫情得到控制之后，经济逐渐修复，政策回归正常化，融资成本跳升，发行人犹疑，投资者无法判断调整时长，同样在观望，一级融资转弱；9—12 月，债券融资有所改善，然而弱国企风险暴露一石激起千层浪，投资者配债需求急剧弱化，悲观情绪传染，一级市场信用债供给受阻，河南、东三省、云南等地部分月度几乎颗粒无收。

二级市场大起大落，全年信用债收益率整体上行，中低等级品种表现较差。1—4 月，二级市场信用利差一度被压缩至历史极值，市场一片狂欢；5—8 月，二级市场收益率快速上行至疫情前水平，信用债市场经历了快熊向慢熊的转变；9—12 月，投资者交易热情开始下降，然而弱资质过期违约使得市场经历了新一轮信仰的破灭，其带来的流动性资金冲击和信用利差迅速走阔也让投资者损失惨重。金稳委会议的召开使得市场情绪逐步企稳，但结构性分化进一步加剧，高等级迎来交易机会，低等级信用利差居高不下。

2020 年流动性宽松让信用环境短期改善，新增违约发行人同比明显减少，然而因为违约向弱资质和高负债国企蔓延，波及面更广，杀伤力更强。这场始料未及的信用风波无疑暴露出了诸多问题。部分发行人藐视市场规则，恶意造假披露虚假信息、恶意转移资产、挪用发行资金等行为更是严重损害了发展了十五年的信用债市场。会计师事务所、主承销商和律师事务所等中介机构尽职尽责程度仍然不够，甚至与部分发行人同流合污。监管层面仍需出台更加强有力的监督和惩戒机制，保护投资人的合法权益。

2020 年是不平凡的一年，也是信用市场在经历了部分国企违约风波之后重塑信用投资体系的一年，当年宏观杠杆率上升 23.6%，未来去杠杆压力更大，2021 年信用债投资者依然面临风险和收益平衡的困境之中。

附录：部分信用债投资案例

2008 年中国铝业信用债风波

受到 2008 年全球金融危机冲击和全球经济景气度急剧下降的影响，作为中国规模最大的氧化铝、电解铝和加工生产商的中铝公司在 2008 年出现了业绩大幅跳水。2008 年由于电解铝价格下跌 30% 以上，公司电解铝及氧化铝毛利率下滑超 10%。2008 年中铝公司的子公司中铝股份（601600. SH；2600. HK）年报显示营业收入为 767. 26 亿，同比虽然仅下降 9. 94%，但净利润为 1. 58 亿，同比下降了 98. 69%。股价上的体现亦是如此，以当年市场化程度较高的港股市场来看，中铝股份港股股价从 2007 年高点的 25. 76 元/股直线下坠至 2008 年 10 月末的 2. 2 元/股，跌幅超过了 90%。而中铝公司业绩更为惨淡，2018 年净利润亏损 68. 16 亿元。

屋漏偏逢连夜雨，中铝公司对于力拓公司（Rio Tinto）的收购也经历了一波三折。2008 年 2 月份，中铝公司联手美国铝业公司（Alcoa，纽交所代码：AA）出资 140. 5 亿美元通过新加坡全资子公司在伦敦交易所进行持续大量购入力拓英国上市公司 12% 的股份。在此过程中，美国老牌投资银行雷曼兄弟担任中铝公司牵头收购的财务顾问，中铝公司将所持的力拓股票托管在雷曼兄弟的一个账户中。2008 年 9 月 15 日，雷曼兄弟在次贷危机加剧下宣布破产，这可能会导致中铝公司相关资产受损，因此有报道称中铝公司与雷曼兄弟的相关破产清算人进行谈判，希望尽快解冻由雷曼兄弟托管的力拓股份，寻求将这些股票转移至另一个账户，随着事态发酵，政府也介入相关事宜。

后续在多边共同努力下，中铝公司公告于 2008 年 11 月 12 日将力拓公司股票转移至汇丰银行进行统一托管。雷曼兄弟破产危机对中铝公司造成的冲击至此才告一段落。

内外交困之下，中铝公司发债难度明显提升，2008 年 10 月 17 日中铝公司拟发行一期中票，但以失败告终，此后进行延期至 10 月 27 日进行再次发行，但最终该期 30 亿的中票仍然由于公司业绩较差、行业景气度下滑和市场认可度下降等问题导致最终发行失败。

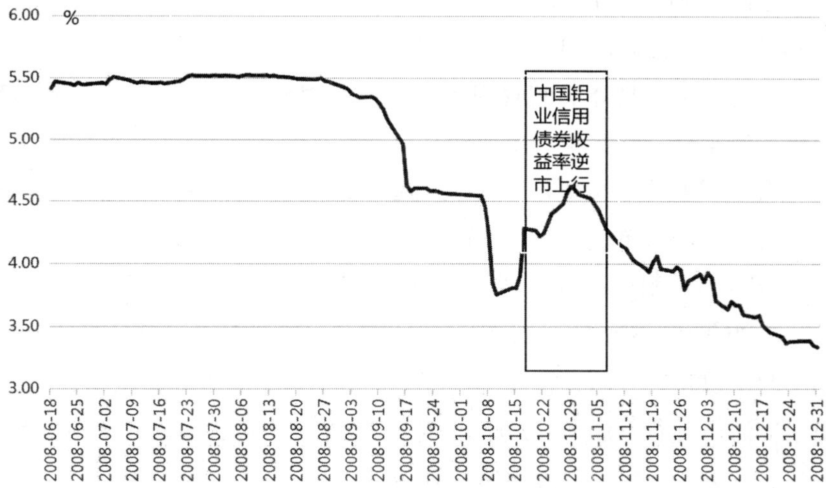

图附 1　08 中铝业 MTN1 估值

由于受到雷曼兄弟倒闭、必拓股份存在资产受损的影响，由中铝公司发行的 08 中铝业（0882019. IB）估值在不到一个月时间内，从 2008 年 10 月初的低点 3. 75% 上行近 70bp 达到 4. 61% 。

雷曼事件于 2008 年 9 月中已宣告破产，将必拓股份托管在雷曼兄弟的中铝公司在当时已经面临资产受损的风险，但是从债券收益率看，中铝的债券估值从 10 月初才有反应，而后上行将近 100bp，由于及时关注到中铝将必拓的股权托管在雷曼兄弟的信息，我们提前进行获利了结，躲过了后续的估值冲击。

在 10 余年前，由信息不对称带来的投资机会比比皆是，但随着互联网和自媒体的发展，希望通过信息不对称获取超额收益已不现实。

2011 年云南城投风波中的投资机会

2008 年金融危机爆发后，我国经济增速快速回落，为了应对 2008 年全球金融危机带来的冲击，政府于 2008 年底推出了 4 万亿的强刺激计划，大力推进基础设施建设，促进经济平稳较快增长。

4 万亿的计划也催生了地方政府融资平台的发展，但其粗放的发展模式却逐渐引起了监管关注。2010 年，国务院、财政部等纷纷发文，对城投平台融资进行了更为详细、具体的监管规范，尤其是银监会开始建立地方政府融资平台名单，对平台贷款实施名单管理。

2011 年，城投平台为了应对融资监管，通过新设平台并从旧平台划转资产至新平台以规避名单监管，且资产划转未经老城投的债权人同意。

2011 年 6 月，财经国家周刊报道云南省公路开发投资有限公司（简称云南公投）在当年 4 月份向债权银行发函，表示“即日起，只付息不还本”，这一举动引起了以建行、国开行和工行等为首的债权银行震惊。无独有偶，6 月底曝出了上海申虹贷款展期，7 月，云投控发布公告称，云南省决定组建云能投，组建方案涉及云投控部分主体的划转。

与产业债的现金流投资逻辑不同，城投平台的投资逻辑在于地方政府的能力和意愿。云南公投事件曝出后，投资者纷纷怀疑地方政府对城投平台的支持意愿，同时叠加同时期平台为应对监管的资产划转事件，彻底消耗了市场对城投债的信心，投资机构开始抛售城投，信用利差飙升至历史最高水平，并逐渐引起了流动性资金恐慌，风险从城投债市场扩散至整个信用债市场。自 7 月 8 日始，无一只城投债发行。一级市场企业债发行也暂停。城投债的云南铁投的收益率从 6% 上行至 7.4% 附近，中债 AAA 城投债也在 2011 年第四季度创下信用利差历史高位。

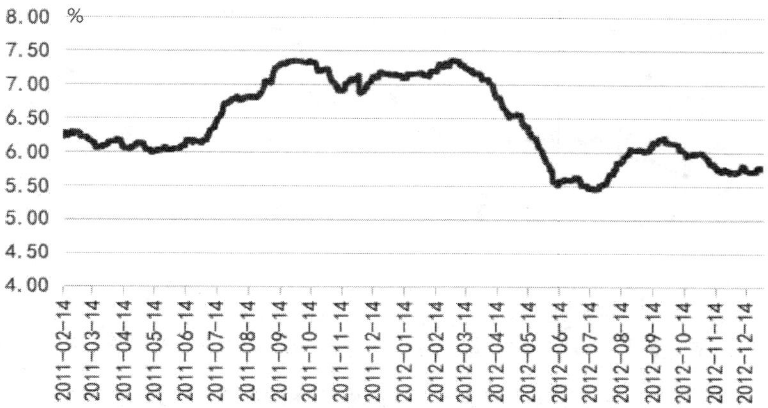

图附2　11 云南铁投债估值

与此同时，“4 万亿”政策对经济复苏的边际贡献减弱，但通胀压力开始上升。2011 年，前三季度通胀持续上行，央行持续加息，债券收益率不断上行，铁道部由于受到一些列负面事件的影响，在云南城投信用风险的冲击下，主权信用的铁道债收益率不断上行，市场恐慌情绪弥漫。过去 40 年时间全球债券市场收益率持续下行，美国 10 年期国债在 1981 年见顶，日本 10 年期国债在 1990 年见顶，人口老龄化、科技进步、潜在经济增长率这三大推动长期利率下行的因素没有变化，长期看利率下行是大趋势。正是基于上述认知以及对于铁道债主权信用的信仰，我们在收益率最高点对 20 年长期铁道债进行了大手笔的投资，在之后不到 1 个季度时间内，20 年期铁道债收益率下行超过 100bp。

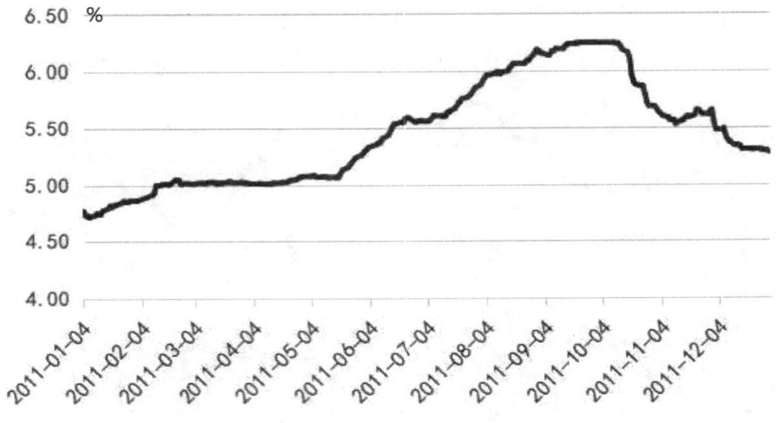

图附3　10铁道02估值

图附4　城投债信用利差与铁道债

中小企业私募债的收益与风险

2012年5月，为充分发挥资本市场作用，创新直接融资方式，大力打造多元化、多层次融资体系以破解中小企业融资难问题，我国正式推动中小企业私募债的发行。

作为面向中小企业的发行品种，发行门槛较低，中小企业私募债发行主体资质参差不齐。市场对该品种认可度并不高。而随着山东海龙、新中基、超日债等信用事件的爆发和演变，投资者逐渐达成共识，在已发行债券中，民营无担保债券才是最大的风险标的，而由地方政府融资平台担保的私募债事实上比众多民企发行的短融、中票实际信用资质要强。对该部分私募债的投资，实际上是对地方政府融资平台的投资。

经历2011年城投风波后，市场对城投债或存在一定分歧。我们分析，在当时背景下，政府仍有较强的基础设施建设的需求，此外，我们的政府刚性债务远低于其他发达国家，仍具备继续加杠杆的空间。同时，政府通过各种调控政策对融资平台进行管控，这也对现有的平台形成一定保护。随着财政部〔2012〕463号文件、银监会〔2013〕8号文件、银监会〔2013〕10号文件、银监会〔2013〕71号文件等政策调控的出台，银监会强调加强地方政府融资平台贷款风险监管、控制银行投资于非标金融资产比例等，压缩地方债务，规范融资行为的意图明显，对现有平台存量债务形成利好。

因此，我们认为，“国企发行人+国企或地方融资平台担保”以及“民企发行人+国企或地方融资平台担保”的中小企业私募债，在担保合规的前提下，如果危机发生且最终违约，会对担保人造成冲击，这会影响整个城投平台的融资；同时，地方公用事业类平台担保类私募债的资金投向为政府的基础设施建设项目，本质上是地方政府的融资行为。

经过分析，我们选择，“国企发行+城投或国企担保”“民企发行+当地城投或国企担保”的中小企业私募债作为投资重点，最终获得较好的投资回报。

事后看，虽然中小企业私募债兑付危机频现，但均得到平台公司或担保公司代偿，我们的观点也得到了验证，而“12东飞01”的违约，也是由于担保不合规导致，并未获得政府平台东台交投的真实担保。之后，这一品种由于自身的问题退出了市场。

天威逃废债——对国企的重新认识

2020年华晨和永煤的违约事件，引发了新一轮的信用危机，其逃废债的恶劣影响让整个信用债市场陷入恐慌。但其实早在2015年4月，保定天威已经通过“逃废债”的方式违约。

天威集团原是隶属于保定市国资委的独资子公司。2007年9月，保定市国资委与兵装集团签署了《保定天威集团有限公司股权无偿划转协议书》，并于次年1月得到国务院国资委的批复，同意兵装集团无偿接收保定市国资委持有的天威集团100%的股权。兵装集团为1999年7月1日根据党中央、国务院、中央军委关于深化国防科技工业体制改革的重大决策，在原中国兵器工业总公司的基础上改组设立的公司，现为中央直接管理的特大型国有重要骨干央企，是中国十大军工企业之一。兵装集团实力雄厚，为世界500强企业，旗下包含11家上市子公司。本次转让后，天威集团股东背景“看似”有所增强。

天威集团自身也为老牌国企，享有近60年的历史，从一个单一的变压器制造厂，发展成为坐拥输变电产业、新能源产业双主业和电工专用设备、纤维吊装带、变压器测试仪器等其他产业的国家重要的高科技装备制造业企业集团。无论是其主营业务本身的特点，还是政府的支持力度，天威集团都具备先天性的优势。拥有辉煌历史的天威集团以及新央企股东的“加持”，天威集团是如何走向违约的？

客观层面上，全球经济发展放缓、新能源产能过剩等因素对企业委实造成了负面的影响，集团进军光伏行业投资失败，光伏业务亏损巨大，但凭借天威集团及其母公司兵装集团的家底，还远不至于到还不起债的窘境。导致违约的更为关键的一个事件则是由兵装集团主导的天威集团与保定天威保变电气之间的资产置换。

2013年10月，天威集团与其上市子公司保变电气进行资产置换，保变电气将旗下风电、光伏等大幅亏损的新能源资产统统剥离开来，置换进天威集团优质的输变电资产。置换后的结果就能发现，连续两年亏损的保变电气成功于2014年扭亏为盈，保住了上市公司壳资源，而天威集团则在2014年计提亏损76.04亿元。由于置换发生时天威集团仍然并表保变电气，两者之间的资产置换无需持有人会议表决。天威集团充分利用这一点，实质上极大地损害了债券持有人的利益。

在这之后，保变电气向兵装集团定向增发股票，天威集团的持股比例被稀释，并表关系也随即解除，天威集团的偿债能力伴随着置换给保变电气的优质资产，与之渐行渐远。此时的天威集团已经彻底被掏空：从保变电气置换进入天威集团的严重亏损新能源资产，保定天威风电叶片有限公司和保定天威薄膜光伏有限公司资金已经枯竭，严重资不抵债，无力偿还到期债务；保定天威风电科技有限公司停产已超过两年，资金已枯竭，对到期债务无偿还能力，上述企业都已于2015年9月18日前申请了破产重组。

在天威集团面临流动性资金危机时，兵装集团并未对其进行纾困救助，反而是通过资产置换、定增稀释股权等方式掏空天威集团，甩掉这一累赘，最终导致了违约。回头看，天威集团的债券违约之路更像是一场早有预谋的“甩包袱”行为，充分利用法规的操作空间，让债权人和投资者为企业的经营不善买单，整个过程如行云流水又不失缜密，令人瞠目结舌但也无能为力。直到今日，天威集团的破产重组仍无实质性进展。

亚邦集团违约至兑付——企业家的担当

亚邦集团成立于1997年，是一家以染料、医药和物流等产业为主，农药、兽药和颜料为辅的综合性集团，子公司亚邦股份于2014年9月在上交所上市。实控人许小初自20世纪70年代出任武进市（今武进区）第五玻璃钢厂厂长起，一直在实际制造业一路摸爬滚打至今，一手开垦出如今的亚邦版图。

亚邦违约的直接触发原因为董事长许小初于2016年1月26日被要求协助调查，造成部分银行抽贷、压贷带来的流动性资金压力。2016年2月，15亚邦 CP001 未能如期兑付本息构成实质性违约。通过公司和实控人一系列的努力，亚邦集团于 2016 年 12 月 28 日兑付违约债券部分本金 1.4 亿元，最终于 2017 月 3 月 24 日完成剩余本金及全额利息的兑付。

亚邦集团的违约，一定程度上反映了目前控股型集团“子强母弱”信用弱点，公司染料业务由上市公司亚邦股份经营，而非上市业务主要包括医药和物流等。上市公司整体负债较低，经营尚可。但上市公司外的资产和业务对资金占用较多，集团对上市公司质押比例较高，资金部分用于药厂和物流园等重资产项目的建设，但并未产生相应匹配的效益，经营效率极低。而实控人的协助调查加剧了公司流动性资金压力。

对于民企亚邦集团而言，诚信若失，未来企业发展再难有融资只可能，破产收场，则企业家过去披荆斩棘累积下的果实将毁于一旦。

违约后，董事长呼吁员工参与公司增资扩股，以挽救公司，参与员工发生的任何风险均由董事长及其子女财产担保，最终募集 4 亿元资金。此外，协调当地金融机构，最终江苏信托在深入研究亚邦集团的经营情况后与地方政府进行了沟通协调，一致认为亚邦集团作为优质制造企业，主营业务具备良好的市场生命力。江苏信托于 2016 年 9 月设立了“凤凰 1 号”信托计划为其提供流动性资金支持。通过交易结构设计，信托、银行和政府 2A 融资平台三方合作，募集资金 28 亿元，有效解决了亚邦集团短期面临的流动性资金压力，并实现了民营企业、地方政府和金融机构三方共赢。

从事后看，企业家的担当、公司积极的态度以及质量尚可的资产，让亚邦集团渡过难关，亚邦集团积极与债权人协商，艰难筹集资金，最终解决了债务危机。

周期行业投资——地产与过剩产能的债券投资

对于周期行业而言，其天生的波动性随着周期的变化影响行业内企业的偿债能力。对于周期行业投资，需要充分把握周期变化带来的投资机会，而非一刀切。在实际投资过程中，由于周期变化的不确定性，严控久期或许是控制信用风险获取超额收益的主要方法。

地产债投资

地产的周期性明显，2010 年以来，房地产行业周期均与政策调控有密切联系。2011 和 2014 年受政策影响均为销售小年，2015 年起，随着调控政策和融资政策的宽松，地产开启了新一轮的放松周期。

以恒大地产为例。恒大地产起步较早，为“华南五虎”之一，2004 年起开始全国布局，2010 年跻身房企销售榜前五，后续一直维持在行业前列，2016 年公司完成对碧桂园和万科的反超，登上销售榜榜首。

回顾公司在 2014—2017 年的表现，2015 年作为新一轮周期的开启，较多地产公司也充分利用债券市场放开的政策获得了进一步加杠杆的机会。2014—2017 年，恒大的有息债务分别为 2090 亿元、3726 亿元、6480 亿元和 7326 亿元，对应销售额分别为 1315 亿元、2013 亿元、3774 亿元和 5010 亿元，调整永续债后净负债率分别为 251%、314%、432% 和 189%。4 年间，公司销售规模增长 2.8 倍，而有息债务规模也增长 2.5 倍，规模已超过 7000 亿元，无疑，恒大这一轮加杠杆“过猛”。

2016 年 9 月底开始，进入了新一轮“一城一策”的调控政策，部分热点城市限购新政落地，提升首付比例等，2016 年底，中央经济工作会议首次提出了“房住不炒”。

随着 2016 年底的政策收紧，恒大集团通过引进战略投资者入股的方式降低了资产负债率，累计引入战投资金 1300 亿元，对赌条件为恒大需在 2020 年 1 月底前（前两轮 700 亿的对赌）和 2021 年 1 月底前（第三轮 600 亿的对赌）完成重组上市，否则须对该部分资金完成回购。恒大集团 2017 年有息债务仍增长接近千亿至 7326 亿元，有息债务规模为地产行业第一，对比同规模的碧桂园，有息债务仅为其一半，恒大地产债务利用效率较低。

我们认为恒大作为头部房企，在 2015 年周期起点时果断进行了投资，而在 2018 年中考虑到地产政策收紧，公司债务增长过快，且对赌条件回 A 上市公司的希望渺茫等，我们在周期末 2018 年退出了恒大地产的投资。虽然退出时点早于其风险暴露时点，但是也是基于对地产周期的把握。

虽然恒大在 2017 年 6 月末首次明确降杠杆的目标，2018 年末有息债务降低 500 亿元至 6782 亿元，但 2019 年，公司投入巨资造车并入股盛京银行，导致 2019 年末恒大的有息债务突破 8000 亿元，巨额的财务费用严重侵蚀公司利润，导致内生降杠杆难度加大。

而对于政策而言，虽说房地产作为周期之母，对经济起到了极大的托底支撑，但是在 2017 年以后，即便是 2018 年的“中美贸易战”和 2020 年的疫情，也未进一步放松政策，而是持续的精准调控，也反映了监管对地产调控的定力。

在卖出全部持仓恒大债券之后不到 3 年，2021 年下半年民企地产开始出现系统性风险事件，其冲击速度之快、冲击范围之广、金融机构损失之惨烈远超预期，不禁让人感叹：时代的贝塔才是投资最大的阿尔法。

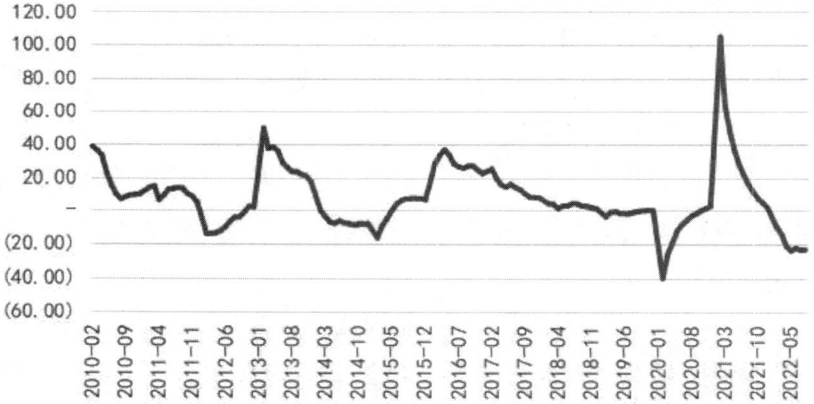

图附 5　商品房销售面积累计同比变化（%）

煤炭债投资

信用债历史上的第二轮恐慌由过剩产能主导。2016 年 4 月，是信用债发展以来面临的第二次危机，前有 2015 年的中钢，后有 2016 年的桂有色、东特钢、中煤华昱和川煤违约，彼时谈“过剩”色变，2015 年底，动力煤价格跌至260元/吨，几乎全行业亏损。

为化解过剩产能困境，2015年底，中央经济会议提出2016年是推进结构性改革的攻坚之年，全面推行“三去一降一补”，2016年2月，国务院出台《关于煤炭行业化解过剩产能实现脱困发展的意见》。然而，当时悲观的情绪逐渐蔓延，市场对此解读不一，甚至认为去产能会影响部分煤企的收入，同时，2016年4月，中煤华昱的违约，将市场悲观情绪推升至又一高度。

随着时间推移，煤炭价格略有回暖，但仍处于较低水平。从统计局数据看，煤炭开采和洗选业利润总额累计同比增速一直到2016年8月回正，行业资产负债率在2016年3—8月维持在70%的历史高位，此后才逐步回落，2016年前5个月行业销售利润率一直在1%的低水平以内，让投资者在去产能前期对该政策产生一定怀疑态度，部分煤企于2016年半年报才恢复盈利。2016年7月，山西省政府牵头组织省内煤炭企业至北京金融街进行路演推介，表示并肯定煤炭产业为山西省支柱性产业的重要地位，有力的官方背书一定程度缓解了投资者情绪。

结合行业基本面逐步向好，同时山西省政府的带队路演，缓和市场对过剩产能的情绪，AAA煤炭债收益率在7—11月5个月时间内下行超过100bp。

我们通过对煤炭企业的现场调研并下井考察，认为随着落后和不合规产能的退出，行业的供需会回归平衡，企业的盈利和现金流也会因此回归稳定，整体内生偿债能力会有所提升，同时，大部分煤企作为当地的支柱产业，能获得政府的一定支持，我们在认真分析研究后，果断买入大量煤炭行业债券，获取了非常不错的回报。

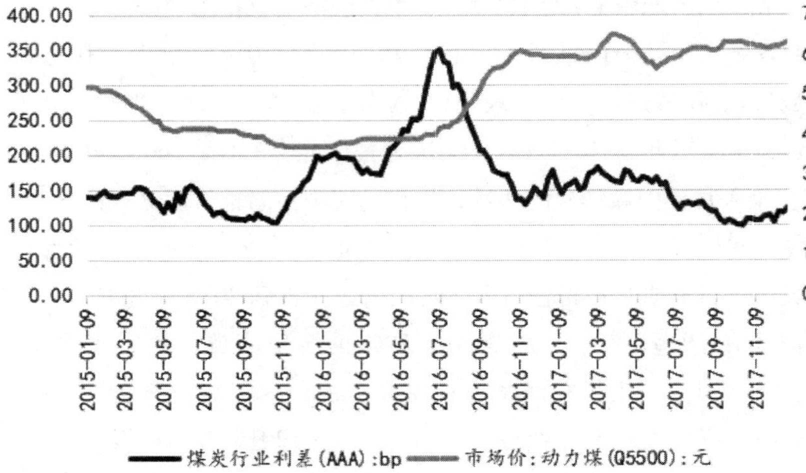

图附6　煤炭行业信用利差与煤价

4年后的2020年11月，河南省第一大煤炭企业豫能化及其子公司永煤集团的直接躺倒违约，虽说意料之外，却又情理之中。究其原因，一方面是豫能化对化工产业投入较大，近年来持续亏损侵蚀公司净资产，另一方面是公司有息债务一直维持高位，并未利用煤炭供给侧改革带来的红利进行去杠杆，短期流动性资金持续承压。

豫能化的违约对煤炭行业的冲击较大，山西几大国有煤企集团同样并未有效降杠杆，导致其二级估值飙升，一级发行基本停滞，至2020年净偿还超过1000亿元。直到2021年山西省政府再度大规模重组了几大煤炭集团，叠加持续上升的行业景气度，山西煤炭国企融资才恢复正常，但部分集团负债情况依然堪忧。

华晨汽车集团债券投资的经验与体会

投资背景

华晨汽车集团控股有限公司（简称华晨集团）为辽宁省老牌国企，主要从事整车生产业务，旗下中华、金杯曾是赫赫有名的国产汽车品牌，2003 年与宝马成立合资品牌“华晨宝马”，是辽宁省首家收入过千亿的省属国企，自成立至今上缴税金超过 2000 亿元，创造了 1.8 万个工作岗位，在辽宁省甚至整个东北都具有非常重要的影响力。尽管公司自主品牌经营不善，巨额投资无果，但依靠华晨宝马源源不断的现金流，华晨集团仍屹立不倒，并 2017 年后多次在债券市场融资。

2018 年 8 月，华晨取得国家发改委批复的 100 亿元企业债的额度并在当年发行其中的 40 亿元，不久后的 2018 年 10 月，随着中国宣布放宽外资在汽车行业的持股比例限制，华晨宣布将于 2022 年将华晨宝马 25% 股权转让至宝马集团，对价为 36 亿欧元。2019 年，沈阳市副市长阎秉哲前往华晨担任董事长，在其过去任职中多次参与同宝马集团的谈判，阎董事长本次履新也旨在通过加深与宝马的合作将带领华晨走向新生。

2020 年，疫情来临加剧了公司经营恶化，而彼时货币宽松也并没有惠及这一辽宁省级国企。相反。公司从 2020 年第二季度不断出现流动性资金紧张的负面信息：2020 年 4 月，出现被执行人的信息，2020 年 5 月，转让 2 亿股华晨中国股权至辽宁交投，2020 年 6 月，将上市公司申华控股股权无偿划转给子公司华晟零部件，2020 年 7 月，出现拖欠工资、代理费等传闻，2020 年 8 月，银行牵头债委会成立。

金融市场上有“投资不过山海关”的调侃之说，自 2016 年东北特钢破产重整后，国企违约对区域融资环境的影响不言而喻。在 2020 年 8 月这个关键时点，华晨后续会怎么发展，成为投资者心中的疑问，辽宁省是否还有勇气再经历一次大型国企的破产？同时，华晨集团核心资产—华晨宝马的股权价值不菲，2019 年华晨宝马的利润已超过 150 亿，按照 10 倍 PE 估值，华晨持有该华晨宝马 25% 的股权，再加上 36 亿欧元对应的锁箱华晨宝马 25% 股权转让对价款，完全可以覆盖其 175.73 亿元的公开债务。

交易回顾

以 18 华汽 01 为例，2020 年 8 月伊始，负面消息发酵后交易所价格跌破 90 元，之后迅速下跌，8 月 10 日至 8 月 12 日跌幅分别为 -9.32%、-9.59% 和 -19.93%，最终收于 55.8 元后停牌，价格近乎腰斩仅用了不足两周的时间，8 月 13 日，华晨调整存续债券交易方式，暂停竞价交易。

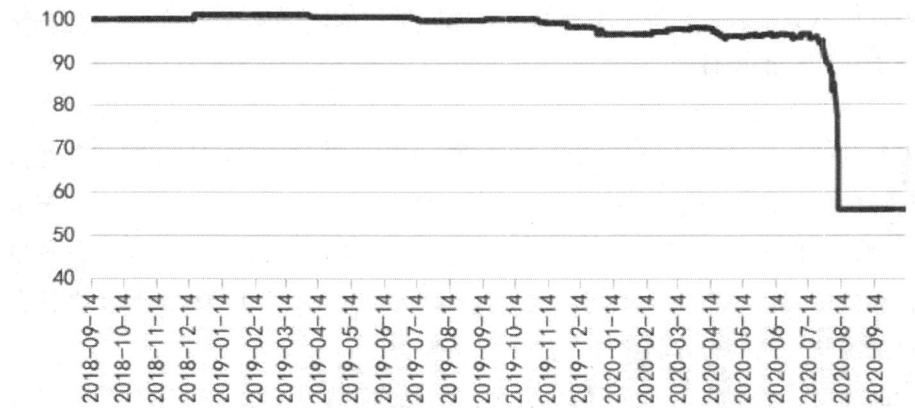

图附 7　18 华汽 01 收盘价（元）

消息面上，2020 年 8 月 12 日，华晨相关负责人表示“债权银行组成债委会，主要目的是协调相关债权方不抽贷、压贷、断贷，并继续给予公司金融财务上面的支持”。彼时，公司外评并无下调动态。8 月 18 日，华晨发布澄清公告，表示会履行国企职责，按时兑付到期债券，直到 8 月 26 日，评级机构开始对华晨集团降级观察。8 月 29 日，华晨集团兑付 3.73 亿元超短期融资券。

基于对华晨的基本判断，认为辽宁省可能难以承担华晨破产带来的负面冲击，同时，华晨集团可以通过资产的盘活以及政府一定程度上的援助，大概率可以渡过此次流动性资金难关。华晨违约的可能性不高，在 8 月份消息面正负交织的情况下，以高收益策略组合买入了一定金额华晨 2021 年底前到期的债券。

9 月份成交相对清淡，但是价格对峙上较前期再下一个台阶，9 月 22 日，华晨集团新设子公司辽宁鑫瑞后，成交逐渐活跃，9 月 28 日，评级机构集中披露华晨集团负面信息并调降评级，2020 年 9 月 30 日，华晨集团将手中剩余的华晨中国股权全部转让给辽宁鑫瑞。10 月基本成交价格在 30 元左右，市场基本预期华晨集团即将违约。2020 年 10 月 15 日，华晨集团再次发布公告称会兑付即将到期的 17 华汽 05。而到 2020 年 10 月 23 日，公司未按期兑付 17 华汽 05，正式宣告违约。

违约之后，2020 年 11 月 6 日，辽宁鑫瑞将所持华晨中国股权全部质押给吉林信托，并于 2020 年 11 月 20 日，被法院裁定进入破产重整程序。

华晨创下了中国债券市场甚至可能是世界债券市场历史记录，从债券违约到破产只用了一个月，从 AAA 评级到破产只用了三个月。

投资主体后续

华晨集团作为辽宁省重点国有企业，在存在多项大额可变现资产的情况下，先通过转让核心资产并将上述核心资产以对外融资名义设立质押保护，同时隐匿转让及融资所得，而后向法院申请破产以利用破产程序逃避债务履行，其利用破产程序逃废债务的目的明显。为了甩掉包袱的同时保住核心资产，费尽心思。破产之后，华晨集团仍陆续曝出“华晨中国股东占用资金和违规担保事宜”，多名高管被处罚，背后的窟窿也远超想象。

华晨违约后激发了债券投资者极大愤慨和市场对于部分区域国企债券和城投债的抛售，随后 2020 年 11 月金融委第 43 次会议明确要依法严肃查处欺诈发行、虚假信息披露、恶意转移资产、挪用发行资金等各类违法违规行为，严厉处罚各种“逃废债”行为，保护投资人合法权益禁止各种逃废债行为，的。华晨于 2020 年 12 月 29 日，解除子公司辽宁鑫瑞与吉林信托签署的《信托贷款合同》和《质押合同》，并于 2021 年 3 月 3 日，将辽宁鑫瑞在内的 11

家企业纳入合并重整范围。

目前华晨仍处于破产程序当中，大型国企的破产重整，往往伴随着地方保护主义的配合，华晨事件也不例外，因此，在重整过程中，难免存在一些维护地方利益而损害债权人利益的行为。目前华晨集团提前清偿当地国企债务的撤销权仍未得到解决，而华晨中国因涉及大股东资金占用和违规担保事宜的后续发展也影响华晨集团的清偿率。

地方国企违约的影响超出决策当事人的预期尽管说躺平是当时最舒服的选择，但长期看一定是最差选择，华晨违约破产对辽宁省乃至东三省融资环境的冲击，一直延续至今。

辽宁省2020年新增社融同比下降55%，GDP增速为0.6%，仅高于内蒙古和深受疫情影响的湖北省；2021年辽宁省新增社融规模进一步缩小，前三季度新增社融同比增速为-177.5%，为全国降幅最高的省份，分项看，辽宁省新增社融同比减少-1400亿元，其中人民币贷款和企业债券新增分别同比减少1189亿和740亿元，同比新增最多的是政府债分项，金额为513亿元，社会融资环境不断恶化。

经验总结

（1）对于国企产业债的投资不应给予过多的“信仰”加成，坚持基本面为投研的第一要义。

（2）有过违约历史的区域再次违约成本更低，可能性更大，“投资不过山海关”不是一句简单的玩笑，要相信常识。

（3）判断准确不重要，活下去最重要。作为债券投资者关心自己的投资者的资金安全使我们的主要责任，其他无法预测的问题不能成为你判断的依据。

后　记

2005年3月某天，我刚刚到招商银行资金交易部工作不久，时任部门负责人吴晓辉总经理把我和几位领导叫到办公室对大家说:"有个工作现在比较急，要抓紧跟进，人民银行要让商业银行承销发行信用债，小甘原来在券商工作过，比较了解，先具体做这个事情吧!"那时候中国债券市场的信用债只有国家发改委审批的由银行担保发行的企业债，于是我从零开始学习了解中国信用债，开始编写募集说明书，开始跑企业并营销企业发短期融资券，之后招行率先成立独立的投资银行部专门负责相关工作。这段不长的经历让我理解中国信用债多了一个维度。两年前看着儿子学习缺乏毅力，心想作为父亲的我可以做一些事情给他树立个榜样。这几年自己每月都会写投资笔记，受到了同业董德志老师写的债券市场笔记启发，是否可以对经历的16年中国信用债市场做个回顾呢？知易行难，平时工作、生活各种事情已经让中年的我疲于应付，想过之后就没有行动了。数月之后又觉得，人生有想法就去做吧别留遗憾。一个人精力不足，于是找到了两位优秀的年轻同事钟其辰和金晓月，大家一拍即合，这件事情就开始了。从2019年11月到2021年8月花了接近两年的时间，大家一起讨论提纲结构、写作修改，终于完成了这本书。

从2005年在人民银行允许企业发行短期融资券，中国信用债市场已经过了16年，市场从零起步发展成为全球第二大信用债市场，国家、企业、从业人员都从中收益良多，这是时代的红利。中国用了短短16年的时间走了美国债券市场百余年的路程，发展迅猛。2005年5月我国第一个信用债品种--短期融资券发行，到2021年7月末，中国信用债市场余额达到28万亿，这个发展速度让人难以想象，哪怕是2005年春天在北京香山饭店市场最早的设计者和建设者也是难以想象的。

市场的发展总是一波三折，但中国信用债市场运气总体还是不错，2005

年到2010年经济形势大好，市场在摇篮中不断发展壮大，并逐渐适应了风险，终于在2014年开始出现了债券违约。国家的金融政策，居民的财富管理需求、企业的融资需求，商业银行的转型要求推动了中国信用债市场发展，信用债市场的重要性不断上升。

2020年第四季的华晨、永煤的连续无序违约几乎摧毁了这个市场的信用基础，所幸中央及时出手规范了市场原则，让信用市场的"信用"地位受到法律保护。我们的法律制度建设落后于市场发展，这也是全球资本市场发展过程都曾面临的问题，法律对于信用债市场投资者的保护不够，这是中国信用债市场发展面临的重要挑战。

中国的高收益债市场伴随着债市违约而产生，高收益债市场也成为中国资本市场一道独特的风景线。本书中我们选取了过去这些年我们参与的一些案例与大家分享。

由于各种原因，本书的出版拖延了很久。在过去的这一年多的时间内，中国信用债市场遭遇民企地产债的大面积风险事件，据不完全统计，2021年销售排名前50的民企地产已有17家债务违约或者展期，中国信用市场迎来历史上的至暗时刻，作为从业人员，其中的经历让人感触。在面临行业系统性风险的时候，人们才会意识到认知的局限性。

感谢我的妻子和家人在我人生道路上给予我的支持，没有她们的陪伴，很多事情无法坚持，很多困难也无法克服，本书写作过程中经历了母亲的突然离世，让我更深刻认识到陪伴亲人是人生最重要的事情之一。

感谢钟其辰、金晓月这两位合作伙伴在本书写作过程中的辛苦付出，感谢宋磊、张晶、姜之媛、钟英涛、黄婳婳等同事在本书写作过程中的给予的帮助。

感谢我现在的工作单位华泰证券，特别是CEO周易总对我的信任和支持，没有公司和领导这些年的帮助和关心，不可能有能力完成本书的写作。

因限于时间和能力，本书很多内容不够完善和细致，也会存在数据和认知的偏差，请大家批评指正。

甘华

2022年10月 深圳

图书在版编目（CIP）数据

中国信用债市场备忘录 ： 2005—2020 / 甘华等著 .
-- 湘潭 ： 湘潭大学出版社， 2022.10
ISBN 978-7-5687-0856-2

Ⅰ. ①中… Ⅱ. ①甘… Ⅲ. ①债券市场－研究－中国
－2005-2020 Ⅳ. ①F832.51

中国版本图书馆 CIP 数据核字 (2022) 第 159432 号

中国信用债市场备忘录 ：2005—2020

ZHONGGUO XINYONGZHAI SHICHANG BEIWANGLU:2005-2020

甘华 等著

责任编辑：王正杰
封面设计：李 平
出版发行：湘潭大学出版社
社 址：湖南省湘潭大学工程训练大楼
电 话：0731-58298960 0731-58298966（传真）
邮 编：411105
网 址：http://press.xtu.edu.cn/
印 刷：长沙鸿和印务有限公司
经 销：湖南省新华书店
开 本：710 mm×1000 mm 1/16
印 张：24.75
字 数：395 千字
版 次：2022 年 10 月第 1 版
印 次：2022 年 10 月第 1 次印刷
书 号：ISBN 978-7-5687-0856-2
定 价：86.00 元